"十二五"国家重点图书出版规划项目·新编法学核心课程系列教材

宪法学

——理论·实务·案例

（第三版）

- 主 编 杨向东
- 撰稿人（以撰写章节先后为序）
  杨向东　王卫明　吴旅燕
  邱之岫　王颖敏　陈根强

中国政法大学出版社

2018·北京

出版说明

"十二五"国家重点图书出版规划项目是由国家新闻出版总署组织出版的国家级重点图书。列入该规划项目的各类选题,是经严格审查选定的,代表了当今中国图书出版的最高水平。

中国政法大学出版社作为国家良好出版社,有幸入选承担规划项目中系列法学教材的出版,这是一项光荣而艰巨的时代任务。

本系列教材的出版,凝结了众多知名法学家多年来的理论研究成果,全面而系统地反映了现今法学教学研究的最高水准。它以法学"基本概念、基本原理、基本知识"为主要内容,既注重本学科领域的基础理论和发展动态,又注重理论联系实际以满足读者对象的多层次需要;既追求教材的理论深度与学术价值,又追求教材在体系、风格、逻辑上的一致性。它以灵活多样的体例形式阐释教材内容,既推动了法学教材的多样化发展,又加强了教材对读者学习方法与兴趣的正确引导。它的出版也是中国政法大学出版社多年来对法学教材深入研究与探索的职业体现。

中国政法大学出版社长期以来始终以法学教材的品质建设为首任,我们坚信,"十二五"国家重点图书出版规划项目定能以其独具特色的高文化含量与创新性意识,成为集权威性和品牌价值于一身的优秀法学教材。

中国政法大学出版社

总 序

长期以来，由于大陆法系和英美法系法律渊源不同，法学教育模式迥异。大陆法系的典型特征是法律规范的成文化和法典化；而英美法系则以不成文法即判例法为其显著特征。从法律渊源来看，大陆法系以制定法为其主要法律渊源，判例一般不被作为正式法律渊源，对法院审判亦无约束力；而英美法系则以判例法作为其正式法律渊源，即上级法院的判例对下级法院在审理类似案件时有约束力。两大法系法律渊源的不同，导致归属于两大法系的法学教学存在较大差异。大陆法系的法学教育采用的是演绎法，教师多以法学基本概念和原理的讲解为主，即使部分采用了案例教学，也重在通过案例分析法律规定；而英美法系采用的是归纳法，判例就是法源，通过学习判例来学习法学原理。

在我国，制定法为法律规范的主要渊源，长期以来，沿用大陆法系的演绎法教学模式。众所周知，法学是一门实践性、应用性很强的学科，法学教育的目标之一就是培养学生运用法学知识分析和解决实际问题的能力。为此，改变传统教学模式，引入理论和实践相结合的案例教学法成为必需。多年来，我校在这方面进行了有益的尝试和探索，总结了一套行之有效的理论和实务案例相结合的教学模式，深受学生欢迎。这套教学模式，根据大陆法系成文法的教学要求，借鉴英美法系的案例教学模式，将两大法系的教学方法有机地融为一体，既能使学生系统地掌握法学原理，又培养了学生分析和解决实际问题的能力。

为了及时反映我校法学教育改革的新成果，更好地满足法学教育的需要，我校组织编写了这套《新编法学核心课程系列教材》。这套教材具有如下特点：①覆盖面广。涵盖了现今主要的法学核心课程。②体例格式新颖。本套教材各章均按本章概要、学习目标、学术视野、理论与实务、参考文献的体例格式安排，这种体例兼顾了系统掌握法学理论和应用法学理论分析、解决实际问题能力的双重教学目标。③案例选择科学合理。主要表现为：一是案例大多选自司法实践，具有新颖性和真实性；二是根据法学知识点的系统要求选择案例,具有全面性和典型性;三是反映理论和实务的密切联系,以案说法,以法解释法学知识和原理,理论与实务高度融合,相得益彰。④内容简洁。本套教材力争以简洁的语言阐述法学理论和相关问题,解析实例,说明法理,做到深入浅出,通俗易懂。⑤具有启发性。本套教材所列学术视野,多为本学科的焦点和热点问题,可帮助学生了解学术动态,激发其学术兴趣;理论思考题可引导学生思考温习所学知识,启迪其心志。

《新编法学核心课程系列教材》吸收了国内外优秀学术成果,在理论与实践相结合的基础上,达到了理论性、实践性和应用性相统一。在理论上具有较强的系统性和概括性,在应用上具有针对性和实用性,在内容上则反映了法学各学科的新发展和时代特征。总之,我真诚地希望这套教材能成为广大学生和读者学习法学知识的新窗口,并愿这套教材在广大读者和同行的关心与帮助下越编越好。

金国华

2010 年 10 月 28 日

第三版说明

2018 年 3 月 11 日，十三届全国人大一次会议经投票表决通过了《中华人民共和国宪法修正案》。这是 1982 年《宪法》的第五次修正案，是中国特色社会主义进入新时代，我国发展新的历史方位的重大法治进步。《宪法》确立了习近平新时代中国特色社会主义思想在国家政治和社会生活中的指导地位，把"中国共产党领导是中国特色社会主义最本质的特征"写入《宪法》总纲第 1 条，《宪法》完善国家主席任期任职制度、深化国家监察体制改革等。这些修改把党的十九大确定的重大理论观点和重大方针政策载入国家根本法，把党和人民在实践中取得的重大理论创新、实践创新、制度创新成果上升为宪法规定，体现了党和国家事业发展的新成就、新经验、新要求，必将更好地发挥宪法的规范、引领、推动、保障作用，在法治轨道上更好地坚持和发展中国特色社会主义。

据此，本书根据宪法修正案进行了相应的修改，主要包括：一是在第一章中加入了本次宪法修正案的内容；二是修改了第四章，增加了合宪性审查；三是相应修改了第九章全国人民代表大会制度中涉及监察委员会的内容；四是修改了第十章国家元首制度中，国家主席的任期规定；五是增设第十三章，单独说明国家监察委员会的宪法地位及职权规定；六是修改了第十四章司法机关中检察机关的权责变化。此外，《宪法》修改后，一些与此相关的法律尚未修改，如《组织法》或《立法法》等，故仍使用现有的条款。

通过以上修改，我们希望呈现给读者最新的宪法教材，更希望我国依宪治国进入新阶段，为实现"两个一百年"奋斗目标和中华民族伟大复兴的中国梦提供有力的宪法保障。

编　者
2018 年 5 月

第二版说明

本书自2010年出版以来，深受师生欢迎。本书从理论、实务、案例三个层面进行教学，运用准确的知识、系统的体系、成熟的事例，使本科生切实感受到宪法的知识和力量。尤其是十八届四中全会提出了"坚持依法治国首先要坚持依宪治国，坚持依法执政首先要坚持依宪执政；健全宪法实施和监督制度，完善全国人大及其常委会宪法监督制度，健全宪法解释程序机制"，全面吹响了法治的号角，它为我们的教材修订指明了方向，也促使我们通过本教材为宪法的学习拓宽视野，加强宪法权威和精神的指引，推动我国以宪法为核心的社会主义法律体系的建设。

本书的修订首先进行了语言的精炼和提升。而在系统地向本科生介绍需要掌握的宪法学的知识时，我们追求基本理论的准确性，注重吸收宪法学和其他学科的最新研究成果，推进理论创新。同时，我们结合我国的宪法事例和其他国家的典型宪法判例，对一些问题进行了探索性的研究和介绍。为了以上目标，本书在修订过程中在章节上做了一定程度的调整。

立足中国现实，遵循法治精神，是我国宪法实施的真实背景。我们一直跟踪宪法学最新的动态与研究。2015年《立法法》的修订，对于宪法实施与监督提出了新的要求。理论的研究始终要为现实做支撑。为此，我们进一步修订了第四章的宪法监督问题，重新梳理了中央军事机关；等等。对于诸如此类的修订，我们在各章节中严格要求各位撰稿人，保障本教材能够做到一定程度的提升。

《宪法学》一书是上海政法学院宪法行政法教研室全体同仁的集体成果，也是我们对于宪法的理解和精神寄托。在过去的四年里，很多读者提出了建设性的建议，各位撰稿人也有了不少新的想法。在大家的共同努力下，在中国政法大学出版社编辑们的帮助下，才有了本书的第二版。对此深表感谢！

编　者

2015年5月

编写说明

本书是具有案例特色的宪法学教科书。宪法作为高级法、根本法，长期以来法味不足，特别是传统的教科书表现得政治性太强。如何给充满强烈求知欲的学生一本好的教材，一直是我们宪法行政法教研室关注的话题。作为宪法讲授者，虽然重在解释宪法，但最重要的是通过宪法的学习去引导和启发学生进行深入公法的研究，且能够联系实际。实际上，宪法学本身就是一部案例史，由于宪法问题的覆盖面广，在能够进行违宪审查的国家，宪法案例的教程和司法判例可谓汗牛充栋。但是在我们成文法系国家，案例往往是辅助性的，或者是次要的。从这个意义上讲，本书将抽象的理论和丰富的案例进行了平衡，使宪法教科书变得好读了许多。至于知识量上则是分成三编，包括了基础理论、基本权利、基本制度。需要说明的是，由于案例是司法判决，而我国还没有规范意义上的宪法案例，所以本书在名称上统一为"宪法事例"。

同时，本书还做了以下的尝试：

第一，为了更好地引导学生进行学习，每章均设立了本章概要和学习目标，使其能够有的放矢地学习；每章的结尾也增加了思考题和实务训练，提出了对于学习章节的思考及问题，使其根据所学搜索资料，进而深入地学习和思考。

第二，每一章都增加了一定数量的宪法事例或案例，既有外国的经典案例，也有我国的最新的宪法事例，通过介绍和研究，不仅可以调动学生的积极性，更可以让学生感受到宪法原理与社会现实的紧密联系，更加全面地掌握宪法知识。

第三，宪法是规范的宪法，宪法的实施离不开宪法条文。在讲授宪法基本原理的同时，本书结合中国宪法，对1982年《宪法》的基本条文进行了细致的解构，使宪法学习不仅仅是知识的传播，更是真理的探究。

本教材是上海政法学院法律系宪法行政法教研室集体创作的成果，具体编写人员及分工如下：

杨向东（上海政法学院法律系副教授，法学博士）撰写第一、二、三、十三章；

王卫明（上海政法学院法律系副教授，法学博士）撰写第四、十一章；

吴旅燕（上海政法学院法律系副教授，法学博士）撰写第五、六章；

邱之岫（上海政法学院法律系副教授）撰写第七、九、十章；

王颖敏（上海政法学院法律系讲师）撰写第八章；

陈根强（上海市第一中级人民法院，法学博士）撰写第十二章。

由于编者的能力和水平有限，疏漏之处在所难免，衷心希望读者批评指正。

编 者
2010 年 10 月

目 录

第一编　宪法基本理论

第一章　宪法基本理论 …………………………………………………… 1
第一节　宪法的概念与分类 …………………………………………… 1
第二节　宪法的渊源与结构 …………………………………………… 9
第三节　宪法的基本原则 ……………………………………………… 13

第二章　宪法的历史发展 ………………………………………………… 24
第一节　西方国家宪法的起源与发展 ………………………………… 24
第二节　中国宪法的起源与发展 ……………………………………… 29

第三章　宪法的制定、修改与解释 ……………………………………… 42
第一节　宪法的制定 …………………………………………………… 42
第二节　宪法的修改 …………………………………………………… 47
第三节　宪法的解释 …………………………………………………… 51

第四章　合宪性审查 ……………………………………………………… 58
第一节　合宪性审查的起源与发展 …………………………………… 58
第二节　合宪性审查模式 ……………………………………………… 64
第三节　我国的合宪性审查制度 ……………………………………… 71

第二编　公民基本权利

第五章　公民基本权利与义务（上） …………………………………… 77
第一节　基本权利的一般原理 ………………………………………… 77
第二节　基本义务的一般原理 ………………………………………… 92

第六章　公民基本权利与义务（下） …………………………………… 103
第一节　平等权 ………………………………………………………… 103
第二节　政治权利 ……………………………………………………… 110

第三节 宗教信仰自由 … 126
第四节 人身自由权 … 129
第五节 社会经济权利 … 142
第六节 文化教育权 … 154
第七节 特殊主体的权利保护 … 161

第三编 宪法基本制度

第七章 国家的基本经济制度与文化制度 … 170
第一节 国家的基本经济制度 … 170
第二节 国家的文化制度 … 175

第八章 选举制度和政党制度 … 179
第一节 民主选举的一般理论 … 179
第二节 我国的选举制度 … 185
第三节 政党制度 … 195

第九章 国家立法机关 … 207
第一节 西方分权学说与议会制度 … 207
第二节 我国的人民代表大会制度 … 212
第三节 最高国家权力机关及其常设机关 … 218
第四节 地方各级人民代表大会 … 231

第十章 国家元首制度 … 239
第一节 国家元首制度的起源与类型 … 239
第二节 国家元首的职能与职务保障 … 241
第三节 我国的国家元首 … 246

第十一章 国家行政机关 … 250
第一节 行政机关概述 … 250
第二节 我国的国家行政机关 … 256

第十二章 国家军事机关 … 268

第十三章 国家监察机关 … 270
第一节 监察委员会的性质和职能 … 270
第二节 监察委员会的组织结构 … 275
第三节 监察权行使的原则和监察权限 … 276

第十四章　国家司法机关 ····················· 283
第一节　司法原则与司法组织 ················ 283
第二节　审判机关 ························· 295
第三节　法律监督机关 ····················· 302

第十五章　中央与地方关系的制度 ············· 308
第一节　国家结构形式的基本理论 ············ 308
第二节　行政区划及相关制度 ················ 315
第三节　民族区域自治制度 ·················· 318
第四节　特别行政区及制度 ·················· 326
第五节　基层群众性自治组织 ················ 344

主要参考书目 ···································· 349

第一编 宪法基本理论

第一章
宪法基本理论

【本章概要】 本章主要介绍宪法的概念、分类、渊源、结构以及基本原则等一系列基本概念,具有一定的抽象性和复杂性。宪法的基础知识将对我们正确理解宪法和树立宪法权威起到重要的作用。本章重在掌握宪法的原则、我国结构和特点。

【学习目标】 掌握宪法概念、宪法结构、宪法渊源、宪法基本原则等基本概念,树立正确的宪法意识。

第一节 宪法的概念与分类

一、宪法的词义

宪法是什么?这是研习宪法的人都无法回避的基本问题。在汉语中,"宪""宪法""宪令""宪章"等词语多有记载,其词义多指一般的法律、法度,或优于刑法等一般法律的基本法。与限制国家权力、保障公民权利意义上的"宪法"相差甚远。近现代意义的"宪法"一词,乃是沿用了日本学者的译法,1873年日本学者林正明翻译《美国宪法》《英国宪法》时首次使用"宪法"一词。直至清末,清政府从日本立宪而强大的事实中受到教益,光绪三十二年(1906年)秋七月戊申光绪帝谕:"而各国所由富强,在实行宪法,取决公论。时处今日,唯有仿行宪政……"[1] 官方文本中出现了规范权力(当时主要是王权)的"宪法"一词。至此,宪法及宪政等词成为官方与学界的常用词。

在西方,宪法一词来源于拉丁文 Constitutio,英文中的 Constitution 和 Constitutional law 与之相当,指人民在其政治联系中的状态、组织、建制的意思。早在古希腊时

---

[1]《清史稿·德宗本纪二》。

期，宪法（politeia）是法律的一种，是指有关城邦组织和权限的法律，包括了有关公民资格、公民权利与义务的法律和城邦议事机构、行政机构和法庭的选任、权限、责任的法律。亚里士多德在《政治学》中强调："政体（宪法）为城邦一切组织的依据，其中尤其着重于政治所由以决定的'最高治权'组织。"[1]这一学术传统为西方人所继承。古典自然法学派用社会契约来论证公民社会的正当性，并成为衡量政治行为的标准，从而使人类开始了文明的生活。对人类历史有重大影响的法国大革命用以结束野蛮的专制政治的首要选择就是宣布《人权宣言》并以此为导向制定宪法，1787年《美利坚合众国宪法》对"constitution"的使用赋予近现代宪法的基本内涵。随之从19世纪开始的轰轰烈烈的政治现代化运动也是以立宪来开路的，并取得了成功。我国改革开放以来建设取得了很大进步，其重要原因就是有了1982年《宪法》。这一切都说明了一个道理：没有宪法就没有政治文明，宪法是政治由暴力的、野蛮的政治转向文明的、对话的、理性辩论的政治的逻辑起点。没有一部好的宪法，就不会有政治文明。[2]

【宪法事例】　　　　　　设立国家宪法日

2014年11月1日，十二届全国人大常委会第十一次会议经表决通过了全国人大常委会关于设立国家宪法日的决定，设立每年12月4日为国家宪法日。

1982年12月4日第五届全国人民代表大会第五次会议通过了《中华人民共和国宪法》，即现行《宪法》。现行《宪法》是对1954年制定的新中国第一部《宪法》的继承和发展。决定将现行《宪法》公布施行的日期，即12月4日设立为国家宪法日，国家通过各种形式开展宪法宣传教育活动。

中共十八届四中全会亦指出，坚持依法治国首先要坚持依宪治国，坚持依法执政首先要坚持依宪执政，强调要加强宪法实施，提出将每年12月4日定为国家宪法日，在全社会普遍开展宪法教育，弘扬宪法精神。

人民日报社论指出，"宪法者，政府之构成法，人民之保证书也"。当前，我们面临的改革发展稳定任务之重前所未有、矛盾风险挑战之多前所未有，国家治理必须依靠法制的统一、尊严和权威。作为法律秩序中的最高规范，宪法是社会整合的基本依托，是凝聚社会力量的坚实载体。以设立国家宪法日为契机，深入开展宪法宣传教育，推动全面贯彻实施宪法，必能在更高层次上促进社会公平正义、增进人民福祉，为推进国家治理现代化提供最根本的秩序保障与制度规范，更好发挥宪法在全面建成小康社会、全面深化改革、全面推进依法治国中的重大作用。[3]

【评注】中国以立法形式设立国家宪法日，集中反映全党和全国人民的意志，有利于在全社会加强宪法宣传教育，树立忠于宪法、遵守宪法、维护宪法的意识，进

---

[1] [古希腊]亚里士多德：《政治学》，吴寿彭译，商务印书馆1965年版，第88页。
[2] 周永坤："政治文明与中国宪法发展"，载《法学杂志》2003年第1期。
[3] 参见"塑造共同的宪法信仰"，《人民日报》2014年12月4日社论。

一步弘扬宪法精神、维护宪法权威、捍卫宪法尊严、保证宪法实施，推进法治中国建设。

二、宪法的界定

宪法的界定主要分为实质意义与形式意义两种。实质意义的宪法是从法律规范内容来界定的。日本学者美浓部达吉指出："宪法一语，用于种种意义，其中须分为实质的意义与形式的意义两种。实质意义的宪法，含有关于国家的组织及作用的基础法之意味。详言之，凡关于国家领土的范围，国民资格的要件，国家统治组织的大纲，尤其是处于国家最高地位的机关如何构成，享有什么权利，怎样行使它的权能，各种机关彼此之间有怎样的关系等的法则，及关于国家与国民之间关系的基础法则，都是属于此种意义的宪法。……"此种分类含义甚广，反映了宪法的基本核心问题。例如《美国百科全书》中将"宪法"定义为：宪法是治理国家的根本法和基本原则的总体，宪法规定政府体制、政府及其各个部门和官员的一般职能和权限，以及如何行使这些职权。《牛津法律大词典》将"宪法"定义为：宪法是法律规则的总称，它确定某个特别政治团体的政体的法律结构的基本和根本成分、它们之间的关系、权力分配及其职能，宪法可以确认为是用来论及国家最高权力运行的结构和主要原则。《布莱克法律词典》将"宪法"定义为"整体权力来自被统治者的政府宪章"，是"民族或国家的基本组织法，用以确立其政府的特性与观念，对政府的内部运作规定其所必须服从的基本原则，组织政府并调节、分配及限制其不同部门的职能，并规定主权行使的范围与方式"。

形式意义上的宪法，即根据宪法的形式特征来界定。一般指宪法的制定程序和修改程序不同于普通法律，并在效力上高于普通法律。日本学者美浓部达吉指出："各国皆以文书书明其国家的基本法，作为本国宪法而公布之。与此普通法律有别，且含有特别强烈的效力。这种形式被规定为与普通法律有别的东西，可以称为形式意义之宪法，又可简称为成文宪法。"[1]这种界定较窄，限于具有最高法律效力的成文宪法，或在不成文宪法制度中被确认为宪法性法律的制定法。

我们认为，宪法首先是法，是高级法或根本法，它不同于普通的法律。它在功能和内容上首先是对公民权利的保护，保障宪法所确立的自由不受侵犯。其次，要更好地保障公民权利，宪法必须科学配置权力，保证各个国家机构要在宪法设定的范围内行使权力。因此，保障人权和限制权力是宪法不可或缺的两个维度，根据这样的逻辑，可以将"宪法"简单界定为："宪法是规范国家权力和保障公民权利的根本法或高级法。"

三、宪法的特征

【宪法事例】　　　　　　2009 年德国联邦议院选举

2009 年 9 月 27 日德国联邦议院选举。据报道，德国全国共有 28 个党派、3556

---

[1]　［日］美浓部达吉：《宪法学原理》，欧宗祐、何作霖译，中国政法大学出版社 2003 年版，第 379 页。

名候选人登记参加此次大选，角逐第 17 届联邦议院 598 个议员席位。德国政坛 5 个主要政党，即联盟党（由基民盟和基社盟组成）、社会民主党、自民党、绿党和左翼党竞争激烈。全国共分 299 个选区，设 8 万个投票站。德国全国共计 6220 万人拥有投票权。联盟党是西方传统意义上的保守政党。与代言职工利益的社民党相比，联盟党更倾向于维护企业主的利益。两党均主张建立社会福利国家，帮助弱势群体，但在途径上存在分歧。联盟党认为发展经济的关键是保持企业主赚取利润的合理空间，鼓励他们扩大投资。社民党则认为维护职工利益，保持政治稳定，实现社会公正，才能推动经济持续发展。绿党的基本政治主张是保护环境、反对修建核电站和反战。左翼党主张通过包括对大企业增税在内的多种手段重新分配社会财富，停止私有化政策和采取最低工资制度。绿党和左翼党还主张通过税收政策减轻低收入者的负担。德国政坛已形成两大阵营分庭抗礼的格局：一边是联盟党和自民党，一边是社民党、绿党和左翼党。这种各个政党及其候选人之间的竞争正是宪法所保障的民主原则的重要体现。

【评注】德国《基本法》建立了民主制原则、联邦制原则和社会国等原则。该事例基本反映了民主制原则，即强调代议制民主政体，在国家宪制机构中，只有议会（即联邦议院）直接通过民主选举产生，具有最高合法性。

宪法具有形式和实质的特征。宪法作为法，具有规范性，与其他普通法律相比，具有以下特征：

（一）宪法的形式特征

1. 宪法的内容不同于普通法律，具有根本性。宪法规定的是一个国家有关社会制度和国家制度的一些最根本、最重大的问题，如国家的性质、国家的根本任务、政权的组织形式、国家的结构形式、公民的基本权利和义务以及国家机构的组织、权限和活动原则等内容。此外宪法还包括有关政府运作的程序、政府相对于个人所享有的权力、修宪程序等内容。这些都是涉及国家的根本性问题。如我国现行《宪法》在序言中明确指出："本宪法以法律的形式确认了中国各族人民奋斗的成果，规定了国家的根本制度和根本任务，是国家的根本法，具有最高的法律效力。"普通法律虽然也规定国家制度与社会制度以及公民的权利与义务等方面的内容，但它只规定其中某一方面的问题，不具有根本性。

2. 宪法的效力不同于普通法律，具有最高性。由于宪法内容的根本性决定了宪法在一国法律体系中的最高地位，从而具有最高的法律效力，在形式上主要表现为：①任何其他法律都必须符合宪法的基本原则、基本精神以及基本内容，否则将因违宪而无效；②宪法是其他法律的立法依据，由于其他法律的效力低于宪法，所以其他法律的制定必须要有宪法依据，既要符合宪法规定的立法权限，又要符合宪法的内容和精神；③宪法是一切国家机关、社会团体和公民的最高行为准则，正是由于宪法的效力高于其他法律，因此它是人们首先必须遵守的最高行为规范，我国现行《宪法》规定："全国各族人民、一切国家机关和武装力量、各政党和各社会团体、各企业事业组织，都必须以宪法为根本的活动准则，并且负有维护宪法尊严、保证宪法实施的职责。"

3. 宪法的制定和修改程序不同于普通法律，具有严格性。首先，由于宪法的内容是国家政治和社会生活中的根本内容，宪法调整的社会关系是国家机关与公民之间的权利义务关系，其直接涉及国家的各种制度、公民的基本权利与义务，为保证制度的稳定和国家机关正常运转、维护宪法的权威和尊严，大多数国家宪法的制定和修改程序均比普通法更为严格。关于宪法的制定，一般由专门的制宪机关来制定宪法草案，经过多次修改后，还要经过严格的表决程序才能发生法律效力。我国1954年《宪法》均由宪法起草委员会起草，经全民讨论后由全国人民代表大会以2/3的多数通过。美国1787年《宪法》由费城制宪会议起草，经9个州的州制宪会议批准后方发生法律效力。其次，宪法如果容易被修改，就极可能打破宪法制定时的政治平衡，增加了宪法的政治性，却降低了宪法的法律性。我国《宪法》第64条第1款规定："宪法的修改，由全国人民代表大会常务委员会或者1/5以上的全国人民代表大会代表提议，并由全国人民代表大会以全体代表的2/3以上的多数通过。"同时第2款又规定："法律和其他议案由全国人民代表大会以全体代表的过半数通过。"

（二）宪法的实质特征

宪法创造了政治共同体，人们运用宪法制约或平衡权力结构以防止政治权力的滥用，并对可能的政治权力的滥用进行控制与矫治，运用宪法保障公民权利，通过法律对抗可能的公权侵犯，而且还可以防止公民对政府的不满恶化为暴力反抗。

1. 宪法是保护个人权利的"社会契约"。宪法是保护所有人的基本权利的社会契约。[1]列宁曾深刻地指出："宪法就是一张写着人民权利的纸。"[2]从历史渊源看，英国的资产阶级革命时期通过的《人身保护法》《权利法案》以及法国大革命时期通过的《人权宣言》，都明确了保障公民基本权利。尤其20世纪以来，国际社会突出了人权价值与功能，使人权成为宪法原则，[3]进一步推进和强调了宪法对于个人的权利的保护，我国也在2004年修宪时将"国家尊重与保障人权"写入《宪法》。此外，宪法的制定和修改程序也表明，宪法的基本宗旨是保护个人的基本权利不受侵犯。宪法通过民主程序，保护多数人的利益，但同时宪法还保护少数人甚至是个别人的权利，尤其是容易受歧视的弱势群体，不受公权或社会强势力量的侵犯。

2. 宪法是规范和限制国家权力的基本法。权力的自然属性都倾向于集中和腐败，如何配置权力，是人类建构的智慧成果，而宪法则是该智慧的结晶。宪法是关于国家权力配置的基本法，它规定了国家机关的组织、职权、活动原则和方式等。同时

---

[1] 来自西方16世纪发展起来的社会契约论，为国家提供了合法性依据和标准。
[2] 《列宁全集》（第12卷），人民出版社1987年版，第50页。
[3] 从宪法文本的比较看，西方国家一般严格区分人权与基本权利的概念，在文本中尽可能限制人权内涵的扩大。

宪法也规定了权力行使的范围、程序和方式，即对权力进行限制，使之符合宪法运行规范。从历史渊源来看，古罗马时期就有立法、行政、司法分工；1688年英国确立了议会主权，1701年《王位继承法》确立了司法权和行政权的分立；1787年美国宪法更是确立了三权分立的架构。从规范来看，宪法的分权制衡是一个复杂的问题，一般包括了横向和纵向分权，所谓纵向分权，是中央与地方的权力关系配置；横向分权则是政府内部职能之间的权力配置。分权的目的在于权力制衡，建立有限政府，并以此保障公民的自由和权利。

3. 宪法是衡量普通法律的法律标准。宪法是一切国家机关、社会团体和公民的根本行为准则。宪法具有最高法律效力，是其他法律规范得以产生和生效的依据，普通法律不得同宪法规范相抵触。因此，法律是衡量公民行为和官员行为合法性的标尺，宪法则是衡量法律或立法行为合宪性的标尺，违反法律的行政行为是违法的，并因此无效而应撤销；违反宪法的法律是"违宪"（unconstitutional）的，也同样因此无效而应撤销。在宪政国家里，只有合宪的法律才可以存在并发生效力。[1]为此，各国建立了宪法监督体系，维护宪法权威，保障宪法实施。

四、宪法的分类

（一）宪法的传统分类

1. 成文宪法和不成文宪法。英国学者詹姆斯·V. 布赖斯（James V. Bryce）1884年在牛津大学讲学时提出成文宪法与不成文宪法的分类。成文宪法，即有宪法典，将有关国家的根本事项，例如有关国家的基本组织、国家权限规定、公民基本权利义务等，用一个或几个法律文件表现出来的宪法。世界第一部成文宪法是1787年的美国宪法，欧洲大陆的第一部成文宪法则是1791年的法国宪法。1918年的苏俄宪法是第一部社会主义性质的成文宪法。

如果绝大部分有关国家的根本事项并没有用统一的书面文件表示，而是散见于不同时期颁行的单行的宪法性法律文件、判例或习惯之中，那么这种宪法就是不成文宪法。不成文宪法的最显著的特征在于虽然各种法律文件并未冠以宪法之名，但却发挥着宪法的作用。英国、新西兰、以色列等国采取不成文宪法形式。英国是不成文宪法的典型国家，其宪法主要由三部分构成：①宪法法案，具体又包括国会立法以及具有规约性质的重要文件，前者如1679年的《人身保护法》、1689年的《权利法案》、1701年的《王位继承法》、1911年的《国会法》、1918年的《国民参政法》、1948年颁布1969年修正的《人民代表法》，后者如1215年的《自由大宪章》、1259年的《人民公约》、1628年的《权利请愿书》。②长期形成的宪法惯例，例如内阁由下院多数党组成并对下院负责，首相由英王任命，大臣对国会与国王负连带责任等。③宪法判例，例如正当法律程序、法官独立等就是由法院判例所宣示的宪法原则。

---

[1] 张千帆：《宪法学导论——原理与应用》，法律出版社2008年版，第5页。

成文宪法明确稳定，便于解释和遵行。不成文宪法虽未法典化，但其含义要比成文宪法丰富。而从宪法发展史来看，成文宪法与不成文宪法已成融合之势。

2. 刚性宪法和柔性宪法。英国学者詹姆斯·V. 布赖斯1884年在《历史与法理学研究》（Studies in History and Jurisprudence）中提出此种分类，该分类依据宪法的法律效力与宪法修改的难易程度的不同而分。刚性宪法是指宪法的制定和修改机关、程序以及效力与普通法律不同，因而难以修改的宪法种类。例如，美国宪法的修改必须由联邦两院2/3以上议员提出修正案，或者2/3的州议会的请求，召集制宪会议才能提出；提出后，还需经过3/4的州议会的批准，或者由全国3/4州组成的制宪会议批准。柔性宪法是指宪法的制定和修改机关、程序以及效力都与普通法律相同，因而易于修改的宪法。目前世界绝大多数国家的宪法大都采用刚性宪法的形式。

3. 钦定宪法、民定宪法和协定宪法。这是以制定宪法的机关和主体为标准进行的分类。

凡是以君主主权为基础，按照君主的意志由君主制定的宪法，是钦定宪法。1814年法国国王路易十八颁布的宪法，1889年日本明治天皇颁布的《大日本帝国宪法》，1908年清王朝颁布的《钦定宪法大纲》等，都是钦定宪法。由于钦定宪法大多是在资产阶级势力虽有一定力量，但封建势力还占优势的情况下制定的，此时国家大权包括对宪法的解释和修改权仍操控于君主手中，所以钦定宪法根本不是真正的现代意义的宪法，或者根本就不能称之为宪法。凡是由君主或国王与国民或国民代表机关协商制定的宪法，为协定宪法。1215年英国的《自由大宪章》、1688年英国的《权利法案》、1830年法国的宪法，都是君主与其他的政治势力尤其是国会协商制定的宪法，因而是协定宪法。凡是由国民或国民选出的代表机关制定的、代表人民公意的宪法，为民定宪法。当今世界各国宪法大多属于民定宪法。

（二）宪法的现代分类

1. 原生宪法和派生宪法。这是以宪法的内容是否具有原创性为标准而进行的分类。原生性宪法是指宪法本身的理念、结构以及所规范的政府组织及权力的运作都根源于本国具体历史条件和宪政运动，而没有借鉴外国宪法模式的宪法类型。英国议会主义宪法体制、美国宪法、1793年的法国国民公会制、1918年苏俄宪法、孙中山五权宪法等就属于原生性宪法。反之，如果宪法是依照外国宪法模式，或者以本国历史上曾经颁布的宪法为模式，结合国家现实政治需要而制定的宪法，可称之为派生宪法。世界大多数宪法都是派生宪法，这一分类，可为宪政建设中学习和借鉴成功者的经验，具有重要意义。

2. 资本主义宪法和社会主义宪法。这是根据国家的类型和宪法的阶级本质所做的一种分类，是马克思主义学者的一种分类方法。资本主义宪法就是建立在生产资料私有制的基础之上、体现和反映占统治地位的资产阶级的意志和利益的宪法。社会主义宪法就是建立在生产资料公有制经济基础之上，体现和反映占社会绝大多数的无产阶级的意志和利益的宪法。

3. 规范性宪法、名义性宪法和语义性宪法。宪法依其在国家实际权力运作方面所具有的实质意义，可分为规范性宪法、名义性宪法和语义性宪法。这种分类方法为美国学者罗文斯坦所首创，他认为：经合法制定并完全实施的宪法为规范宪法；只有法律效力，在生活中并不适用，实际上只是一种将来应当成为现实宣言的宪法为名义宪法；既不反映现实状况，也不起实际作用的宪法为语义宪法。[1]

规范性宪法又称保障性宪法，是指以限制政治权力、保障公民基本权利的实现为核心的宪法，也是本书所讲的宪法。这种宪法能够妥善地规范国家权力，并将国家权力置于宪法之下，发挥了其作为国家根本大法的拘束力，是名副其实的国家最高法。

名义性宪法是指内容远离实际政治生活，在生活中并不适用，实际上只是一种将来可能会成为现实的宪法。这种宪法的特点在于，立宪者对宪法内容的选择不符合实际，因而造成宪法在现实中无法适用。在这种宪法下，政治权利的形成、运作等并不遵循宪法的规定。罗文斯坦曾经将这种宪法比拟为一件不合身的衣服，所以没有穿在身上而将其摆在衣柜中，等待身材长成时再穿。[2]

语义性宪法有时又称装饰性宪法、标签性宪法，是指既不反映现实状况，也不起实际作用的宪法，只是为维护实际掌握国家统治权者的特殊利益，而将现有政权状况予以确认的宪法。

4. 纲领性宪法、确认性宪法和中立性宪法。这是按照宪法的作用和功能的不同作为分类标准而进行的划分。

所谓纲领性宪法是指宪法为国家和社会在一定时期内设定了工作目标，为之后的工作设立奋斗方向的宪法，其在条文中规定了较多的尚未实现和正在争取的内容。

确认性宪法是指宪法的大部分内容是确定已取得的各种成就的宪法，在宪法条文中基本以确认已经取得的成果为主，较少涉及未来的内容。当然，这种划分是相对而言的，而并不是绝对的，不可能有某一部宪法只规定已取得的成果，而不规定新的目标。世界上各国宪法基本上都是纲领性和确认性相结合的，只是纲领性和确认性成分的多少不同而已。

中立性宪法是指宪法内容只规定政府的组织，而不规定意识形态和公民基本权利义务的宪法。此类宪法具有稳定性、连续性的优点，但不规定公民的基本权利，无疑是宪法的重大缺陷。这种分类方法提出了在制定宪法的过程中，应该怎样对待和安排宪法应有内容的重要问题，这不仅关系到宪法本身是否科学，而且更为重要的是其关系到宪法能否发挥其应有的功能。从立法的全面性角度来讲，作为立宪者，在制定宪法的过程中，应该合理地设计宪法的结构，全面地确认国家已经取得的成果，设立合理科学的目标，尽可能避免内容的疏漏。

---

[1] 参见何华辉：《比较宪法学》，武汉大学出版社1988年版，第38页。
[2] 参见肖泽晟：《宪法学——关于人权保障与权力控制的学说》，科学出版社2003年版，第51页。

5. 联邦宪法和州宪法。联邦制国家的宪法一般包括了联邦宪法和州宪法。联邦宪法是全国实施并遵守，具有最高效力，主管规范联邦事务的宪法。州宪法是各州的基本法，各州在不违反联邦宪法规定的前提下，均有权自由制定或取消州宪法中的有关条款，州宪法的制定和修正程序也可自行决定。这种分类反映了中央与地方的权力分配情况，实行联邦制的国家，例如美国、德国、澳大利亚均存在联邦宪法与州宪法。

第二节 宪法的渊源与结构

一、宪法渊源

宪法渊源即宪法的表现形式，一般包括以下主要渊源：

（一）成文宪法典

宪法的主要表现形式就是宪法典，它是现代世界各国宪法的最重要渊源。成文宪法以法典形式规定国家的基本制度等内容，便于实施和遵行。各国由于历史和习惯不同，对宪法的名称也有所不同，绝大多数国家以宪法为名，也有少数国家的宪法称为根本法或者基本法。前者如苏联 1924 年《苏维埃社会主义共和国联盟根本法（宪法）》，后者如 1949 年《德意志联邦共和国基本法》。

（二）宪法性法律

宪法性法律是由普通立法机关根据普通的立法程序制定或认可的、以宪法规范为内容的规范性文件。例如，英国这样的不成文宪法国家，宪法性法律是其宪法渊源，例如 1215 年《自由大宪章》、1628 年《权利请愿书》、1676 年《人身保护法》、1689 年《权利法案》、1701 年《王位继承法》、1911 年《议会法》、1918 年《国民参政法》、1931 年《威斯敏斯特法》和《人民代表法》等。在成文宪法国家，也有具有宪法规范的普通法律，例如选举法、国家机关的组织法等。

（三）宪法惯例

宪法惯例是一个国家在长期的政治实践当中形成的，不具有具体的法律形式，不为法院适用，其内容涉及有关国家制度和社会制度的基本问题，并为国家认可，由公众普遍承认，具有一定约束力的习惯和传统的总和。[1]宪法惯例可补充成宪法条文，适应社会发展，使其具有实质含义。

（四）宪法修正案

宪法修正案是拥有修宪权的国家机关依照特定程序对宪法典所作的修改或补充，它属于一种对宪法的局部修改方式。它易于使宪法适应形势发展的要求，及时反映国家政治、经济、文化等各个方面的需要，使宪法与处于变革中的社会保持动态平

---

[1] 徐秀义、韩大元：《宪法学原理》（上），中国人民公安大学出版社 1993 年版，第 92 页。

衡；也能够维持宪法形式稳定，有利于维护宪法权威。通过修正案对宪法进行修改与直接对宪法条文进行修改虽然都属于宪法的局部修改，但两者有明显的区别：前者是对宪法典中的条文进行的修改，被修改的条文一般不包括在宪法典中，但具有与宪法典同等效力；后者是直接对宪法有关条文进行修改，并以修改后的文字表述取代以前的表述。

（五）宪法解释

西方国家的宪法实践中，往往将违宪审查权和宪法解释权合二为一。我国学者认为："宪法解释，就是有权解释机关依照法定程序和权限，根据宪政精神和社会宪政的实际需要，对宪法条文的具体含义和适用范围所作的补充说明。"[1]宪法解释赋予宪法规范新的含义，使之适应新的社会关系的需要，而且宪法自身也在解释中得到发展。

（六）宪法判例

宪法判例是行使违宪审查权的普通法院或专门机构在适用宪法审判案件时形成的具有约束力的先例。特别是最高法院或宪法法院、专门的宪法监督机构关于国家重大问题的判决而导出的宪法规范。这种宪法判例对下级法院及其他国家机关有规范作用，其特点是针对性和可操作性较强。

（七）国际条约

国际条约是国际法主体之间就权利义务关系缔结的一种书面协议。"条约必须遵守"是国际法的一项基本原则，国际条约能否成为国内法的渊源以及宪法的渊源，则取决于一个国家的参与和认可。西方有些国家在本国宪法中，对国际条约在国内法中的地位和效力问题有专门规定，如美国1787年《宪法》第6条规定，合众国已经缔结和即将缔结的一切条约，皆为合众国的最高法律，每个州的法官都应受其约束。

（八）权威性宪法著作

在成文宪法体系国家，通常认为宪法就是制定法，并且强调宪法规范必须具有明确性和可预知性，因此权威性宪法著作不是宪法的渊源。权威性宪法著作成为宪法的渊源往往出现在不成文宪法国家中。英国曾经很长一段时期都信奉这样一种法治观：宪法不是成文的条文，而是法院司法的结果。与其说个人权利记载于这些条文之中，构成权利的来源，毋宁是，宪法存在于普通法的运行之中，系于法院的司法活动，为自然生长、而非人为建构之物。[2]因此在没有宪法规定以及宪法判例作为依据时，法院通常会援引权威性宪法著作的精神来指导判决。

二、宪法的结构

宪法结构，即宪法的组成部分或体系安排。一般宪法典分为形式结构和内容结构两个方面。

---

[1] 董和平、韩大元、李树忠：《宪法学》，法律出版社2000年版，第146页。

[2] 参见［英］戴雪：《英宪精义》，雷宾南译，商务印书馆1935年版，第244~245页。

(一) 宪法典的形式结构

宪法典的形式结构是指成文宪法典各个要素的外部组合,它包括宪法典的体例和宪法典的格式。宪法典的体例是指宪法典的全部条文被划分为层次不同的部分,并且由相应的文字符号排列形成的形式结构,这些文字符号有篇、章、节、条、款、项、目等。世界各主要国家的宪法典体例归纳起来主要有三种类型:①以"篇"开首,以下分为章、节、条、款、项、目的体例;②以"章"开首,下设节、条、款、项、目的体例,目前世界上多数国家的宪法都采用这种体例;③以"条"开首,下设款、项、目的体例,目前采用这种体例的只有美国1787年《宪法》。宪法典的格式是指宪法典的整体布局,由名称、目录、序言、正文、附件、制定的机构、制定的时间等构成的形式结构。各国宪法一般对宪法典的格式并没有统一的规则,但是宪法典的名称、正文、制定机构、制定时间等则属于构成宪法典的必备要素。

(二) 宪法典的内容结构

宪法典的内容结构是指宪法典的整体内容按照其调整对象的性质和调整方式的不同而划分为若干组成部分,并由此形成的有机组合和有序排列。宪法典的内容的确定在各国宪法中是比较一致的,按照调整对象在性质上的差异,可以分为国家根本制度,公民的基本权利与义务,国家机关的组织、权限和活动原则,宪法的保障、解释及修改,国家的标志等;按照调整方式上的差异,可以将宪法典的内容划分为目的性条款、纲领性条款、基本原则条款、规则模式条款、效率条款、修订条款和过渡性条款等。各国在制宪过程中因受到本国政治、经济、文化等背景的制约,对宪法具体内容的选择会带有明显的倾向性,并形成各国的制度差异。另外,各国宪法典的具体格式也会因受到本国法律文化传统的影响而有所不同,但是宪法典的内容结构的要素是基本一致的,这些要素是宪法区别于其他部门法的主要之处。

1. 宪法序言。宪法序言是指在宪法典的结构内容中,处于宪法正文之前,用于表述制宪的目的、历史事实、宪法所依据的根本原则或原理、制宪者为政府确立的蓝图或努力的方向等不适宜写在宪法正文,但对国家来说却是非常重要的事项。[1]如美国1787年《宪法》的序言:"我们合众国人民,为着建立一个更完善的合众国,树立正义、保证国内治安、筹设国防、增进全民福利并谋吾人及子孙永享自由和幸福起见,特制定美利坚合众国宪法。"我国《宪法》序言主要包括四个方面的内容:[2]①中国历史上的四件大事——1840年的鸦片战争,1911年的辛亥革命,新中国的成立,中华人民共和国成立后所取得的成就。②关于国家的根本任务和根本原则,在现行《宪法》经过五次修改后,宪法序言确立的当前国家的根本任务是沿着中国特色社会主义道路,集中力量进行社会主义现代化建设。国家的根本原则可以概况为四项基本原则基础上的五个坚持——坚持党的领导,坚持马列主义、毛泽东思想、

---

[1] 参见肖泽晟:《宪法学——关于人权保障与权力控制的学说》,科学出版社2003年版,第88页。
[2] 参见肖泽晟:《宪法学——关于人权保障与权力控制的学说》,科学出版社2003年版,第91~95页。

邓小平理论、"三个代表"重要思想，科学发展观、习近平新时代中国特色社会主义思想，坚持人民民主专政，坚持社会主义道路，坚持改革开放。③实现国家根本任务的国内国际条件：社会主义的建设事业必须依靠工人、农民和知识分子，团结一切可以团结的力量。平等团结互助和谐的社会主义民族关系已经确立，并将继续加强。中国革命、建设、改革的成就是同世界人民的支持分不开的。中国的前途是同世界的前途紧密地联系在一起的。④宪法本身的地位，我国《宪法》序言规定："本宪法……是国家的根本法，具有最高的法律效力。全国各族人民、一切国家机关和武装力量、各政党和各社会团体、各企业事业组织，都必须以宪法为根本的活动准则，并且负有维护宪法尊严、保证宪法实施的职责。"

2. 宪法的正文。所谓宪法的正文，是指规定宪法基本内容的条款。在有序言的宪法中，它一般在序言之后，由总则、分则和附则三部分组成。

（1）宪法的总则。宪法的总则是专门规定国家基本原则、基本政治制度、基本经济制度、基本文化制度等内容的条款。在宪法典中，对总则的表述各不相同，有的直接称为总则，我国宪法则将其称为总纲，还有的国家宪法没有总则的规定，但是存在有关总则内容的规定。宪法中的总则各国可以根据本国不同的国情采取不同方式规定。宪法总则的内容，无论其表现形式如何，它都应该被规定在宪法中。

（2）宪法的分则。宪法的分则是指宪法总则所规定的内容的具体化，分则的条文是宪法规范的主要表现形式，是宪法的实体内容。一般包括公民的基本权利和义务、国家机构的设置、权限和活动原则、宪法的实施与监督以及过渡性条款等内容。从形式看，近代和现代各国宪法一般都没有直接冠以"分则"之名。

（3）宪法的附则。宪法正文的附则是指规定宪法的效力、宪法生效的时间以及宪法生效的条件、宪法的修改和补充等程序性内容的部分。在制定宪法的过程中，有些内容并不属于宪法所要规定的制度，然而这些内容又是宪法所必须规定的，为此各国制宪者采取了附则和补充规定的方式，有的国家将有关宪法修改的条件和程序也规定在附则中。与宪法附则相联系的是"过渡性规定"，它是指专门规定国家历史遗留问题的处理方法，宪法颁布前的临时性法律的效力等问题的条款。如果宪法法典中有过渡性规定，一般就将其与附则合并在一起规定，也可以分别予以规定。[1]

3. 修正案。为使宪法更加完善，有修宪权的机关可根据特定程序对宪法某些条款进行更正、删减或补充，独立形成条文，另成一个序列，依附于宪法文本之后，被称为修正案。宪法修正案是宪法不可分割的组成部分。宪法修正案因不需要对原有的宪法文本进行修改并重新公布宪法文本，有利于维护宪法的稳定性，增强宪法的权威性和尊严。

---

[1] 参见苗连营主编：《宪法学》，郑州大学出版社2004年版，第33页。

第三节 宪法的基本原则

宪法原则是对人类政治文明的总结，是构建或体现宪法价值的精神支柱。我们认为，宪法原则从普适性来看，一般包括了人民主权原则、基本人权原则、权力制约原则和法治原则。这四大基本原则构成了宪法内在精神的统一体，成为现代民主宪政体制的基本价值，四者之间人民主权是逻辑起点，基本人权是终极目的，权力制约是基本手段，法治是根本保障。

一、人民主权原则

【宪法事例】　　　　　　　　　美国《宪法》

美国《宪法》（即《美利坚合众国宪法》，也称《美国联邦宪法》）是以这样的语言开篇的："我们美利坚合众国的人民，为了组织一个更完善的联邦，树立正义，保障国内的安宁，建立共同的国防，增进全民福利和确保我们自己及我们后代能安享自由带来的幸福，乃为美利坚合众国制定和确立这一部宪法。"除这里提到的"美利坚合众国的人民"之外，宪法正文的其他部分则很少涉及人民主权这个原则。但是我们可以从另一个被认为也构成美国宪政基础的文件即《独立宣言》中看到这一思想："任何形式的政府，只要危害上述目的的，人民就有权利改变或废除它，并建立新的政府。新政府的基本原则和政权组织形式，必须是更便于实现人民的安全和幸福。"这里清楚地表明了，北美人民正是在不堪忍受英国统治而要求独立并重新建立一个更良好的政府以实现人民的幸福。在随后的美国独立战争中，美国人以暴力的方式重新确立了自己的政府。于是，人民主权理论成为美国独立战争的理论依据以及在战争胜利后建立宪政国家的逻辑起点。可是，1787年的美国《宪法》除了在序言部分提及人民之外则很少有体现人民主权原则的条文。既然如此，我们为什么依然认为美国1787年《宪法》是人类历史上体现人民主权的最好文件之一呢？原因在于在制定美国《宪法》时，宪法之父们坚持的是这样一种观念，他们认为人民主权的原则是不言而喻的。尤其在《独立宣言》中已经详细阐述了这种理论的情况下。那么在推翻英国的统治后，他们认为实际上人民已经取得主权了，一定程度上可以这么理解：人民又回到洛克所说的"自然状态"了。但客观上不可能实施像古希腊那样的直接民主制，即由所有人民组成一个整体直接行使主权，而只能建立一个政府，将人民主权委托给人民同意的人们行使。同时既然人们是放弃每个人的部分权利由人民整体享有从而得以进入这个"社会契约"，那么那些人民没有放弃的部分理所当然依然被保留在人民自己手中。正是在这一个理论前提下，美国宪法之父们持这样的观点：凡是在《宪法》中没有明确赋予联邦政府的权力依然由各州和公民享有。同时在起草1787年《宪法》的时候，他们认为宪法的作用在于限制政府的权力，因为政府是最有可能损害人民权利的机构，所以宪法的重点在于明确政府的权力以及政府成员的选举方法,从而可以反向地达到保护人民权利的目的。另外如果在宪法中明确地列举人民的各项权利,而由于人民的权利样式多种多样不能穷尽的,对于那些没有被列入宪法的权利则有可能引起对宪法的误解,会导致人们误认为宪法只保护那些被列出来的权利,更严重的是政府可能会以宪法无明文规定为由肆意侵害人民的那些宪法没有列举的权利。所以1787年《宪法》最终放弃了规定一个权利法案,这绝非立宪者的疏忽而恰恰是他们有意为之。

【评注】美国《宪法》没有明确讲人民主权,同时文本起草时,也没有考虑到公民权利。因此广受批评。就此而言,最直接的疑问是,美国《宪法》产生的背后,究竟有哪些利益集团在进行斗争,美国《宪法》是否属于利益集团斗争或政变的结果?还是美国《宪法》确实表明了,其权力是人民授予的,是民有、民治与民享的政府,对此,赞成者有之,反对者有之。

人民主权原则,又被称为"主权在民"原则、国民主权原则,是指国家的一切权力来源于人民,属于人民,其行使不得背离人民授予权力行使者行使该项权力的目的。该理论所要解决的是国家权力的归属,说明政府的执政或权力的合法性。主权一词,实乃法学中诡异陈旧一词,近代较早提出主权的是让·博丹,他认为"主权是不受法律限制的,对公民和臣民进行统治的最高权力",[1]主权概念推进了民族国家的出现,也繁荣了公法学的发展。直至18世纪卢梭的《社会契约论》以公意为逻辑起点,指出主权属于全体人民,并且社会各成员都平等地享有主权。政府只是人民的"受委托人",依照人民的意志来行使权力。人民主权思想后在法国宪法学者艾斯曼处演变为"国民主权",随后1776年北美《独立宣言》和1789年法国《人权宣言》吸收人民主权思想,成为宪法的理论基础。直至美国1787年《宪法》的出现,权力的归属等问题已从理念转变为实践,并被各国所效仿追随。

人民主权原则是各国宪法之中的核心原则,各国的宪法一般都对人民主权原则有明确的规定和体现。

1. 明确规定人民主权原则。如法国第五共和国《宪法》第3条第1款规定,国家主权属于人民,人民通过自己的代表和通过公民复决来行使国家主权。人民中的一部分人或任何个人都不得擅自行使国家主权。我国现行《宪法》中也规定:"中华人民共和国的一切权力属于人民。"这种规定虽然没有直接显示人民主权的字样,但体现了人民主权原则。

2. 通过规定人民行使国家权力的形式来保障人民主权。通过直接或间接的民主形式来实现,如我国《宪法》第2条第2款规定:"人民行使国家权力的机关是全国人民代表大会和地方各级人民代表大会。"如俄罗斯《宪法》规定,人民行使权力的最高的表现形式是全民公决和直接选举。

---

[1] 博丹的主权思想常被国内误读,博丹的主权观实际包括以下内容:①主权并不必然属于国王;②区分主权与治权;③将法治纳入国家观念之中;④主权要受到自然法和神法的约束。

3. 通过规定公民广泛的权利和自由来体现人民主权。

二、基本人权原则

【宪法事例】 　　　　　　　　**我国发布人权白皮书**

2014年5月26日，中国国务院新闻办公室发表《2013年中国人权事业的进展》白皮书，这是自1991年以来，除1993、1994年，国新办基本逐年或隔年发布的人权状况发表白皮书。本次白皮书全文约2.1万字，以大量数据和事实从9个方面介绍了中国人权事业取得的成就，包括：发展权利、社会保障权利、民主权利、言论自由权利、人身权利、少数民族权利、残疾人权利、环境权利、人权领域的对外交流与合作。

【评注】 2004年修宪第一次明确规定了"国家尊重和保障人权"。发表人权白皮书表明我国对人权的尊重和保障，并表明中国愿意在人权建设方面接受民众的检阅和世界的审视。

人权，就是人作为人应享有的权利，人权的权利主体是所有的人，其义务主体主要是国家。人权具有法律属性和道德属性，是宪法构建和追求的基本目标。因此世界各国宪法一般都以保障公民基本人权作为其基本原则。最早将人权理论予以规范化的是北美《独立宣言》以及法国1789年的《人权宣言》。美国1787年《宪法》的10条修正案（又称"权利法案"）和1791的法国《宪法》是最早确认基本人权原则的宪法。此后民主国家的宪法一般都将基本人权原则作为宪法的一项基本原则。

从世界各国宪法的规定看，各国宪法对基本人权原则的体现主要有以下几种形式：

1. 既明确规定基本人权原则，又以公民基本权利的形式规定基本人权的具体内容。这是多数国家宪法采用的形式。如日本《宪法》不仅明确规定"我们确认，世界各国国民同等享有在和平中生存并免除恐怖与贫乏的权利"，而且在第三章"国民的权利与义务"中规定了人权的基本内容；白俄罗斯《宪法》同样既规定"努力确立白俄罗斯共和国每个公民的权利和自由"，又在第二部分"个人、社会、国家"中规定了基本人权的具体内容；我国现行《宪法》既存在"国家尊重和保障人权"的概括性规定，又在第二章规定了公民的基本权利和义务。

2. 不明文规定基本人权原则，只是规定公民的基本权利。如美国1787年《宪法》及其修正补充的权利法案，尽管没有直接以规范的形式确认基本人权原则，但却通过规定公民的宗教信仰自由、言论出版自由、参政权、平等保护权、人身自由权、正当法律程序以及联邦最高法院在司法裁判中所确认的公民的其他基本权利体现了基本人权原则。德国《基本法》也仅仅是在第一章"基本权利"中具体规定了公民的基本权利，而没有对基本人权原则予以明确规定。比利时《宪法》也只是在第二章"比利时国籍及国民的权利"中规定了国民的具体权利；丹麦、荷兰等许多国家的宪法也都是如此。

3. 原则上确认基本人权，但对公民基本权利的内容却规定较少。如法国1958年宪法虽然宣布"忠于1789年《人权宣言》所规定的,并由1946年宪法序言确认和补充的人权和国家主权的原则",但在宪法的具体条文中则只对公民的选举权作了规定,当然,在世界各国的宪法中,采用这种形式的很少。

三、权力分立与制衡原则

【宪法事例】　　　　　　　美国《爱国者法案》

"9·11"事件后,美国迅速通过了旨在为打击恐怖主义提供法律依据的《爱国者法案》,该法案赋予政府执法部门前所未有的权力,不再受许多司法程序的约束。它在限制公众获取政府信息的同时,提高了政府掌握民众私人敏感信息的程度。因此这部法案虽然极大地提高了打击恐怖犯罪的效率,但同时也迅速地膨胀了行政机关的权力,使得美国行政执法部门成为前所未有的最具强权的部门,这就不可避免地损害了公民的自由,限制了公民的正当权利。例如,2006年美国媒体就披露NSA(美国国家安全局)已经秘密收集了数千万个美国公民的通话记录,这在美国媒体引起了一片哗然,隐私权利向来被美国公民视为极为重要的权利;受到美国宪法第四修正案的保护。然而,这样一项重要的公民权利却被行政执法部门以"反恐"的名义肆意侵犯。这引起了美国社会对于反恐行动伤害民众权利以及行政权力过度膨胀的反思。《爱国者法案》(Patriot Act)中关于扩大政府行政权力的规定,其中包括了司法部长可以不经参议院批准单方面任命联邦检察官的权力。然而,证据显示,美国司法部2006年12月开除了8名联邦检察官,原因是他们被认为对共和党政府不够忠诚。美国舆论认为,开除8名联邦检察官事件是布什政府以反恐为名滥用权力的又一例证。因此,美国参议院为抑制政府的权力,2007年3月便通过法案,剥夺了司法部长所享有的不经参议院批准单方面任命联邦检察官的权力。这是美国立法权力对行政权力进行制衡,防范行政权力越位和滥用、侵犯公民权利的例证。

【评注】 2001年9月11日袭击世贸中心和五角大楼的事件,促使国会做出反应,通过了美国《爱国者法案》,该法案扩大了执法和司法权力,要求公共和私营组织提供与国土安全相关的信息,但这样的做法违背了美国宪法第四修正案的精神。有学者认为,该法案对民主自由造成了直接伤害。但是《爱国者法案》的支持者却认为,应当采取一切必要的措施保护美国公民不受他们所说的穆斯林激进分子的威胁。如果这意味着放弃公民自由,允许普遍的秘密调查,也应当接受下来。可见,虽然美国以权力制衡的政治体制闻名于世,但其行政部门的权力正日益膨胀,拥有越来越多的立法和司法权力。而这与美国的立国之本"三权分立"思想是背道而驰的。

权力制约思想由来已久。古希腊、罗马时期的亚里士多德、波利比阿等就是最早阐述这一问题的著名思想家。亚里士多德从人性恶的角度分析了权力制约的必要性。他认为,人的天性是恶的,"人类倘若由他任性行事,总是难保不施展他内在的恶性",尤其是"常人既不能完全消除兽欲,虽最好的人们(贤良)也未免有感情,这就往往在执政的时候引起偏向"。而相互制约则是防止人们恶性膨胀的根本途径。因为"人之间互相依仗而又互相限制,谁都不得任性行事,这在实际上对各人都属有利"。[1]因此，为了有效消除执政者的兽欲，防止政治偏向，亚里士多德提出了选举、限任、监督和法治等一系列的权力制约方法。波利比阿（Polybiu，公元前205年~公元前125年）则通过详细考察罗马历史认为，罗马的强盛主要得益于它独具特色的政体，这就是执政官、元老院和平民会议三者的权力互相配合与制衡的政制。

近代的权力制约思想最典型的主要是以洛克、孟德斯鸠和汉密尔顿等为代表的分权学说。洛克是近代分权学说的倡导者，他认为，国家有三种权力，即立法权、行政权和对外权，但如果立法权和行政权交由同一人或同一机关掌握，就会给人类弱点以极大的诱惑，促使人们去攫取权力，以使自己不受法律的限制，因此三种权力应由特殊机关分别掌握；同时，尽管立法权是国家的最高权力，但他并不认为这是不受限制的权力，由于政府的权力来自人民的委托，因而必须受委托条件的限制。孟德斯鸠则是近代分权学说的完成者。他不仅把国家权力分为立法权、行政权和司法权，由三个不同的机关来行使，而且认为："一切有权力的人都容易滥用权力，这是亘古不易的一条经验。"在他看来，"有权力的人们使用权力一直到遇有界限的地方才休止"。因此，他得出结论："从事物的性质来说，要防止滥用权力，就必须以权力制约权力。"[2]作为1787年美国《宪法》的主要起草人，汉密尔顿（Hamilton）在《联邦党人文集》（*The Federalist Papers*）中指出，一个国家的统治者和被统治者都不是天使而是人，否则"如果人是天使，就不需要任何政府了；如果是天使统治人，就不需要对政府有任何外来的或内在的控制了"，进而他指出，领袖也总是"各种野心勃勃、争权夺利而无意为公益而合作"的人，这样"在组织一个人统治人的政府时，最大的困难在于必须首先使政府能管理被统治者，然后再使政府管理自身"。[3]那么如何管理自身、制约统治者呢？那就是"野心必须用野心来对抗"。因此，他根据洛克、孟德斯鸠的分权思想阐述了美国政府的建制，并且提出立法、行政、司法三权应该分立，而且应该相互牵制与平衡的原则。[4]美国资产阶级政治家、美国民主传统的奠基者杰弗逊在美国建国初期，坚持主张在美国必须建立代议制的民主共和国，指出政府必须在人民的控制之下，体现和执行人民的意志，保障人民的自由权利，保护人民的经济利益和社会地位。他认为："世界上每一个政府都带有人类弱点的某种痕迹，带有腐化堕落的某种胚芽，运用狡智便能发现，居心叵测便去发掘、培植和助长。任何政府如果单纯托付给人民的统治者，就一定蜕化，所以只有人民本身才是政府的唯一可靠的保护人。"[5]

---

[1]　[古希腊] 亚里士多德：《政治学》，吴寿彭译，商务印书馆1965年版，第169、319页。
[2]　[法] 孟德斯鸠：《论法的精神》（上册），张雁深译，商务印书馆1982年版，第154页。
[3]　[美] 汉密尔顿、杰伊、麦迪逊：《联邦党人文集》，程逢如、在汉、舒逊译，商务印书馆1980年版，第264页。
[4]　参见 [美] 汉密尔顿、杰伊、麦迪逊：《联邦党人文集》，程逢如、在汉、舒逊译，商务印书馆1980年版，第40~41页。
[5]　转引自周叶中主编：《宪法》，北京大学出版社、高等教育出版社2005年版，第107页。

制约机制的原理是一种普遍的客观规律，权力制约原则体现于各国宪法关于分权和制衡的规定当中。分权原则又称为分权制衡原则，是指把国家权力分为几个不同的部分，分别由不同的国家机关独立行使，这些国家机关在行使权力的过程中，保持一种互相牵制和互相平衡的关系。权力分立最先为资本主义国家的宪法所确认。法国《人权宣言》中就有"凡权利无保障，分权未确立的社会，就没有宪法"的规定。1787年美国《宪法》以孟德斯鸠的理论为基础，严格地实行三权分立。此后的资本主义国家在制定宪法，建立自己的国家政权过程中，都将近代分权学说予以贯彻，从而形成权力制约原则的具体表现形式——分权制衡原则。资本主义国家的国情不同，各种政治力量的对比关系不同，国家与国家之间的法律传统和文化各异，因此，虽然都以权力分立为基本原则，但分权和制衡的表现形式各不相同。从各个资本主义国家宪法的规定看，对分权原则的运用主要有三种基本形式。

1. 典型的三权分立模式——美国式。美国是运用分权制衡原则最典型的资本主义国家，其分权与制衡的关系极为明确、具体。根据美国《宪法》的规定，立法权属于由参众两院组成的国会，行政权属于美利坚合众国总统，司法权属于联邦法院及其下级法院。同时宪法明确规定了立法权、行政权和司法权三者之间的制衡关系。如：国会有权要求总统条陈政策以备审议，有权批准总统对外缔结的条约，有权通过弹劾审判案撤换总统，有权建议、批准总统对联邦最高法院法官的任命，有权弹劾审判联邦最高法院法官并撤销其职务；参议院对弹劾案有审判权。总统对国会通过的法案有有限的否决权；副总统兼任参议院议长；总统有权提名并任命联邦最高法院法官；总统有特赦权。联邦最高法院首席法官担任总统弹劾案的审判庭主席；根据宪法惯例，联邦最高法院有权解释法律，宣布国会通过的法律违宪而拒绝适用等。另一方面，美国《宪法》还实行中央和地方的纵向分权，宪法第一修正案规定凡未列举的权力属于各州和人民保留，联邦中央政府只能在宪法规定的范围内行使职权，否则就是侵犯各州保留的权力而破坏分权原则。

2. 以立法为重点的英国式。英国是世界上最先实行宪政的国家，其政府形式成为洛克和孟德斯鸠分权学说的事实依据。英国资产阶级最初以议会作为与以国王为代表的封建势力斗争的法定场所，因此通过加强议会的权力以控制和打击国王的权力是英国资产阶级采用的主要形式。在长期的斗争中，议会成为英国政治权力的重心，研究英国宪法的学者都认为英国实行的是议会主权，下院是反映民意的机关，是制定具有普遍约束力的行为规则的机关，因此它的权力是最高权力，其他权力都隶属于它。但立法权最高并不意味着行政权和司法权没有独立性，不能实行分权与制衡，实际上，英国在议会主权之下仍实行立法、行政和司法的有限分权。表现在：国会主要行使立法权，作为行政机关的内阁由下院产生并对下院负责；内阁一经产生便在首相领导下独立行使行政权；上院为英国本土的最高法院。根据1629年《人身保护法》和1701年《王位继承法》，各级法院独立行使审判权。受历史因素影响，英国过往行政、立法及司法三权未有明确分清，而一旦司法人员同时拥有立法或行政权力，就使得司法审讯潜在不公平的因素，有可能违反《欧洲人权公约》的规定。基于这种背景，根据《2005年宪制改革法案》，2009年英国设立最高法院，承受来自原上院的司法权。

3. 以行政行为为重点的法国式。法国在历史上也是一个实行三权分立的国家，但长期实行责任内阁制，议会是国家政治生活的重心。现行《宪法》在责任内阁制的基础上加强了总统的权力，形成了具有议会制特点的总统制。《宪法》规定，立法权由议会行使，行政权由总理领导下的内阁行使，但实际上这种分权并不是美国那种典型的平面式分权，总统行使的权力高居于其他两权之上。根据《宪法》的规定，总统是国家独立、领土完整和遵守共同协定与条约的保证人；总统由选民直接选举产生，不向议会负责；总统有任命总理、签署和颁布法律、主持内阁会议、任命文武官员、统帅全国武装力量的权力；除此之外，总统有权在法定期限内要求议会重新审议其最后通过的法案，议会不得拒绝；总统有权就一切涉及公共权力组织的法案提交公民复决；总统在与总理及议会两院议长磋商后有权解散国民议会。因此，总统实际上拥有对议会的重大制约权，而议会却只能通过不信任案迫使总理向总统提出政府辞职，但同时却受到总统解散议会的威胁，因此在实际上并不构成对行政权的抗衡。以行政为重点的分权与制衡原则表现得十分明显。

法国在运用分权原则过程中，既吸收了总统制的特点，也借鉴了议会制的特点，通过加强总统的权力，削弱议会的权力，从而把分权与制衡的权力重心由立法转移到行政，并建立起半总统半议会制的体制。

我国现行《宪法》比较全面地体现了分工与制约的原则，表现在以下几点：

（1）我国《宪法》规定中华人民共和国全国人民代表大会是最高国家权力机关，全国人民代表大会及其常务委员会行使国家立法权；中华人民共和国主席是国家元首；中华人民共和国国务院是最高国家权力机关的执行机关；监察委员会是国家的监察机关；人民法院是国家的审判机关；人民检察院是国家的法律监督机关。因此我国《宪法》实际上将国家机关的职能进行了适当的分工，各个国家机关各司其职、互相配合。

（2）我国《宪法》规定国家行政机关、监察机关、审判机关、检察机关都是由人民代表大会产生，对它负责受其监督。因此全国人民代表大会及其常务委员会有权制约由它选举产生的国家机关，其制约的手段有：①有权撤销行政机关制定的行政法规和行政规章；②人民代表大会有权依法定程序提出质询案，受质询的机关必须负责答复；③有权依法定程序罢免国家行政机关、监察机关、审批机关和检察机关的主要领导人。

（3）我国宪法规定中央和地方的国家机构职权的划分，遵循中央统一领导下，充分发挥地方的主动性和积极性的原则。

虽以民主集中制为原则，社会主义国家并不否认权力分工，权力之间也确实需要科学的分工和有效的制衡。

四、法治原则

【宪法事例】 水门事件

1972年6月17日凌晨,包括詹姆斯·麦克德(James McCord)在内的5名白宫"管子工"偷偷潜入位于首都华盛顿水门大厦的民主党全国委员会总部,偷拍文件和安装窃听器,刺探民主党的竞选策略和活动情况,结果被值勤警察当场抓获。轰动一时的"水门事件"由此爆发。从一开始,尼克松班子就极力掩盖事实真相。然而,媒体对于这一令人蹊跷的事情给予了高度关注。6月18日,《华盛顿邮报》(Washington Post)在《星期日邮报》(Mail on Sunday)的头版左上角,以"五人因密谋窃听民主党办公大楼事件而被捕"为题发表了专题报道,并指出詹姆斯·麦克德是中央情报局前特工人员。次日,鲍勃·伍德沃德(Bob Woodward)与卡尔·伯恩斯坦(Carl Bernstein)又披露麦克德是尼克松总统竞选连任委员会的安全人员。他们从"深喉"那里获得了确切消息,可以确认白宫与此次窃听事件有关联。随着报道的不断深入,白宫也不断加大压力。1973年1月,非法闯入水门大厦的5人及其另外2名同谋被指控入室偷盗和窃听,受到联邦地区法院审讯。随着麦克德的供认,调查越来越明确地显示,这些人的非法行动获得了政府高层官员的认可,与中央情报局和总统连任委员会关联密切,而相关机构却正在极力掩盖他们与此事的牵连。1973年2月,参议院以77票对0票一致同意建立总统竞选活动特别委员会,由来自北卡罗纳州的萨姆·欧文(Sam Ervin)担任主席。随着调查的深入,《华盛顿邮报》在1972年下半年提供的许多有关"水门事件"的材料得到了证实。最终,错综复杂、扑朔迷离的"水门事件"的真相终于浮出水面:白宫操纵了该事件,滥用权力践踏了民主。

1974年3月1日,法院大陪审团对尼克松手下的一批得力助手起诉,其中包括米切尔、霍尔德曼、埃利希曼等。在这种情况下,众议院司法委员会也通过决议决定考虑弹劾问题,并在7月27日以27票对11票通过弹劾案。于是尼克松面临两种选择:辞职或被弹劾。如被弹劾,他将在参议院接受6个月的审讯,这将遭到巨大屈辱。8月6日尼克松召集内阁会议,表示录音带里曾讨论过将压制对水门事件的调查,他扣留了有关此案的材料。8月9日早上,尼克松在办公桌上的一张写有"我谨此辞去美国总统之职"的纸上签了字,而后走出白宫和接替总统职位的副总统福特告别,然后尼克松一家人乘专用直升机飞向安德鲁斯机场,在那里由"空军一号"把尼克松送到加利福尼亚的老家。

【评注】 水门事件中,联邦上诉法院否定了总统的司法豁免权和执法特免权,规定了针对白宫文件(录音带)的证据审查程序,该程序允许特别检察官可以参与区分录音带可公开部分和机密部分的过程,使特别检察官得以传审白宫录音带。美国联邦最高法院维持了该项裁判,该裁判确立了一项法律原则:即便是合众国总统也必须履行由独立的司法机构所解释的宪法和其他法律规定的义务。

法治(rule of law)的字面含义为法律的规制、法律的统治。在德语国家以法治国家（rechtsstaat）以此表达相同的含义。最早指出法治含义的是亚里士多德。他认为法治有两层含义：法律得到普通的服从，而大家所服从的法律又是制定得良好的法律，即普遍守法与良法。1959 年的《新德里宣言》将法治归纳为三条：①立法机关的职能在于创设和维护使每个人保持"人格尊严"的种种条件；②不仅要对制止行政权的滥用提供法律保障，而且要使政府有效地维护法律秩序，借以保证人们具有充分的社会和经济生活条件；③司法独立和律师职业自由。1961 年 1 月，各国法学家又在拉格斯召开"法学家代表大会"，对《新德里宣言》作了修改，称为"拉格斯法则"（Law of Lagos）。[1] 20 世纪 70 年代以来，一些西方学者开始重视程序公正的研究，将程序公正纳入法治，强调良好的法律表达形式。同时也纳入了保证上述三层法治含义得以实现的基本制度构建。这样，法治的内涵或原则就包括四方面的内容：法的普遍遵守、良法的实体（内在）价值、良法的程序（外在）价值和基本制度原则。

法治是一种治国的理论、原则和方法，那么作为国家根本法的宪法无疑应将其确认为基本原则，并在宪法的具体内容中予以充分体现。纵观各国宪法的规定，在体现法治原则时一般都包括以下内容：①宪法是国家的最高法律，其他任何法律、法令不得与之相抵触，一切机关、组织和个人都必须以之为根本的活动准则；②法律面前人人平等；③未经正当法律程序，不得剥夺任何人的权利和自由；④各个国家机关的职权由宪法和法律授予，其权力必须依法行使；⑤司法独立。如作为1791年法国宪法序言的《人权宣言》明确规定，"凡未经法律禁止的行为即不得受到妨碍，而且任何人都不得被迫从事法律所未规定的行为"。"法律对于所有的人，无论是施行保护或处罚都是一样的。在法律面前，所有的公民都是平等的"。"除非在法律所规定的情况下并按照法律所指示的手续，否则不得控告、逮捕或拘留任何人"。美国《宪法》规定，联邦宪法是全国的最高法律，各州宪法和法律不得与之相抵触；未经正当法律程序，不得剥夺任何人的生命、自由和财产。日本《宪法》规定，宪法是国家的最高法规，与宪法相违背的法律、命令、诏敕以及有关国务的其他行为的全部或一部，一律无效，"任何人非依法律所定手续不得剥夺其生命或自由，或课以其他刑罚"等。

从各国宪法对法治原则的体现方式来说，主要有以下两种形式：①在宪法序言或者宪法条文中明确宣布为法治国家，如葡萄牙共和国《宪法》序言规定："制宪会议庄严宣布：葡萄牙人民决心保卫国家独立，捍卫公民基本权利，确立民主制度的根本原则，确保法治在民主国家中的最高地位。"土耳其共和国《宪法》第 2 条第 1 款规定："土耳其共和国是一个民主的、非宗教的、社会的法治国家。"摩纳哥公国《宪法》第 2 条宣称："公国是一个法治国家，尊重自由和基本权利。"②虽不直接运用法治一词，但其他文字或有关内容却清楚地表明该宪法以法治为基本原则，如

---

[1] 参见龚祥瑞：《比较宪法与行政法》，法律出版社 1985 年版，第 82 页。

1958年法国《宪法》第2条规定："共和国的口号是'自由、平等、博爱'"，"共和国的原则是：民有、民治和民享的政府"。前述法国《人权宣言》、美国《宪法》和日本《宪法》等也是如此。

1999年3月，第九届全国人大二次会议通过的宪法修正案中，明确了我国法治建设的目标是："实行依法治国，建设社会主义法治国家"，从而确立了社会主义法治的原则，依法治国是手段，法治是目的。2018年宪法修正案在序言中进一步明确了，"健全社会主义法治"。结合《宪法》第5条关于社会主义法治的规定，我国社会主义法治包含以下几方面的内容：

1. 我国现行《宪法》确立了法律权威高于个人权威的原则。如《宪法》第5条规定，"一切法律、行政法规和地方性法规都不得同宪法相抵触"，"一切违反宪法和法律的行为，必须予以追究"，"任何组织或者个人都不得有超越宪法和法律的特权"，而法律的权威性是法治的基本要求，它是宪法确认的法治原则的具体体现。

2. 我国现行《宪法》确立了人民主权原则。《宪法》第2条第1款规定："中华人民共和国的一切权力属于人民"。因此国家的法律及其制度是以社会主义民主为其基础和保障的，人民通过选举产生的全国人民代表大会和地方各级人民代表大会来行使权力，在社会主义民主的前提下不容许有超越宪法和法律的特权存在，更不容许有破坏社会主义民主、侵犯公民权利的专制权力存在。

3. 我国现行《宪法》宣布它本身为国家根本大法，是一切国家机关、社会团体和全体公民的最高行为准则，是国家的最高法律，充分体现了依法治国的精神。《宪法》规定一切国家机关都必须依法行使职权，为保障国家机关及其工作人员依法办事，宪法规定公民有广泛的监督权，包括批评建议权、申诉权、控告权和检举权。《宪法》还规定公民对国家机关及其工作人员侵犯其权利的行为有依照法律规定取得赔偿的权利，从而对国家机关依法行使职权提出了更高的要求。

思考与实务

1. 宪法具有什么特征？
2. 宪法的基本原则包括哪些？
3. 宪法事例实训：

据媒体报道，在2009年1月20日的就职典礼上，奥巴马宣誓就任美国第44任总统，宣誓由联邦最高法院首席大法官罗伯茨主持。但宣誓时奥巴马似乎有些紧张，当罗伯茨读出第一句："我贝拉克·侯赛因·奥巴马……"还未念到"谨庄严宣誓"时，奥巴马已脱口而出。结果在罗伯茨完成该句后，奥巴马才从头再念一次。更大的错误在于，罗伯茨在领读时误将助动词"忠实地"放在了句末，这无损文意，也符合英语文法，但与宪法文本中"忠实地"在动词前的语序不符。为纠正这一失误，奥巴马21日晚在白宫重新宣誓，还是由美国最高法院首席大法官约翰·罗伯茨领读。

在罗伯茨领誓下，这次奥巴马一字不差地顺利完成宣誓，用时大约30秒。据说这是美国历史上第三次发生总统需要重新宣誓的事件。第三十任总统约翰·卡尔文·柯立芝以及第21任总统切斯特·A.阿瑟都曾因为类似原因而再次宣誓。乔治·华盛顿大学美国宪法专家杰弗里·罗森介绍，最"大胆"的是1929年引领赫伯特·胡佛宣誓的大法官威廉·霍华德·塔夫特，"他即兴发挥，擅自改了一个单词"。他们都重新进行了宣誓，不过前两次是私下的，这次奥巴马是公开的。

请思考：什么是宪法权威？应当如何维护宪法权威？

第二章 宪法的历史发展

【本章概要】本章概述西方国家宪法的起源和发展,重点介绍中国宪法的产生和发展。西方国家主要集中介绍英美德法各国,各国的宪法的产生处于不同的历史时期,也具有了不同的特点。近代宪法的产生,树立了宪法规范权力、保障人民权利的基本范式,更重要的是近代宪法的产生为后续的宪政运动指明了方向,建立了制度性的规范。中国宪法的发展,经历了旧中国、新中国两个阶段,集中反映了国人追求宪政的过程和曲折,透过现象看本质,历史的经验、政治文明的总结告诉我们,宪法是民主政治的晴雨表,是人民权利的保护伞。

【学习目标】熟悉、掌握英美德法宪法的历史发展,能够熟知该宪法的基本特点及近现代的发展概况;对于中国宪法历史发展的认识,结合中西,透析经验教训,切实为中国未来宪法实施与监督提供有益的思考。

第一节 西方国家宪法的起源与发展

一、近代意义宪法的起源

【宪法事例】 光荣革命

光荣革命是指1688~1689年英国资产阶级和新贵族发动的推翻詹姆斯二世的统治、防止天主教复辟的非暴力政变。西方资产阶级历史学家因为这场革命未有流血,故称之为"光荣革命"。

当时,支持议会的辉格党人与部分托利党人为避免信奉天主教的詹姆斯二世传位给刚出生的儿子,而把詹姆斯二世废黜。在废黜国王之后,他们把王位传于原本的继承者,詹姆斯二世的女儿玛丽和时任荷兰奥兰治执政的女婿威廉。威廉带兵进入英国,未发一枪,使詹姆斯二世仓皇出逃,议会重掌大权。1689年1月伦敦召开的议会全体会议宣布詹姆斯二世逊位,由威廉和玛丽共同统治英国,称威廉三世和玛丽二世。同时议会向威廉提出一个《权利宣言》。宣言谴责詹姆斯二世破坏法律的行为;指出以后国王未经议会同意不能停止任何法律效力;不经议会同意不能征收赋税;天主教徒不能担任国王,国王不能与天主教徒结婚等。威廉接受宣言中提出的要求。宣言于当年10月经议会正式批准定为法律,即《权利法案》。这次政变实质上是资产阶级新贵族和部分大土地所有者之间所达成的政治妥协。政变之后,英国逐渐建立起君主立宪制。

【评注】"光荣革命",实质上就是走的不经暴力而采取妥协来解决矛盾的道路。政变之后,英国逐渐建立起君主立宪制。1688年的"光荣革命"解决了近一百年来困扰英国不休的国王与议会的主权问题,确定了议会的主权,这不仅对英国以后的历史发展,而且对欧美宪政运动都产生了重要影响。

近现代宪法是人类政治文明的产物,是保障人类尊严和价值的智慧结晶。近现代宪法的产生具有多种原因,充分的思想启蒙和市场经济的推动,促使民主政治法律化、规范化。从宪法的产生和发展,并关注立宪国家的成功经验,为我国宪政国家的建设提供借鉴和指导。

(一) 英国宪法

英国是宪政运动的先驱,英国宪法更是根植本土,在自由与权力的对抗中,缓慢成长,历经几个世纪的发展,英国宪法表现出其与众不同的特点与内容。

1. 英国宪法在不断限制王权的过程中产生与发展。早在盎格鲁—撒克逊时代,英国已经形成法律禁止和惩罚一切危害国王统治的行为,但国王同时要承担遵守法律和公正裁判的义务。1066年英国建立了诺曼王朝(征服者威廉一世建立,1066~1154),诺曼法和盎格鲁—撒克逊法的融合,构成了普通法的源头。而诺曼法是一种典型的封建法,其本质上是一种契约法。1199年登基的约翰王,仗着手中的权力,践踏封建契约,横征暴敛,残害民众,破坏了以往的封建传统,导致了国内封建领主的普遍不满。在坎特伯利大主教的支持下,封建领主领导了反约翰王的起义,以契约的方式达成了封建贵族和国王的"和解",即1215年"大宪章",大宪章要求议会和国王都必须遵守大宪章。不过,大宪章颁布至亨利五世时(1413~1422),前后由国王重新确认大宪章达44次。正是这种渐进的、不断的妥协,使得大宪章越来越完善,成为以后英国宪法的精神。在此过程中,英国国会1628年《权利请愿书》、1689年《权利法案》以及1701年的《王位继承法》,构成了对于个人自由和权利保护的宪法性文件,且影响到其他国家的宪政,演化为各国宪法中的权利条款。

2. 英国的不成文宪法具有高度抽象的内涵。英国宪政运动产生了英国的不成文宪法,如何解释英国宪法历来是宪法学者的难题。一般来讲,英国宪法包括了从政治实践中抽象出的主导性原则:议会主权、法治原则等,并且这些规则是由法院强制执行的,从而构成了实质意义的宪法,被统称为"宪法律"(the law of the constitution)。同时起宪法作用的法院判决也确立了一系列的制度,成为宪法来源。再者,宪法惯例规制着行使主权权力的几个成员、大臣和其他官员的行为。例如,国王统而不治;首相主持内阁政务;首相自行组阁;内阁由下议院多数党组成;等等。

(二) 美国宪法

【宪法事例】 《联邦党人文集》

《联邦党人文集》被誉为美国宪法的"圣经",学界普遍认为此书是对美国宪法及美国联邦政府所依据之原则的最好阐释,美国最高法院曾经把它当作宪法的来源加以引证。欲了解美国政治制度,必先了解美国宪法;而欲了解美国宪法,必读《联邦党人文集》。新宪法制订以后,必须得到13个州中的9个州批准才能生效。但是这显然并非易事,新宪法由于调整了人们的利益关系和观念的歧异而不可避免地遭到了不少人的反对。制宪会议结束时,联邦派(拥护宪法派)就意识到一场大辩论将不可避免,华盛顿建议请文笔高明的人士在报纸上写文章鼓吹新宪法。汉密尔顿首先响应,他找到杰伊和麦迪逊,从1787年10月27日开始到次年5月28日在纽约《独立日报》(*Independent*)、《纽约邮报》(*New York Post*)等报纸上发表论文,或数日一篇,或一日数篇,共85篇。这些文章后来结集为《联邦党人文集》,其目的在于阐述宪法的精神,以支持联邦大会的州代表选举,对支持联邦宪法的代表进行鼓励,并对反对联邦宪法的代表进行劝说。《联邦党人文集》的读者对象不仅仅是广大的选民,还包括那些实际上能够决定宪法命运的精英阶层。

这部极为出色的论战性巨著灵活地运用当时"新兴的政治科学"原理对宪政理论作了详尽的阐释,从学理上、经验上和历史上极具权威地对美国宪法的总体设计和每一项重要条款都作了审慎的探究和精细的分析,令人信服地揭示了美国宪法"实质上的优点",驳斥了反对派对宪法的各种责难和攻击,打消了人们对新宪法的各种隐忧和疑虑,证明了新宪法的势在必行以及及时批准新宪法对于美国是性命攸关的。《联邦党人文集》不仅对于促进宪法的顺利通过有重要意义,而且由于其设计了一套政治制度,把自由的理念全面落实到了制度层面,因此这套政治制度基本形塑了现代政治的面貌。

【评注】《联邦党人文集》是美国建国时期最为重要的文献之一。它的作者都是美国建国时期的杰出人物:詹姆斯·麦迪逊出任了第四任合众国总统;亚历山大·汉密尔顿在乔治·华盛顿的内阁中任职,确定了美国经济政策;约翰·杰伊成为美国最高法院的第一任首席大法官。也因为该文集对宪法作了最为系统和全面的分析。作者们不仅诠释了宪法的结构,而且针对当时的批评逐条予以仔细地反驳,极力捍卫自己的主张。更是因为它解释了立国之父们的初衷,以至于今天当最高法院法官试图理解缔造者的意图时,《联邦党人文集》仍然是宪法解释最为重要的渊源。

美国《宪法》是世界上第一部成文宪法,对世界各国宪法影响至深,这是由于:

1. 美国宪法思想的基础扎实。美国宪法思想产生于英国。从《五月花公约》到《独立宣言》,包含了天赋人权、社会契约论、人民主权论等思想,尤其美国独立后,各州的立宪运动,为美国宪法的产生奠定了思想基础。

2. 美国宪法内容的开创性。美国宪法包括1个序言、7个条文。该宪法确立了有限政府原则、三权分立原则、联邦与州的分权原则以及文官控制军队的原则,经过两百多年,美国宪法增加了27条修正案。美国宪法的内容和形式为很多国家所效仿。1791年美国又通过《权利法案》,规定公民的基本权利。

(三)法国宪法

法国宪法是法国大革命的产物,其特点是:

1. 斗争激烈、过程复杂。1789年7月14日巴黎市民武装起义，攻占巴士底狱，法国大革命开始，直到1799年5月政变后执政府诞生而告结束。法国大革命经历了第一次革命、第二次革命、非常共和国和宪法共和国等几个阶段。在革命的每一个阶段都有作为革命纲领和革命成果的宪法性文件和宪法颁布，其中最有代表性的有：1789年的《人权与公民权利宣言》、1791年宪法、1793年宪法、1795年宪法和1799年宪法。

2. 法国宪法独具特色。法国革命是彻底的资产阶级革命，法国宪法充分贯彻了进步的资产阶级的宪法要求，确立了人民主权原则、保护公民权利和自由原则、三权分立原则和共和制原则；同时法国大革命深受启蒙思想影响，启蒙思想家的观点不仅是革命的指导思想，而且被写入宪法，使宪法置身于人权、民主、法治的思想氛围中，具有深厚的思想基础。

二、西方国家宪法的发展

立宪运动的兴起，宪政成了世界发展趋势，每一个国家都制定了宪法，但各国政治、经济、文化差异很大，宪法产生的历史时机也不同，各国产生了不同的宪法，也给宪法赋予了新的含义，新的发展趋势也带动了民主化的进程。

（一）英国宪法的发展

"光荣革命"确立了英国君主立宪制，近代的英国宪法的发展主要有如下表现：①责任内阁制逐步形成；②议会至上的宪法原则确立；③政党制开始兴起。19世纪末至20世纪初，宪法发展方面则是议会至上的信条受到挑战，议会制度开始走向衰落，内阁成为国家权力的核心；在政党制度方面，政党在宪政体制运行中的作用越来越大，政党把持政治，形成了政党政治的特色。尤其1972年英国引入了《欧洲共同体法》《欧洲人权公约》。1998年《人权法案》生效后，立即被赋予了宪法意义，它对议会主权的传统与权利宪章所需要的现代观念进行了调和。2009年最高法院的设立，为英国的司法体制带来了巨大的变化。

（二）美国宪法的发展

美国宪法的发展，是通过宪法修正案、宪法解释和创设宪法惯例等方式实现的。1789年宪法生效后，作为对宪法的补充，1791年美国通过10条修正案，内容都涉及公民权利，被称为《权利法案》。南北战争前，美国国会分别于1798年和1804年颁布生效了第11~12条宪法修正案。南北战争期间及以后分别于1865年、1866年和1870年颁行了第13~15条修正案。到第一次世界大战结束期间，又先后通过第16~19条修正案。这些修正案的内容以涉及公民权利的居多，除《权利法案》外，还有南北战争修正案和有关妇女选举权的修正案。美国宪法迄今一共有27条宪法修正案。联邦最高法院的宪法解释以及政党、总统和国会所创立的宪法惯例，对美国宪法发展也起着重要作用。如联邦最高法院对联邦主义的解释所阐明的默示权力，以及以总统为中心的内阁惯例等都发展了美国宪法。

（三）法国宪法的发展

1799年的法国宪法为拿破仑第一帝国的建立埋下伏笔，1804年拿破仑称帝，共和宪法实际上变成了君主立宪宪法。1814年波旁王朝复辟，路易十八继位，颁布了一部钦定宪法，法国宪法从形式到内容成了彻头彻尾的君主立宪宪法。1848年巴黎人民发动"二月革命"，建立了第二共和国，颁布了第二共和国宪法。宪法赋予总统很大权力，法国由模仿英国的内阁制转而效法美国的总统制。1851年12月，路易·波拿巴发动政变，解散国民议会，并修改宪法，进一步扩大了总统的权力。1852年11月波拿巴建立第二帝国。后因在普法战争中失败，第二帝国被第三共和国取而代之。1875年国民议会陆续通过的《参议院组织法》《公共权利组织法》《公共权力关系法》构成第三共和国宪法。这个宪法一直存续到二战后第四共和国建立及其宪法的颁布。法国近代宪法是在共和制与君主立宪制之间的斗争中发展的，除了国内政治力量的对比关系外，欧洲的国际关系也是宪法发展变化的主要因素。

（四）德国宪法的产生与发展

德国与英美相比立宪时间短，但发展快。历史上，1848年德国在革命期间起草了一部宪法，1871年德国宪法更是规定了强大的司法权和丰富的公民权。一战后，德国废除君主制，1919年2月魏玛共和国成立，同年7月国民议会通过了宪法。由于宪法在魏玛制定，史称《魏玛宪法》。该宪法共两篇181条。第一篇规定联邦的组织与职能，第二篇规定国民的基本权利与义务以及过渡条款。《魏玛宪法》宣布主权在民，确立了内阁制共和政体；规定德国是联邦制国家，联邦中央权力得到加强；宪法还规定了范围广泛的公民权利。作为现代宪法的标志，《魏玛宪法》的意义在于：①通过对私有财产权的限制，使近代宪法中的自由主义精神受到抑制，社会公共福利受到重视和倡导；②议会权力受到一定限制，行政权力扩大的趋势被宪法认同；③宪法赋予国家广泛干预社会经济和文化的权力，所谓"管得越少的政府就是越好的政府"的观念已趋于过时；等等。所有这些，都标志着宪法在现代时期的发展走向，从而使《魏玛宪法》具有划时代的意义。二战后，德国1949年制定了《基本法》，基本法在内容上反映出宪法制定者从纳粹独裁统治的极权国家中总结的经验，继承了《魏玛宪法》的基本精神，建立了联邦制的国家制度、三权分立、民主制、法治和社会福利国家等原则。不可触犯的还有人的尊严以及基本权利方面的平等与自由，这是宪法的核心，德国还建立宪法法院的体系保障了宪法的实施。

（五）苏联宪法

十月革命的胜利和俄罗斯社会主义联邦苏维埃共和国的建立，标志着一种新型的现代宪法——社会主义宪法的产生。1918年7月，第五次全俄苏维埃代表大会通过了《俄罗斯社会主义联邦苏维埃共和国宪法（根本法）》，作为一种新型的现代宪法。1922年12月苏联成立，为巩固联盟，1924年苏联《宪法》产生，1936年苏联又通过了《宪法》，该宪法对社会主义国家具有很大的意义。苏联《宪法》的意义在于：①它突破了资产阶级宪法和宪政的局限性，使宪法成为无产阶级实现民主和组织国家政权的根本法；②它第一次系统地规定了经济制度，扩大了宪法的调整范围，使宪法由传统的政治领域进入到社会经济生活领域，从而具有划时代的意义；③推动了社会主义类型宪法的发展。此外，苏俄宪法还使宪法突破了西方文化的范围，开始成为世界文化现象。1991年苏联解体，1993年12月，俄罗斯通过了《联邦宪法》。

总之，西方宪法的发展，可以以二战结束为标志分为两个阶段。前一阶段的宪法发展主要表现为现代宪法的产生和近代宪法向现代宪法的转型，进一步民主化是这一阶段宪法发展的主流，但也有逆流，如法西斯德国对魏玛宪法的破坏，意大利法西斯体制的建立等。后一阶段宪法发展主要表现为四个方面：①有些国家的宪法在战后继续朝着现代宪法转型，如法国，第五共和国宪法颁布实施后才最终完全实现转型；②对宪法发展中出现的逆流进行清理，成功实现了对法西斯主义及其体制的改造，使德国、意大利、日本等国的宪法回到了民主和平的道路；③随着社会主义国家的建立，社会主义宪法纷纷制定和颁布，并以鲜明的特色丰富和发展着宪法；④随着殖民体系的崩溃，民族国家的民族主义宪法以其民族主义特色成为宪法大家庭中不可缺少的一员，既回应了近代"民族的宪法"，[1]又丰富和发展了民族主义宪法的内涵。

第二节　中国宪法的起源与发展

中国的宪法可以分为新旧两个阶段，其分野当在1949年。

一、旧中国的宪法起源与发展

宪法是西学东渐之产物。清末直到1904年日俄战争后，人们才从日本立宪而强大的事实中受到教益，产生了立宪的愿望。1908年清政府颁布了官僚起草的《钦定宪法大纲》，此大纲纯为君上大权的宣言，将"臣民权利义务"附于后。这是中国历史上首次将君权规范化，并提及公民权利（尽管仅为附件）的法律文件，所以仍不失为中国立宪之始。1911年辛亥革命爆发后，作为平息革命的一种手段，1911年11月清政府公布《宪法重大信条十九条》（简称《十九信条》）等。自此以后，宪法成为各派政治力量争夺的"名器"，以使自己的统治取得"合法性"，当时的宪法文件有：

1. 1911年《临时政府组织大纲》。1911年10月10日，辛亥革命爆发，各省全权代表于汉口英租界开会，推谭人凤为议长，12日议决先制定临时政府组织大纲，后由宋教仁起草，13日由各省代表全体签名公布。这是中国历史上第一个以"民意"代表名义发布的宪法性文件，也是第一个共和制的宪法性文件。

2. 1912年《中华民国临时约法》。1912年，参议院在南京宣告成立。这个民意含量极低的中国历史上第一个民意代表机关即行制定临时宪法。3月8日参议院议决

---

[1]　[美]约翰·A.豪古德：《现代宪法新论》，龙大均译，商务印书馆1946年版，第135页。

宣布。3月11日临时大总统公布《中华民国临时约法》，这是中国历史上第一部真正生效的临时性宪法，它取代了前述组织大纲。

3. 1913年《天坛宪草》。袁世凯依《临时约法》成立国会。1913年4月8日国会第一次开会，7月成立宪法起草委员会，开始了中国历史上第一次正式宪法起草工作。这个委员会由国会两院各选30人组成。草案经宪法起草委员会三读通过，因在北京天坛祈年殿起草而得名"天坛宪草"。这个草案贯彻了民主共和精神，为袁世凯所不容。《天坛宪草》通过3天后，袁世凯下令撤销国民党议员的议员资格。因国民党为议会第一大党，袁世凯这一举措使议会无法达到法定开会人数，等于解散了国会。1914年1月10日，袁世凯干脆下令停止残余议员职务，国会实际上被解散，《天坛宪草》成为死案。与此同时，袁世凯为反对《临时约法》之拘束，提出增修临时约法案，案中大力扩充总统权力，其中包括总统的"紧急命令权"一项，袁世凯实际上取得部分立法权。

4. 1914年《中华民国约法》（"袁记约法"）。1914年1月10日袁世凯解散国会后，开动政治会议、约法会议、参政院三个御用机关开展"制宪"事宜，企图用宪法为自己赋权。1914年3月18日召开约法会议，袁提出增修临时约法7项，扩大总统权力。不久，约法会议议决《中华民国约法》，5月1日公布。该约法及其后的大总统选举法使袁世凯成为独裁元首。不久，御用文人又搞"君宪运动"。1915年12月，袁世凯下令承认帝制，12月31日下令改明年（1916年）为洪宪元年，袁世凯用宪法使自己"合法地"当上了皇帝，1916年3月22日，袁世凯被迫下令撤销承认帝位案。

5. 1916年宪草。1916年6月，黎元洪就任大总统，下令申明《临时约法》及1913年大总统选举法之效力，恢复共和制，同时成立宪法会议，以《天坛宪草》为基础重新起草宪法，结果便为1916年宪草。该宪草未通过二读程序，国会第一次被解散（1917年6月），立宪程序停顿。此时地方上掀起了"省宪运动"。

6. 1919年《中华民国宪法草案》。1918年国会恢复，在广州开会，宪法会议继续对1916年宪法草案的二读会，同时起草地方制度草案。后因南北政府对等议和于上海，广州议员离开广州。地方制度虽经委员会审定，但未能报告于大会。1919年冬又开会议宪，到1920年1月12日止，开二读会若干次，始终无法通过二读。1月24日，议长宣布停止议宪。与此同时，北京成立"新国会"或称"安福国会"，该国会于1919年通过新的《中华民国宪法草案》，同时废止1916年宪草。

7. 1923年《中华民国宪法》。南北政府议和失败以后，广州因议员人数少无法制宪，北京政府大多由军阀与政客组成，无心制宪。但不久却出现了中国宪法史上第一部正式宪法。1922年直奉战争结束，黎元洪复出任总统，撤销1917年解散国会令，恢复参众两院号召护法。适逢广州陈炯明叛变，广州部分议员北上，1922年8月1日，国会得以开会，以制宪为主要任务。但会议几次不足法定人数，曹锟为吸引议员凑足法定人数开会，以便选举自己为总统，公然以发给与会人员5000元为诱饵。

10月10日，宪法会议公布宪法。此宪法于1924年10月24日被段祺瑞推翻，形式上存在了一年零几天，实质上并未得到认真实施，史称"贿选宪法"或"曹锟宪法"。

8. 1925年宪草。1924年直奉战争曹锟战败被冯玉祥拘留。段祺瑞自称革命政府，既不守《临时约法》，更不守1923年宪法，而是组成国民代表会议制宪，后由于各省抵制未开成会。依段祺瑞的《国民代表会议条例》，宪法起草权属"国宪起草委员会"（1925年8月3日成立）。该委员会民意含量极低，成员不是各省军政大员就是"临时执政"指派之人，实为段祺瑞的御用机构。1925年12月该委员会议决《中华民国宪法案》。此草案始终未能提交立宪机构讨论。

9. 1928年《训政纲领》。1925年国民政府成立。国民政府后，注重于中央政府组织法的制定，目的是为自我赋权与集中权力。1928年10月，南京国民政府成立。同年10月3日国民党中央常务会议议决《训政纲领》（经1929年3月19日国民党"三大"追认）。该纲领实际上是国民党强加给全国人民的宪法，因为该纲领规定"中华民国于训政时期开始，由中国国民党代表大会，代表国民大会，领导国民行使政权"，"中国国民党全国代表大会闭会时，以政权付托中国国民党中央执行委员会执行之。"这个纲领建立了国民党一党独裁、实际上是国民党党魁个人独裁的制度。

10. 1931年《中华民国训政时期约法》。1931年6月1日南京国民政府召开国民会议通过了《中华民国训政时期约法》。这个约法是由国民党中央执行委员会决定起草人员并通过后提交国民会议讨论的，1931年训政时期约法更进一步将约法解释权授予国民党中央执行委员会。

11. 1936年《五五宪草》。1927年，国民党中央执行委员会决定训政以6年为期，1935年行宪。1931年"九·一八"事变，民族危机加深，沈钧儒等人通电全国，要求立宪。在全国人民的压力下，1932年国民党四中全会决定于1935年召开国会，还政于民。1933年1月成立以孙科为首的宪法起草委员会，1934年立法院正式公布初稿，立法院成立"宪法草案初稿审查委员会"，委员会制成《初稿审查修正案》。立法院通过后将草案呈国民政府转送国民党中央执委政治会议，政治会议决定送常务会。常务会于1934年10月提出五项原则，其根本精神是宪法应粗、柔，害怕宪法之约束，而后国民党内再对草案进行审查，修改内容再回到立法院，立法院再通过，后依国民党五届一次会议决议于1936年5月5日公布，是为《五五宪草》。

12. 1946年《中华民国宪法》。《五五宪草》通过后不久爆发全面抗战，立宪之举自然中断。在八年抗战中，国民党一党独裁制度得到强化。1945年抗战结束，不久又爆发国共两党内战。1946年1月10日召开旧政协，旧政协决议成立多党联合政府和关于宪法原则的决议，但不久被国民党撕毁。11月，国民党召开没有共产党及民主党派参加的国民大会。1946年12月25日国民大会三读通过《中华民国宪法》，该宪法于1947年元旦公布，同年12月25日生效。

13. 《动员戡乱时期临时条款》。1948年4月18日，国民大会通过该条款。该条款实际上中止了宪法的效力，公开实行独裁统治。

上述历史告诉我们，20世纪上半叶中国的宪法变迁史简直不堪回首。它以"君权宣言"开始，以破坏宪政的"临时条款"结束，历时41年（1908~1949），其间宪法性文件变动频繁，随意修改宪法，凡涉及规范权力、保障人权之现代宪法原则几乎没有。仅就形式而言，真正生效的宪法只有1923年曹锟宪法和1946年宪法，两者加起来不到两年，且两者生效时国家并不统一。[1]

二、新中国的宪法产生与发展

（一）《中国人民政治协商会议共同纲领》

1949年新中国诞生之时，作为人民民主统一战线组织形式的中国人民政治协商会议第一次全体会议于1949年9月在北京召开，该会议于27日通过了《中华人民共和国中央人民政府组织法》《中国人民政治协商会议组织法》《关于中华人民共和国国都、纪年、国歌、国旗的决议》，9月29日通过《中国人民政治协商会议共同纲领》（以下简称《共同纲领》）和《关于选举中国人民政治协商会议全国委员会和中央人民政府委员会的规定》。应当指出，在《共同纲领》中并没有明确提出其为新中国第一部宪法。上述法律与《共同纲领》共同构成新中国立国的宪法基础，作为临时宪法的《共同纲领》具有明显的过渡性质的特点。

（二）1954年《宪法》

1954年9月20日，第一届全国人民代表大会第一次全体会议通过了《中华人民共和国宪法》，由主席团加以公布后实施。

1954年《宪法》由序言和4章共106条组成，其内容可概括为下列几个方面：

1. 以根本法的形式确认国家在过渡时期的总任务及其步骤，即逐步实现国家的社会主义工业化，逐步完成对农业、手工业和资本主义工商业的社会主义改造，各族人民通过和平道路消灭剥削和贫困，建设繁荣幸福的社会主义社会。

2. 规定了国家的根本性质是工人阶级领导的、以工农联盟为基础的人民民主国家，并确认了以中国共产党为领导的各民主阶级、各民主党派、各人民团体的广泛的人民民主统一战线的地位。

3. 规定国家的一切权力属于人民，民主集中制的人民代表大会制度为国家的根本政治制度，是我国的政权组织形式；规定我国统一的多民族的国家结构形式，各少数民族聚居的地方实行民族区域自治，各民族自治地方都是国家不可分离的部分；各民族一律平等，实行民族团结，禁止对任何民族的歧视和压迫。

4. 确认生产资料所有制的四种主要形式：国家所有制即全民所有制，合作社所有制即劳动群众集体所有制，个体劳动者所有制和资本家所有制。规定社会主义性质的国营经济是国民经济中的领导力量和国家实现社会主义改造的物质基础，应优先发展；合作社经济是社会主义或半社会主义经济，国家保护合作社的财产，鼓励、指导和帮助合作社经济的发展；国家依法保护个体劳动者的生产资料所有权，指导

---

[1] 参见周永坤："中国宪法的变迁——历史与未来"，载《江苏社会科学》2000年第3期。

和帮助他们改善经营，并且鼓励他们根据自愿原则向合作社经济过渡；国家依法保护资本家的生产资料和其他资本的所有权。对资本主义工商业采取利用、限制和改造的政策，鼓励和指导它们通过不同形式的国家资本主义经济，逐步向全民所有制过渡。

5. 规定公民享有广泛的权利和自由。基本权利和自由包括：平等权（包括法律面前人人平等、民族平等和男女平等）；政治权利和自由（包括选举权和被选举权，言论、出版、集会、结社、游行、示威的权利以及控告违法失职的国家机关工作人员的权利和自由）；人身自由权利（包括人身自由，住宅不受侵犯，通信秘密受法律保护，居住和迁徙的自由）；社会经济文化权（包括劳动权、休息权、获得物质帮助权、受教育权，从事精神产品生产的自由、宗教信仰自由以及因受行政侵害而要求赔偿权）。国家为公民权利的行使提供必需的物质便利，同时要求公民履行必要的义务即遵宪守法，爱护和保卫公共财产，遵守劳动纪律和公共秩序，尊重社会公德以及依法纳税和服兵役。

6. 在国家机构方面，宪法规定各级人民代表大会为国家权力机关，国务院和地方各级人民委员会是国家权力机关的执行机关，是行政机关，人民法院是国家的审判机关，人民检察院是国家的法律监督机关。各级人民代表大会组织、监督、罢免其他国家机关的组成人员，其他国家机关向它负责。

1954 年《宪法》是《共同纲领》的继承和发展，是新中国的第一部正式宪法。该宪法是一部较好的宪法，它吸收了苏联 1936 年宪法的精华，同时也汲取了中国立宪史上较好的东西以及某些世界宪法惯例。例如：法律面前人人平等，司法独立原则，人民权利的规定也较全面，但是这部宪法事实上没有很好地发挥作用。

（三）1975 年《宪法》

新中国的第二部宪法是 1975 年 1 月在第四届全国人民代表大会第一次会议颁布的。1975 年《宪法》是一部具有严重错误与缺点的宪法，具有深刻的时代烙印，由序言和 4 章 30 条组成，实施了 1 年多。

（四）1978 年《宪法》

第五届全国人民代表大会第一次会议于 1978 年 3 月 5 日通过我国的第三部宪法，简称"1978 年《宪法》"。1978 年《宪法》除序言外，共有 4 章 60 条，它的体系结构基本上同于 1954 年、1975 年《宪法》，包括序言和总纲，国家机构，公民的基本权利和义务，国旗、国徽、首都等几部分。应当指出，1978 年《宪法》较其前身虽有进步，但是步伐不大，它仍然保留了人民公社、革命委员会等制度，"阶级斗争为纲"的精神仍然贯彻其中。因此，这部宪法一出台便与改革开放的时代不合拍，随即对它作了两次修改：①1979 年 7 月 1 日宪法修正案，该修正案共 8 条，除对个别文字作出修改以迎合时代要求以外，实质性内容有四项：取消革命委员会，恢复政府；设立地方人大常委会；实行县以下人民代表大会直选制；扩大人大权力，主要是赋予人大质询权和罢免权。②1980 年宪法修正案，共 1 条，内容是去掉 1978 年

《宪法》第45条关于大鸣、大放、大字报、大辩论即所谓"四大自由"的规定。

（五）1982年《宪法》

1982年12月4日，第五届全国人大五次会议以无记名投票的方式正式通过了新的《中华人民共和国宪法》，并由大会主席团于当日公布施行。1982年宪法是以1954年《宪法》为基础，总结了社会主义发展的丰富经验，继承并发展1954年《宪法》的基本原则，考虑现实，兼顾发展前景而制定的。这部宪法包括序言和总纲，公民的基本权利和义务，国家机构，国旗、国徽、首都4章，共138条。三十多年的改革开放历史表明：1982年《宪法》是一部具有中国特色的社会主义宪法，由全体人民和中国共产党的努力来保证它的实施，就能够在促进我国社会主义现代化事业的发展中发挥巨大的作用。目前，该宪法共进行了5次修改：

1. 1988年的宪法修正案。1988年的宪法修正案是由第七届全国人大第一次会议于1988年4月12日通过的。其主要内容有两条：①《宪法》第11条增加规定："国家允许私营经济在法律规定的范围内存在和发展。私营经济是社会主义公有制经济的补充。国家保护私营经济的合法的权利和利益，对私营经济实行引导、监督和管理。"从而确认了私营经济的法律地位。②将《宪法》第10条第4款"任何组织或者个人不得侵占、买卖、出租或者以其他形式非法转让土地"，修改为"任何组织或个人不得侵占、买卖或者以其他形式非法转让土地。土地的使用权可以依照法律的规定转让"。这样，既坚持了原来关于土地所有权归属国家或集体的原则，又开始了实行土地有偿使用的灵活做法。

1982年《宪法》制定以后，随着经济体制改革的逐步深入发展，现实中出现了一些新情况和新问题。其中比较突出的是关于私营经济的法律地位和土地的使用权问题。关于私营经济，原来《宪法》中并无此规定，只是规定了"在法律规定范围内的城乡劳动者个体经济，是社会主义公有制经济的补充"。所谓个体经济，主要是指个人拥有一定的生产资料、个人参加劳动、收益归个人所有的一种经济形式。其经济规模和佣工人数都是由政府限定的。然而，经济体制改革是一次前无古人的实践和探索。社会生产力的发展往往会突破原有的规定。当个体经济的经营规模超出一定限度时，实际上便产生了一种新的经济形式。此时，可供选择的处理办法只有两条：一是根据原有的法律制度去遏止它，不让它产生和发展；另一种是修改原有的法律规定去适应它。究竟选择哪一种，决定性的因素是要看它是否对发展社会生产力和整个社会主义现代化建设有利。根据改革开放的目标和要求以及社会主义现代化建设的需要，权衡利弊得失，我们最终选择了后者，即通过修改宪法，既确认了私营经济的法律地位，又规定对其实行"引导、监督和管理"。

关于土地问题。根据《宪法》的规定，土地虽然属于国家或集体所有，但在其使用上实行的却是一种国家划拨且无限期、无偿使用的僵化体制。这种体制对于有限的土地资源的合理使用而言，在实践中已显露出极大的弊端。为此，国家从1987年起，便决定进行土地有偿使用的试点，即有偿转让国有土地的使用权，供土地使用权受让人开发经营，由受让人支付土地使用费。这种办法，并不改变土地所有权的归属，而只是在一定期限内转让了土地的使用权。其产生的直接效果确实推动了市场经济的发展，对国家的社会主义建设事业起到积极的促进作用。正是基于这样的思考和实践，才导致了宪法修正案关于"土地的使用权可以依照法律的规定转让"的新规定。

2. 1993年的宪法修正案。1993年的宪法修正案是由第八届全国人大第一次会议于1993年3月29日通过的。其主要内容有：①在序言部分，增写了"我国正处于社会主义初级阶段""建设有中国特色社会主义的理论""坚持改革开放""中国共产党领导的多党合作和政治协商制度将长期存在和发展"等重要内容；同时将"把我国建设成为高度文明、高度民主的社会主义国家"修改为"把我国建设成为富强、民主、文明的社会主义国家"。②在经济制度的规定方面，确认了"农村中的家庭联产承包为主的责任制"作为集体经济一种形式的法律地位，规定了"国家实行社会主义市场经济。国家加强经济立法，完善宏观调控"；同时删去了有关"计划经济""国家计划"的用语，并将"国营经济""国营企业"的提法分别修改为"国有经济""国有企业"。③在国家机构部分，将县级国家政权机关的任期由"3年"修改为"5年"。

这次对《宪法》的修改，是在邓小平同志南行谈话的指引下，人们对社会主义经济制度的认识发生深刻变化，经济体制改革取得突破性进展，党的十四大把建设有中国特色社会主义理论确定为改革开放以及经济建设和民主政治建设的一项长期方针的形势下进行的。其内容侧重在经济制度方面的规定，同时涉及一些政治方面的问题。这些修改，一方面确立了邓小平建设有中国特色社会主义理论的指导地位，更加集中、完整地表述了党的基本路线的内容，强化充实了中国共产党领导的多党合作和政治协商这一基本政治制度的内容；另一方面，总结并肯定了经济体制改革的成果，尤其是明确了社会主义市场经济的改革目标，保证了农村政策的长期稳定。同时还突出了国有企业的经营自主权和集体经济组织独立进行经济活动的自主权。这样的修改，无疑将对整个国家积极推进各项改革的顺利进行和各项社会主义事业的发展产生巨大的作用。

3. 1999年的宪法修正案。1999年的宪法修正案是由第九届全国人大第二次会议于1999年3月15日通过的。其主要内容有：①确立邓小平理论在国家中的指导思想地位；②确认"依法治国，建设社会主义法治国家"的基本方略；③指明"我国将长期处于社会主义初级阶段"，并规定"国家在社会主义初级阶段，坚持公有制为主体、多种所有制经济共同发展的基本经济制度，坚持按劳分配为主体、多种分配方式并存的分配制度"；④确认了"农村集体经济组织实行家庭承包经营为基础、统分结合的双层经营体制"和"在法律规定范围内的个体经济、私营经济等非公有制经济，是社会主义市场经济的重要组成部分"；⑤将《宪法》第28条的"镇压叛国和其他反革命的活动"修改为"镇压叛国和其他危害国家安全的犯罪活动"。

这次对《宪法》的修改是在党的十五大胜利召开之后进行的。其修改的内容是客观实践发展的需要，也是全国各族人民的共同愿望。田纪云副委员长在向九届全国人大二次会议所作的《关于宪法修正案（草案）的说明》（以下简称《说明》）中指出："邓小平理论是毛泽东思想的继承和发展，是指导中国人民在改革开放中胜利实现社会主义现代化的理论，是马克思主义在中国发展的新阶段。在社会主义改革开放和现代化建设的进程中，一定要高举邓小平理论的伟大旗帜，用邓小平理论来指导我们整个事业和各项工作。这是全国各族人民从历史和现实中得出的不可动摇的结论。将邓小平理论载入宪法，对于建设有中国特色社会主义事业的胜利发展，具有重大的现实意义和深远的历史意义。"

对于"依法治国，建设社会主义法治国家"这一基本方略的确认，《说明》指出："依法治国，是中国共产党领导人民治理国家的基本方略，是国家长治久安的重要保障。将'依法治国，建设社会主义法治国家'写进宪法，对于坚持依法治国的基本方略，不断健全社会主义法制，发展社会主义民主政治，促进经济体制改革和经济建设，具有重要意义。"

对于社会主义初级阶段基本经济制度和分配制度的新规定，《说明》指出："在宪法中明确规定社会主义初级阶段的基本经济制度和分配制度，有利于在改革开放和社会主义现代化建设的实践中，坚持和完善上述制度，进一步解放和发展社会生产力。"

对于农村集体经济组织经营体制的新规定，《说明》指出："统分结合的双层经营体制，是指在农村集体经济组织内部实行的集体统一经营和家庭承包经营相结合的经营体制，家庭承包经营是双层经营体制的基础。在宪法中对家庭承包经营为基础、统分结合的双层经营体制作出规定，有利于这一经营制度的长期稳定、不断完善农村集体经济的健康发展。"

对于增加规定"在法律规定范围内的个体经济、私营经济等非公有制经济，是社会主义市场经济的重要组成部分"，《说明》指出："这样修改，进一步明确了个体经济、私营经济等非公有制经济在我国社会主义市场经济中的地位和作用，有利于个体经济、私营经济等非公有制经济的健康发展。"

此外，《说明》还明示了将《宪法》第28条中的"反革命运动"修改为"危害国家安全的犯罪活动"的必要性。

4. 2004年的宪法修正案。2004年的宪法修正案是由第十届全国人大第二次会议于2004年3月14日通过的，其主要内容有：

（1）确立"三个代表"重要思想在国家政治和社会生活中的指导地位。宪法修正案将《宪法》序言第七自然段中"在马克思列宁主义、毛泽东思想、邓小平理论指引下"修改为"在马克思列宁主义、毛泽东思想、邓小平理论和'三个代表'重要思想指引下"，并将"沿着建设有中国特色社会主义的道路"修改为"沿着中国特色社会主义道路"。

（2）增加推动物质文明、政治文明和精神文明协调发展的内容。宪法修正案在《宪法》序言第七自然段中"逐步实现工业、农业、国防和科学技术的现代化"之后，增加"推动物质文明、政治文明和精神文明协调发展"的内容。党的十六大提出"不断促进社会主义物质文明、政治文明和精神文明的协调发展"，反映了我们党对共产党执政规律、社会主义建设规律和人类社会发展规律认识的深化，既是对社会主义文明内涵的极大丰富，又是对社会主义现代化建设理论的重大发展，具有重要意义。

（3）在统一战线的表述中增加社会主义事业的建设者。《宪法》序言第十自然段第一句明确规定，"社会主义的建设事业必须依靠工人、农民和知识分子，团结一切可以团结的力量"。随着改革开放的深化扩大和经济社会的发展，我国的统一战线不断扩大。党的十六大明确提出，在社会变革中出现的新的社会阶层"都是中国特色社会主义事业的建设者"。据此，宪法修正案在宪法关于统一战线的表述中增加"社会主义事业的建设者"，将《宪法》序言这一自然段第二句关于统一战线的表述修改为："在长期的革命和建设过程中，已经结成由中国共产党领导的，有各民主党派和各人民团体参加的，包括全体社会主义劳动者、社会主义事业的建设者、拥护社会主义的爱国者和拥护祖国统一的爱国者的广泛的爱国统一战线，这个统一战线将继续巩固和发展。"

（4）完善土地征收、征用及补偿制度。宪法修正案将《宪法》第10条第3款"国家为了公共利益的需要，可以依照法律规定对土地实行征用"修改为"国家为了公共利益的需要，可以依照法律规定对土地实行征收或者征用并给予补偿"。这样修改，主要的考虑是：征收和征用既有共同之处，又有不同之处。其共同之处在于，都是为了公共利益需要，都要经过法定程序，都要依法给予补偿；其不同之处在于，征收主要是所有权的改变，征用只是使用权的改变。《宪法》第10条第3款关于土地征用的规定以及依据这一规定制定的土地管理法，没有区分上述两种不同情形，统称"征用"。这体现了《宪法》对公民的土地使用权这一重要的财产权的尊重和保障，是我国财产制度上的一大进步。

（5）进一步明确国家对发展非公有制经济的方针。国家在社会主义初级阶段，坚持和完善公有制为主体、多种所有制经济共同发展的基本经济制度。作为社会主义市场经济重要组成部分的个体、私营等非公有制经济在促进经济增长、扩大就业、活跃市场等方面的重要作用日益显现。根据党的十六大关于"必须毫不动摇地鼓励、支持和引导非公有制经济发展"，"依法加强监督和管理，促进非公有制经济健康发展"的精神，宪法修正案将《宪法》第11条第2款"国家保护个体经济、私营经济的合法的权利和利益。国家对个体经济、私营经济实行引导、监督和管理"，修改为"国家保护个体经济、私营经济等非公有制经济的合法的权利和利益。国家鼓励、支持和引导非公有制经济的发展，并对非公有制经济依法实行监督和管理"。

（6）完善对私有财产保护的规定。宪法修正案将《宪法》第13条"国家保护公民的合法的收入、储蓄、房屋和其他合法财产的所有权"，"国家依照法律规定保护公民的私有财产的继承权"修改为"公民的合法的私有财产不受侵犯","国家依照法律规定保护公民的私有财产权和继承权","国家为了公共利益的需要,可以依照法律规定对公民的私有财产实行征收或者征用并给予补偿"。这样修改,主要基于三点考虑:①进一步明确国家对全体公民的合法的私有财产都给予保护,保护范围既包括生活资料,又包括生产资料;②用"财产权"代替原条文中的"所有权",在权利含义上更加准确、全面;③我国几个现行法律根据不同情况已经作出了征收或者征用的规定,在宪法中增加规定对私有财产的征收、征用及补偿制度,有利于正确处理私有财产保护和公共利益需要的关系,许多国家的宪法都有类似的规定。

(7) 增加建立健全社会保障制度的规定。根据党的十六大精神,宪法修正案在《宪法》第14条中增加1款,作为第4款:"国家建立健全同经济发展水平相适应的社会保障制度。"社会保障直接关系广大人民群众的切身利益。建立健全同经济发展水平相适应的社会保障制度,是深化经济体制改革、完善社会主义市场经济体制的重要内容,是发展社会主义市场经济的客观要求,是社会稳定和国家长治久安的重要保证。

(8) 增加尊重和保障人权的规定。宪法修正案在《宪法》第二章"公民的基本权利和义务"头一条即第33条中增加1款,作为第3款:"国家尊重和保障人权。"这样修改,主要基于两点考虑:①尊重和保障人权是我们党和国家的一贯方针,这次把它写进宪法,可以进一步为这一方针的贯彻执行提供宪法保障;②党的十五大、十六大都明确地提出了"尊重和保障人权"。在《宪法》中作出尊重和保障人权的宣示,体现了社会主义制度的本质要求,有利于推进我国社会主义人权事业的发展,有利于我们在国际人权事业中进行交流和合作。

(9) 完善全国人民代表大会组成的规定。宪法修正案在《宪法》第59条第1款关于全国人民代表大会组成的规定中增加"特别行政区",将这一款修改为:"全国人民代表大会由省、自治区、直辖市、特别行政区和军队选出的代表组成。各少数民族都应当有适当名额的代表。"

(10) 关于紧急状态的规定。宪法修正案将《宪法》第67条规定的全国人大常委会职权第20项"决定全国或者个别省、自治区、直辖市的戒严"修改为"决定全国或者个别省、自治区、直辖市进入紧急状态",并相应地将《宪法》第80条规定的中华人民共和国主席根据全国人大常委会的决定"发布戒严令"修改为"宣布进入紧急状态";将《宪法》第89条规定的国务院职权第16项"决定省、自治区、直辖市的范围内部分地区的戒严"修改为"依照法律规定决定省、自治区、直辖市的范围内部分地区进入紧急状态"。这样修改,"紧急状态"包括"戒严"又不限于"戒严",适用范围更宽,既便于应对各种紧急状态,也同国际上通行的做法相一致。

(11) 关于国家主席职权的规定。宪法修正案将《宪法》第81条中"中华人民共和国主席代表中华人民共和国,接受外国使节"修改为"中华人民共和国主席代表中华人民共和国,进行国事活动,接受外国使节"。

(12) 修改乡镇政权任期的规定。宪法修正案把乡、镇人大的任期由3年改为5

年,将《宪法》第 98 条"省、直辖市、县、市、市辖区的人民代表大会每届任期 5 年。乡、民族乡、镇的人民代表大会每届任期 3 年"修改为"地方各级人民代表大会每届任期 5 年"。

(13) 增加对国歌的规定。宪法修正案将《宪法》第四章的章名"国旗、国徽、首都"修改为"国旗、国歌、国徽、首都";在这一章第 136 条中增加 1 款,作为第 2 款:"中华人民共和国国歌是《义勇军进行曲》。"

5. 2018 年的宪法修正案。2018 年的宪法修正案由第十三届全国人大第一次会议于 2018 年 3 月 11 日表决通过,其主要内容有:

(1)《宪法》序言中增加"习近平新时代中国特色社会主义思想"。宪法修正案将《宪法》序言第七自然段中"在马克思列宁主义、毛泽东思想、邓小平理论和'三个代表'重要思想指引下"修改为"在马克思列宁主义、毛泽东思想、邓小平理论、'三个代表'重要思想、科学发展观、习近平新时代中国特色社会主义思想指引下"。同时,在"自力更生,艰苦奋斗"前增写"贯彻新发展理念"。

(2)《宪法》序言调整充实中国特色社会主义事业总体布局和第二个百年奋斗目标的内容。宪法修正案将《宪法》序言第七自然段中"推动物质文明、政治文明和精神文明协调发展,把我国建设成为富强、民主、文明的社会主义国家"修改为"推动物质文明、政治文明、精神文明、社会文明、生态文明协调发展,把我国建设成为富强民主文明和谐美丽的社会主义现代化强国,实现中华民族伟大复兴"。与此相适应,在《宪法》第三章"国家机构"第三节第 89 条第 6 项"领导和管理经济工作和城乡建设"后面,增加"生态文明建设"的内容。

(3) 完善依法治国和宪法实施举措。宪法修正案将《宪法》序言第七自然段中"健全社会主义法制"修改为"健全社会主义法治"。

(4) 充实完善我国革命和建设发展历程的内容。宪法修正案将《宪法》序言第十自然段中"在长期的革命和建设过程中"修改为"在长期的革命、建设、改革过程中";将《宪法》序言第十二自然段中"中国革命和建设的成就是同世界人民的支持分不开的"修改为"中国革命、建设、改革的成就是同世界人民的支持分不开的"。

(5) 充实完善爱国统一战线和民族关系的内容。宪法修正案将《宪法》序言第十自然段中"包括全体社会主义劳动者、社会主义事业的建设者、拥护社会主义的爱国者和拥护祖国统一的爱国者的广泛的爱国统一战线"修改为"包括全体社会主义劳动者、社会主义事业的建设者、拥护社会主义的爱国者、拥护祖国统一和致力于中华民族伟大复兴的爱国者的广泛的爱国统一战线"。

(6) 充实和平外交政策方面的内容。宪法修正案在《宪法》序言第十二自然段中"中国坚持独立自主的对外政策,坚持互相尊重主权和领土完整、互不侵犯、互不干涉内政、平等互利、和平共处的五项原则"后增加"坚持和平发展道路,坚持互利共赢开放战略";将"发展同各国的外交关系和经济、文化的交流"修改为"发展同各国的外交关系和经济、文化交流，推动构建人类命运共同体"。

（7）充实坚持和加强中国共产党全面领导的内容。宪法修正案在《宪法》第一章"总纲"第 1 条第 2 款"社会主义制度是中华人民共和国的根本制度"后增写一句，内容为："中国共产党领导是中国特色社会主义最本质的特征。"

（8）增加倡导社会主义核心价值观的内容。宪法修正案将《宪法》第一章"总纲"第 24 条第 2 款中"国家提倡爱祖国、爱人民、爱劳动、爱科学、爱社会主义的公德"修改为"国家倡导社会主义核心价值观，提倡爱祖国、爱人民、爱劳动、爱科学、爱社会主义的公德"。

（9）修改国家主席任职方面的有关规定。宪法修正案将《宪法》第三章"国家机构"第 79 条第 3 款"中华人民共和国主席、副主席每届任期同全国人民代表大会每届任期相同，连续任职不得超过两届"中"连续任职不得超过两届"删去。

（10）增加设区的市制定地方性法规的规定。宪法修正案在《宪法》第三章"国家机构"第 100 条增加 1 款，作为第 2 款："设区的市的人民代表大会和它们的常务委员会，在不同宪法、法律、行政法规和本省、自治区的地方性法规相抵触的前提下，可以依照法律规定制定地方性法规，报本省、自治区人民代表大会常务委员会批准后施行。"

（11）增加有关监察委员会的各项规定。为了贯彻和体现深化国家监察体制改革的精神，为成立监察委员会提供宪法依据，宪法修正案在《宪法》第三章"国家机构"第六节后增加一节，作为第七节"监察委员会"，就国家监察委员会和地方各级监察委员会的性质、地位、名称、人员组成、任期任届、领导体制、工作机制等作出规定。与此相适应，还作了如下修改。将《宪法》第一章"总纲"第 3 条第 3 款中"国家行政机关、审判机关、检察机关都由人民代表大会产生"修改为"国家行政机关、监察机关、审判机关、检察机关都由人民代表大会产生"。将《宪法》第三章"国家机构"第 65 条第 4 款"全国人民代表大会常务委员会的组成人员不得担任国家行政机关、审判机关和检察机关的职务"修改为"全国人民代表大会常务委员会的组成人员不得担任国家行政机关、监察机关、审判机关和检察机关的职务"。将《宪法》第三章"国家机构"第 103 条第 3 款"县级以上的地方各级人民代表大会常务委员会的组成人员不得担任国家行政机关、审判机关和检察机关的职务"修改为"县级以上的地方各级人民代表大会常务委员会的组成人员不得担任国家行政机关、监察机关、审判机关和检察机关的职务"。在《宪法》第三章"国家机构"第 62 条第 6 项后增加 1 项，内容为"选举国家监察委员会主任"；在《宪法》第 63 条第 3 项后增加 1 项，内容为"国家监察委员会主任"；在《宪法》第 67 条第 6 项中增加"国家监察委员会"；在第 10 项后增加 1 项，内容为"根据国家监察委员会主任的提请，任免国家监察委员会副主任、委员"。将《宪法》第三章"国家机构"第 101 条第 2 款中"县级以上的地方各级人民代表大会选举并且有权罢免本级人民法院院长和本级人民检察院检察长"修改为"县级以上的地方各级人民代表大会选举并且有权罢免本级监察委员会主任、本级人民法院院长和本级人民检察院检察长";将《宪法》第104条中"监督本级人民政府、人民法院和人民检察院的工作"修改为"监督本级人民政府、监察委员会、人民法院和人民检察院的工作"。删去《宪法》第三章"国家机构"第89条第8项"领导和管理民政、公安、司法行政和监察等工作"中的"和监察"。删去《宪法》第107条第1款"县级以上地方各级人民政府依照法律规定的权限，管理本行政区域内的经济、教育、科学、文化、卫生、体育事业、城乡建设事业和财政、民政、公安、民族事务、司法行政、监察、计划生育等行政工作"中的"监察"。

第七节相应改为第八节，第123条至第138条相应改为第128条至第143条。

思考与实务

1. 英美宪法历史对我国而言有哪些启示？
2. 旧中国宪政运动的历史经验如何？
3. 请论述2004年宪法修正案的内容及意义。
4. 宪法事例实训：

德国统一后，西德《德意志联邦共和国基本法》在全德国境内生效，统一后德国的政治制度基本沿袭西德的制度。但是，由于东德的加入，必然要求法律进行一定的调整。在两德统一前夕，即1990年9月23日，当时的联邦德国对《基本法》作了重要的修改，主要有下列内容：①修改了《基本法》序言的规定。主要是取消了原来的"为了建立过渡时期国家生活的新秩序"等，增加了"本基本法对全体德意志人民有效"的规定。这为《基本法》在德国统一以后继续生效提供了依据。②取消了原《基本法》第23条。原《基本法》第23条规定："本基本法先在巴登、巴伐利亚、不来梅……各州生效。本法在德国其他部分加入联邦共和国之后，也将在那里生效。"两德统一就是依据这一条的规定，由东德加入西德而得以实现的。德国统一以后，再也不存在所谓的"德国其他部分"，因此此次修改取消了这一条的规定。③在规定联邦参议院构成的第51条中增加了"超过700万的州有6票"。这样，在德国统一以后，由于新州的加入，加上这一修改又提高了人口较多的州在联邦参议院中所拥有的议席，联邦参议院议员总数由原来的45名增加到了68名。④修改《基本法》第146条。原《基本法》第146条规定："本基本法在德国人民根据自由决定所通过的宪法开始生效之日起丧失其效力"，这一规定说明了《基本法》所具有的临时性。此次修改规定为"在实现德国的统一和自由后适用于整个德国人民的本基本法，在德国人民以自决方式通过的宪法生效之日起失效"。截至2006年，《德国基本法》进行了51次修改。总的看来，虽然德国统一以后至今所进行的宪政改革具有探索性，这无疑丰富了德国的宪政实践和宪法理论，促进了德国宪法的变化和发展。

请思考：德国宪法具有哪些特点以及其发展趋势？

第三章
宪法的制定、修改与解释

【本章概要】宪法的制定、修改与解释是理论性比较强的内容。与相关的制宪权、修宪权、释宪权具有密切的联系。制宪权是制定宪法的起点,是一种原始性权力,而修宪权和释宪权则是宪法产生的权力。三种权力的行使关系宪法发展及命运,为此,各国均设立严格的程序来限制。

【学习目标】掌握制宪权的基本理论,了解制宪、修宪的基本程序,熟知宪法解释的基本方法。

第一节 宪法的制定

【宪法事例】　　　1954 宪法的制定概况

新中国成立后,《共同纲领》便发挥"临时宪法"的作用,但随着全国形势发展已有必要退出历史舞台。1952 年 12 月,周恩来代表中共中央向中国人民政治协商会议全国委员会常务委员会召开扩大会议提议:中国人民政治协商会议作为代行全国人民代表大会的职权的过渡时期已经过去。为适应新时期到来,完成国家经济建设的任务,中共中央建议于 1953 年召开全国人民代表大会和地方各级人民代表大会,并开始起草选举法和宪法草案等准备工作。周恩来认为,起草宪法虽然有困难,但是是可以解决的。1953 年 1 月 13 日,中央人民政府委员会举行第二十次会议,正式作出了关于制定宪法的决议,毛泽东为宪法起草委员会主席。年末,毛泽东亲自指定陈伯达执笔写出宪法初稿,作为宪法起草小组工作的基础。1954 年 1 月 7 日,毛泽东带领宪法起草委员会主要成员南移杭州,潜心制宪,期间毛主席多次与政治局交换宪法草稿起草意见,直至宪法草案初稿形成。关于这部宪法的起草经过,毛泽东后来说:"宪法的起草,前后差不多七个月。最初第一个稿子是在去年 12 月间,那是陈伯达同志一个人写的。第二稿,是在西湖两个月,那是一个小组起草的。第三稿是在北京,就是中共中央提出的宪法草案初稿,到现在又修改了许多。每一稿本身都有许多修改。在西湖那一稿,就有七八次稿子。前后总算起来,恐怕有一二十个稿子了。"宪法草案形成后,经过了三次规模巨大的群众性讨论,全民讨论中提出的意见和建议,党中央和毛泽东同志都是很重视,并认真考虑的。1954 年 9 月 15~28 日,第一届全国人民代表大会第一次会议在北京召开,大会的主要任务是制定宪法和几个重要的法律,通过政府工作报告,选举国家领导人。9月16~18日连续三天进行了大会发言,讨论报告和草案。在全国人大会议上,共有80多人对宪法草案和报告进行发言。9月20日是全国人民代表大会第一次会议进行的第五天。按照议程,下午将进行宪法草案的表决。大会首先宣布了以无记名方式通过《中华人民共和国宪法》时的总监票人、副总监票人和监票人名单。接着,大会执行主席在会议上宣读中央人民政府委员会修正通过的《中华人民共和国宪法草案》最后定本全文。宣读完毕后,执行主席问代表们对宪法草案的最后定本有无意见,代表们没有意见,全场热烈鼓掌,执行主席宣布将最后定本交付表决。出席会议的代表共1197人,经秘书处和各代表小组组长核对无误后,执行主席宣布开始发票,下午4时55分,投票结束,执行主席根据计票人和监票人的报告,向会议宣布点票结果,发票1197张,投票1197张,投票张数和发票张数相等,表决有效。执行主席宣布会议休息后由计票人和监票人计算票数。5时55分,执行主席根据计票人和监票人的报告,向会议宣布对《中华人民共和国宪法》表决的结果:投票数共1197张,同意票1197张。同一天,第一届全国人民代表大会第一次会议主席团以"中华人民共和国全国人民代表大会公告"的形式公布了宪法,标志着新中国第一部宪法的正式诞生。

【评注】1954年《宪法》是一部较好的宪法,是新中国第一部社会主义的宪法,这是中国人民第一次行使制宪权,并且第一次以宪法的形式规定了公民的基本权利和义务。从规范的角度看,1982年《宪法》以1954年《宪法》为基点,使社会发展中的基本价值观回归到1954年《宪法》确定的价值体系,推进恢复和发展宪政体制的进程。

宪法的制定,又称宪法的创制、立宪,是制宪主体按照法定的原则制定宪法。然而,人们制定宪法的权力从何而来,该权力应如何规范运用,成了宪法制定不可回避的一个问题。

一、宪法制定权的概念

制宪权,即为制定宪法的权力。法国大革命时期,著名思想家埃马努埃尔·约瑟夫·西耶斯(Emmanuel-Joseph Sieyès,1748~1836),他在《论特权 第三等级是什么?》(What is the Third Estate)一书中提出了制宪权主体、制宪权特点等理论。他说:"在所有自由国家中——所有的国家均应当自由,结束有关宪法的种种分歧的方法只有一种。那就是要求助于国民自己,而不是求助于那些显贵。如果我们没有宪法,那就必须制定一部;唯有国民拥有制宪权。"[1]制宪权在西耶斯这里是一种超越性权力,无疑也是一个晦涩的字眼。他的主要观点可以总结为:①国家和国民的关系是国家从属于国民的意志,因为国家的权力由国民委托的代表来行使;②国民制定宪法的目的是创制国家,另一方面也是防止受委托的国家权力侵害委托人——国民本身;③国民通过自然法形成,任何人为法只能来源于国民意志,这包括宪法,

---

[1] [法]西耶斯:《论特权 第三等级是什么?》,冯棠译,商务印书馆1990年版,第56页。

所以国民不受制于宪法；④宪法的每一部分都不能由宪法所设立的权力机构去制定，而是由立宪机构去制定，前一机构是由国民委托的普通代表组成的，后一机构则是由国民委托的特别代表组成的；⑤特别代表团体与普通立法机构毫无相似之处，两者是不同的权力，后者只能在为它制定的组织形式和条件下行动，前者则不受任何特殊形式的约束；⑥预防特别代表滥用权力的措施是，特别代表仅仅是对某一事务（制宪）来说是代表，而且只是在特定时期内。[1]西耶斯的理论摧毁了神权、君权产生国家的神话，重塑了国家权力与公民权利的关系，改变了公民对国家认识所形成的基本观念。同时，西耶斯的观点受到了卢梭的社会契约论和绝对民主主义思想的影响，没有特别区分制宪权和修宪权，存在一定缺陷。

随后，受实证主义宪法学的影响，制宪权理论逐步衰弱。直至德国宪法学者施米特的出现，才引起了人们的重视。施米特认为：制宪权首先是一种政治意志，凭借其权力或权威，制宪主体能够对自身政治存在的类型或形式作出具体的总决断。其次，施米特严格区分了宪法和宪法律。据此，施米特进一步认为：①制宪权并非使用一次就完结了，或被消灭了，这种意志始终与宪法同在，一切真正的宪法冲突——即涉及政治总决断根基的宪法冲突，一切宪法漏洞，一切涉及根本政治决断的意外情形都要由制宪权来决断；②制宪权是统一的，不可分割的，它是一切其他权力或权力分立的广泛基础；③制宪权的主体包括了上帝、人民、君主，甚至少数派组织也能够成为制宪权主体；④制宪权的发动，他认为"人民的制宪意志只能靠行动来证明，而不能靠遵守某个规范程序来证明，不言而喻的是，这种意志也不能按以前或迄今有效的宪法律来予以判断"，"人民的制宪意志始终只能通过根本性的'是'或'否'来予以表达"，并由此而作出了构成宪法内容的政治决断；⑤对制宪权和修宪权作了区分，区分两种权力的性质差异对于宪法的稳定无疑是有益的；⑥革命会导致制宪主体的变化；⑦制宪权与因宪法而产生的权力不同，前者不受宪法律的约束，后者则否。[2]毫无疑问，制宪权是宪法的理论基础，而现代的制宪理论则是建立在国民主权的基础之上的。在此意义下，在法的自然状态下，制宪权以原始姿态发动，制定宪法后，其任务实现，即转化为主权，不再发动。除非发生革命，制宪权再次从主权中"破茧而出"，形成新的宪法。[3]

二、制宪权的主体及其程序

【宪法事例】 伊拉克制宪历程

在 2004 年 3 月，在美国人的主持下，伊拉克正式签署了临时宪法——《过渡行政法》。根据临时宪法，2005 年 1 月 30 日，伊拉克选举产生了由 275 人组成的伊拉克过渡议会，18 个省的议会和北部库尔德地区议会，伊拉克国民会议负责起草伊拉

---

[1] [法]西耶斯：《论特权 第三等级是什么？》，冯棠译，商务印书馆 1990 年版，第 50~64 页。
[2] 参见[德]卡尔·施米特：《宪法学说》，刘锋译，上海人民出版社 2005 年版，第 26~111 页。
[3] 制宪权内化为主权后不再发动，对此学界争议较大。

克永久宪法。5月10日成立宪法起草委员会,由过渡议会的55名议员组成。逊尼派由于抵制2005年1月的大选,在275个席位的过渡议会中仅占17席,只有2名代表进入宪法起草委员会,基本被排除在制宪进程之外。6月16日,伊拉克宪法起草委员会已决定同意在委员会新增25名逊尼派代表。8月15日前制定的宪法草案将在10月的全民公决中确定是否获得通过,一旦永久宪法获得通过,将按照永久宪法举行新的选举,产生正式的伊拉克议会和政府。然而,自8月15日起,新宪法草案三度延期,这个襁褓中的法案一度面临夭折的命运。直至8月28日,伊拉克宪法起草委员会在最后时刻对外宣称,多数成员已经在宪法草案的最终版本上签字。2005年10月15日,伊拉克宪法全民公决。伊拉克独立选举委员会25日宣布,伊拉克宪法草案在全民公决中以78%支持、21%反对的结果获得通过。

【评注】伊拉克制宪虽然是美国幕后导演,但是在现代民主国家制度下,伊拉克制宪比较民主化,制宪过程中有各民族和政治派别的参与,并以公投方式通过了新宪法,该宪法为分权与制衡以及伊拉克走世俗化的政治发展道路提供了有力的保障。

(一) 制宪权的主体[1]

以人民主权作为宪法的逻辑起点,制宪权则属于一国的全体人民。凡民主政体,自古以来都承认国家主权为人民所有。1789年法国《人和公民的权利宣言》宣称:"全部主权的源泉根本上存在于国民之中:任何团体或者任何个人都不得行使不是明确地来自国民的权力。"制宪权归属于一国的全体人民,包含如下内容:

1. 制宪权决定了人民有权选择自由和权利实现的方式。人民的自由和权利是人生存和发展的基础。这种自由和权利与生俱来,不可转让也不可剥夺。在专制社会中,人民不可能行使制宪权。立宪国家产生之后,人民作为国家主权的主体资格得到了恢复,人民作为国家权力主体的意识开始复苏,从此,"人被确立为一切政治制度与行为的主体与目的",[2]而不是实现某种政治目的的工具。

2. 制宪权意味着由人组织起来的政府行使权力是靠不住的。制宪权是国家权力的基础,两者是源流关系。制宪权是国家立法权、行政权和司法权之源泉,无制宪权,则立法权、行政权和司法权便是无源之水、无根之木。此三权力从属于制宪权,乃是宪政之根本。制宪权应当为国家制定一部符合权力运作规律的控权宪法。这部宪法应当能够清晰地构建国家的基本制度,并将所有国家基本制度的行为都纳入其行之有效的调控范围。

3. 制宪权应当内含一种足以驾驭所有权威的力量。任何一个有序的社会都是依赖权威而建立的,专制社会中的权威来自于神授或世袭;民主社会中的权威来自于法律和选举。无论何种权威,其本质上都是他人对权威正当性的认同与臣服。制宪

---

[1] 参见杨海坤主编:《跨入新世纪的中国宪法学——中国宪法学研究现状与评价》(上),中国人事出版社2001年版,第605~606页。

[2] 龚祥瑞主编:《宪政的理想与现实》,中国人事出版社1995年版,第9页。

权应当有足够的力量统摄社会的各种式样的权威。制宪权的这种力量首先来自于制宪权主体——全体人民——的主体意识的觉醒。

4. 制宪权是立宪国家权力合法性的唯一基础。立宪国家机关的权力产生于人民的制宪权,"由于人民是权力的唯一合法源泉,政府各部门据以掌权的宪法来自人民,因此不仅在必须扩大、减少或重新确定政府权力时,而且在任何部门侵犯其他部门的既定权力时,求助于同一原始权威似乎是完全符合共和政体的理论的"。[1]制宪权作为立宪国家机关权力的合法性的唯一基础是通过具体的宪法规范体现出来的。这些宪法规范既授予国家机关必要的权力,也对这些权力的行使设置必要的规则。唯有如此,抽象的制宪权通过授出的国家权力才能达到立宪的目的。

(二) 制宪程序

制宪程序是指制宪主体制定宪法时应经过的方式、步骤、时限和顺序。由于宪法是基本法,因此其制定程序不同于普通法律,程序比较严格。而且从某种意义上讲,制宪程序也不宜与修宪程序相同,相反应比修宪程序更加严格。由于各国规定的制宪权行使者不同,也就形成了不同的制宪权行使模式。目前主要有三种模式:①由国民通过国民投票方式直接行使制宪权;②由国民选出的代议机关来行使制宪权;③将制宪权进行纵向分解,先由代议机关行使制宪权,在对宪法草案进行表决通过后,再交由全体国民投票公决是否通过。

由于采取的模式不同,制宪程序也有别,但是一般要包括以下步骤:

1. 设立制宪机构。由于制宪机构人员的组成是否具有广泛的代表性,以及其素质如何,对于确保宪法的民主性与科学性,以及将来的有效实施具有举足轻重的作用,因此民主选举产生制宪机构是制定民主宪法要经历的一个关键步骤。

2. 提出宪法草案。在制宪结构产生后,为了保证宪法所起草的内容尽可能与国民意志相一致,就必须明确宪法起草必须遵循的指导思想和原则。同时,为保障起草的效率与科学性,一般要成立由专家与民众领袖组成的宪法起草机构专门起草宪法,以充分吸收人类社会已有的文明成果,减少宪法起草过程中可能存在的盲目性和冲动性。

3. 宪法草案的通过与批准。为了保证宪法的权威性和稳定性,大多数国家对宪法通过程序作了严格的规定,一般而言,宪法的制定都要由代议机关成员 2/3 或 3/4 以上的多数代表通过方才生效。有的国家还规定,宪法经代议机关批准后,还应经过全民公决方能生效。

4. 公布宪法。宪法经过一定程序通过与批准后,乃由国家元首或代议机关公布。我国通过宪法的机关是全国人民代表大会,公布宪法的机关是全国人大主席团。此外,宪法应当在全国人大常委会公报和全国发行的报刊,如《人民日报》上全文登载。

---

[1] [美]汉密尔顿、杰伊、麦迪逊:《联邦党人文集》,程逢如、在汉、舒逊译,商务印书馆 1980 年版,第 257 页。

特别强调的是，正是现实中不少国家的制宪程序的民主性和科学性不足，才导致宪法在这些国家的曲折命运。宪法决不能仅仅或主要表达国家机关（官方）的意志，而必须是全体国民（公民）的意志在不受压制的情形下的自由表达。

第二节 宪法的修改

宪法修改则是宪法所创设的权力，根据严格的法定程序对宪法内容作适度的调整，从而在安定性与适应性之间寻求平衡。

一、宪法修改的概念及其原因

【宪法事例】　　　　　　日本修宪之争

《日本国宪法》之所以被称为"和平宪法"，源于《日本国宪法》第9条。《日本国宪法》第9条分为如下两款：

"日本国民衷心谋求基于正义与秩序的国际和平，永远放弃以国权发动的战争、武力威胁或武力行使作为解决国际争端的手段"；"为达到前项目的，不保持陆海空军及其他战争力量，不承认国家的交战权"。

在第9条和平主义理念指引下，二战后日本迅速崛起为世界第二大经济强国，亚洲也保持了大体的和平稳定。

尽管"和平宪法"带来了诸多正面因素，但实际上日本国内谋求修改"和平宪法"的活动从未停止。修宪运动从20世纪50年代鸠山内阁时期发端，自1954年自由党、民主党等组成宪法调查会，主张应对"天皇""放弃战争"等方面进行修改。而修宪的思想在鸠山内阁时期得到了集中的体现。1955年3月，首相鸠山在众议院回答质询时表示：宪法要修改，重点是第9条，前言也要修改。"为了自卫可以保持军队"，甚至"可以保持现代化的军队"。由于社会党、共产党等反对修宪的政党在国会中所占的议席超过了1/3，鸠山修宪的意图无法实现。但是，正是在鸠山任内修宪与护宪之争从民间上升到政党之间、内阁与国会之间的高度，而自卫队的合宪问题一直未得到妥善解决，成为战后日本修宪的一个争论焦点。

【评注】长期以来，日本国内民众多数反对修改《日本国宪法》第9条，由于《日本国宪法》规定，修改宪法需得到众、参两院全体议员2/3以上的同意，而且还要经国民投票并获得半数以上同意，修宪派要改动《日本国宪法》第9条根本达不到法定的人数。修改宪法是一个国家的内政。但日本的特殊之处在于，现行宪法是在否定导致战争的"大日本帝国宪法"的基础上制定的，是保证日本战后走和平道路的根本性法律。日本前首相宫泽喜一曾经说过，日本是"拥有特殊的宪法、特殊的第二次世界大战体验的特殊国家"。正因为和平宪法的存在，日本与中国、韩国等曾受过日本侵略的国家，才能建立基本的信任。

宪法修改，是指宪法正式生效后，在实施过程中，由特定机关依据特定的程序，对宪法内容作出废止、改变、修订或者补充的活动的总和。宪法的修改关系宪政秩序与国民福祉,因此严格的程序限制可确保宪法效力的持久性,保障宪法的权威性及安定性。例如,美国 1787 年颁布的《宪法》至今已有 200 多年,原有宪法条文一字未动,不过增加了 27 条修正案。同样,法国《宪法》自 1958 年颁布至今,在 92 条原有条文保持不变的前提下,仅 4 次修改了其中的 3 条,并对另外 3 条增加了 5 款,增订了 1 款。

宪法之所以要修改,主要基于两个方面的原因:

（一）客观原因：制定宪法所赖以存在的社会条件在不断变化

世界形势在发展变化,人们的看法也在发展变化。制宪之时被认为是正当和符合时宜的宪法,随着时间的推移和形式的变化可能被后来的人们认为不正当或不适宜。所以,为使宪法所规定的自由得到永久保障和进步,就必须对宪法进行修改以符合本时代的目的。宪法规范与社会现实之间总是存在一定的冲突和矛盾,各种政治力量的对比也在时刻发生着变化,我们不可能要求宪法固定不变,相反,宪法必须适应活着的人们所处时代的经济发展、变化的需要。为消弭纷争,并使社会重新获得生机,就只能适当地修改宪法;也只有适当地修改宪法,才不至于阻碍社会应有的革新,阻碍不同时代的人们为实现自由而采取合适的行动。

（二）主观原因：制宪者认识能力的局限性

制宪者因受当时认识能力的限制不可能使宪法十全十美,其必然存在着漏洞或缺陷,为了堵漏和补缺,就必须适时修改宪法。制宪时制宪者虽然竭尽全力,但人的认识能力是有限的,因而不可能对未来的事情预见得很周密,缺漏在所难免,在宪法的实施过程中往往会发现制宪时所没有料到的问题。出现这种缺漏的主观原因可能是基于制宪者缺乏对宪法基本属性的全面认识而形成的立宪短期化的指导思想,使得宪法不能长久;也可能是基于宪法工具主义观念而没有重视宪法的规范性价值,而强求与当时社会现实的一致性,使得社会现实迅速变化时不得不修改宪法;也可能是基于成文法本身固有的局限性,使得宪法必须经常修改。

二、宪法修改的限制

施米特认为:"无论是有关修改的规定,还是其他宪法法规,其效力均来自宪法……对宪法实施修改的权限是一种保持在宪法框架内、由宪法本身提供根据、从不超越宪法的权限。"[1]这表明宪法的修改,必须受到宪法整体性的制约,这种整体性不仅是指宪法在结构设计上的整体性;而且包括宪法实践的历史的整体性。违背了这种整体性,实际上便修改了宪法的基本精神。为了限制修改权,不少国家宪法对修改权通过以下几个方面进行限制:

（一）宪法修改在内容上的限制

各国宪法对内容的限制分多种情况:①禁止变更宪法的基本原则,基本原则是

---

[1] 参见 [德] 卡尔·施米特:《宪法学说》,刘锋译,上海人民出版社 2005 年版,第 24 页。

根本的、不可动摇的宪法基础。如德国《基本法》第 79 条第 3 款规定，基本法的基本原则不得修改，联邦制的国家原则不得修改。②规定共和政体不得修改。例如法国 1958 年《宪法》第 89 条规定："政府的共和政体不得成为修宪的对象。"③规定公民的基本权利的条款不得做不利于公民的修改。④规定宪法的修改不得有损于国家的主权和领土完整。例如，法国《宪法》第 89 条第 4 款规定，宪法的修改若有损于领土的完整，任何修改程序都不能进行或继续。

（二）宪法修改在时间上的限制

时间限制主要有两种：①规定非经一段时间，不得修改宪法。例如，1962 年科威特《宪法》规定宪法颁布 5 年后才能修改，若修宪的主要理由被否决，从否决之日起 1 年内不能再提修改；1975 年希腊《宪法》规定宪法经修改未满 5 年者，不得再予修改。②规定宪法必须定期修改。例如 1921 年波兰《宪法》规定每隔 25 年宪法修改 1 次；1991 年葡萄牙《宪法》规定每隔 10 年修改 1 次。

（三）宪法修改在程序上的限制

由于宪法是国家的根本大法，其内容必须体现人民的意志，因此，世界各国宪法都规定其制定和修改必须遵循特别严格的程序。对于修宪行为违反修宪程序的，修宪行为无效。

（四）其他方面的限制

在宪法修改的限制方面，还存在着一些其他方面的限制，有的国家宪法就明确规定，国家面临危机情况下，不得修改宪法。例如，法兰西第四共和国《宪法》规定："在法国领土一部或全部被外国军队占领时，修宪程序不得着手或者进行。"巴西 1946 年《宪法》第 217 条中规定："宪法于戒严期内不得修改。"

三、宪法修改的方式

宪法修改的方式有两种，即全面修改和部分修改。

（一）全面修改

全面修改与宪法的重新制定的区别在于前者并不改变宪法的根本精神、基本原则和基本的政治权力架构。全面修改一般在特殊情况下才出现，最早明确规定可以全面修改宪法的是 1874 年的瑞士联邦《宪法》，它规定："宪法可以于任何时间做部分或全部之修正。"1946 年日本《宪法》、1958 年法国第五共和国《宪法》以及我国 1975 年、1978 年、1982 年的《宪法》就是全面修改。

（二）部分修改

部分修改有废除、变更、增补三种方式。废除是指宣布废除原来宪法的条文，内容以新条款代替，例如，美国《宪法》第 21 条规定废止宪法第 18 条修正案。变更是指修改某些条款的内容，例如，第七届人大对《宪法》第 10 条第 4 款的修改，即有关"土地使用权"的问题，将"任何组织或者个人不得侵占、买卖、出租或者以其他形式非法转让土地"修改为"任何组织或个人不得侵占、买卖或者以其他形式非法转让土地。土地的使用权可以依照法律的规定转让"。增补是指增加新的条款，例如，美国《宪法》前10条宪法修正案（即《权利法案》）就是。

我国《宪法》的修改方式大体有全面修改和部分修改两种方式。其中部分修改又可分为两种情况：一种是决议形式，例如，1979年五届人大二次会议和1980年五届人大三次会议对1978年《宪法》的修改就是以决议案的形式来修改的；另一种是以修正案条文的形式表现出来，例如最近对1982年《宪法》的5次修改。

四、宪法修改的程序

世界绝大多数国家的宪法都规定了比普通法律更为严格的程序方能进行修改。这主要因为修宪权具有封闭性，在人民或国民主权理论下，宪法规定的修宪权是主权者意志的体现，任何人只能在宪法的约束下行使权力，不能够通过违反自己制定的修宪程序来变更或毁灭宪法，因此宪法修改程序是封闭的。在某种意义上讲，设定修宪程序在于限制宪法的修改。为此，一般严格修改程序一般分为提案、议决、公布三个阶段，确保宪法的修改者受到宪法的约束。

（一）提案程序

提案即提出修改宪法的议案，这是修改程序的开始。世界各国一般规定由议会或人民的代表机关提案，但同时附加一些限制，例如，美国宪法规定国会两院2/3的议员或者各州2/3的州议会，均有修改宪法的提案权。日本宪法规定国会有提案权，但必须得到国民承认。瑞士宪法规定，除了国会两院有提案权以外，8万瑞士公民也有此项权利。我国修改宪法的议案由全国人大常委会或者1/5以上人大代表提出。由中共中央提出建议，然后由常委会或者人大代表接受这种建议而提出议案，已经形成宪法惯例。

（二）决议和表决程序

世界各国对修正案通过的程序有不同规定，例如，美国必须以国会两院2/3以上的议员通过，并由3/4以上的州议会或者3/4以上的州制宪会议批准才能生效。法国宪法规定，宪法修正案由议会两院同时表决通过后，需交由公民投票决定。如果共和国总统决定将宪法修正案交付议会两院联席会议，该修正案则无须交公民投票决定。日本宪法规定，宪法的修改必须经各议院全体议员2/3以上赞成，由国会向国民提出建议，然后提交国民投票或在国会规定的选举时间进行投票，获得半数以上的赞成票，才能成立。我国宪法规定，宪法的修改由全国人大以全体代表2/3以上多数通过。

（三）公布和生效程序

就宪法修正案的公布机关而言，有的由国家元首公布（如日本、德国、意大利、挪威），有的由总理请国王签署公布（如泰国），有的由国务卿公布（如美国）。我国宪法修正案一般认为应由人大主席团公布。关于生效的时间，有的规定自公布之日起生效，有的规定在一个具体的时间生效。关于公布的方式，有的在政府公报、官方公报或法律公报上公布，我国宪法修正案在人大公报上公布。[1]

---

〔1〕 参见邱之岫主编：《宪法学》，中国政法大学出版社2007年版，第80页。

需要注意的是，修宪同样可能存在违宪的情况：①可能违背宪法规定的修宪程序进行的修宪；②可能超越宪法规定的修宪的界限。而美国的通常做法是对于违宪的修宪需要辨别其是否属于政治问题，若是，则不能对其审查；反之，则可审查。

第三节 宪法的解释

一、宪法解释的含义与机构

（一）宪法解释的含义

宪法解释是保障宪法生命力的重要方法，是实施宪法的核心功能。所谓宪法解释，即面对具体的事件或案件，由特定主体通过解释来明确宪法的含义，据此判断有关行为是否合宪。广义的宪法解释则除特定主体外，还包括了政府、社会团体、学者等对宪法的理解和解释。

宪法解释不同于法律解释：①宪法解释更容易采取扩大和限制宪法条文字面含义的办法来使宪法原则适用于特定的法律事实，而普通法律解释因解释对象的规范性较强，因而对条文进行字面解释和逻辑分析的情况居多。②宪法解释结合历史条件和现实意义来分析宪法条文和宪法规范的含义居多，由于宪法内容的政治性而使宪法解释具有更强烈的时代特征。③解释程序更严格，否则宪法解释机关就可能凌驾于制宪机关之上。但我国目前尚无宪法解释程序的规定。④宪法解释的地位应比较高、比较独立。⑤宪法解释的标准更多、更严格。[1]

（二）宪法解释机构

宪法解释一般与违宪审查相辅相成，甚至宪法解释的结论直接决定违宪审查的结果。从各国情况来看，一般进行宪法解释的包括三类特定主体：

1. 立法机关解释。立法机关解释早期存在于推崇议会至上的国家，认为议会理所当然具备释宪权。这种体制的依据是民主理论，该理论认为，人民作为宪法真正的制定者，有权决定宪法的含义，人民或通过他们的代表间接行使这项权利，或由全民公决直接行使这项权利。这种理论在宪法解释中便成了"多数者裁决原则"，多数者裁决原则就是在决定问题时以多数人的意志作为最终意志的原则。在社会主义国家贯彻民主集中制，人民代表大会是最高的权力机关，它不仅是立法机关，同时也是产生行政、司法等其他国家机关的母体，因此人民代表大会享有释宪权。但是立法机关解释宪法，效果不佳，这主要是因为以下几点：①立法机关人数众多，意见分歧大，难以达成共识；②立法机关本身负责制定法律，然后再进行宪法解释，自纠自查的方式有违法治精神。

我国采取的是立法机关解释宪法的体制，依照现行《宪法》的有关规定，我国

---

[1] 参见李步云主编：《宪法比较研究》，法律出版社1998年版，第252~254页。

的宪法解释机关是全国人大常委会。例如，1982 年全国人大常委会通过的《关于国家安全机关行使公安机关的侦查、拘留、预审和执行逮捕的职权的决定》，部分学者认为，全国人大常委会作出的这个决定属于宪法解释，因为在此之前，我国宪法和其他法律中并没有有关国家安全机关的性质和职权的规定，而国家机关的设立和其职权的规定是宪法的重要内容，全国人大常委会的这一决定实际上是对《宪法》第 37、40 条的扩大解释，起到的是补充宪法的作用；再如 2004 年 4 月 6 日，第十届全国人大常委会第八次会议通过了《全国人大常委会关于中华人民共和国香港特别行政区基本法附件一第七条和附件二第三条的解释》，该解释实质上是对香港基本法这部宪法性法律含义的阐述。

2. 司法机关解释。由普通司法机关享有释宪权是"马伯里诉麦迪逊案"（*Marbury v. Madison*）确认的先例。在其看来，释宪权仅限于司法机关的解释，即由普通法院根据宪法规定或者宪法的原则精神对涉及宪法的问题所进行说明和阐述。这种解释体制的理论依据是宪政主义理论。该理论认为由于宪法解释具有专业性，所以宪法解释权应该由与公共舆论隔绝的法官来行使。美国建国初期的政治家们就认为："解释法律乃是法院的正当的与特有的职责。而宪法事实上是，亦应被法官看作根本大法，所以对宪法以及立法机关制定的任何法律的解释权应属于法院。"[1]马歇尔大法官正是根据汉密尔顿的观点认为，法官在解释法律和宪法中有最后的发言权。[2]在宪政主义者看来，多数者裁决原则并非是宪政民主唯一或至上的政治原则，多数的无限权威是一种坏而危险的东西，多数人的意见不一定优于少数人的意见，多数人的利益不一定比少数人的利益更重要，而且它会增加民主所固有的立法的不稳定性，给自由带来致命的危害，形成多数立法者的专制，因此有必要削弱多数的暴政，立法者本身也应该是受制约的。此宪政主义理论的最早实践是美国的司法审查制度，即以普通法院作为解释宪法的机关，最终决定权属于最高法院。各级法院如审理涉及宪法问题的案件时有权附带审查其所要适用的法律是否合宪，一旦认为违宪，可拒绝适用。这一模式的运用与宪法的实施紧密相连，所以，日本、印度以及中南美洲的国家也实行普通司法机关解释的体制。

3. 专门机关解释。专门机关解释是指在立法机关和普通法院系统之外设立专门的机关，以负责解释宪法。专门宪法解释机关设立的宗旨主要是为了处理宪法争议，解释宪法有关规范的含义。这些机关名称上各有不同，法国称宪法委员会，德国是宪法法院。这种解释的理论依据是"第四种权力"理论。选择专门机关主要考虑是，首先，保障宪法实施和解释宪法是国家最重要的权力，该项权力应当由独立于立法、行政、司法三机关以外的第四种权力来行使，这样才能使之处于超然的地位，以便

---

[1] [美]汉密尔顿、杰伊、麦迪逊：《联邦党人文集》，程逢如、在汉、舒逊译，商务印书馆 1980 年版，第 392～393 页。

[2] 参见[美]希尔斯曼：《美国是如何治理的》，曹大鹏译，商务印书馆 1986 年版，第 168～169 页。

更好地维护宪法尊严。其次，欧洲一些国家在引用美国司法解释制度失败后，对本国国情进行考量，形成了专门释宪机关。由专门的宪法法院行使违宪审查权的国家在欧洲占绝大多数，首开宪法法院行使违宪审查权先河的是奥地利，而最为典型的则非德国莫属，这一模式已被越来越多的国家采用。现今西班牙、法国、德国、俄罗斯、韩国等都采用此制度。

二、宪法解释的方法

【宪法事例】　　　　贝克诉卡尔案（Baker v. Carr）

贝克诉卡尔一案是贝克等美国田纳西州公民对该州1901年的一项大选议席分配立法所提起的违宪审查诉讼。其中，贝克和其他原告都是该州有选举权的公民，卡尔是该州经法定程序选举产生的州政务卿，他负责为郡县选举委员会制作空白表格、套封及选举信息，确认选举结果，并负责掌管选举记录。与卡尔一起被起诉还有该州的司法总长、州选举协调官以及州选举委员会等，他们也都分别承担一部分选举工作。在该案当中，原告认为田纳西州1901年的立法对该州95个郡县的入选议席的分配是专断而任意的，并且明显无视该州几十年来的经济发展和人口变迁，致使原告"选举权受到贬抑"，从而不能实现宪法修正案第14条所规定的法律的平等保护。他们由此诉请法院判决1901年立法违宪，并请求法院发布一项禁令，要求该州的有关官员不再根据该法组织选举。联邦地区法院初审裁定驳回原告诉讼请求的理由之一就是该案属于"政治问题"，不具备"可诉性"，联邦最高法院首先肯定了地区法院对于案件的管辖权，在回答本案是否具有可诉性这一问题时，布伦南大法官对政治问题原则的具体含义进行分析，要求保护政治权利的案件并不等同于"政治问题"案件。所谓不具有可诉性的政治问题案件，应当主要限于《宪法》第4条所规定的"保证条款"，即"合众国保证本联邦各州实行共和政体"（美国《宪法》第4条第4款）。联邦最高法院认为，本案与保证条款无关，因此不属于保证条款所指向的"政治问题"。

由布伦南大法官执笔的判决意见书进一步提出了不具有可诉性的"政治问题"的实质和标准。他指出，保证条款之所以不具有可诉性，是因为裁决将涉及法院与其他平行的联邦政府职能部门的关系，而无关乎联邦法院与各州之间的关系。因此，"在判定某一问题是否属于政治问题时，首要的考虑是看该问题是否已交由其他政治部门进行终局性裁决以及是否缺乏司法裁量的适当标准"。他在判决当中列举了传统的属于政治问题范畴的事项，其中包括：①对外关系；②与敌对国的敌对时间；③立法的实效，包括宪法修正案议案的效力和普遍立法的程序等；④对印第安部落的法律地位的确定；⑤共和政体的形式等。他由此确立了"政治问题"案件的"五项基本原则"，认为只有符合以下四项要件之一的争议才能被认定为不属于法院管辖的"政治问题"[1]。

【评注】政治问题不审查原则，在英美通常被称为"政治问题原则"，在欧陆则称为"统治行为原则"。从理论上而言，政治问题（political question）属于政治部门的权

---

[1] 369 U. S. 217（1962）．

限，根据宪法，应当由行政机关、立法机关或者由两者共同协商、斟酌、运用裁量权决定。因此，宪法审判机关应当尊重政治部门的意见，不干预或者不介入政治问题或统治行为的纠纷，这就是所谓的"政治问题不审查原则"。贝克诉卡尔案通过宪法解释，明确并确立了不审查的标准，但是政治问题与法律问题的界线并非泾渭分明。

宪法解释具有复杂性和技术性，宪法解释方法应当是建立在传统的法律解释方法之上，同时辅以特殊的宪法解释方法。

（一）传统宪法解释方法

1. 文本解释原则。文本解释原则是指针对宪法的有关规定，根据最普遍、最常用的含义进行解释，宪法解释机关不能随意发挥。当宪法文字含义清楚明确，不会导致显失公正的结果或产生歧义时，宪法解释机关应当严格遵循这种基本含义，不得另行解释。例如，我国《宪法》规定，人大每届任期5年。该规定具体明确，无须代入自己的观点。

2. 系统解释原则。系统解释原则又叫整体解释原则或上下文关系解释原则。任何一部宪法都是一个有机的整体，其内容、条文、结构之间互相联系、密不可分。因此，释宪机关在对某一宪法规范进行解释时，不能孤立地进行解释，而要将该项规范置于宪法这一大的系统之下，综合考虑宪法的精神、原则以及该项规范与其他规范的联系，以整体的观点来阐明这一宪法规范的内涵，其功能就在于维护宪法规范之间的统一，避免前后解释的相互矛盾。例如1803年"马伯里诉麦迪逊案"中美国联邦最高法院运用结构解释方法得出的推理结论。马歇尔法官代表多数法官的意见指出：在联邦宪法没有明文规定联邦最高法院审查国会制定的法律的情况下，依照联邦宪法关于联邦权力的结构安排，以及联邦政府权力来源于人民权利的宪法结构，可以推理出联邦最高法院有权行使违宪审查权的宪法解释意见。

3. 历史解释原则。历史解释原则是指宪法解释所依据的标准含义不清时，宪法解释机关应根据制宪时的历史环境和条件、制宪机关的记录和对宪法草案的说明报告、当时报刊的讨论以及表达该项规定的词语在当时的含义，求得制宪者的意图，确定该宪法规定的含义。有西方学者认为，宪法实际上融合了两类条文，即随着法的进化而规定的"一般"条文和必须根据历史事件来解释的"特殊"条文。每一部宪法都与社会历史发展有密切的联系，宪法文字的背后都可能隐含着复杂的社会历史背景，在这种情况下，无论是字面解释还是系统解释都不免显得捉襟见肘，考察历史便成为必需。

4. 目的解释原则。德国法社会学家耶林曾经强调："目的是全部法律的创造者，每条法律规则的产生都源于一种目的，即一种实际的动机。"根据他的观点，法律在很大程度上是国家为了有意识地达到某个特定目的而制定的。[1]因此，解释法律，

---

[1] 参见［美］E. 博登海默：《法理学：法律哲学与法律方法》，邓正来译，中国政法大学出版社1999年版，第109页。

必须先了解法律所欲实现何种目的，并以此为出发点加以解释，方能得其要领。目的为解释法律的最高总则。例如，美国马萨诸塞州宪法规定州众议员的选举应当由文字选票来进行，后来立法机构决定用投票机取而代之，而法院亦解释此举合宪，其理由在于，法院认为当初制宪的目的在于防止邪恶，其原意仅是排除口头及举手选举。

（二）独特的方法

1. 结果取向的宪法解释。结果取向的宪法解释，就是解释者把因其解释所引起的社会影响列入解释的一项考量，在有数种解释可能性时，选择其中对社会影响较有利者。结果取向的宪法解释首先在德国宪法法院获得应用。在药房案中，法院审查《巴伐利亚药房管理条例》以市场需求作为许可条件的规定是否违宪，便以几种可能判决分别造成的社会影响来作为判断基础：如果废除该法所规定的营业限制是否有相当大的可能出现上述情况，从而造成药物供给受到干扰？[1]虽然该方法倍受学术界批评，但是该法具有相当高的精确性。

2. 合宪性解释。合宪性解释是指当同时存在数个法律解释的可能性时，只能选择其中导致合宪结果的解释。也就是说，解释法律一般可使用文义、目的、体系、历史和综合解释的方式，只要有任何一种方式能够找出立法者符合宪法的依据，就可以排除其他方式可能得出的违宪结果，因此这是一种偏向于立法者的解释方法。合宪性解释最早见于德国巴登州宪法法院在1950年1月23日的判决，德国联邦宪法法院在1953年的难民收留法案件中，采用了合宪性解释的方法。该案中，《难民收留法》第1条——由苏俄占领区逃难到西德的人民，需向当地警察局申请居留证，如果能够证明离开该苏区的理由是为了避免生命和生活遭遇危难，则不得拒绝发给居留证——是否违反了《基本法》第11条第2款对人民有迁徙自由的限制，即只有在该地区生活条件不能满足所需，或导致造成公众巨大负担，才能限制人民的迁徙自由。因此，从《难民收留法》的规定来看，对于那些衣食环境并不一定匮乏，而只是为了逃离统治的人予以收留就不符合基本法的规定。因此，联邦宪法法院作出合宪的解释，认为，警察即使依据《难民收留法》第2条审核申请居留人是否符合条件，仍应一并考虑《基本法》第11条第2项的规定。法院特别指出，如果一个法律可能透过解释而符合宪法的观念，且不失其意义时，就不违宪。[2]合宪性解释有利于稳定法律秩序，但易侵犯立法者的权力。

除以上方法外，还有其他独特的宪法解释方法，如个别问题导向方法、理性的宪法政策论证法、实际性法学导向的宪法解释方法、解释学具体化的宪法解释方法等。

---

[1] BvefGE 7, 337ff, 413ff.
[2] BvefGE 2, 267.

三、宪法解释的界限

宪法解释的界限,也就是所能允许对宪法进行解释的范围与程度。宪法解释从性质上看属于司法权一种,西方的司法能动主义的影响,使宪法解释中可能出现的主观恣意的情况,要保证其司法性,就必须规范其界限。我国台湾地区学者汤宗德认为,要确保释宪权的司法属性,主要是因为以下几点:①原告适格能够确保公平;②裁判时机的成熟度可以提高裁判的正确性;③政治问题不审查是为了确保释宪机关的独立性和释宪结果的可接受性;④"不得提供咨询意见"是确保释宪结果的拘束性。[1]

我国学者认为,宪法解释需要界限,主要是因为以下几点:①从理性主义出发,实定法作为一个规范体系,可以达到全知全能、逻辑自足而且自我封闭的程度,任何现实问题都可以在此体系内解决,实无在实定法之外寻找其他法源之必要;②从民主主义出发,人民是宪法制定的唯一主体,是一切宪法规范的根本来源,如果允许宪法解释中存在解释者的主观创造,可能造成解释者变更人民的意志,这是有违人民主权原理的;③从法治主义出发,法的安定性与可预测性是其基本价值,如果允许主观性存在,可能导致解释者随时变更宪法的实质内容,而造成对宪法的此种安全度的损害。[2]

综上所述,宪法解释必然存在界限。然而,解释的界限应如何确定,却是极难把握的。一般而言,首先,解释权与修宪权无论怎样行使都不可侵犯制宪权;其次,宪法不可能涵盖社会生活的一切方面,当规范和社会现实发生冲突,宪法的解释应当限定在保障个案人权的范围内。解释既要具有宪法规范的可能含义,同时又要有客观的现实基础,这种现实合理性也是判断宪法解释是否具有正当性的一个重要因素。

思考与实务

1. 制宪权的基本含义包括哪些?
2. 宪法制定的程序有哪些?举例说明。
3. 我国宪法修改的程序如何?
4. 我国宪法修改的情况及问题是怎样的?
5. 你认为宪法解释权有无界限?试评价。
6. 宪法事例实训:

1948年10月周恩来主持起草共同纲领,当时叫《中国人民民主革命纲领》,1949年8月22日五易其稿后送交毛泽东审稿时叫作《新民主主义的共同总纲领》,

---

[1] 参见汤德宗:《权力分立新论》,元照出版有限公司2005年版,第84~88页。
[2] 韩大元、张翔:"试论宪法解释的界限",载《法学评论》2001年第1期。

后来定为《共同纲领》。《共同纲领》通过后,《人民日报》1949 年 9 月 30 日报道时,用了《中国人民政协制定人民大宪章》。当时是 1949 年秋,革命即将取得全国性的胜利,那么胜利以后要建立一个怎样的国家,怎样把革命成果用法律的形式固化下来,而且还要规定新中国成立以后的大政方针,这些都迫切需要国家制定一部根本法性质的文件。在这种背景下,中国共产党邀请各民主党派、各社会团体、人民解放军、各民族、海外华侨等各方面代表 622 人,组织召开了中国人民政治协商会议。这次会议在普选的全国人民代表大会召开以前,基本上是代行全国人民代表大会的职权。这次制宪会议在中国历史上产生两个重要影响:①选举了中央人民政府委员会,宣告了中华人民共和国成立;②通过了《中国人民政治协商会议共同纲领》。共同纲领从内容上讲,分为总纲、政权机关、军事制度、经济政策、文化教育政策、民族政策、外交政策等共有 7 章 60 条 7000 余字。《共同纲领》出台以后,人们普遍认为,《共同纲领》集中体现了全国人民的意志和利益,是新中国的建国施政纲领,具备了在宪法颁布以前作为新中国根本大法所应包含的基本内容。当时的社会舆论将《共同纲领》称为临时宪法,是具有新民主主义性质的临时宪法。刘少奇将《共同纲领》称为"大宪章",毛泽东将《共同纲领》称为"我们国家现时的根本大法"。

请思考:

(1)《共同纲领》的制定有何意义?

(2)《共同纲领》具有什么性质?对之后新中国的制宪运动产生了什么影响?

第四章
合宪性审查

【本章概要】 合宪性审查是指特定的国家机关对其他国家机关、特定组织（主要是政党）的行为是否符合宪法进行的具有法律效力的审查。自1803年美国联邦最高法院在"马伯里诉麦迪逊"一案的判决中确立宪法审查制度以来，合宪性审查在世界范围内两种不同的路径得以发展，并呈现出三种不同的违宪审查模式。我国的宪法监督制度本质上属于合宪性审查。应当建立健全全国人大和全国人大常委会行使宪法监督和宪法审查权的程序。2018年《宪法》修改，将全国人大"法律委员会"更名为"宪法和法律委员会"，将有助于推动合宪性审查和宪法实施。

【学习目标】 了解合宪性审查的基本模式，理解不同审查模式背后所存在的各国宪法体制差异；掌握我国现行《宪法》规定的宪法监督基本内容；分析如何通过明确合宪性审查的对象和审查标准、完善合宪性审查的程序和条件等，从实质上推进我国的合宪性审查和宪法实施。

第一节 合宪性审查的起源与发展

一、合宪性审查的含义及与相关概念的比较

合宪性审查是指特定的国家机关[1]对其他国家机关、特定组织（主要是政党）的行为是否符合宪法进行的具有法律效力的审查。合宪性审查的基本功能在于维护宪法的权威。"在成文宪法国家，宪法被确立为最高地位的法。为维护宪法的最高法律地位，国家建立某种形式的保障制度，对违反宪法的法律或者行为进行审查，这样的宪法保障制度就是违宪审查制度。"[2]

合宪性审查的形成需要具备两个基本条件：①成文宪法的存在；②成文宪法具有作为"更高的法"（higher law）的属性。在现今世界范围内已建立合宪性审查制度的多数国家，合宪性审查首要和主要的职能是对立法机关所制定的法律是否符合宪法进行审查。这是因为宪法作为"更高的法"的属性首先是对立法的要求，更具

---

[1] "特定的国家机关"既可以是以违宪审查为专门职能的特别设立的国家机关，如德国的宪法法院、法国的宪法委员会；也可以是普通的法院。法院的职能既包括裁决宪法性案件（主要是对法律的合宪性裁决），也包括对民事、刑事和行政案件的裁决。
[2] 王振民：《中国违宪审查制度》，中国政法大学出版社2004年版，第19页。

体说是对立法的限制和约束,即立法机关所制定的法律不得与宪法相违背。因此,对于法律是否合宪的审查就成为国家法律制度的一部分。

在一般意义上,"合宪性审查"也可以称为"司法审查"或"宪法审查"。"司法审查"(judicial review)[1]强调作为司法机关的法院对于国家机关所制定的法律法规或其他国家机关行为的合宪性和合法性的审查。因此,美国普通法院所行使的合宪性审查和德国联邦宪法法院[2]的合宪性审查都可以称为"司法审查",因为宪法法院是纯粹的司法机关。但是,德国联邦宪法法院所实施的合宪性审查也被称为"宪法审查"(德语为 Verfassungsgerichtsbarkeit,英文为 constitutional review)。美国的司法审查与德国的宪法审查之间除了存在分散审查(所有法院都有合宪性审查权力)与集中审查(只有宪法法院有行使合宪性审查的权力)的差别外,在管辖权限方面也存在差异:普通法院的合宪性审查主要是对国家机关的行为进行合宪性审查和对侵犯公民基本权利的案件进行审查;宪法法院的审查除了上述管辖权限外,通常还包括对国家机关之间的冲突予以裁判。[3]此外,在普通法院的审查中,被动性是其共同特征,即法院实行"不告不理"原则,法院(和法官)不能主动进行合宪性审查。但是在一些由宪法法院行使审查权的国家,比如匈牙利,宪法法院可以主动发起对法律的合宪性审查。因此,将由宪法法院所行使的合宪性审查称为"宪法审查"更为合适,以表明与普通法院所进行的司法审查之间的差别。而且"宪法审查"还包含由宪法委员会实施违宪审查的类型。[4]虽然"司法审查"和"宪法审查"存在细微差别,但是二者却承载着相同的宪法功能:主要对法律的合宪性进行裁判,即"合宪性审查"。因此,"合宪性审查"是一个功能指向更明确的词汇,而"司法审查"和"宪法审查"则更明显强调审查机关的特性。

"宪法监督"是另一个比较常见的词语。"宪法监督"不一定指某种进行合宪性审查的司法性制度,它可能是权力机关的监督,比如我国的宪法监督主要指最高权力机关和它的常设机关对于其他国家机关的合宪性监督,苏联《宪法》所规定的权力机关的合宪性监督[5];也可能是总统的监督,比如俄罗斯《宪法》规定总统可以行使宪法监督的权力;还可能是具有一定司法性质的,但是监督机关不同于法院和

---

[1] "司法审查"还可以指法院对行政权力的控制,一般是行政法研究的内容(参见王名扬:《美国行政法》(下),中国法制出版社 1995 年版,第 565 页)。
[2] 在德国,除了联邦宪法法院的合宪性审查外,还包括州宪法法院所进行的合宪性审查。只有石勒苏益格-赫尔斯泰因州没有宪法法院,州的合宪性审查权力由联邦宪法法院行使。
[3] 张千帆教授在论述德国联邦宪法法院的管辖权时区分宪政审查和司法审查两种形态。"宪政审查"是指法院对宪法规定的政府机构之间的争议进行审查,它的目的是政治体制本身;"司法审查"则是指法院对政府机构与公民之间的争议进行的审查,其目的是保护公民的宪法或法律权利不受政府侵犯。参见张千帆:《西方宪政体系(下册:欧洲宪法)》,中国政法大学出版社 2001 年版,第 177 页。
[4] 法国的宪法委员会从其成员构成看不是纯粹司法性质的机关,因此不适合将宪法委员会的合宪性审查称为"司法审查"。
[5] 参见刘向文:《俄国政府与政治》,五南图书出版公司 2002 年版,第 536~550 页。

专门宪法审查机关的、监督结果不完全具有法律效力的监督,比如苏联于1988年通过修改宪法所增设的苏联宪法监督委员会实施的监督。[1]因此,虽然宪法监督有时也被认为是合宪性审查制度,[2]但"合宪性审查"与"宪法监督"在权力主体、审查对象以及制度的功能指向方面还是存在较为显著的差异。可以认为,"合宪性审查"是指具有明确司法性质的审查,即由独立于立法机关的国家机关对于法律等所进行的、具有法律效力的合宪性审查,而"宪法监督"则是一个含义更为广泛的词语。

二、合宪性审查的起源

合宪性审查起源于1803年美国的"马伯里诉麦迪逊案"。该案确立了联邦最高法院对于法律是否合宪进行审查的制度。联邦最高法院进行合宪性审查的权力不是源于明确的宪法规范,而是通过宪法解释方式证成的。最重要的是,判决以宪法的根本法地位为逻辑起点,论证并确立"与宪法相抵触的立法行为无效"的规则,从而创立了现代宪法的合宪性审查制度。

【宪法事例】　　　　　　　　马伯里诉麦迪逊案

普遍认为,违宪审查制度起源于美国联邦最高法院1803年的"马伯里诉麦迪逊"[3]一案。

在1800年的总统选举中,共和党领袖托马斯·杰斐逊(Thomas Jefferson)获得总统选举胜利并成为美国历史上的第三任总统。前任总统亚当斯所代表的联邦党同时在国会选举中失利。在杰斐逊就职典礼和联邦党人国会转让权力的三周前,在选举中被淘汰的"跛鸭国会"制定并通过了《巡回法院法》(Circuit Court Act),该法案创设了16个新的巡回法官职位;通过《哥伦比亚特区组织法》,创设了42个特区治安法官的职位。亚当斯很快提名本党成员填满根据这两个法案创设的职位,在1801年3月2日、3日,参议院在杰斐逊就职前匆忙批准亚当斯的提名,3月4日深夜,作为国务卿的约翰·马歇尔(John Marshall,此前已被亚当斯任命为联邦最高法院首席大法官)忙着将委任书加盖合众国印章并寄送出去。但是,由于最后的匆忙和混乱,包括威廉·马伯里(William Marbury)在内的一些治安法官的委任书被留了下来。新总统杰斐逊就任以后指示国务卿詹姆士·麦迪逊(James Madison)扣留尚未寄出的委任书。这样,马伯里和其他三人最终没能就任治安法官,马伯里向联邦法院提起诉讼,请求法院强制国务卿送交他们的任命书。[4]根据1789年《司法法》的授权,马伯里直接将争议起诉到联邦最高法院。法院要求被告国务卿麦迪逊出庭

---

[1] 参见刘向文:《俄国政府与政治》,五南图书出版公司2002年版,第550~562页。
[2] 参见蔡定剑:《国家监督制度》,中国法制出版社1991年版,第24页、第114~315页。
[3] Marbury v. Madison, 5 U.S. (1 Cranch) 137 (1803).
[4] [美]保罗·布莱斯特、桑福·列文森、杰克·巴尔金、阿基尔·阿玛编著:《宪法决策的过程:案例与材料》(上册),张千帆、范亚峰、孙雯译,中国政法大学出版社2002年版,第80页。

作证，但国务卿不予理睬。马伯里请求法院下达强制令（Mandamus）[1]，指令国务卿送交委任书。于是，以马歇尔为首的受联邦党控制的最高法院面临两难选择：不允许原告请求不但意味着联邦党在政治斗争中再度失利，而且也显示出法院软弱无力，屈服于来自白宫与国会的政治压力；而允许请求颁发强制令则可能被国务卿置之不理，势必使法院威信扫地。在此，马歇尔不得不寻求一种舍近求远的策略，既避免了和总统与国会的直接遭遇，又成功地建立了法院对执法与立法机构实行司法审查的权力。[2]

　　在马歇尔首席大法官（Chief Justice Marshall）代表联邦最高法院传达的法院意见中，马歇尔从一开始似乎在循规蹈矩地展开他的法律论证：其一，原告对他所要求的委任是否具有权利？其二，如果他有权利，并且这项权利受到侵犯，那么国家的法律是否能为他提供补救？其三，如果（法律）确实能提供补救，它是否应该就是最高法院所下达的强制令？随后，马歇尔大法官逐一阐明：首先，在事实和法律上，马伯里有权获得委任状："法院认为，扣押他的委任书是没有法律依据的，违背了既得法律权利"。其次，既然马伯里对职位具有法律权利，他就对委任书具有间接权利，拒绝交付是对此权利的明显侵犯，而对于这类侵犯，国家法律将为他提供补救；司法救济并非不适当地干预执法部门的宪法自由裁量权，且强制令是适当的救济，被告麦迪逊不能宣称主权豁免。到此，最高法院与国务卿的直接交锋和冲突似乎不能避免了。但是，在接下来的论证中，马歇尔大法官笔锋一转，指出1789年的《司法法》第13条授权联邦最高法院在其不具有初始管辖权的案件中发布强制令的条款与宪法相违背："建立合众国司法系统的法律，试图授权联邦最高法院对公共官员颁发强制令，但这项权力似乎不为宪法所支持。"因为根据《宪法》第3条，联邦最高法院对此案并无初审管辖权，《司法法》第13条因而与宪法相抵触。紧接着，马歇尔大法官论证到宪法是人民为创立未来政府而行使其原始权利的结果，具有至上的与首要的法律属性，具有最高权威，因此与宪法相抵触的立法行为是无效的；阐明何为法律是司法部门的职权与责任。这样，马歇尔大法官通过论证宪法与法律的关系、法院（法官）在冲突规则中的选择和法院对宪法（法律）的解释权等内容，从而判决《司法法》第13条违宪。于是，与杰斐逊总统及与麦迪逊国务卿可能的冲突就通过否定管辖权得以化解，而与此同时，马歇尔大法官又宣布委任状被非法扣留，消除了最高法院纵容政府行为的印象。[3]

　　【评注】从直接效果来看，本案的判决既保留了联邦最高法院的颜面，又回避了

---

[1] 强制令是法院对政府官员或下级法院发布的命令，要求履行一项和职务有关的不具备自由裁量权的义务。

[2] 张千帆：《西方宪政体系（上册：美国宪法）》，中国政法大学出版社2000年版，第39页。

[3] 参见［美］保罗·布莱斯特、桑福·列文森、杰克·巴尔金、阿基尔·阿玛编著：《宪法决策的过程：案例与材料》（上册），张千帆、范亚峰、孙雯译，中国政法大学出版社2002年版，第81~93页。

与杰斐逊政府的危险冲突，而这种冲突将可能导致全面的宪法危机。从间接的和长远的效果看，本判决确立了法院作为成文宪法的阐释者和守护者的审查职能，开创了被后世称为"司法审查"的先河。

的确，在美国的成文宪法中，没有明确的宪法条款授权联邦法院对国会法律进行合宪性审查的权力，而且，对于"制宪者的意图"是否包含了此项权力也是有争议的。但不管怎样，只要宪法作为法律被适用于具体案件的裁判中，法院就会面临宪法与法律的冲突问题，法院需要在冲突的规则中确定何者支配案件的判决，这点，被马歇尔大法官认为是"司法责任的根本所在"。而借助于"马伯里诉麦迪逊"一案的判决，联邦最高法院获得可以依照宪法对国会的立法进行合宪性审查的权力（这一权力还包括法院对行政分支各部门的措施、规章进行的审查）。从这个意义讲，合宪性审查权是联邦最高法院自己创设的一项权力。但无论如何，这项权力也是基于法院对于宪法的解释形成的，而且，宪法的解释和适用目的在于维护宪法作为最高法的地位和宪法权威。

三、合宪性审查的发展

合宪性审查制度对于维护成文宪法的最高地位和宪法权威似乎是不可缺少的。但是从历史上看，合宪性审查制度在世界范围内的普遍建立却经历了一个比较漫长的时期。即便对于合宪性审查制度的创始国美国而言，合宪性审查的发展也不是一帆风顺的。美国联邦最高法院行使违宪审查权的第二件案件是在半个世纪后才出现的，该案就是1857年的"斯科特诉桑福德案"（*Dred Scott v. Sandford*）。联邦最高法院对该案的判决推翻了一部名为《密苏里妥协案》（Missouri Compromise）的法律。由此导致的后果是，黑人仍是他人的"合法财产"，而不是受宪法保护的公民，即使他到过已废除奴隶制的"自由州"，仍无法改变命运。林肯（Lincoln）总统后来抨击这一判决说："房屋分成两半就会倒塌。我相信，在半是奴隶半是自由民的国家里，政府也长久不了。"几年后，南北战争爆发。内战结束后，斯科特案判决被宪法第14修正案推翻，成为最高法院历史上最耻辱的一幕。[1] 从这一事件（判决）看，合宪性审查制度不过是一个国家法律制度体系中的一环，这种制度运行的好坏，与制度运行的环境、历史以及与掌控制度运行的人有关。合宪性审查制度的建立和运行，需要适宜的法治土壤。

合宪性审查在世界范围内的发展呈现出两种不同的路径：①由普通法院进行合宪审查；②建立专门的国家机关（主要是宪法法院）行使合宪审查职能。

普通法院的合宪性审查模式在19世纪逐渐形成。第一个接受美国式的由普通法院进行合宪性审查模式的是墨西哥尤卡坦半岛（Yucatan）邦，根据该邦1841年《宪

---

[1] 参见何帆："大法官说了算的国度"，载《书城》2010年第9期。

法》第62条规定,法官有权不适用违宪的法律,以实现对宪法的保障。[1]阿根廷、巴西、哥伦比亚、危地马拉、洪都拉斯、墨西哥、尼加拉瓜、委内瑞拉、乌拉圭等国家也建立了由普通法院行使合宪性审查权的制度。[2]斯堪的纳维亚国家的合宪审查制度整体上类似于美国,但是在整个19世纪,也只有挪威建立了由普通法院行使合宪审查权的真正的宪法审查制度。

建立专门国家机关行使合宪审查职能的宪法保障制度最早出现于奥地利。根据汉斯·凯尔森(Hans Kelsen)的设想,奥地利于1920年建立宪法法院,宪法法院的职责是审查联邦立法或者州立法的合宪性。[3]但是,真正较有影响的由宪法法院行使合宪审查职能的审查模式来自德国。德国宪法法院依据1949年的德国《基本法》第93、94条而建立,有关宪法法院的组织、管辖权和判决程序的法律《联邦宪法法院法》则于1951年制定,宪法法院的"主要任务在于控制国家权力以保障对宪法之服从,并使宪法获得更为具体的进一步发展"。[4]行使合宪审查权的另一种专门机关是宪法委员会,最早由法兰西第五共和国所创建,宪法委员会的主要职能是"审查议会立法的合宪性,以保证它们限于宪法第34条所规定的权能领域"。[5]《宪法》第61条第1款规定:"在颁布与适用之前,组织法和议会规则必须被提交宪法委员会以决定其合宪性。为了同样目的,在法律颁布之前,共和国总统、总理、众议院或参议院议长、60名众议院或参议院议员,皆可把它提交宪法委员会。"

20世纪80年代转型之前部分社会主义国家的合宪审查制度在形式上也可归入专门机关的审查方式。1963年,南斯拉夫联邦和它的6个共和国、2个自治省建立了宪法法院。[6]虽然当时的宪法法院主要的功能不是审查议会立法的合宪性问题(在权力集中于立法机关的前提下也不可能真正出现宪法法院审查议会立法的案件),但是对于宪法的最高地位必须通过司法审查得以保障的观念已经形成。以后,匈牙利和波兰分别于1984年和1986年建立有限的合宪审查制度。[7]匈牙利的宪法委员会

---

[1] Hector Fix-Zamudio, "Die Verfassungskontrolle in Lateinamerika", in: Hans-Rudolf Horn, Albrecht Weber (Hrsg.), *Richterliche Verfassungskontrolle in Lateinamerika, Spanien und Portugal*, Baden-Baden: Nomos Verlagsgesellschaft, 1989, p. 137.

[2] Hector Fix-Zamudio, "Die Verfassungskontrolle in Lateinamerika", in: Hans-Rudolf Horn, Albrecht Weber (Hrsg.), Richterliche Verfassungskontrolle in Lateinamerika, Spanien und Portugal, Baden-Baden: Nomos Verlagsgesellschaft, 1989, p. 163.

[3] Mauro Cappelletti, William Cohen, *Comparative Constitutional Law: Cases and Materials*, The Bobbs-Merrill Company, Inc. 1979, p. 86.

[4] 张千帆:《西方宪政体系(下册:欧洲宪法)》,中国政法大学出版社2001年版,第151页。

[5] 张千帆:《西方宪政体系(下册:欧洲宪法)》,中国政法大学出版社2001年版,第38页。

[6] Georg Brunner, "Development of a Constitutional Judiciary in Eastern Europe", *Review of Central and East European Law*, 1992, No. 6, pp. 535~553.

[7] Chris Moegelin, Die Transformation von Unrechtsstaaten in demokratische Rechtsstaaten-Rechtlicher and politischer Wandel in Mittel-und Osteuropa am Beispiel Russlands, Berlin: Duncker & Humblot GmbH, 2003, p. 242.

(Constitutional Law Council) 在组织形态和权力运行方式上与法国的宪法委员会较为接近，只是受制于社会主义国家权力统一思想的限制，宪法委员会不是独立的司法机关，而是具有司法特征的议会之中的一个特殊委员会，因此权力极为有限。波兰于1982年通过对1952年《宪法》的修改而建立宪法裁判所（Constitutional Tribunal），授权宪法裁判所对于法律的合宪性问题进行裁决。根据1982年的宪法修改活动，波兰于1985年通过了历史上的第一部《宪法裁判所法》，它是宪法裁判所开展宪法审查活动的基础性法律文件。宪法裁判所的主要职能是对"次级立法"合宪性的裁判，宪法法院有权宣布违宪的次级立法无效。虽然宪法裁判所可以对议会的立法进行审查，但是裁判权受到限制：如果宪法法院判决议会立法违宪，但是该法律获得议会2/3多数支持，那么宪法法院的判决无效。[1] 显然，波兰宪法裁判所的司法性质更强。此外，苏联也在剧变前夕建立了宪法审查制度。根据1989年12月23日的宪法修正案，苏联建立宪法监督委员会（Committee of Constitutional Supervision）[2]，其目的也是为了维护宪法权威，保障宪法作为最高法的地位。不过，从一开始，宪法监督委员会的可行性就受到质疑，而且实践中宪法监督委员会离真正的违宪审查也差得很远。[3]

总体上，自1803年违宪审查在美国确立以后，违宪审查制度在世界范围内的发展经历了从沉寂到复兴，再到进一步发展的几个阶段。今天，世界上超过80%的国家或地区都在宪法中规定或实施了某种形式的合宪性审查制度。[4]

第二节 合宪性审查模式

一、合宪性审查模式概述

合宪性审查模式是对世界范围内各种类型的合宪审查制度的概括。标准不同，对于合宪性审查制度类型的总结自然也不一样。比较常见的一种分类是根据行使合宪审查权的主体不同将合宪审查分为普通法院的审查和专门机关的审查。[5] 这种分类方法最大的问题是无法涵盖合宪审查机构多样化的状态。比如，哥斯达黎加在19

---

[1] Mark F. Brzezinski, "Constitutionalism Within Limits", *East European Constitutional Review*, Vol. 2, No. 2, Spring 1993, pp. 38~43.

[2] F. J. M. Feldbrugge, "The Constitution of the USSR", *Review of Socialist Law*, 1990, No. 2, pp. 163~224.

[3] 参见 Georg Brunner, "Development of a Constitutional Judiciary in Eastern Europe", *Review of Central and East European Law*, 1992, No. 6, pp. 535~553.

[4] 参见张千帆、包万超、王卫明：《从宪法到宪政——司法审查制度比较研究》，法律出版社2008年版，第81~105页。

[5] 有的教科书更为详细地将合宪审查模式依据行使审查权主体的不同分为立法机关行使合宪审查权的模式、普通法院行使合宪审查权的模式、宪法委员会行使合宪审查权的模式和宪法法院行使合宪审查权的模式。参见邱之岫主编：《宪法学》，中国政法大学出版社2007年版，第382页。

世纪形成的合宪性审查制度借鉴美国经验,由普通法院行使合宪审查权,但是在 20 世纪以后受到德国和西班牙宪法法院的影响,将合宪审查权集中到最高法院设立的宪法审判庭(constitutional senate),该庭与最高法院下设的其他民事、行政和刑事审判庭并列。另外,阿根廷在 19 世纪曾经将合宪审查集中到最高法院,而不是所有普通法院都享有合宪审查的权力。[1]因此,以审查机构作为合宪审查的标准不准确,也不能说明违宪审查在具体国家的制度特点。

区分合宪审查制度应当是以合宪审查权集中由一个机构行使还是分散由多个机构行使为标准,相应的,合宪性审查模式分为分散审查模式、集中审查模式和混合审查模式。[2]

二、分散的合宪性审查

分散的合宪性审查指法官在案件审理过程中,如果认为与案件相关的法律或其他规范违宪,法官有权不适用该违宪的法律或规范。法官不适用认为违宪的法律形成法律的实质性判断,但是这种判断只限于个案,即关于该法律的违宪判断只对于案件当事人产生影响。法官对于法律的违宪裁判不影响该法律的继续存在,并且有可能在其他案件中不被视为违宪的法律而被适用,即分散审查判决的当事人有效规则(inter partes)。

1803 年的"马伯里诉麦迪逊案"确立了普通法院行使合宪性审查权的分散式宪法审查制度。首席大法官马歇尔首次确认联邦最高法院审查国会立法合宪性的权力。[3]不仅如此,马伯里案件的判决明确表达了判断法律是否合宪是所有司法机关不可回避的责任。"解释法律是什么是司法部门的权限范围和责任。……如果有两部法律互相冲突,法院要么依据法律而无视宪法裁判,要么依据宪法而不考虑法律裁判;法院应当决定互相冲突的规则中哪一些是可以适用于案件的。这正是司法职责的本质所在。"[4]法官解释宪法和有权决定不使用违宪的法律缘于美国的普通法背景。"法院解释法律,以在具体案件中适用法律。在有冲突的情况下法院适用有优先效力的法律。法院遵循普遍的解释规则,即上位法优于下位法、新法优于旧法、特别法优

---

[1] Norbert Lösing, *Die Verfassungsgerichtsbarkeit in Lateinamerika*, Baden-Baden: Nomos Verlagsgesellschaft, Germany, 2001, p. 211.

[2] 最新的研究将合宪审查模式进行更为详细的分类:"将普通法院的审查制度进一步分为分散和集中两种模式,两者兼备的作为'普通混合'模式;专门机构的审查制度进一步分为以德国宪政法院为代表的特殊法院和以法国宪政院为代表的委员会模式,而同时具备专门审查和普通审查的制度被称为'欧美混合'模式。"参见张千帆、包万超、王卫明:《从宪法到宪政——司法审查制度比较研究》,法律出版社 2008 年版,第 107~118 页。这种分类的特点在于将合宪审查机构与审查权的分散或集中结合在一起。

[3] Bernard Schwartz, *A History of the Supreme Court*, New York/Oxford: Oxford University Press, 1993, p. 41.

[4] Bernard Schwartz, *A History of the Supreme Court*, New York/Oxford: Oxford University Press, 1993, p. 43.

于一般法的规则。法官有权决定不适用与宪法相违背的法律。"[1]法官关于法律违宪的判决没有普遍约束力（erga omnes），也没有形式上宣告违宪的法律无效。有可能不同法院就同一部法律形成不同观点。但是，根据普通法的遵守先例原则（stare decisis），上级法院的判决对所有下级法院在相同的判决中有约束力，联邦最高法院的判决对所有法院有约束力。美国属于普通法国家，虽然"遵守先例原则在美国比在英国更少刚性（less rigidity）",[2]但是，"毫无疑问，联邦最高法院的判决被认为具有普遍约束力，被下级法院和所有其他公共机关遵守"。[3]自然，联邦最高法院关于法律违宪的判决会被所有其他法院所遵循，而且上级法院关于法律违宪的判决也会被下级法院所遵守。因此，虽然分散审查制度下法院的判决不具有普遍约束力，但是遵守先例原则为法律的安定性提供了可能。而普通法传统形成的对司法权力的尊重又成为普通法院能够通过案件审理为自身创设合宪审查权的重要原因。"斯堪的纳维亚国家的合宪审查权由一般管辖权的法院执掌，这和美国一样。宪法问题可以在任何诉讼程序中提起，但提起者须有某种身份。法官有义务决定受到挑战的法律是否合宪。宪法官司一般都要打到最高法院去，最高法院有终审权。违宪与否的判决只影响案件当事人，因为涉及的法律不可适用只是针对该案件说的；但是实际上和美国一样，所有法院和政治机关在最高法院终审后，也都会尊重这种判决的。"[4]

拉美国家在19世纪主要采用分散审查模式，20世纪70年代转型之前实行分散审查的国家包括阿根廷、巴西、哥伦比亚、危地马拉、洪都拉斯、墨西哥、尼加拉瓜、委内瑞拉、乌拉圭等国家,[5]不过，转型后的拉美国家完全保留分散审查方式的国家已经非常之少，分散审查在现今拉美国家只存在于阿根廷和波多黎各。多数国家或者转向集中的合宪审查模式，或者建立包含有分散合宪审查和集中审查两种形态混合的合宪性审查模式。

三、集中的合宪性审查

集中的合宪性审查模式指宪法审查权集中于一个专门的机关，这个机关拥有进行合宪审查的排他性权力，其他机关不得对法律是否符合宪法进行裁判。

集中的合宪审查起源于奥地利1920年建立的宪法法院。由于1920年建立的集中

---

[1] Mauro Cappelletti, William Cohen, *Comparative Constitutional Law: Cases and Materials*, The Bobbs-Merrill Company, Inc., 1979, pp. 75~76.

[2] Allan R. Brewer-Carias, *Judicial Review in Comparative Law*, Cambridge University Press, 1989, p. 150.

[3] Mauro Cappelletti, William Cohen, *Comparative Constitutional Law: Cases and Materials*, The Bobbs-Merrill Company, Inc. 1979, p. 78.

[4] [美] 路易·法沃勒："欧洲的违宪审查"，载 [美] 路易斯·亨金、阿尔伯特·J. 罗森塔尔编：《宪政与权利》，郑戈、赵晓力、强世功译，生活·读书·新知三联书店1996年版，第38～39页。

[5] Hector Fix-Zamudio, "Die Verfassungskontrolle in Lateinamerika", in: Hans-Rudolf Horn, Albrecht Weber (Hrsg.), *Richterliche Verfassungskontrolle in Lateinamerika, Spanien und Portugal*, Baden-Baden: Nomos Verlagsgesellschaft, 1989, p. 163.

审查模式所存在的明显弊端，奥地利于 1929 年进行宪法修改，主要内容是将有权提交司法审查的主体扩大。尽管如此，合宪审查的本质，即宪法法院对于法律是否符合宪法的裁判依然没有改变。除了法国的宪法委员会和德国的宪法法院，实行集中合宪性审查的主要国家都是 20 世纪 90 年代转型之后的东欧国家，这些国家绝大部分实行宪法法院的集中审查制度。在拉美地区，哥斯达黎加、巴拉圭和玻利维亚实行集中的合宪性审查。[1]

集中合宪审查的主要内容是专门审查机关对法律是否合宪进行审查。在审查形式上，集中合宪审查包含抽象审查与具体审查、事前审查与事后审查等多种形态。抽象审查不以具体的案件或争议为条件；具体审查则是在法院审理具体的案件或争端过程中所形成的宪法审查。抽象审查既可以属于事前审查，又可以属于事后审查；具体审查都属于事后审查。事前审查即预防性审查，是宪法审查机关在法律公布之前对它的合宪性进行的审查；事后审查是对已经公布的法律是否符合宪法进行的审查。反过来讲，事前审查只能是抽象审查的方式，而事后审查可能是抽象审查，也可能是具体审查。同属于集中审查的不同国家的差别首先在于宪法审查是事前审查还是事后审查。事前合宪性审查的典型国家是法国。根据法国 1958 年《宪法》第 61、62 条的规定，法律在公布前必须提交宪法委员会审查；合宪的法律予以公布，被宣布不合宪的法律不予公布；被宣布不合宪的部分条款不能适用。[2]法国 2008 年宪法修改增加第 61-1 条，规定法律在受理诉讼过程中，如认为一项立法构成对基本权利和自由的侵犯，得由最高行政法院或最高法院提请宪法委员会进行审查。增加的宪法规范具有具体审查的特征。联邦德国联邦宪法法院的审查方式属于事后审查。《联邦德国基本法》第 93 条所列举的联邦宪法法院的裁决事项基本上属于抽象审查（机关之间的权限争议除外）；第 100 条则规定了合宪性审查中的具体审查情形。有学者将对法律公布之前的合宪性审查界定为"政治审查"（political review）。[3]不过，应对法律公布之前的审查进行具体分析。如果某种审查是可以产生最终法律效力的审查，即其他机关不得对审查的合宪性提出质疑，那么这种审查本质还是司法审查，虽然审查机关不一定是宪法法院这样纯粹的司法机关。如果某一种审查不具有最后的法

---

[1] 有学者认为智利、厄瓜多尔、萨尔瓦多也属于集中宪法审查国家（参见 Hector Fix-Zamudio, "Die Verfassungskontrolle in Lateinamerika", in: Hans-Rudolf Horn, Albrecht Weber（Hrsg.）, *Richterliche Verfassungskontrolle in Lateinamerika, Spanien und Portugal*, Baden-Baden: Nomos Verlagsgesellschaft, 1989, p. 164），但是这几个国家的宪法审查实际上属于混合审查模式。具体内容见"混合审查"部分。

[2] Mauro Cappelletti, William Cohen, *Comparative Constitutional Law: Cases and Materials*, The Bobbs-Merrill Company, Inc., 1979, p. 46.

[3] Mauro Cappelletti, *Judicial Review in the Contemporary World*, The Bobbs-Merrill Company, Inc. 1971, pp. 1~15. 该作者将对合宪性的控制分为司法控制和政治控制两种形式（Judicial and Political Controls of Constitutionality），后者即政治审查。作者认为宪法审查的法国模式、意大利总统在法律公布之前的审查方式以及苏联的由立法机关进行的审查属于政治审查。

律效力，那么这种审查就不是严格的宪法审查，即使审查的机关是纯粹的司法机关。只有这一种形式的审查可以认为是政治审查。因此，政治审查应包括两种形式，一种形式是审查机关只是提供咨询性意见，比如挪威、芬兰、瑞典的最高法院形式上可以进行预防性审查，但是最高法院预防性审查的主要功能体现在最高法院（或包括最高行政法院）根据议会的请求对在公布之前法律的合宪性向议会提供咨询意见，不具有约束力；[1]另一种形式是审查机关的判决不具有最终效力，判决可以被其他机关推翻，比如波兰1985年所设立的宪法委员会可以对法律的合宪性进行判决，但是如果宪法委员会判决法律违宪，议会可以以2/3多数的表决结果推翻宪法委员会的判决。[2]显然，就法律（草案）是否合宪提供咨询性与对法律是否合宪进行判决的差别是明显的。就第二种审查形式而言，虽然判决有可能被推翻，但是司法审查机构对法律的合宪判决和对法律以下层级的规范所作的合宪与否的判决有最终约束力，而且对法律所作的违宪判决在被推翻之前也具有约束力。虽然存在审查效力上的差别，"政治审查"形式上也可归入违宪审查之中，只不过在判决效力上与其他形式的司法审查存在差别，但是作为维护宪法权威的制度功能却是相同的。

宪法诉愿（Verfassungsbeschwerde）是来源于德国宪法的公民权利保障制度，即宪法法院可以受理和审查公民因为宪法权利受到侵犯而提起的诉讼。宪法诉愿制度的细微差别在于宪法法院是只审查案件所涉及的法律和（或）其他规范的合宪性，还是审查行政行为或法院判决的合宪性。

德国宪法规定了联邦宪法法院对联邦争议和对联邦与州的争议的裁判权，此即宪法法院对机关权限争议的裁决。受德国法的影响，东欧国家的宪法法院对有权裁决包括横向的联邦或中央机关之间的权限冲突（如保加利亚、克罗地亚、波兰、俄罗斯、匈牙利等国家）和纵向的联邦（中央）与地方之间的权限争议（如阿尔巴尼亚、保加利亚、斯洛文尼亚、匈牙利等国家）。

合宪审查的基本功能是对法律、法规的合宪性进行审查，对公民宪法权利提供特别的保障。因此，抽象审查、具体审查和宪法诉愿通常是集中的合宪性审查国家最主要的裁判内容。除了这些基本的合宪性审查方式外，宪法法院还可以审查选举的合宪性（如摩尔多瓦、立陶宛、保加利亚、斯洛伐克等国家）；宪法法院对于政党和（或）社会组织是否合宪的判决（如德国、阿尔巴尼亚、捷克共和国、保加利亚、斯洛伐克等国家），以及宪法法院解释宪法（如俄罗斯、匈牙利等国家）。匈牙利、克罗地亚和斯洛维尼亚的宪法甚至还规定了被称为民众诉讼（Popularklage）的合宪性审查方式，即任何公民都可以向宪法法院提请法律规范违宪的审查请求。由于这

---

[1] Allan R. Brewer-Carias, *Judicial Review in Comparative Law*, Cambridge University Press, 1989, pp. 172~174.

[2] 参见王卫明："波兰宪法审查制度的变迁——对波兰《宪法裁判所法》的文本分析"，载《华中科技大学学报（社会科学版）》2006年第3期。

种诉讼形式极容易导致宪法审查机构受理的案件数量急剧增加，因此，其他实行集中合宪性审查的国家都排斥民众诉讼方式。

与普通法院通过对宪法的解释将宪法条款运用于具体案件以创设宪法审查权不同，行使宪法审查权的专门机关不需要像美国联邦最高法院那样通过开创性的宪法案例来为宪法审查权创设（争取）合法性，因为这种权力本身就是由成文宪法明文规定的。

四、混合的合宪性审查

混合的合宪性审查是指一个国家的宪法审查制度包含了集中的合宪审查和分散的合宪审查两种形态。对于现今世界范围内广泛存在的合宪审查制度，传统的集中审查和分散审查二元划分方法已经无法涵盖所有国家的合宪审查状况，比如，在拉美绝大多数国家，混合审查方式是20世纪合宪审查发展的重要特点。

那么，在实行混合合宪性审查的国家，如何协调分散审查和集中审查的关系呢？在分散审查模式下，审查权属于所有法院（法官），宪法只需要规定"法院（法官）可以不适用认为违宪的法律"即可。集中审查则由宪法根据案件的性质和审查的对象进行分类，在宪法条文中最常见的是宪法冲突案件（案件性质）和抽象规范审查（审查的对象）只能由最高的司法机关裁决。根据案件性质，在墨西哥，宪法冲突只能由最高法院裁决；在秘鲁，只有宪法法院有权裁决宪法冲突案件。根据审查对象，墨西哥的抽象规范审查权属于最高法院；在萨尔瓦多，预防性规范审查和事后规范审查由最高法院宪法审判庭进行；在爱沙尼亚，由国家法院行使抽象规范审查权。此外，还有一种比较特别的混合审查方式：合宪审查形式上属于集中审查，但是享有集中的宪法审查权的机关不止一个，而且分别属于不同的机关。在智利，具体案件中由最高法院对被下级法院认为是违宪的规范和行为进行审查（1980年《宪法》第80条），判决只对当事人有效；宪法法院首要的职能是进行预防性规范审查（1980年《宪法》第82条）。厄瓜多尔的宪法审查模式类似于智利，不过司法审查权是分属于最高法院的宪法审判庭和宪法法院（1967年建立）。而且在1996年、1998年宪法改革之前，主要的合宪性审查权力集中在最高法院的宪法审判庭。[1] 哥伦比亚则同时融合了混合审查的两种形式，即哥伦比亚的宪法审查由分散审查和集中审查构成，而集中审查权又分别为宪法法院和国家委员会享有。

巴西、墨西哥、厄瓜多尔和哥伦比亚的混合审查基本上可以涵盖拉美国家混合审查的主要类型。巴西自1946年以来形成混合式的合宪性审查模式，在转型之后有新的发展。一方面，所有法院在案件审理过程中有权对法律合宪或者违宪进行判断，从而决定对于法律的适用或者不予适用；另一方面，抽象的规范审查只属于联邦最高法院。自1988年宪法以来，宪法审查成为联邦最高法院的首要职能。所有法院对

---

[1] Norbert Lösing, Die Verfassungsgerichtsbarkeit in Lateinamerika, Baden-Baden: Nomos Verlagsgesellschaft, Germany, 2001, pp. 295~300.

于个人权利的保护程序皆有权审查,联邦最高法院和联邦高级法院既可以作为一审法院,也可以是最后审级的法院。在分散、具体的规范审查中,被联邦最高法院宣布为违宪的法律,根据《宪法》第 52 条的规定,参议院将该法律部分或全部废除。在实践中法院的判决和参议院宣布废除法律之间通常有较长的一段时间,这期间该法律可能继续被其他的法院(法官)所适用。墨西哥合宪审查由联邦不同层级的法院进行。纯粹的合法性问题审查由联邦初审法院负责;抽象规范审查和宪法冲突的解决只能由最高法院进行。关于个人权利保护程序,联邦法院、联邦上诉法院和最高法院享有审判权,不过最高法院的审理程序稍有差别。最高法院由 11 名法官组成,一般 7 名法官可以组成审判庭审理案件,但是宪法冲突和抽象规范审查必须至少 8 名法官组成审判庭。厄瓜多尔 1945 年借鉴 1931 年西班牙《宪法》第 121 条的规定,建立宪法法院。1946 年废除宪法法院,恢复以前的国家委员会。1967 年最终废除国家委员会,重建宪法法院。在 1992 年以前,法院的宪法审查权一直被拒绝。经过 1996 年和 1998 年的宪法改革,逐渐形成有限的分散审查。上诉法院和最高法院法官可以对认为违宪的法律不予适用,判决只限于具体案件。但是法官必须向宪法法院提交报告,以使判决具有普遍约束力。哥伦比亚在 1991 年宪法通过前,一方面所有的法官都有对认为违宪的法律不予适用的权力;另一方面,法院,尤其是最高法院受政治影响严重,司法不受信任。为加强司法制度,1991 年哥伦比亚实行宪法改革,成立宪法法院和最高司法委员会(Superior Council of the Judiciary)。[1] 宪法法院的审查权不是排他性的。国家委员会(the Council of State)可以对不属于宪法法院审查的行政法令进行合宪性审查;所有法官享有对保护公民基本权利案件的审查权,对于后者宪法法院可以对法官的判决进行审查。

欧洲的爱沙尼亚也实行混合的合宪性审查。[2] 爱沙尼亚 1992 年《宪法》第 152 条规定:"所有法院不适用违宪的法律或法规;国家法院[3] 宣布违宪的法律或法规无效。"该条前一句所规定的所有法院有权不适用认为违宪的法律即属于分散审查的

---

[1] Miguel Gonzalez Marcos, "Specialized Constitutional Review in Latin America: Choosing Between a Constitutional Chamber and a Constitutional Court", in: *Verfassung und Recht in Uebersee*, 36. Jahrgang, 2003, pp. 184~190.

[2] 从宪法文本内容看,爱沙尼亚司法审查属于混合模式。不过,从实际的司法审查来看,爱沙尼亚总体上可以认为属于分散司法审查(参见第二章第三部分"司法审查模式")。因为从国家法院(即最高法院)设立宪法审判庭之后的 10 年间(1993~2002),宪法审判庭所做的判决一共只有 64 件,普通法院的合宪审查是爱沙尼亚的主要形式。参见 Vello Pettai, "Democratic Norm Building and Constitutional Discourse Formation in Estonia", in: Adam Czarnota, Martin Krygier and Wojciech Sadurski (ed.), *Rethinking the Rule of Law after Communism*, Budapest/New York: Central European University Press, 2005, pp. 94~95.

[3] 根据《宪法》第 149 条第 3 款的规定,国家法院即最高法院,同时是宪法审查法院。有的文章会用"最高法院"代替,但是爱沙尼亚宪法的英语文本和德语文本皆采用"国家法院",因此本文使用"国家法院"。

方式，判决只对当事人具有效力。后一句确立的审查方式为集中审查。国家法院的判决具有普遍约束力，因为宪法明确规定国家法院宣布违宪的法律或法规无效。与东欧其他国家的集中宪法审查可能由议会或议会代表、总统、政府等政治机构提起不同，爱沙尼亚实行"法律监督"制度。根据《宪法》第 139~145 条的规定，设立司法检察官（总统提名，国会同意后任命），职能是负责监督包括议会、政府和地方自治机关所制定的法律或法规是否合宪（第 139 条）。如果司法检察官认为议会立法违宪，认为政府或地方自治机关制定法规违宪或违法，司法检察官向立法机关提出建议，在 20 天内对该法是否合宪或合法重新审查和修改，使之符合宪法和法律（第 142 条第 1 款）；如果立法机关没有能在 20 天内进行重新审查和修改，司法检察官建议国家法院对该法审查，宣布该法无效（第 142 条第 2 款）。[1]不过，在爱沙尼亚，实际履行集中宪法审查职能的机构是国家法院之下设立的宪法审判庭（Constitutional Review Chamber）。最高法院有 19 名法官，其中 5 名法官组成宪法审判庭，其他 3 个法庭分别是行政审判庭、民事审判庭和刑事审判庭。与其他审判庭的差别在于，宪法审判庭的庭长总是由最高法院首席大法官担任，因此宪法审判庭的地位高于其他的 3 个审判庭。[2]无论一个国家选择何种合宪性审查模式，宪法审查权行使的合法性和有效性最终"在于其道德权威，在于政府机构对其命令的自愿服从"。[3]

第三节 我国的合宪性审查制度

一、现行《宪法》规定的合宪性审查制度

通常，我国的宪法保障制度被称为"宪法监督制度"。新中国第一部宪法就确立了宪法监督制度。1954 年《宪法》第 27 条第 3 项规定，全国人大有权监督宪法的实施；第 31 条第 6、7 项规定，全国人大常委会有权撤销国务院的同宪法、法律、法令相抵触的决议和命令，改变或者撤销省、自治区、直辖市国家权力机关的不适当决议。1975 年《宪法》没有对宪法监督作出规定。1978 年《宪法》关于宪法监督制度的规定与 1954 年《宪法》基本相同，《宪法》第 22 条第 3 项和第 25 条第 5 项分别规定了全国人大和全国人大常委会的监督职权。

现行 1982 年《宪法》沿袭了 1954 年《宪法》和 1978 年《宪法》的规定，宪法

---

[1] Herwig Roggemann（Hrsg.）, *Die Verfassungen Mittel-und Osteuropas*: *Einfuehrung und Verfassungstexte mit Uebersichten und Schaubildern*, Berlin: Berlin Verl. A. Spitz, 1999, Ibid., pp. 438~439.
[2] Vello Pettai, "Democratic Norm Building and Constitutional Discourse Formation in Estonia", in: Adam Czarnota, Martin Krygier and Wojciech Sadurski ed., *Rethinking the Role of Law after Communism*, Budapest/New York: Central European University Press, 2005, p. 93.
[3] 张千帆：《西方宪政体系（下册：欧洲宪法）》，中国政法大学出版社 2001 年版，第 181 页。

监督职权仍由全国人大及其常委会行使。[1]《宪法》第 62 条规定全国人大有权改变或者撤销全国人大常委会不适当的决定，第 67 条规定全国人大常委会有权撤销国务院制定的同宪法、法律相抵触的行政法规、决定和命令，撤销省、自治区、直辖市国家权力机关制定的同宪法、法律和行政法规相抵触的地方性法规和决议。[2]

本质上，现行《宪法》所规定的宪法监督制度属于合宪性审查制度。[3]根据《宪法》，我国的合宪性审查制度包括以下内容：①《宪法》序言确认了宪法的最高地位和最高效力；②《宪法》第 5 条规定了合宪性审查的目标，即维护社会主义法制的统一和尊严、建设社会主义法治国家；③《宪法》第 5 条也规定了合宪性审查的对象；④《宪法》第 62、67 条规定了合宪性审查的主体；⑤《宪法》第 70 条规定了各专门委员会协助全国人大及其常委会行使审查权，全国人大及其常委会通过批准规范性文件进行合宪性审查，全国人大及其常委会通过对规范性法律文件的提交备案进行合宪性审查。[4]

不过，现行《宪法》规定的合宪性审查制度与传统意义上的合宪审查制度存在明显的差别：①现行《宪法》规定的行使合宪审查权的机关为最高权力机关，而不是普通法院或具有完全司法性质的专门机关；②现行《宪法》中的合宪审查不仅包含合宪性监督，还包括合法性监督。

【宪法事例】　　河南种子案判决与合宪审查的内容

2003 年 5 月 27 日，洛阳市中级人民法院在审理一起种子赔偿纠纷案时，遭遇法律冲突问题。在庭审中，就赔偿损失的计算办法，原告汝阳县种子公司与被告伊川县种子公司争议激烈，原告主张适用《种子法》，以"市场价"计算赔偿数额；被告则要求适用《河南省农作物种子管理条例》，以"政府指导价"计算。经审判，洛阳市中级人民法院下达（2003）洛民初字第 26 号民事判决书，判决书写道："《种子法》实施后，玉米种子的价格已由市场调节，《河南省农作物种子管理条例》作为法

---

[1] 1982 年修改宪法时，曾经考虑过设立专门的宪法实施保障机构的问题。一些意见认为需要设立专门的对宪法监督的机关，如宪法法院、宪法委员会或由法院来保障宪法的实施。反对的意见主张，设立宪法法院或宪法委员会不符合人民代表大会一元化的领导体制，监督宪法的实施要靠发扬社会主义民主和党内民主，靠广大人民和党员维护宪法。全国人民代表大会常务委员会是国家最高权力机关的常设机关，由其负责监督宪法的实施，可解决过去由于只有全国人民代表大会监督宪法实施而致不够经常化的缺陷，同时也符合我国人民代表大会制度的体制。第三种意见认为，全国人大及其常委会监督宪法的实施，符合我国的人民代表大会制度的政治体制，解决过去只由全国人民代表大会监督而致缺乏经常化的缺点。最后采纳了这种意见。参见全国人大常委会办公厅研究室政治组：《中国宪法精释》，中国民主法制出版社 1996 年版，第 96 页。

[2] 传统观点认为，现行《宪法》所规定的宪法监督制度还应包括《宪法》第 89、99、104、108、116 条规定的有关国务院、县级以上人大及其常委会和县级以上人民政府所分别行使的监督职能。

[3] 参见张千帆主编：《宪法学》，法律出版社 2008 年版，第 75 页。该部分非常详细地论述了"中国合宪性审查制度的基本内容"。

[4] 参见胡锦光、韩大元：《宪法学》，法律出版社 2007 年版，第 163~164 页。

律位阶较低的地方性法规，其与《种子法》相抵触的条（款）自然无效。"

洛阳市中级人民法院判决书的这一表述激起河南省人大的强烈反响，河南省人大认为"洛民初字第 26 号民事判决书中宣告地方性法规有关内容无效，这种行为的实质是对省人大常委会通过的地方性法规的违法审查，违背了我国人民代表大会制度，侵犯了权力机关的职权，是严重违法行为。"10 月 18 日，河南省人大常委会办公厅下发了《关于洛阳市中级人民法院在民事审判中违法宣告省人大常委会通过的地方性法规有关内容无效问题的通报》，要求河南省高级人民法院对洛阳市中级人民法院的"严重违法行为作出认真、严肃的处理，对直接责任人和主管领导依法作出处理"。洛阳市中院党组根据要求作出决定，撤销判决书签发人民事庭赵广云的副庭长职务和李慧娟的审判长职务，免去李慧娟的助理审判员，该决定最终未履行。

原告和被告都不服洛阳市中级人民法院的判决，向河南省高级人民法院提起上诉。河南省高级人民法院受理此案后，向最高人民法院进行了请示。最高人民法院于 2004 年 3 月 30 日作出《关于河南省汝阳县种子公司与河南省伊川县种子公司玉米种子代繁合同纠纷一案请示的答复》，指出《立法法》第 79 条规定："法律的效力高于行政法规、地方性法规、规章。行政法规的效力高于地方性法规、规章"。《最高人民法院关于适用〈中华人民共和国合同法〉若干问题的解释（一）》第 4 条规定："合同法实施以后，人民法院确认合同无效，应当以全国人大及其常委会制定的法律和国务院制定的行政法规为依据，不得以地方性法规、行政规章为依据。"根据上述规定，人民法院在审理案件过程中，认为地方性法规与法律、行政法规的规定不一致的，应当适用法律、行政法规的相关规定。河南省高级人民法院做出终审判决，维持洛阳市中级人民法院的原判决。

【评注】

（1）根据宪法和立法法的规定，法律的效力高于行政法规、地方性法规、规章，行政性法规的效力高于地方性法规、规章，当地方性法规与法律相抵触时，地方性法规或其中部分条款当属无效。这样一来，似乎（2003）洛民初字第 26 号民事判决书关于地方性法规与法律相抵触的条款"自然无效"的提法至少在法理上是成立的。不过，我国现行《宪法》第 67 条第 8 项规定，全国人大常委会享有"撤销省、自治区、直辖市国家权力机关制定的同宪法、法律和行政法规相抵触的地方性法规和决议"的职权。因此，多数观点认为人民法院没有直接判决地方性法规无效的权力，洛阳市中级人民法院的判决违法。但值得注意的问题是，法院判决地方性法规因为与法律相抵触而违法与《宪法》第 67 条第 8 项规定的撤销权是否冲突？依据司法裁判理论，法院判决仅对案件当事人产生效力，因此，即便法院在具体案件中确认地方性法规（或其中部分条款）违法，该地方性法规（或其中部分）条款仍可能在以后的案件中被适用。显然，法院的确认违法与全国人大常委会的撤销权并不冲突。当然，在法院审理案件中认为出现下位法与上位法冲突的情形时，为了避免不必要的争议，比较好的方法是直接适用上位法来裁判案件。更进一步，应当区分宪法所规定的全国人大常委会的法律解释的效力与法院在具体案件中对法律进行解释的效力，前者应视为法律的一部分并具有普遍性效力，而后者仅限于具体案件。

（2）根据现行《宪法》的规定，对法规合法性的审查属于宪法监督的一部分。从比较法的角度观察，不少国家的合宪性审查也包括违法性审查。因此，对河南种子案的关注，不应当限于讨论这一事件涉及的法律争议是否属于合宪审查的内容，而是应重点讨论法院的裁判与合宪性审查机制之间的内在关联，即，当法院在案件审理中遇到法律与宪法发生冲突和抵触的情形时，宪法所能允许的法律解决机制如何，此为合宪性审查的本源性问题。

二、合宪性审查制度的缺陷

合宪性审查主要的和基本的审查对象是法律。而在现行的《宪法》规范中，合宪性审查的对象包括行政法规、地方性法规、自治条例、单行条例和司法解释。因此，我国合宪审查制度留下的最根本的制度缺陷是法律逃逸于合宪性审查之外：对于全国人大制定法律的合宪性审查，《宪法》没有规定；《宪法》尽管规定全国人大有权改变和撤销全国人大常委会不适当的决定，但从《宪法》文本的解读看，全国人大的这种审查权不包括对全国人大常委会所制定修改法律的审查。因此，合宪性审查的制度功能，即通过对法律的合宪性审查保障宪法的权威和尊严，无法通过现有《宪法》规定的宪法审查制度实现。

【宪法事例】　　法规审查备案室与合宪性审查的制度设计

2004年5月，全国人大常委会在其法制工作委员会下成立了法规审查备案室。法规审查备案室除了负责法规备案，另一项新的职能就是审查下位法与上位法、法律与宪法的冲突和抵触。即法规审查备案室是承担"合宪审查"职能的机构，因而，成立法规审查备案室将有利于法制的统一和尊严。

【评注】 成立法规审查备案室被认为是中国法治建设的标志性事件，它标志着全国人大常委会将更加重视法律法规的合法性审查和合宪性审查。特别是法规审查备案室这一机构是由原来负责法规备案的办公厅秘书局下面的处级单位升格而为局级单位，因此，法规审查备案室被认为提高了法规审查备案的地位，将使对法规的合法性审查、对法律的合宪性审查更加富有实效。不过，法规审查备案室只是全国人大常委会法制工作委员会下的工作机构，它的审查功能并不能形成有效的法律约束力，因而在实践中法规审查备案的功能被淡化了。而且，法规审查备案室无权对法律是否合宪进行审查。因此，要想切实有效地完善我国的合宪审查制度，必须解决如何建立一个真正的宪法意义上的合宪审查机关的问题。

三、合宪性审查制度的完善

（一）"宪法和法律委员会"与法律案的抽象审查

党的十九大提出："加强宪法实施和监督，推进合宪性审查工作，维护宪法的权威。"推进合宪性审查，需要建立合宪性审查的程序。形式上，我国现行《宪法》以规定宪法监督制度的方式规定了合宪性审查制度。但是，《宪法》没有关于实施合宪性审查的明确程序规范。根据《宪法》规定，全国人大及其常委会是实施合宪性审查的主体，因此，我国的合宪审查属于权力机关行使宪法审查的模式，权力机关进行合宪审查的路径通常为抽象性的宪法审查。受制于组成方式和工作特点，全国人大及其常委会事实上难以真正实践合宪性审查。通过全国人大的内设机构，部分完成合宪性审查的程序，是比较稳妥和现实的选择。

2018 年 3 月 11 日，十三届全国人大一次会议表决通过宪法修正案。根据宪法修正案，全国人大"法律委员会"更名为"宪法和法律委员会"，在继续承担统一审议法律案工作的基础上，增加推动宪法实施、推进合宪性审查、加强宪法监督等职责。3 月 15 日，新组建的第十三届全国人民代表大会宪法和法律委员会向第十三届全国人民代表大会第一次会议主席团第五次会议提交《中华人民共和国监察法（草案）》的审议报告，正式开启了实质意义上的合宪性审查程序。

宪法和法律委员会的设立及其对《监察法（草案）》进行审议的实践，表明我国初步形成以抽象审查为基本形式的法律合宪性审查机制。抽象审查的主要内容为：合宪性审查的主体为全国人大及其常委会；审查对象是法律草案；审查程序为宪法和法律委员会的初步审查，全国人大及其常委会作出决定。

（二）对法律以下层级规范的审查

2015 年 3 月 15 日，第十二届全国人民代表大会第三次会议通过《关于修改〈中华人民共和国立法法〉的决定》。对法律以下层级规范性文件的合宪合法性审查程序，新修订的《中华人民共和国立法法》（以下简称《立法法》）作了规定。修订后的《立法法》第 100 条第 1 款规定："全国人民代表大会专门委员会、常务委员会工作机构在审查、研究中认为行政法规、地方性法规、自治条例和单行条例同宪法或者法律相抵触的，可以向制定机关提出书面审查意见、研究意见；也可以由法律委员会与有关的专门委员会、常务委员会工作机构召开联合审查会议，要求制定机关到会说明情况，再向制定机关提出书面审查意见。制定机关应当在 2 个月内研究提出是否修改的意见，并向全国人民代表大会法律委员会和有关的专门委员会或者常务委员会工作机构反馈。"第 2 款规定："全国人民代表大会法律委员会、有关的专门委员会、常务委员会工作机构根据前款规定，向制定机关提出审查意见、研究意见，制定机关按照所提意见对行政法规、地方性法规、自治条例和单行条例进行修改或者废止的，审查终止。"第 3 款规定："全国人民代表大会法律委员会、有关的专门委员会、常务委员会工作机构经审查、研究认为行政法规、地方性法规、自治条例和单行条例同宪法或者法律相抵触而制定机关不予修改的，应当向委员长会议提出予以撤销的议案、建议，由委员长会议决定提请常务委员会会议审议决定。"该条较为全面规定了对法律以下层级规范性文件进行合宪合法性审查的三阶段程序。此外，修订后的《立法法》第 99 条第 3 款还规定了全国人大的专门委员会和全国人大常委会的工作机构对报送备案的规范性文件的主动审查程序。

由此，根据《宪法》和《立法法》，我国基本形成包括对法律及法律以下层级规范的合宪合法性审查。全国人大及其常委会享有合宪性审查的权力；宪法和法律委员会具体行使对法律案进行事前合宪性审查的职能；全国人大常委会工作机构主要行使对法律以下层级规范合法性审查的职能。

思考与实务

1. 合宪性审查制度形成的基本条件是什么？
2. 分散合宪性审查与集中合宪性审查的根本差异是什么？
3. 如何理解我国《宪法》规定的宪法监督制度的本质？
4. 宪法事例实训：

党的十九大提出："加强宪法实施和监督，推进合宪性审查工作，维护宪法的权威。"党的十九届三中全会审议通过的《深化党和国家机构改革方案》提出，将"全国人大法律委员会"更名为"全国人大宪法和法律委员会"。2018年3月11日，十三届全国人大一次会议表决通过宪法修正案。根据宪法修正案，全国人大"法律委员会"更名为"宪法和法律委员会"。宪法和法律委员会在继续承担统一审议法律案工作的基础上，增加推动宪法实施、推进合宪性审查、加强宪法监督的职责。

请思考：

(1) 我国现行《宪法》规定的合宪性审查制度存在的主要问题？
(2) 宪法和法律委员会的设立对于推进合宪性审查的意义？

第二编 公民基本权利

第五章
公民基本权利与义务（上）

【本章概要】 公民基本权利与义务问题是宪法学的重要问题。我国现行《宪法》第二章全面系统地规定了公民的基本权利，宪法的其他一些条款也可以纳入基本权利的规范体系之中。基本权利的规范体系构成了我国现行《宪法》的重要组成部分。

【学习目标】 掌握公民基本权利的内涵与种类、基本权利和自由的保障及其界限以及公民基本义务的内涵与种类，并对基本权利和义务的相互关系有个总体的认识。

第一节 基本权利的一般原理

一、基本权利的概念及性质

（一）权利的概念及其特征

所谓权利，是指公民依照宪法和法律的规定，可以作出或不作出一定的行为。它具有如下特征：

1. 权利的法定性。公民个人的行为和活动是否属于权利和自由，必须由国家通过法律的形式加以确定。当然，由于宪法和法律本身的局限，无法穷尽列举所有的权利和自由，为了弥补这一缺陷，公民可以作出法律所不禁止的行为。

2. 权利的可选择性。作为一种合法的行为，权利主体可以依照宪法和法律的规定，根据自己的意愿或要求进行选择，包括是否行使权利，行使什么样的权利，何种时间以何种方式行使权利，在行使的过程中保留、放弃、中止哪些权利，等等。

3. 权利的相关性。权利的相关性指的是公民法律上的权利在向现实上的权利转化的过程中会涉及诸多相关因素，包括行使权利的公民应具备行使权利的行为能力；某一公民行使权利时，其他的公民负有不得阻碍其行使该权利的义务；当某一公民行使权利时，国家应积极地提供实现该权利的各项条件、机会、环境；等等。

(二) 基本权利的概念

宪法所规定的"基本权利",顾名思义,可以简单理解为作为公民所应享有的首要的、基本的、具有最重要意义的权利。但什么权利属于"首要的、基本的、具有重要意义的",国内外宪法学界对此有着诸多长期分歧。其中最具影响力的观点认为:基本权利,指的是人之为人所应该享有的固有权利,即由人性所派生的,或者说是从"人的尊严"意义而言所应享有的不可或缺的权利。大陆法系的德国宪法学者习惯称之为"基本权利"或"基本权",日本学者则将其称为"基本人权",英美法系的学者一般来说倾向于将其称为"人权",而我国宪法学者一般则根据现行《宪法》的用语,将其称为"公民的基本权利"或者是"宪法权利"。2004年宪法修正案明确宣布"国家尊重和保障人权",虽然用词所蕴含的思想观念在当前仍然有差异,但其中的"人权"概念也可大致理解为我国"公民的基本权利"的另一种称谓。

我们认为,公民的基本权利是指宪法规定的公民作为一个人所必须享有的权利和自由,是公民实施某一行为的可能性。值得注意的是,"公民的基本权利"是为宪法所确认的权利,因此,这是一种公法权利,也就是说,主要是私权利主体针对公权力(国家)所享有的权利,它不同于私法意义上的权利,表现为国家义务。例如,宪法和民法上均规定有财产权,但宪法上的财产权是指某一特定的私权利主体针对公权力所享有的财产权利,而民法上的财产权则指的是某一特定的私权利主体对抗其他私权利主体所享有的财产权利。

(三) 基本权利的性质[1]

一般来说,基本权利具有以下特点:

1. 根本性和母体性。公民基本权利的根本性在于,它在公民的所有权利中,是最重要、最根本的部分,它表明了公民的宪法地位。宪法地位是公民参与国家管理,实现其主体意志的基础,是公民合宪性的依据。不享有基本权利就意味着宪法地位不稳定。没有基本权利,人就难以成为法律上、社会上的人,要保持人的尊严和价值,基本权利是不可缺乏的。

公民基本权利的根本性,决定了它的母体性。公民基本权利的母体性又可称为渊源性,即公民基本权利是一般权利的渊源。基本权利是一国权利体系的基础。正如宪法是母法,普通法是子法一样,宪法所规定的基本权利也是普通权利的基础和依据。

2. 稳定性和不可转让性。基本权利的稳定性在于它是一个稳定的权利体系。对于一个公民来说,基本权利是最重要、最根本的权利,同时也是从事社会活动最低限度的权利。多样化的权利形态中被纳入基本权利范畴的,一般是国家有能力给予保护并实现的具有现实基础的权利,具有相对的稳定性。基本权利是人类对权利认识的集中体现,它一般不会因国家制度的变化而产生较大的变化,也不会因为宪法

---

[1] 参见朱福惠主编:《宪法学原理》,中信出版社2005年版,第182~184页。

或法律的修改而消除。

基本权利的不可转让性在于它是人的主体意志的体现,是作为公民存在于社会最起码的资格。因此,基本权利是公民的专有权利,公民无法将其转让给他人。基本权利是没有市场可供出卖的权利,它与公民相随终身,公民无法将其转让出去。

3. 固有性和法定性。公民基本权利的固有性与法定性,在于它是人所固有的、先于宪法而存在的权利;但只有经过宪法的确认并加以保障,才能成为现实的权利得以实现。从表面上看,公民基本权利是由宪法所确认并加以保障的,但这并不意味着基本权利直接源于实在的宪法规范文本。尽管在理论上,对于基本人权是否与生俱来的问题学者们有不同的看法,但是有一点是应当肯定的,那就是人的基本权利是人作为构成社会整体的自律的个人,为确保其自身的生存和发展,维护其作为人的尊严而享有的,并在人类社会历史过程中不断形成和发展的权利。从终极意义上来说,这种权利既不是造物主或君主赋予的,也不是国家或宪法赋予的,而是人本身所固有的,同时又多为宪法所确认和保障,为此其固有性和法定性是相统一的。

4. 排他性和受制约性。基本权利是人所固有的权利,并且为宪法所确认和保障,那么必然要求排除他人和国家的侵犯。反过来说,宪法之所以以根本法的形式对这些权利做出确认,其终极的价值目标就是实现这些权利的不可侵犯性。

我们在肯定基本权利不可侵犯的时候,也必须承认基本权利的受制约性。马克思说过:"自由就是从事一切对别人没有害处的活动的权利。每个人所能进行的对别人没有害处的活动的界限是由法律规定的,正像地界是由界标确定的一样。"这种受制约性主要表现在:人们享有基本权利的程度以及对基本权利保障的具体状态,显然不得不受到一个国家或民族的历史文化、地理环境、社会制度、经济水平以及人权观念等多方面因素的制约,基本权利在自身性质上理所当然地伴随着存在于基本权利自身之中的界限。作为一种权利,其本身的性质决定了对其行使时不能侵犯或损害其他权利主体的权利,这就构成了基本权利的内在制约。我国现行《宪法》第51条规定:"中华人民共和国公民在行使自由和权利的时候,不得损害国家的、社会的、集体的利益和其他公民的合法的自由和权利。"

二、基本权利的分类

按照不同的标准,将公民的基本权利分解为几种具有相同或相近特性的类型,对于全面把握基本权利体系的整体结构,深入理解基本权利的具体内涵、保障形态及基本权利的相互关系,准确了解基本权利的历史演进和发展趋势,具有十分重要的意义。

(一)宪法条文明示的分类

世界各国宪法很少明确地分类规定公民的基本权利,而作了分类规定的却又各不相同。例如德国《魏玛宪法》将公民的基本权利分为个人、共同生活、宗教及宗教团体、教育及学校、经济生活,意大利现行《宪法》分为公民关系、伦理及社会关系、经济关系、政治关系;委内瑞拉现行《宪法》分为个人权利、社会权利、经济权利和政治权利。这几部宪法最重要的区别就是：《魏玛宪法》把公民的政治权利纳入共同生活权利当中，把宗教及宗教团体方面的权利单独列出；而意大利现行《宪法》则把宗教和宗教团体方面的权利纳入公民个人权利当中，委内瑞拉《宪法》也是如此。同时意大利《宪法》和委内瑞拉《宪法》把公民的政治权利专章加以规定。

（二）基本权利的学理分类

不同国家和地区的学者对公民的基本权利的分类有不同的理解和看法，主要有以下几种：

1. 从人权的历史发展角度对各种基本人权进行分类，分为：第一代人权，包括人身自由、精神自由和经济自由这三大自由；第二代人权，主要是指社会权利；第三代人权，主要包括生存权、发展权和民族自决权等。

2. 根据公民的基本权利的功能所作的分类。我国台湾地区宪法学者许宗力根据基本权利的功能，将基本权利分为：①消极要求国家不作为、不干预的防御权；②积极要求国家提供给付或服务的受益权；③要求国家采取积极措施，以保护基本权利免于受第三人侵害的保障权；④要求国家提供适当程序以落实基本权利保障的程序保障权等方面。[1]我国台湾地区学者杨登杰根据德国公法学理论，将基本权利按照其功能分为两类：①个人对国家的防御权；②要求国家履行对公民保护义务的权利。

3. 根据现代国家中人所具有的三种属性所作的分类。人是政治生活中的人、社会生活中的人、个人生活中的人，因此，可以将公民的基本权利分为在政治生活中的基本权利、在社会生活中的基本权利、在个人生活中的基本权利三类。例如，苏联学者沃伊沃金认为苏联通常分公民的基本权利为社会经济权利、政治权利和个人权利三类，他本人则认为可以分为社会和经济、文化生活、国家和社会政治生活、个人自由和个人安全等四类。

4. 根据公民与国家的关系进行的分类，这种分类方法在德国宪法学界比较盛行。尼泊尔在1962年发表的《基本权利及私法》一文中，将基本权利分为保障个人有免于国家侵犯的自由领域、请求国家为某种行为之请求权以及参与国家政治生活的权利。此外，还有一些基本权利，被视为是宪法产生制度性或系统性的保障。德国19世纪著名法学家耶里涅克在《公权论》中，根据公民与国家分别存在的四种不同关系，相应地派生出四种不同的权利义务：①公民对国家被动的地位，由此派生出公民的义务；②公民对国家的消极地位，由此派生出公民的自由权，即一种必须排除或者逃避国家干涉的消极权利，如人身自由、精神自由和经济自由；③公民对国家的积极地位，由此派生出公民的受益权，如诉讼权、请愿权等权利；④公民对国家的能动地位，由此派生出公民的参政权，即选举权和被选举权等政治权利。[2]

---

[1] 许宗力："基本权的功能与司法审查"，载许宗力：《宪法与法治国行政》，元照出版有限公司1999年版。

[2] 林来梵：《从宪法规范到规范宪法：规范宪法学的一种前言》，法律出版社2001年版，第89页。

5. 根据公民权利与国家权力的关系进行的分类。这种分类方法是从当代英国哲学家伯林的《两种自由的概念》衍化过来的。伯林在《两种自由的概念》一文中,将自由分为"消极自由"和"积极自由"两种类型。[1]按照美国法学家德沃金的解释,消极自由意味着一个人按照自己的意图做任何事情而不被他人干涉;而积极自由是控制或参与公共决策的权利。[2]此后,人们将这一分类方法引入人权法和宪法学领域,出现了"消极权利"和"积极权利"之分,消极权利是指要求国家权力作出相应不作为的权利,自由权即属于这一类型;积极权利则是指要求国家权力做出相应作为的权利,参政权和社会权利即属于这一权利。[3]

三、基本权利的主体

基本权利的享有主体(简称"基本权利的主体"),可以分为一般主体、特殊主体和特定主体。

(一) 基本权利的一般主体

基本权利的一般主体,指的是性质最为一般的、范围最为普遍的、可以享有最为广泛的基本权利的主体。通常来说,公民是我国宪法所确定的基本权利的一般主体。

1. 公民。现代各国宪法中的"公民"是指具有一个国家的国籍,根据该国宪法、法律享受权利、承担义务的自然人。我国现行《宪法》第33条第1款规定,凡是具有中华人民共和国国籍的人都是中华人民共和国公民。也就是说,具有中国国籍是确定我国公民资格的唯一要件。

2. 国籍。

(1) 概念及取得方式。国籍是指自然人作为某一国公民而隶属于该国的一种法律身份或者法律资格,它是区别一个人是本国人还是外国人的唯一标准。

在现行的各国国籍法中,通常有两种取得国籍的方式,一种是出生国籍,即因为出生取得国籍。对此,各国国籍法采取了不同的原则,有的国家采用出生地主义,只要自然人出生在该国,就取得了该国的国籍。有的国家采用血统主义,不论自然人在何地出生,均以其父母的国籍来决定其国籍,还有的国家采取血统主义和出生地主义相结合的方法,或者以血统主义为主,出生地主义为辅,或者以出生地主义为主,血统主义为辅或者采用血统主义和出生地主义来确定自然人的国籍。另一种是继有国籍。即因为加入而取得国籍。对此,各国国籍法规定的情形大致有以下几种:①根据当事人的申请而取得某国国籍;②根据法律的规定,在某种情形下当然取得某国国籍,如婚姻、收养、领土转移、领土分离或者分立等。

---

[1] [英]伯林:"两种自由的概念",陈晓林译,载刘军宁等编:《市场逻辑与国家观念》,生活·读书·新知三联书店1995年版。

[2] [美]罗纳德·德沃金:"两种自由的概念",载达巍等编:《消极自由有什么错》,文化艺术出版社2001年版,第144页。

[3] 林来梵:《从宪法规范到规范宪法:规范宪法学的一种前言》,法律出版社2001年版,第90页。

(2) 我国《国籍法》的规定。我国采用血统主义和出生地主义相结合的原则。1980 年的《国籍法》规定，父母一方或者双方是中国公民，本人出生在中国，具有中国国籍。父母双方或者一方为中国公民，本人出生在外国，具有中国国籍，但是父母双方或者一方是中国公民，本人出生在外国，本人出生时就具有外国国籍的，就不具有中国国籍。父母无国籍或者国籍不明，定居在中国，本人出生在中国，具有中国国籍。

因申请而取得中国国籍必须经过一定的程序。根据我国《国籍法》的规定，外国人或者无国籍人申请加入中国国籍，必须具备两个前提，即申请人必须愿意遵守中国的宪法和法律，申请必须是出于申请人本人自愿。

申请加入的条件：①申请人为中国公民的近亲属；②定居在中国；③有其他正当的理由。经过批准加入中国国籍的外国人，不再保留外国国籍，而中国公民自愿加入或者取得外国国籍的，则自动丧失中国国籍。

(二) 特殊主体

特殊主体是指因具有特殊的性质和地位而只能享有一部分基本权利、不能享有一般主体所享有的全部基本权利的权利主体。法人和外国人就属于基本权利的特殊主体。

在民事法律关系中，除了自然人以外，法人组织等"拟制体"也可以成为权利义务主体，那么，它们是否可以成为宪法主体呢？德国《基本法》第 19 条第 3 款规定，在基本权利的性质许可的范围内，基本权利也适用于本国的法人。因此在德国，"法人是否能够以及在多大程度上能够享有基本权利保护，取决于所主张的基本权利的性质"[1]。在美国，关于法人组织是否为宪法所保障的基本权利主体这一问题，很早就出现在美国宪法的实践之中，其宪法理论也最早对此进行了相应的论证，并极大地影响到了其他国家宪法的理论和实践。对于财产权或其他经济的自由权利而言，应该来说法人也可成为享有权利的主体，但是对于人身自由权、选举权和被选举权等一些基本权利，其权利本身的特性决定了只有自然人才能享有。因此，法人在什么样的条件下能享有宪法基本权利，取决于各种基本权利自身的特性。

外国人也是基本权利的特殊主体之一。我国现行《宪法》第 32 条第 1 款规定："中华人民共和国保护在中国境内的外国人的合法权利和利益，……"所以，宪法关于基本权利保障性的规定，原则上也适用于外国人，当然，其适用的范围则视基本权利的性质而定。例如，外国人可以享有人身自由权、人格尊严、住宅安全等作为自由权的人权，但不完全享有劳动权、受教育权等社会经济权利。同时，根据国际惯例，外国人也不完全享有政治权利，尤其是对所在国的政治意志的决定、实施具有影响作用的政治活动，受到相当程度的限制。当然，在当下国际政治生活中，对外国人政治权力的限制表现出逐步宽松的趋势。例如，考虑到香港作为国际性城市的现实，《香港基本法》规定具有香港永久性居民身份的外籍人士也享有选举权，在

---

[1] [德] 罗尔夫·施托贝尔：《经济宪法与经济行政法》，谢立斌译，商务印书馆 2008 年版，第 111 页。

一定的条件下也可以在香港的行政机关、立法机关和司法机关中担任公职。

（三）特定主体

所谓特定主体，是指一般主体或特殊主体的特定转化形态，是既享有一般主体或特殊主体所有的基本权利，又基于其特别的处境而享有某些特定基本权利的主体。

妇女、儿童、老人是我国《宪法》规定的特定基本权利主体。现行《宪法》第48条规定，妇女在政治、经济、文化、社会和家庭生活等方面享有同男子平等的权利；第49条第1、4款规定，"婚姻、家庭、母亲和儿童受国家的保护"，"禁止破坏婚姻自由，禁止虐待老人、妇女和儿童"。残疾人、华侨也可视为我国宪法基本权利的特定主体。现行《宪法》第50条规定："中华人民共和国保护华侨的正当的权利和利益，保护归侨和侨眷的合法的权利和利益。"

此外，现行《宪法》第32条第2款规定："中华人民共和国对于因为政治原因要求避难的外国人，可以给予受庇护的权利。"因此，当外国人行使这种受庇护权时，也可将其视为特定主体。

四、基本权利的保障

（一）基本权利的保障模式

无论宪法对基本权利的规定如何完善，如果没有相应的保障体系，宪法是一纸空文。因此，基本权利保障的重要性是不言而喻的。从各国的宪法规定和宪政实践来看，对公民基本权利和自由的保障，主要有三种模式：绝对保障模式（宪法保障主义）、相对保障模式（法律保障主义或法律限制主义）和折中保障模式。

1. 绝对保障模式。绝对保障模式是指公民的基本权利由宪法本身加以保障，对宪法所规定的基本权利，其他规范不得任意限制或规定例外的情形。例如，美国宪法对公民基本权利和自由的保障就属于绝对保障模式。美国宪法第1修正案规定："国会不得制定关于下列事项的法律：确立宗教或者禁止信教自由；剥夺人民的言论自由或出版自由；剥夺人民和平集会以及向政府申冤请愿的自由。"为了保障公民的基本权利和自由，美国在实践中实行司法审查制度，以防止和排除其他法律或法规对公民基本权利的违反宪法规定的限制。绝对保障模式又被称为"依据宪法的保障"模式。[1]这种模式有两个特点：①将公民基本权利写进宪法，禁止一切政府机构改变它们，甚至要阻止多数派支持的政府凭借法律来进行侵犯，不允许其他法律对之进行限制或规定例外情形，只有通过宪法修正案才能限制或取消某项公民基本权利，如果这一过程是非常困难或是非常正式的，那么，这种限制就会容易为大众所觉察，意味着该项公民基本权利的存亡将决定于公益。②一般都实行具有实效性的违宪审查制度来保障公民基本权利，通过这种制度，排除其他法律规范对公民基本权利所有可能加诸的、逾越该公民基本权利内在制约之限度的并为宪法所不能接受的那种制约。同时，这种制度为公民基本权利提供了一种有实效的权利救济制度——宪法

---

[1] 林来梵：《从宪法规范到规范宪法：规范宪法学的一种前言》，法律出版社2001年版，第95页。

诉愿。宪法所保障的公民个人所享有的权利和自由要具有实质性意义，必须通过具体的手段来实现。当然，普通的民事程序或刑事程序可以保护公民基本权利，有的国家，还可以通过特殊的行政法院来保护公民的基本权利和自由。但是，普通司法程序不可能担负起保护所有宪法权利的重任。有时，由普通司法手段处理宪法上的权利甚至可能造成无法挽回的后果。因此宪法诉愿制度才是最有实效的基本权利救济制度。"宪法法院享有审理公民个人或者公民团体提出的要求保护宪法所规定的权利自由的宪法诉愿的权利表明宪法保障个人的权利和自由"，"赋予宪法法院来保护公民个人所享有的宪法权利和自由，一方面可以加强对公民宪法权利和自由的保护，另一方面，也可以将公民个人的宪法权利和自由保护问题上升到宪法问题的高度予以重视"。[1]

2. 相对保障模式。相对保障模式是指公民基本权利虽由宪法保障，但允许其他法律规范对宪法所规定的基本权利加以有效的限制或客观上存在这种限制的可能性。1919年德国的《魏玛宪法》对公民基本权利的保证即属于这种模式。采取这种模式的宪法，往往在规定基本权利和自由的同时，以"其内容由法律规定""在法律的限制以内""在法律的范围内予以保障""其例外依法律规定""非依法律不得限制"等字样予以规定。这种保障模式的特征在于采取"法律保留"，实质上是通过普通法律而非宪法自身来实现对基本权利的保障，所以又称为"依据法律的保障"模式。[2]

3. 折中保障模式。这种模式是指一方面采用具有实效性的违宪审查模式来保障公民的基本权利，另一方面宪法本身又将对某些基本权利的保障委之以普通法律。当代德国所采用的基本权利保障模式就属于这种模式。

虽然我国现行《宪法》没有明文规定基本权利的具体内容和保障方式由普通法律加以规定，也没有明文或默示地规定普通法律可以限制某种基本权利，但在具体的法律制度层面和实践中所形成的保障模式基本倾向于相对保障模式。

【宪法事例】　　　奚明强诉中华人民共和国公安部案

2012年5月29日，奚明强向中华人民共和国公安部（以下简称公安部）申请公开《关于实行"破案追逃"新机制的通知》（公通字[1999]91号）、《关于完善"破案追逃"新机制有关工作的通知》（公刑[2002]351号）、《日常"网上追逃"工作考核评比办法（修订）》（公刑[2005]403号）等三个文件中关于网上追逃措施适用条件的政府信息。2012年6月25日，公安部作出《政府信息公开答复书》，告知其申请获取的政府信息属于法律、法规、规章规定不予公开的其他情形。根据《政府信息公开条例》第14条第4款的规定，不予公开。奚明强不服，在行政复议决定维持该答复书后，提起行政诉讼。

北京市第二中级人民法院经审理认为，公安部受理奚明强的政府信息公开申请

---

[1] 莫纪宏：《宪法审判制度概要》，中国人民公安大学出版社1998年版，第93页。
[2] 林来梵：《从宪法规范到规范宪法：规范宪法学的一种前言》，法律出版社2001年版，第95页。

后，经调查核实后认定奚明强申请公开的《关于实行"破案追逃"新机制的通知》是秘密级文件；《关于完善"破案追逃"新机制有关工作的通知》《日常"网上追逃"工作考核评比办法（修订）》系根据前者的要求制定，内容密切关联。公安部经进一步鉴别，同时认定奚明强申请公开的信息是公安机关在履行刑事司法职能、侦查刑事犯罪中形成的信息，且申请公开的文件信息属于秘密事项，应当不予公开。判决驳回奚明强的诉讼请求。

奚明强不服，提出上诉。北京市高级人民法院经审理认为，根据《政府信息公开条例》第2条的规定，政府信息是指行政机关在履行职责过程中制作或者获取的，以一定形式记录、保存的信息。本案中，奚明强向公安部申请公开的三个文件及其具体内容，是公安部作为刑事司法机关履行侦查犯罪职责时制作的信息，依法不属于《政府信息公开条例》第2条所规定的政府信息。因此，公安部受理奚明强的政府信息公开申请后，经审查作出不予公开的被诉答复书，并无不当。判决驳回上诉，维持一审判决。

【评注】信息公开，其实就是政府行政的一种公开制度，即一国的政府或地方行政机关，对其掌握的信息（除了涉及国家机密的材料之外）均有公开的义务。它的法律基础是公民对政府掌握的信息或资料享有了解和知晓的权利。知情权作为现代人权的一个组成部分，不仅指的是公民所享有的权利，同时它也是一个国家在法律层面上对公民的民主权予以切实保障的一个重要方面。公民若没有这种知情权，就难以真正做到监督政府，民主也就失去了基础。《政府信息公开条例》规定行政机关应当遵循公正、公平、便民的原则，及时、准确地公开政府信息。行政机关发现影响或者可能影响社会稳定、扰乱社会管理秩序的虚假或者不完整信息的，应当在其职责范围内发布准确的政府信息予以澄清。公民、法人或者其他组织还可以根据自身生产、生活、科研等特殊需要，向国务院部门、地方各级人民政府及县级以上地方人民政府部门申请获取相关政府信息。该条例第二章对信息公开的范围进行了列举式规定。

本案的焦点集中在追查刑事犯罪中形成的秘密事项的公开问题。根据《政府信息公开条例》第14条的规定，行政机关不得公开涉及国家秘密的政府信息。《保守国家秘密法》第9条规定，"维护国家安全活动和追查刑事犯罪中的秘密事项"应当被确定为国家秘密。本案中，一审法院认定原告申请公开的文件信息属于秘密事项，应当不予公开，符合前述法律规定。同时，公安机关具有行政机关和刑事司法机关的双重职能，其在履行刑事司法职能时制作的信息不属于《政府信息公开条例》第2条所规定的政府信息。本案二审法院在对公安机关的这两种职能进行区分的基础上，认定公安部作出不予公开答复并无不当，具有示范意义。

（二）基本权利的保障方式

各国对公民基本权利和自由的保障，主要有以下几种方式：

1. 经济物质保障。要切实保障公民的基本权利，首先要大力发展社会生产力，把公民基本权利和自由的实现建立在雄厚的物质基础上。我国大力发展市场经济，建立和完善社会主义市场经济体制，就是为了解放和发展生产力，就是为了为公民基本权利和自由的实现提供坚实的物质保障。保障基本权利与发展生产力是统一的，保障基本权利就是发展生产力。

2. 政策保障。"政策"概念在理论界尚无准确、统一的定义。在我国现实生活中，"政策"则是一种异常活跃而又十分复杂的社会现象。它具有以下鲜明特点：

（1）概念的模糊性。政策的内涵和外延一向十分混乱，上至党中央的决议、纲领，下至基层单位某一领导人的"指示"都可称之为"政策"。具体"政策"的性质、价值、信息量、权威性、规范性、可用性、强制性、适用范围以及形式等都有极大的差别。

（2）调整手段的任意性。一方面，相当多的政策属于原则性调整，即以原则、准则而不是规范来调整社会关系；另一方面，又不能不用大量"指示""决定"等一次性调整行为来保证原则的实现，因而往往归结为一系列无规范性的个别调整。

（3）背景的深刻性。"政策"像一个社会细胞，通过它可以解剖出我国整个社会的经济基础、政治体制、调整机制以及社会观念等诸多方面的历史传统和复杂现状。尤其集中反映了政治体制中的一些核心问题。然而尽管有诸多难点，我们仍可概括出政策的基本特征：首先，政策总是与一定的组织机构相联系，具有权力要素；其次，政策通常与一定的目的性相关，能够直接明确地表达决策者的利益动机和价值取向，具有其他社会规范所没有的深度；最后，政策还包含着一定的策略、方法要素，广义的政策也包括了政策的执行机制，在此意义上与"行政"概念有某种重合，因而导致了政策具体形式和外延的模糊性。据此，我们可以如此表述：政策是国家或政党处理其政治或管理事务的一系列路线、方针、原则和规范的总和。

在我国，"政策"首先是指中国共产党的政策，这是由党在社会生活中的地位所决定的。党的政策是共产党处理阶级关系和政治事务的一系列路线、方针、原则和规范，实际上它几乎覆盖了我国各种基本社会关系，从内容上一般可分为总政策和具体政策两大类。形式上则主要表现为党的口号、纲领、章程、文件等。政策根据发布机关的不同、效力和作用范围的不同，形成了一个有内在统一性和完整性的规范体系，包括：①中国共产党全国代表大会或中央全会的文献、决议。其内容往往是提出党在一个时期的纲领、路线，也就是党的总政策；②中共中央文件，是在党的全国代表大会闭会期间，以中共中央委员会名义发布的文件；③中共中央办公厅文件，经书记处通过后，由中央办公厅以中央名义发布，内容一般比较具体，属于指导各方面工作的具体政策；④中央领导人的讲话、建议等，除经中央领导机关通过，以中央文件形式发布的以外，一般不作为正式的权威依据；⑤中央的宣传机构在贯彻党的政策时，对具体政策所作的阐发；⑥地方各级党委为贯彻中央文件而发布的具体文件。

"国家政策"本质上与法律有着国家意志的相同属性，多指未形成正式规范性文件的一系列原则、方针、发展战略等，或对具体经济、社会问题决策之后所采取的计划方案。一些行政调整手段习惯上往往也被视为"国家政策"。我国党和政府就制定了许多政策来保障公民的基本权利和自由。

3. 法律保障。

（1）立法保障。立法对公民基本权利的保障包括宪法保障和法律保障。

第一，宪法保障。宪法是国家根本法，具有最高的法律效力，它是公民基本权利和自由保障的前提所在。只有以根本大法的形式，从宏观上和整体上对国家权力和公民权利的关系进行界定，明确国家权力和公民权利的关系，即国家权利必须以维护公民的权利为依据，以促进公民基本权利的实现为宗旨，才能使公民的基本权利和自由的保障获得合宪性的依据。

我国现行《宪法》对公民权利保障的具体体现为：①通过规范国家权力而保护公民的基本权利。世界上的宪政国家都在宪法中规定国家机关的组织和活动的方式、原则，为国家机关划定权力的范围和界限，以保障国家机关依法履行职责，例如我国现行《宪法》规定，一切国家机关必须实行民主集中制原则，国家机关必须依法行政。宪法还对国家权力机关、行政机关、监察机关、审判机关、检察机关划定了基本职权，这些规定的目的在于防止国家机关滥用权力，保证国家机关在宪法和法律的轨道上运行。②通过建立各种监督机制保障公民的基本权利。我国现行《宪法》确立的监督体制是以权力机关为核心、其他机关相配合、国家机关监督和社会监督相结合的体制。全国人民代表大会和地方各级人民代表大会负责宪法的监督实施，全国人大常委会有权解释宪法和法律并监督其实施。当然，人民代表大会的监督并不能取代其他机关的监督。根据宪法和法律，我国的行政机关、监察机关、司法机关也有监督宪法实施的职权，如我国各级人民法院通过审理民事和行政案件以监督国家行政机关、社会组织和公民遵守宪法和法律；国务院和地方各级人民政府也在自己的职权范围内保障宪法的实施，如通过审计监督各级政府是否违反宪法和法律。除此之外，我国宪法还规定公民和社会组织也有监督宪法实施的职责，如宪法规定公民对国家机关及其工作人员有权提出批评和建议，对国家机关及其工作人员的违法失职行为有权检举和控告。③通过人民代表大会制度来保障公民的权利。我国的人民代表大会制度是国家的根本政治制度。人民代表大会由人民选举产生，在国家机关体系中居于最高的地位。因此，我国现行《宪法》赋予人民代表大会在监督宪法实施和保障公民基本权利方面以广泛的权力。人民代表大会是通过监督宪法的实施来保护公民的权利的。概括地说，主要有四个方面：一是全国人大常委会有权批准自治区制定的自治条例和单行条例，有权审查国务院制定的行政法规、省级人大制定的地方性法规、省级人民政府制定的规章是否符合宪法和法律，对违反宪法的规范性文件有权予以撤销。二是宪法规定县级以上各级人民代表大会及其常委会有权组织特定问题的调查委员会，对政府高级官员的违法失职行为进行调查并作出相应的处理，同时宪法还规定各级人大均有权罢免由本级人大选举或者决定产生的政府机关组成人员,对那些违反宪法规定和侵犯公民权利的政府官员有权追究其宪法责任。三是通过宪法解释要求各级政府机关遵守宪法。现行《宪法》规定,全国人大常委会有权解释宪法,全国人大常委会的宪法解释对各级机关和全体公民均具有约束力,同时宪法解释也为各级司法机关依照宪法保障公民的基本权利提供了条件。四是各级人民代表大会应当广泛联系人民,对公民提出的申诉应当及时处理。[1]

我国宪法应当从以下几个方面来完善对公民基本权利的保障:①充实基本权利的内容。在社会主义市场经济体制下,应该进一步扩大公民的基本权利和自由。在修宪时应将社会条件已经成熟的几项权利纳入宪法规定的基本人权的范围,这些权利包括:迁徙自由权、罢工自由权、经济自由权(包括职业选择自由、契约自由、经济体结成协会的自由、经济活动自由及兼职自由等)、生存权、知情权和接受公正审判权等权利。②构造完善的公民权利体系:增加一条对公民权利保护的概括性规定,明确规定对公民权利而言,法无禁止即自由,宪法未作列举性规定的权利,不能理解为公民无权享有,也不能认为政府可以随意剥夺;改不分类立宪模式为分类立宪模式,借鉴一些国家宪法规定公民基本权利义务的方式,以明确的标题来标明基本权利义务的类别和性质,我国宪法中虽然绝大多数基本权利和义务都各自成条,但却将表明某一权利或义务属性的款项与对这一权利或义务的具体内容进行详细规定的款项并列在一起,甚至规定在同一款中,层次不分明;完善公民基本权利义务规范的结构,就规定公民基本权利的宪法规范而言,至少应当包含权利的确认、保障和限制这三个方面的内容时,才具有完整性。③推进合宪性审查工作,对侵犯公民基本权利和自由的违宪行为进行审查和处理。

第二,其他法律保障。在完善宪法对公民基本权利和自由内容的基础上,制定比较具体和完备的部门法,将宪法规定的公民的基本权利和自由具体化,使公民基本权利和自由的保障有具体、可操作的法律依据,是公民基本权利和自由保障的一个重要方面。与宪法相配套,我国已经制定大量的法律、行政法规和地方性法规。例如,宪法规定公民享有选举权和被选举权,我国于1979年7月制定和颁布了《中华人民共和国全国人民代表大会和地方各级人民代表大会选举法》(该法后来被数次修改),以具体法律的形式来保障公民的选举权和被选举权。再如,我国宪法规定了公民享有集会游行示威的自由,我国于1989年10月31日通过了《中华人民共和国集会游行示威法》,对公民的该项权利予以具体保障。然而我国宪法规定的一些基本权利和自由,还没有相应的法律保障,例如,宪法规定公民享有言论、出版自由,享有结社自由,但是我国没有制定如《新闻法》《出版法》《结社法》等类似的法律对此予以保障。这些都是我国在今后的立法中应该予以完善的地方。

(2)执法保障。所谓执法保障,就是指行政主体在对社会进行执法的时候,对公民基本权利和自由的保障。我国已经制定了大量的法律法规,对政府及其工作人

---

[1] 陈明静:"论宪法对公民权利的保障",载《辽宁警专学报》2005年第3期。

员行政权的行使予以规范，保障各级政府部门及其工作人员在行政执法时能依法行政，从而保障公民的基本权利和自由。自1989年以来，我国相继颁布了《行政诉讼法》《国家赔偿法》《行政处罚法》《行政复议法》《行政许可法》《行政强制法》，这些法律的颁布和实施，有利于促进政府职能转变，深化行政管理体制改革；有利于从源头上预防和治理腐败；有利于建设法治政府；最终有利于保障公民基本权利和自由的实现。

（3）司法保障。司法保障是指司法机关通过司法审判活动，打击和制裁犯罪，解决公民之间的纠纷，以保障公民基本权利的实现。司法保障是公民基本权利和自由保障的终极手段。"没有救济就没有权利"，人类的权利自始就与救济相联系，没有救济可依的权利是虚假的。我国已经颁布了三大诉讼法，即《民事诉讼法》《刑事诉讼法》《行政诉讼法》，当公民的权利受到侵犯时，公民依法可以向法院提起行政诉讼、民事诉讼和刑事诉讼，依法对自己受损失的权利进行救济。

五、基本权利的界限与制约

【宪法事例】　　　　北京金山安全软件有限公司与周鸿祎
　　　　　　　　　　　　侵犯名誉权纠纷案

2010年5月25日至27日期间，周鸿祎[奇智软件（北京）有限公司董事长]在其新浪微博、搜狐微博、网易微博等微博上发表多篇博文，内容涉及"揭开金山公司面皮""微点案""金山软件破坏360卫士"等。金山公司认为这些微博虚构事实、恶意诽谤，诋毁原告商业信誉及产品信誉，且经网络和平面媒体报道后，造成金山公司社会评价的降低。因此，请求周鸿祎停止侵害、在新浪、搜狐、网易微博首页发布致歉声明并赔偿经济损失1200万元。北京市海淀区法院一审认为，微博的特点在于只言片语、即时表达对人对事所感所想，是分享自我的感性平台，与正式媒体相比，微博上的言论随意性更强、主观色彩更加浓厚，对其言论自由的把握尺度也更宽。考虑微博影响受众不特定性、广泛性的"自媒体"特性，对微博言论是否构成侵权，应当综合考量发言人的具体身份、言论的具体内容、相关语境、受众的具体情况、言论所引发或可能引发的具体后果等加以判断。周鸿祎作为金山公司的竞争对手奇虎360公司的董事长，且是新浪微博认证的加"V"公众人物，拥有更多的受众及更大的话语权，应当承担比普通民众更大的注意义务，对竞争对手发表评论性言论时，应更加克制，避免损害对方商誉。一审法院认为，周鸿祎利用微博作为"微博营销"的平台，密集发表针对金山软件的不正当、不合理评价，目的在于通过诋毁金山软件的商业信誉和商品声誉，削弱对方的竞争能力，从而使自己任职的公司在竞争中取得优势地位，具有侵权的主观故意，其行为势必造成金山公司社会评价的降低，侵犯了金山公司的名誉权，应承担停止侵权、赔礼道歉、消除影响并赔偿损失的责任。但金山公司并无证据证明其股价下跌与周鸿祎微博言论的关联性，判决周鸿祎停止侵权、删除相关微博文章、在新浪、搜狐、网易微博首页发表致歉声明，并赔偿经济损失8万元。二审法院改判赔偿经济损失5万元。

【评注】公众人物发表网络言论时应承担更大的注意义务。

《宪法》第 35 条规定:"中华人民共和国公民有言论、出版、集会、结社、游行、示威的自由。"但是,公民在行使自由和权利的时候,不得损害国家的、社会的、集体的利益和其他公民的合法的自由和权利。本案是利用微博侵害企业名誉权的案件。首先,一、二审法院根据微博这一"自媒体"的特征,认为把握微博言论是否侵权的尺度要适度宽松,体现了与互联网技术发展相结合的审判思路,值得赞同。其次,一、二审法院都认为,微博言论是否侵权应当结合博主的身份、言论的内容及主观目的等因素综合认定。公众人物应当承担更多的注意义务,这一判断与侵权法的基本理念相契合。本案在利用网络侵害经营主体商业信誉、商品或服务的社会评价的现象逐步增加的背景下,更具启示意义。

与基本权利的保障相衔接的问题,就是基本权利的界限与制约的问题。简言之,倘若某项基本权利具有界限,那么,这种界限的起点,也正是对该权利进行保障的终点和制约的起点。

(一)公民正确行使权利与自由的原则

1. 权利与自由的相对性。世界上从来没有什么绝对的权利和自由。公民的权利和自由是相对的,权利相对于义务而言,自由则相对于纪律而言。没有无义务的权利,也没有无权利的义务。只有权利,没有义务,那权利只是空洞的、无法享有的;只有义务,没有权利,那义务也不会得到很好的履行。因此,我国宪法在关于公民基本权利的规定里,除授权性规范外,还有相应的义务性规范。例如,宪法在授权公民以人格尊严不受侵犯的权利时,又明确规定"禁止用任何方法对公民进行侮辱、诽谤和诬告陷害"。这表明,我国公民在充分享有权利的同时,又负有不得滥用这些权利的义务。

2. 权利与自由的有限制性。任何权利和自由都不是无限制的。公民只有在遵守宪法与法律的前提下才享有权利和自由。法国启蒙思想家孟德斯鸠就曾经说过:"自由是做法律所许可的一切事情的权利,如果一个公民能够做法律所禁止的事情,他就不再有自由了,因为其他人也同样会有这个权利。"[1]此外,公民享有权利和自由的程度,归根到底要受社会经济发展程度的制约。马克思曾经指出:"权利永远不能超出社会的经济结构以及由经济结构所制约的社会文化的发展。"[2]公民只有认真履行自己的义务,加速国家的经济文化建设,才能使自己享有的各项权利不断扩大并得到可靠的保障。

3. 不损害整体利益。依照我国法律的规定,公民在行使自己的权利和自由时,不能违背体现广大人民意志和利益的法律。我国的法制,一方面要充分保障公民在法律范围内享有的权利和自由;另一方面,也要对一切践踏人民民主权利的行为加以限制。另外,我国是人民当家做主的国家,国家利益同公民个人的利益从根本上

---

[1] [法]孟德斯鸠:《论法的精神》,张雁深译,商务印书馆 1982 年版,第 154 页。
[2] 《马克思恩格斯选集》(第 3 卷),人民出版社 1995 年版,第 12 页。

说是一致的。因此,公民在行使权利和自由时,不得损害国家的、社会的、集体的利益和其他公民合法的自由和权利。

(二) 宪法规定公民基本权利与自由界限的方式[1]

为了明确公民基本权利的界限,保障公民基本权利的行使,世界各国宪法一般采取四种方式加以规定:

1. 在宪法规范中直接对公民权利加以具体限制。即宪法规定公民享有某种权利和自由,同时又规定在某些特定情况下可以限制。如意大利《宪法》规定:"通讯及其他各种通讯自由与秘密,不得侵犯。只有根据司法当局说明理由的文件并遵守各项法定保障始得加以限制。"

2. 在宪法规范中不作具体限制,只规定依法限制的原则。如《德意志联邦共和国基本法》第10条规定:"书信秘密、邮件与电讯之秘密不可侵犯。前项之限制唯依法始得为之。如限制系为保护自由民主之基本原则,或为保护各联邦之存在或安全,则法律得规定该等限制不须通知有关人士,并由国会指定或辅助机关所为之核定代替争讼。"

3. 在宪法规定中对公民的某些基本权利和自由不作限制,但对各种权利和自由加以总的原则性限制。如日本《宪法》对公民通讯秘密自由的规定,没有上面的两种限制。但它却规定"受本宪法保障的国民的自由与权利,国民必须以不断的努力保持之。又,国民不得滥用此种自由与权利,而应经常负起用以增进公共福利的责任"。又如苏联《宪法》规定:"公民个人生活、通讯、电报和电话的秘密,均受法律保护。"即对公民的通讯秘密自由没有限制性的规定。但它却也规定了"公民行使权利和自由不得损害社会和国家利益以及其他公民的权利"。日本《宪法》和苏联《宪法》的这种总原则性的限制性规定,不但适用于未加任何限制的权利和自由,而且适用于已作过限制的公民的基本权利和自由。

4. 在宪法规范中对公民的基本权利和自由不作具体限制,而是在相关法律中予以具体规定。例如,我国《宪法》规定公民有集会、游行和示威的自由,但是在宪法中并没有对该项权利的行使做出具体的规定,而是在《集会游行示威法》中对此权利的行使予以具体规定。[2]该法于1989年10月31日由第七届全国人民代表大会常务委员会第十一次会议通过,从总则、集会游行示威的申请和许可、集会游行示威的举行和法律责任对集会游行示威自由的行使予以规定。

【宪法事例】　　　申克诉美国案 (Scheck v. U. S.)[3]

申克案发生在第一次世界大战期间,当时美国与德国正处于交战状态。该案的起因是美国社会主义党反对战争和征兵。申克是美国社会主义党的秘书长,参加了准备

---

[1] 何华辉:《比较宪法学》,武汉大学出版社1988年版,第204页。
[2] 殷啸虎主编:《宪法学教程》,上海人民出版社2005年版,第248页。
[3] 249 U. S. 47, 1919

并向等待应征入伍的人散发传单的活动。标题为"维护你的权利"的传单指出,征兵违反了宪法第 13 修正案禁止的非自愿性奴役条款,并号召人们"……加入到社会主义党废除征兵法的运动中来。向你们的国会议员写信。……你有权要求废除任何法律。行使你的言论自由权、和平集会权和要求政府进行权利救济的请愿权。……请在向国会要求废除征兵法的请愿书上签名。帮助我们清除掉宪法上的污渍!"传单还指出,如果官员不"承认你维护反对征兵立场的权利",那么官员的行为就属于违宪行为。传单提醒人们"不要忘记你选举反对征兵官员的权利"。申克和另一位社会主义党官员因为准备并散发这些传单而受到三项指控:①违反《反间谍法》,图谋煽动军队中的"反抗"情绪和"阻碍"征募士兵的工作;②以实施违法活动、邮递《反间谍法》禁止邮递的邮件的方式来对抗美国;③非法使用邮件来散发传单。初审法院认定上述三项罪名成立,申克被判 6 个月监禁。申克以《反间谍法》违反宪法第 1 修正案为由,提起了上诉。

【评注】 最高法院一致维持了有罪判决。霍姆斯法官代写了司法意见书。在意见书中,霍姆斯提出了著名的"明显的和现实的危险"标准,说明了维持有罪判决的原因。他写道:我们不否认,在和平年代的许多情况下,被告发表他在传单中发表的所有言论,都属于宪法权利保护的范围。不过,每种行为的性质都依赖于发生这种行为的各种环境因素。即便是对言论自由最严密的保护,也不会保护在剧场中不恰当地高喊着火了并引起恐慌的人。它也不会为那些发表可能引起煽动性暴力行为后果的言论而应受到禁止的人提供保护。无论如何,问题都是发表的言论是否出现在上述情况之下,是否具备会带来国会有权制止的、具有实质性危害的明显的和现实的危险的特征。这是一个接近与程度的问题。当一个国家处于交战状态时,许多可以在和平时期发表的言论都会成为阻碍国家采取行动的负面因素,它们不会存续像人们竭力争取的那么长的时间,也没有一个法院会认为它们应当受到宪法权利的保护。人们公认,如果能证实的确存在破坏征兵工作的障碍,有关言论将承担引起这种后果的责任。

第二节　基本义务的一般原理

自近代宪法以来,宪法的人权保障体系的价值目标在于确定国家对全体公民行使统治权的界限,以保障公民基本权利。为了行使这种统治权,尤其是为了实现对各种可能互相发生冲突的公民基本权利的调整以及增进社会公共利益,国家就不得不对全体公民要求履行一定的基本义务。

一、基本义务的概念及特征

(一) 义务的概念及其特征

所谓义务,是指国家通过宪法和法律规定的公民必须负担的责任,表现为国家要求公民必须为某种行为或者禁止公民为某种行为。义务相对于权利来说是一种法定责任的承担和法定义务的履行。当公民自觉履行宪法和法律规定的义务时，法定义务处于实现状态；当公民不依法承担责任和履行义务时，公民的法定义务处于非实现状态，这时国家有权促使公民依照宪法和法律的规定作出和不作出一定的行为。

可见，义务具有如下特征：

1. 义务的法定性。凡是属于公民应该履行的义务，必须由法律作明文规定，任何公民都有权拒绝履行非法定义务。从权利意义上讲，公民可以做法律所不禁止的事情，而从义务意义上讲，任何非法定义务的本质都是违法的。

2. 义务的不可选择性。相对于权利行为而言，义务主体只能依照宪法和法律的规定，作出一定的行为和不能作出一定的行为，法律上没有给予义务主体以自治的自由，义务对公民有不可选择的法律指向。

3. 义务的相关性。义务的相关性是指能够使公民达到实现义务状态的各种相关性因素。这种因素主要有两个方面：①自觉性因素，即公民在法律意识的支配下自觉地履行法定义务；②强制性因素，即在公民不自觉履行法定义务时，通过处罚、制裁、督促等强制手段迫使公民达到与履行义务相同的状态。

4. 义务与权利的一体性。国家及社会为众多的个体所构成，为维持共同生活正常进行起见，每个人在享有权利的同时，理应同时负担起必要的义务，方能使人与人之间形成密切的联系，共同推动社会的发展，促进文明进步。因此，个人享有权利与履行义务是一个问题的两个方面，两者相互依存，否定一方，另一方也就失去了存在的基础和意义。因此，公民义务与公民权利是一体的。

（二）基本义务的概念及其特征

公民基本义务，也称为宪法义务，是指宪法规定的公民必须履行的法律责任。公民的基本义务是所有公民义务中最重要、最基本的义务，是国家和社会对公民最基本的要求。基本权利与基本义务是辩证统一的关系，公民一方面行使宪法赋予的权利，另一方面也要履行宪法规定的义务。

基本义务具有如下特征：

1. 基本义务表明公民的宪法地位。基本义务是公民作为统治对象而负担的义务，是公民在享受国家赋予的权利的同时所产生的相应的责任，是一种保障公民自身获得利益的最基本的能动手段，是其宪法地位的直接体现。

2. 基本义务具有制度保障或者法律保障的性质。宪法规定的基本义务是具体立法的宪法依据，它必须通过各种形式的部门法得到具体化和现实化。

3. 基本义务与基本权利的一体化。在宪政实践中，基本义务与基本权利关系并非始终具有对应性，而是两者以不同的形式保持着内在的一体性。特别是有些基本权利和基本义务是合为一体的。如劳动权和受教育权，既是公民的基本权利，也是公民的基本义务。

二、基本义务的内容

近代国家无不要求公民担负一定的义务，但各国宪法在这方面规定的情况却不相同。少数国家的宪法只规定公民的权利,不规定公民的义务,例如美国 1787 年的《宪法》就是如此。多数国家,包括社会主义国家,它们的宪法既规定公民的权利,也规定公民的义务。就目前而言,各国宪法关于公民基本义务的规定在内容上存在着较大的差异,但最主要,也是最具有普遍性的是以下几项[1]。

1. 纳税的义务。公民纳税的义务,从国家方面而言,是基于职能的需要。一般认为,最先规定公民有纳税义务的是英国宪法,其 1215 年的《自由大宪章》第 12 条规定:"……设无全国公益许可,将不征收任何免役税与贡金。……" 1295 年的《无承诺不课税法》更是明确规定,非经王国之大主教、主教、伯爵、男爵、武士、市民及其他自由民之自愿承诺,则英国君主或其嗣王,均不得向彼等征课租税,或摊派捐款。1628 年的《权利请愿书》、1689 年的《权利法案》都对此进行了确认。只是英国宪法对公民纳税义务的确认是以对英王征税权的限制的方式出现的。为了防止或避免政府借公民纳税之名横征暴敛,致人民不堪重负,财产利益不能得到保障,各国宪法关于公民纳税义务的履行普遍要求依法进行。立法机关制定专门的法律,规定纳税的主体、对象、税目、税率等具体事项。公民仅依法律的明确要求履行纳税的义务。

2. 服兵役的义务。国家为了维护国内秩序的安定,防止和抵御外来的侵略,捍卫国家的主权独立和领土完整,需要建立和维持一支强大的武装力量,因此各国宪法普遍规定本国公民有服兵役的义务,即按照国家法律的要求,参加到一定的军事组织中,接受系统的军事训练,执行各项军事任务,履行御侮卫国的职责。服兵役的义务的履行就意味着有参加打仗的可能,倘若与公民个人所信仰的宗教教义及所持的和平信念发生矛盾的时候,如何加以解决,一些国家的宪法作出了不同的规定。例如 1960 年《捷克斯洛伐克社会主义共和国宪法》第 32 条规定:"……不得以宗教信仰或信念为理由拒绝履行法律规定的公民义务。"而《德意志联邦共和国基本法》第 4 条则规定:"①信仰与良心之自由及宗教与世界观表达之自由不可侵犯。……③任何人不得被迫违背其良心,武装服事战争勤务,其细则由联邦法律定之。"

3. 其他的义务。除了以上两项具有普遍性的公民基本义务外,各国的宪法还不同程度地根据本国的国情及实际的需要,规定了公民应当履行的其他基本义务,总的来说有:对宪法赋予国民的权利自由,国民必须以不断的努力保持之,不得滥用,并应经常负起为公共福祉而利用的责任(日本《宪法》);人人有依照法律规定对政府公务给予支持的义务(泰国《宪法》);公民有尊敬国旗和国歌的义务(印度《宪法》)。此外,许多国家的宪法将受教育和劳动既规定为公民的权利,又规定为公民的义务。

三、我国宪法规定的公民的基本义务

【宪法事例】　　"月光论坛"非法展示地图泄密案

2010 年 5 月 17 日,央视《焦点访谈》节目报道,2010 年 4 月,深圳市规划土地

---

[1] 王广辉:《比较宪法学》,武汉水利电力大学出版社 1998 年版,第 348～350 页。

监察支队发现一个名为"月光论坛"的网站，存在大量地理信息涉密的行为。网站把大量国家军事上的信息在地图上展示出来。"月光论坛"是一个军事爱好者经常光顾的网络社区，设置了中国核试验爆炸地点、中国军用机场、北京周边军事区域、中国军事设施收集等八个板块，汇聚了各地网友发布的信息并进行分类整理。和普通军事论坛相比，月光论坛最显著的特点在于，它直接链接到国外一家地图网站的搜索引擎上。用户可以免费浏览全球各地高清晰卫星图片，并在上面标注出地理坐标和相关信息。据国家测绘局负责人解释：网站上呈现出来的某一个区域的卫星影像，甚至航空影像，应该说它不能叫电子地图，因为它没有坐标，没有人文的或者自然的标注上的这种属性，类同于人们所看到的自然景观或看到的自然风光，这种披露不属于泄密。但是一旦在这个区域获取了一些应该保密的，比如说军事设施、地理坐标及一些属性，并对其进行披露，那么它必然就会泄密。因此，2010年5月6日，深圳市规划土地监察局对"月光论坛"的负责人小龙作出罚款5000元的行政处罚。

【评注】 现行《宪法》第53条规定："中华人民共和国公民必须遵守宪法和法律，保守国家秘密，爱护公共财产，遵守劳动纪律，遵守公共秩序，尊重社会公德。"《保守国家秘密法》第3条第2款规定："一切国家机关、武装力量、政党、社会团体、企业事业单位和公民都有保守国家秘密的义务。"国家秘密关系到国家的安全和利益，保守国家秘密是每一个公民应尽的义务。违反《保守国家秘密法》的规定，故意或过失泄露国家秘密，情节严重的，按照刑法有关规定追究刑事责任；不够刑事处罚的，可以酌情给予行政处分。随着互联网地图网站的普及，如今，越来越多的人可以从网络上查找交通路线，观看高清晰度的卫星影像，甚至标注自己喜爱的景点与全球网友分享地标信息。但是在带给大家方便之余，一些网友在互联网地图上的标注也导致了一些国家机密信息被泄露。类似"月光论坛"这样在公开地图上标识军事禁区、军事管理区及其内部单位与设施，标识大型水利设施、电力设施、通信设施等涉及国家经济命脉，对人民生产生活有重大影响的民用设施的具体形状及属性的行为，违反了《宪法》和《保守国家秘密法》的相关规定，应该受到相应的制裁。

我国现行《宪法》第51~56条以及第42、46、49条，对我国公民应当履行的基本义务作了规定，主要有如下几个方面：

（一）维护国家统一与民族团结的义务

我国现行《宪法》第52条规定："中华人民共和国公民有维护国家统一和全国各民族团结的义务。"

维护国家统一是指维护国家主权独立和领土完整。国家主权是国家最重要的属性，是国家独立自主地处理本国内外事务、管理自己国家的权利。对我国国家主权，任何人都不得以任何方式把它割让或者使之从属于外国支配，也不允许任何人进行分裂、破坏或者危害国家政权的统一管辖权。维护国家统一是整个社会共同体存在与发展的基础，是以宪法为基础的整个法律制度存在的基础，也是公民实现基本权利与自由的前提。没有国家统一，任何权利与自由的实现都会失去基础。

在我国，维护国家统一的重要内容与标志是维护民族团结。我国是统一的多民族国家，能否正确处理民族关系对国家的统一与政权的稳定具有重要意义，因此，全国各族人民都要把维护民族团结作为自己的崇高责任，任何人都不得以任何形式制造民族纠纷，离间民族关系。现行《宪法》第4条规定："中华人民共和国各民族一律平等。国家保障各少数民族的合法的权利和利益，维护和发展各民族的平等团结互助和谐关系。禁止对任何民族的歧视和压迫，禁止破坏民族团结和制造民族分裂的行为。国家根据各少数民族的特点和需要，帮助各少数民族地区加速经济和文化的发展。各少数民族聚居的地方实行区域自治，设立自治机关，行使自治权。各民族自治地方都是中华人民共和国不可分离的部分。各民族都有使用和发展自己的语言文字的自由，都有保持或者改革自己的风俗习惯的自由。"此外，根据《宪法》和《民族区域自治法》的规定，一切破坏民族团结、制造民族分裂的行为都将受到法律的追究。

（二）遵守宪法和法律，保守国家秘密，爱护公共财产，遵守劳动纪律，遵守公共秩序，尊重社会公德

1. 遵守宪法和法律。遵守宪法义务是指忠于宪法，维护宪法尊严，保障宪法实施的义务。宪法是国家的根本大法，它的权威关系到政治的安定和国家的命运。只有维护社会主义法制的统一和尊严，确保宪法和法律的实施，全国人民才能有统一的行为准则。所以，每一个公民都应认真学习宪法和法律，增强宪法意识和法律观念，自觉地遵守宪法和法律，维护宪法和法律的尊严。

我国宪法规定的遵守宪法的义务主体是非常广泛的，一切国家机关、武装力量、各政党和社会团体、各企事业组织和公民个人都必须遵守宪法和法律。其中，国家机关和政党遵守宪法的义务最为关键，对整个宪法的实施具有最重要的影响。

2. 保守国家秘密。国家秘密，是指关系国家安全和利益，依照法定程序确定，在一定时间内只限于一定范围的人知悉的事项。国家秘密关系到国家的安全和利益，每个公民都必须保守国家秘密。2010年4月，第十一届全国人大常委会第十四次会议审议通过了关于修改《保守国家秘密法》的决定。该法对国家秘密的范围和密级、保密制度、监督管理、法律责任等作出具体规定。《保守国家秘密法》第3条第2款规定："一切国家机关、武装力量、政党、社会团体、企业事业单位和公民都有保守国家秘密的义务。"违反国家保密法的规定，故意或过失泄露国家秘密，情节严重的，按照刑法有关规定追究刑事责任；泄露国家秘密，不够刑事处罚的，可以酌情给予行政处分。

根据信息化时代的要求，为了在信息公开与国家安全方面取得合理平衡，《保守国家秘密法》第28条规定，互联网及其他公共信息网络运营商、服务商应当配合公安机关、国家安全机关、检察机关对泄密案件进行调查；发现利用互联网及其他公

共信息网络发布的信息涉及泄露国家秘密的，应当立即停止传输，保存有关记录，向公安机关、国家安全机关或者保密行政管理部门报告；应当根据公安机关、国家安全机关或者保密行政管理部门的要求，删除泄露国家秘密的信息。

3. 爱护公共财产。公共财产是指全民所有财产和劳动群众集体所有财产，是建设社会主义、巩固国防、使国家日益繁荣富强的物质基础，也是使人民物质文化生活得以不断提高的源泉和享受各种权利、自由的最根本的保证。每个公民都有责任维护和捍卫社会主义公共财产。现行《宪法》第12条规定："社会主义的公共财产神圣不可侵犯。国家保护社会主义的公共财产。禁止任何组织或者个人用任何手段侵占或者破坏国家的和集体的财产。"

4. 遵守劳动纪律。劳动纪律是指劳动者在从事社会生产和进行工作时，必须遵守和执行的劳动秩序、劳动规则及其工作程序。遵守劳动纪律对于加速实现社会主义现代化建设，确保劳动者的切身利益有着重要意义。因此遵守劳动纪律是每个享有劳动权利的公民应该履行的义务，是劳动权利和劳动义务相统一的具体表现。

5. 遵守公共秩序。公共秩序是由法律规定和确认的，人们在社会共同生活中形成的稳定有序的基本社会生活规则，包括生产秩序、工作秩序、教学秩序和人民群众的生活秩序。公共秩序是保证安定团结的政治局面、进行现代化建设的重要条件。自觉遵守公共秩序，是一个公民道德水准的体现和社会文明的要求。国家对一切扰乱和破坏公共秩序的行为都予以禁止，并根据违法情节和后果追究其法律责任。

6. 尊重社会公德。社会公德，是指在一定社会占统治地位的道德准则，是人们在生产、工作和生活中必须遵守的道德标准，其核心内容是爱祖国、爱人民、爱劳动、爱科学、爱社会主义。道德是一种社会意识形态，是人们评定行为是非的标准之一，它不像法律那样由国家强制力来保证实施，而是依靠舆论、信念、习惯、传统和教育力量以及个人内心的荣誉感和对共同事业的责任心来维持、贯彻和执行。因此宪法用"尊重"二字来表述是非常科学的。在这一法定义务当中，我们也可以将其看作是法律规范和道德规范彼此之间在宪法领域中的结合，从而使某些道德规范的内容上升为法律规范。

（三）维护祖国的安全、荣誉和利益

我国现行《宪法》第54条规定："中华人民共和国公民有维护祖国的安全、荣誉和利益的义务，不得有危害祖国的安全、荣誉和利益的行为。"维护祖国的安全、荣誉和利益，是爱国主义的具体表现，也是每一个公民的神圣职责。

1. 维护祖国的安全。祖国的安全指国家的领土完整和主权不受干扰，国家政权不受威胁。只有在祖国安全得到保障的前提下，公民才有可能实现其权利与自由，国家也才能维护稳定与尊严。根据《国家安全法》第13条的规定，任何组织和个人进行危害中华人民共和国国家安全的行为都必须受到法律追究。我国《刑法》专设"危害国家安全罪"一章，对危害国家安全构成犯罪的行为规定了严厉的制裁措施。公民一旦发现危害国家安全的行为，应及时向有关机关报告；在有关机关调查了解危害国家安全的情况、收集有关证据时，公民和有关组织应当如实提供，不得拒绝。

2. 维护祖国的荣誉。祖国的荣誉是指国家的声誉与荣誉不受损害，对有辱祖国荣誉、损害祖国利益的行为给予法律制裁。公民对祖国应当具有自豪感和民族自尊心，要把维护祖国荣誉作为自己的神圣职责，同一切出卖祖国利益，损害国家尊严的行为进行斗争。维护祖国的荣誉，应提倡有助于培养对国旗、国歌、国徽崇敬感的礼仪，增强人们的爱国主义情感。

3. 维护祖国的利益。国家的利益是全国人民共同的利益的集中表现，代表每个公民的最高利益和长远利益。祖国的利益通常分为对内和对外两个方面，对外主要是民族的政治、经济、文化等方面的权利和利益，对内主要是指国家利益，是公民利益的最高体现。在我国，国家利益、集体利益和个人利益是一致的，维护国家利益，是公民的神圣职责和义不容辞的责任。

（四）保卫祖国、依法服兵役

现行《宪法》第55条规定："保卫祖国、抵抗侵略是中华人民共和国每一个公民的神圣职责。依照法律服兵役和参加民兵组织是中华人民共和国公民的光荣义务。"国防是国家生存与发展的安全保障，没有巩固的国防就不可能维护稳定的国家政权，公民权利与自由就无法得到保障。为保卫祖国的安全和社会主义的现代化建设，必须有一支强大的、现代化的和正规化的军队。人民军队来自人民，依法服兵役是公民维护祖国安全、荣誉和尊严的实际行动，是每一位适龄公民的神圣职责和光荣义务。

根据《宪法》《兵役法》《国防法》的规定，依法服兵役义务的主体是中华人民共和国公民，外国人不能成为服兵役义务的主体。我国实行义务兵与志愿兵相结合、民兵与预备役相结合的兵役制度。凡年满18周岁的我国公民，不分民族、种族、职业、家庭出身、宗教信仰和教育程度等都有服兵役的义务。但是依照法律被剥夺政治权利的人，不得服兵役。参加中国人民解放军、中国人民武装警察部队，都属于服现役。参加民兵组织和经过预备役登记的为服预备役。在高校和高中，学生按规定参加军事训练；人民群众根据平衡负担的办法，对义务兵家属和参加军事训练的预备役人员承担部分误工补贴和优待，也是公民履行服兵役义务的法定形式。

依法服兵役义务作为公民的基本义务具有法律性质，即不履行服兵役义务应承担相应的法律责任。《兵役法》第66条规定："有服兵役义务的公民有下列行为之一的，由县级人民政府责令限期改正；逾期不改的，由县级人民政府强制其履行兵役义务，并可以处以罚款：①拒绝、逃避兵役登记和体格检查的；②应征公民拒绝、逃避征集的；③预备役人员拒绝、逃避参加军事训练、执行军事勤务和征召的。有前款第2项行为，拒不改正的，不得录用为公务员或者参照公务员法管理的工作人员，2年内不得出国（境）或者升学。国防生违反培养协议规定，不履行相应义务的，依法承担违约责任，根据情节，由所在学校作退学等处理；毕业后拒绝服现役的，依法承担违约责任，并依照本条第2款的规定处理。战时有本条第1款第2项、第 3 项或者第 3 款行为，构成犯罪的，依法追究刑事责任。"

（五）依法纳税的义务

我国现行《宪法》第 56 条规定："中华人民共和国公民有依照法律纳税的义务。"

税收是国家财政收入和资金积累的重要来源。在现代社会中，政府充当各种角色，有关公共事务的开支只能由政府提供，但政府不直接创造财富，只能通过税收把一部分公民的钱款汇集起来，形成足够的财力。税收是国家进行宏观调控的重要经济杠杆，国家通过制定不同的税种和税率，促进国民经济的发展。税收也是调节个人收入差距的合理手段，用以缓解收入分配不公的矛盾，维护社会的稳定。所以，纳税是公民应该履行的一项基本义务，是法治社会的重要标志。

纳税义务的履行，实际上也给纳税人带来相应的权利。从某种意义上说，纳税义务的履行是纳税者享受权利的基础条件。纳税人有权利享受政府用税收提供的服务和公共设施，如医疗、教育、社会安全、法律保障、公共交通等，并有权要求政府积极改善这些条件并提供优质服务。纳税人有权利了解、监督税款的使用情况，进而监督政府工作。

（六）其他方面的义务

我国宪法除规定了上述的基本义务之外，还规定了劳动的义务、受教育的义务、夫妻双方计划生育的义务、父母抚养教育未成年子女的义务、成年子女赡养扶助父母的义务。这些义务既具有社会伦理道德的性质，又具有一定形式的法律性质。

四、我国公民基本权利和义务的特点

（一）权利和自由的广泛性

我国公民权利与自由的广泛性表现在：

1. 享有权利的主体非常广泛。中华人民共和国是工人阶级领导的、以工农联盟为基础的人民民主专政的社会主义国家。我国的人民民主专政的国体，决定了我国享受权利的主体的广泛性。现阶段，我国权利主体的范围主要包括全体社会主义劳动者、社会主义建设者、拥护社会主义的爱国者和拥护祖国统一和致力于中华民族伟大复兴的爱国者。就是对被限制人身自由或者剥夺政治权利的公民而言，他们与自己身份相对应的其他权利，国家也是依法保护的。例如，根据 1983 年第五届全国人大常委会第二十六次会议通过的《全国人民代表大会常务委员会关于县级以下人民代表大会代表直接选举的若干规定》，下列人员准予行使选举权：被判处有期徒刑、拘役、管制而没有附加剥夺政治权利的；被羁押、正在受侦查、起诉、审判，人民检察院或者人民法院没有决定停止行使选举权的；正在取保候审或者被监视居住的；正在处拘留处罚的。上述人员参加选举，由选举委员会和执行监禁、羁押、拘留的机关共同决定，可以在流动投票箱投票，或者委托有选举权的亲属或者其他选民代为投票。被判处拘役、受拘留处罚或者被劳动教养的人也可以在选举日回原选区参加选举。

2. 宪法确认和保障公民权利自由的范围也是十分广泛的，包括政治、经济、文化等各方面的权利与自由。《宪法》专设一章，也就是第二章"公民的基本权利和义务"列举了公民享有政治、经济、文化、宗教等各项权利和自由，除此之外，在"总纲"和"国家机构"各章中还确认了公民在其他方面的权利和自由，例如，《宪法》第4条规定，各民族都有使用和发展自己的语言文字的自由，都有保持或者改革自己的风俗习惯的自由。《宪法》第13条规定，公民的合法的私有财产不受侵犯；国家依照法律规定保护公民的私有财产权和继承权；国家为了公共利益的需要，可以依照法律规定对公民的私有财产实行征收或者征用并给予补偿。也就是说，我国公民享有合法的私有财产权和继承权。《宪法》第111条规定："城市和农村按居民居住地区设立的居民委员会或者村民委员会是基层群众性自治组织。居民委员会、村民委员会的主任、副主任和委员由居民选举。居民委员会、村民委员会同基层政权的相互关系由法律规定。居民委员会、村民委员会设人民调解、治安保卫、公共卫生等委员会，办理本居住地区的公共事务和公益事业，调解民间纠纷，协助维护社会治安，并且向人民政府反映群众的意见、要求和提出建议。"也就是说，居民或村民享有自治的权利。

（二）权利和义务的平等性

权利和义务的平等性主要表现在以下两个方面：

1. 公民在享有权利和适用法律上都一律平等。公民不分民族、性别、出身、职业、宗教信仰、教育程度、财产状况、居住年限和职位高低，都一律平等地享有宪法与法律规定的权利，也一律平等地履行宪法和法律规定的义务。司法机关和行政机关在司法和执法时，在适用法律上对公民一律平等，任何公民的正当的合法的权益，都平等地受到保护；任何公民的违法犯罪行为，都平等地受到法律的制裁。国家不允许任何组织和个人享有超越宪法和法律的特权，每个公民都应该在宪法和法律的范围内活动。

2. 公民平等地享有宪法与法律确认的权利与自由，也平等地承担宪法与法律规定的义务，任何公民不可以只享有权利而不履行义务，也不可能只尽义务而不享受权利。

（三）权利和义务的现实性

1. 宪法在确认公民的基本权利和自由时，应当从我国的实际出发，充分考虑到现阶段的政治、经济、文化发展的实际水平来确认权利和自由的范围、内容以及物质保障等问题，具体表现在以下方面：①客观上十分需要，而又非确认不可的就坚决写进宪法；②能做到的，或者经过创造条件可以逐步实现的，就根据能够实现的程度，作出实事求是的规定，例如我国宪法关于受教育权的规定；③从实际条件看，在相当长的时间内不能做到的，宪法就不予以确认，如由于大城市人口过于集中，就造成大城市人口密集与生产、生活各方面不相适应的紧张状态，在较长的时间内得不到缓解，因此，现行《宪法》就取消了1954年《宪法》对"公民有居住和迁徙自由"的规定。

2. 宪法规定公民的基本权利和义务是有法律保障和物质保障的。我国宪法在确认公民权利与义务的同时，也规定了具体的措施来保障他们的实现，如规定公民在年老、疾病或者丧失劳动能力的情况下，有从国家和社会获得物质帮助的权利；同时宪法又规定国家发展为公民享受这种权利所需要的社会保险、社会救济和医疗卫生事业等。又如宪法规定对公民的申诉、控告或者检举，任何人不得压制和打击报复；由于国家机关和国家工作人员侵犯公民权利而受到损失的人，有依照法律规定取得赔偿的权利。

（四）权利与义务的统一性

1. 宪法要求公民既要享有宪法与法律规定的权利，又必须履行宪法与法律规定的义务。现行《宪法》第33条规定："凡具有中华人民共和国国籍的人都是中华人民共和国公民。中华人民共和国公民在法律面前一律平等。国家尊重和保障人权。任何公民享有宪法和法律规定的权利，同时必须履行宪法和法律规定的义务。"第51条又规定："中华人民共和国公民在行使自由和权利的时候，不得损害国家的、社会的、集体的利益和其他公民的合法的自由和权利。"

2. 公民的有些权利与义务是相互结合的，例如劳动权、受教育权，它们既是公民的权利，又是公民的义务。《宪法》第42条第1款规定："中华人民共和国公民有劳动的权利和义务。"第46条第1款规定："中华人民共和国公民有受教育的权利和义务。"

3. 权利和义务是彼此促进的。我国公民的权利与义务，本质上反映了公民个人、集体和国家三者之间的关系。在我国，国家不仅通过宪法、法律确认和保障公民的权利和自由，而且通过改革政治体制和发展经济文化事业，为公民行使自由和权利提供越来越多的物质保障，公民的权利和自由越能得到保障，就会越有利于激发他们的政治热情和生产积极性，使他们更自觉地履行义务，而公民自觉履行义务的积极性越高，国家就会越昌盛、富强，公民的权利与自由也就获得更多的保障。[1]

思考与实务

1. 什么是基本权利？它有哪些基本特征？一般分为哪几种主要类型？
2. 如何理解行使基本权利的界限和制约？
3. 公民基本义务的理论基础是什么？如何理解公民基本权利和基本义务之间的关系？
4. 宪法事例实训：

据调查，2005年中央国家机关公务员招录的岗位需求中几乎有80%以上的职位注明"限北京市户口"。如中央纪委、监察部，其中33个部门所提供的48个职位，对社会在职人员全部要求北京户口。全国总工会、中央对外联络部等机构，也都在

---

[1] 俞子清主编：《宪法学》，中国政法大学出版社1999年版，第256~258页。

备注一栏中有同样规定。对此,武汉大学法学院同学要求全国人大常委会对国家机关招录公务员限定"北京户口"的做法进行违宪审查。

请思考:

(1) 上述规定可能违反宪法规定的国家机关必须遵循的哪些原则?

(2) 上述规定可能侵害了宪法规定的哪些权利?

(3) 如果公民认为权利受到侵害,是否可以依据宪法提起诉讼?

(4) 按照现行宪法规定,哪些机关有权通过法定途径废除上述规定?

(3) 本案是以学校败诉而告终,结合近年来发生的高校被诉案件,我们从中得到什么启示?

第六章
公民基本权利与义务（下）

【本章概要】 公民基本权利在宪法学中占有非常重要的地位，是宪法学研究的核心内容之一，其内容十分广泛。基本权利的规范体系，构成了我国现行《宪法》的重要组成部分。本章按照权利内涵、权利内容、权利保障和权利界限的体例，分别介绍了平等权、政治权利、宗教信仰自由、人身自由、社会经济权利、文化教育权等受宪法所保障的基本权利。应结合第五章"公民基本权利与义务（上）"的相关知识点进行学习，以加深理解，融会贯通。

【学习目标】 掌握宪法所保障的基本权利的种类及其具体内容，了解现有法律架构下对基本权利的行使相应规定了怎样的界限和制约，能运用本章的理论知识去具体分析社会现实中的宪法事件或案件，对我国公民基本权利的发展趋势有所认识。

第一节 平等权

一、平等权的历史发展

平等观念与法是同时产生的，平等是法的基本属性，同时也是法追求与维护的目标。人类社会的发展是不断地发现平等价值，不断地扩大平等范围的过程。平等从实现到原则，从理论到法律，从一般的法律权利到宪法权利的过程反映了人类治理国家经验的不断成熟。

平等的观念，最早可追溯至古希腊的哲学思想。封建社会，存在着公开的等级特权，但仍有一些思想家提出了适用法律的平等思想。如"刑无等级，法不阿贵"，"刑过不避大臣，赏善不遗匹夫"，"王子犯法与庶民同罪"。但这时的平等适用法律并不是每个社会成员所享有的法律权利。在近代启蒙运动中"平等"与"自由""博爱"等相提并论，成为与封建主义做斗争的有力武器。自然法学派的代表人物卢梭、洛克等人提出了法律面前人人平等的口号，声称人生来即是自由、平等的，每个人的权利都是天赋的、相同而无差别的。这种自由、平等的思想对于反对封建的特权、专制制度起了重大作用，成为资产阶级胜利后制定法律的理论基础。

1789年的法国《人权宣言》最早以法律的形式确定了平等权，规定："法律是公共意志的表现。全体公民都有权亲自或经由其代表去参与法律的制定。法律对于所有的人，无论是实施保护或处罚都是一样的。在法律面前，所有的公民都是平等的，故他们都能平等地按其能力担任一切官职、公共职位和职务，除德行和才能上的差别外，不得有其他任何差别。"由此可见，资产阶级赋予法律平等问题以崭新的含义，它第一次将平等与公民及公民的权利联系在一起，肯定了公民在法律形式上的平等权利，并成为资产阶级法律制度的基本原则。由于受历史条件的限制，18～19世纪的平等观主要是一种形式平等、注重机会的平等、处罚的平等，还没有体现实质的平等与结果的平等。

第二次世界大战以来，平等权与平等原则被越来越多的国家所接受，各国普遍将平等权作为公民的基本权利规定于宪法、法律之中。平等权从原则的、抽象的规定具体为实际的权利，平等的范围也在不断扩大。早期资产阶级的宪法、宪法性文件都只是抽象地提出了人人生而平等的问题，而20世纪以来的宪法则就平等权的内容给以详细的列举。如德国《基本法》第3条规定，在法律面前人人平等；男女享有平等权利；任何人不得因性别、种族、语言、籍贯、血统、宗教或政治意见之不同而受歧视或享有特权。美、英等国则制定了男女平等和种族平等的宪法、法律。随着人权保护的国际化趋势，国际社会亦将平等权的保护作为国际社会共同的责任，如1948年联合国《世界人权宣言》对平等权问题作了相关规定。

在我国，平等权作为一项法律原则早在新民主主义革命时期的根据地人民政权颁布的宪法性文件中已有所体现。如1934年江西瑞金革命根据地颁布的《中华苏维埃共和国宪法大纲》第4条规定，劳动人民在苏维埃法律面前一律平等。1946年陕甘宁边区政权通过的《陕甘宁边区宪法原则》规定："边区人民不分民族，一律平等。"建国初期起临时宪法作用的《中国人民政治协商会议共同纲领》曾规定了男女平等和民族平等。1954年《宪法》第85条明确规定："中华人民共和国公民在法律上一律平等。"从宪法上确立了平等原则，并赋予公民以基本权利。1956年，该规定开始受到批判，认为法律上一律平等是资产阶级的法律原则，是虚伪的原则，它抹杀了法的阶级性。1975年《宪法》和1978年《宪法》因受当时历史条件的限制，取消了平等权的规定。1978年中国共产党第十一届三中全会公报重申："要保证人民在自己的法律面前人人平等，不允许任何人有超于法律之上的特权。"1982年《宪法》在总结历史经验的基础上重新确定了平等原则，规定"中华人民共和国公民在法律面前一律平等"。

二、平等权的含义与特征

平等权是我国宪法规定的基本权利体系中的重要组成部分，是权利主体参与社会生活的前提与条件。所谓平等权，是指公民平等地享有权利，不受任何差别对待，要求国家给予同等保护的权利与原则。

我国《宪法》关于平等权的规定主要有：①在序言中规定的平等、团结、互助和谐的社会主义民族关系，规定全国各族人民、一切国家机关和武装力量、各政党和各社会团体、各企事业组织，都必须以宪法为根本的活动准则，并且负有维护宪法尊严、保证宪法实施的职责。②在总纲部分，具体规定了平等权运用的原则与领域。如《宪法》第 4 条规定的各民族一律平等的原则，禁止对任何民族的歧视和压迫，禁止破坏民族团结和制造民族分裂的行为，并在第 89 条赋予国务院保障少数民族的平等权利的职权，这使宪法总纲的平等原则延伸至国家机构的活动。《宪法》第 5 条规定，任何组织或个人不得有超越宪法和法律的特权。这一规定明确了平等权的宪法地位，从宪法角度否定了特权。③在公民基本权利与义务部分，首先规定了公民在法律面前一律平等的原则，明确平等权在基本权利体系中的指导地位。如第 33 条第 2、3 款规定，"中华人民共和国公民在法律面前一律平等"，"任何公民享有宪法和法律规定的权利，同时必须履行宪法和法律规定的义务"。第 36 条第 2 款规定："……不得歧视信仰宗教的公民和不信仰宗教的公民。"第 48 条规定："中华人民共和国妇女在政治的、经济的、文化的、社会的和家庭的生活等各个方面享有同男子平等的权利。国家保护妇女的权利和利益，实行男女同工同酬，培养和选拔妇女干部。"

因此，根据《宪法》的规定，我国公民的平等权应包括如下含义：①我国公民不分民族、种族、性别、职业、家庭出身、宗教信仰、教育程度、社会地位、财产状况等因素，一律平等地享有宪法和法律规定的权利和自由，平等地履行宪法和法律规定的义务；②国家对一切公民的合法权益依法平等地予以保护，对任何公民的违法犯罪行为，平等地予以追究和制裁；③国家不允许任何组织和个人有超越宪法和法律的特权，无论什么人都要严格遵守宪法和法律。

其基本特征如下：

1. 平等权的性质具有双重性，即作为主观权利与客观秩序的规范性质。平等权为公民向国家要求平等地位，消除各种不平等现象提供了法律基础。

2. 平等权确立了国家机关活动的合理界限，即公民有权要求国家的平等保护，不因公民性别、年龄、职业、出身等原因给予差别对待；国家有义务无差别地保护每一个公民的平等地位。特别是国家有关机关适用法律时给予公民的保护或惩罚应是平等的。

3. 平等权的价值观和理论原则决定了公民平等地行使权利，平等地履行义务。从这一意义上讲，平等权是公民基本权利的高度概括与综合，它构成基本权利形成与运行的指导性规则。平等权的价值不允许特权现象的存在，凡是存在特权的领域就不存在平等权原则。弘扬平等权思想是反对特权的有力的思想武器。

4. 平等权是实现基本权利的方法或手段。平等权是基本权利体系的一种，同时也是实现政治权利、经济权利、社会权利与文化权利的手段，为这些权利的实现提供了基础与环境。宪法上规定的基本权利是平等权在不同社会领域中的具体化，如平等选举权、男女平等、民族平等、教育机会平等。因此，平等权概念是多样化的、综合性的概念，反映了国家权力与公民权利的相互关系，是实现宪政的基础。

【宪法事例】　　　　　　华人洗衣店案

19 世纪七八十年代，旧金山大约有 240 家华人洗衣店，由于华人洗衣店的存在威胁到白人拥有的洗衣店，同时它们又分散在白人居住的地区内，故它们很自然也很容易地成了被攻击的目标。1873~1884 年,立法机关通过了 14 项被称为"洗衣店条例"的法律,其动机就是排斥华人。立法机关清楚地知道社会上敌视华人企业的鼓噪,但它同时也明白,除非它所通过的法律看上去不偏不倚,否则,就会违背《1870 年民权法》,很可能还会与宪法第 14 条修正案的"平等保护条款"相冲突。如果有关条例专门把华人作为目标,法院无疑会宣布它们无效。因此,这些立法者设计了一种精细和复杂的许可证制度,并赋予执法官员基本上是任意处置的权力来管理洗衣店业务。尤其是 1880 年 5 月 26 日通过的第 1569 号条例和 1880 年 7 月 28 日通过的第 1587 号条例规定,任何在市内的木质建筑中开办、维护和经营洗衣店的人都必须从市政当局获得营业执照。拒不服从者将被罚款 1000 美元,或者最长不超过 6 个月的监禁,或者两项并罚。旧金山 320 家洗衣店中大概有 310 家开在木质建筑中,因此,绝大多数店主都受到这两项条例的约束。问题是没有一个条例规定了给予和拒绝营业执照的标准,这就给了市政当局任意的裁断权,使它可以随心所欲地接受或拒绝有关申请。结果,所有被认定为华人的洗衣店老板的申请均被拒之门外,而所有的白人申请者皆一路绿灯,拿到执照。

面对市政当局的敌意,华人洗衣店主组织在一起,成立了一个强有力的自卫性行业协会"同心堂"来抵制明显不公正的法律行为,最重要的是,它下决心告到法院,挑战市政当局立法的正确性。益和成为挑战 1569 号、1587 号条例的最佳原告人选,因为他在同一个地方经营洗衣店已经 22 年了。期间,他的所有经营行为都符合各种各样的卫生和安全规定,但是,市政当局却在新的洗衣店条例下拒绝了他的营业许可申请。在同心堂的鼓励下,益和与其他 150 家和他有同样遭遇的华人洗衣店主一起,决定无视条例和市政当局的歧视行为,照常经营他们的洗衣店。不久,他们全部被捕,一场官司于是开始。益和控告逮捕他的警长霍普金斯,直接将官司诉至加州最高法院,请求法院下达人身保护令状,使之获得自由,矫正旧金山市政当局的错误做法。同心堂特地为益和请了旧金山著名的律师卡利斯特为他出庭辩护,益和指控洗衣店条例违反了加利福尼亚州宪法、美国联邦宪法和 1880 年中美条约,但是,加州最高法院拒绝了这些指控。与此同时,另一个中国洗衣店店主和利把同样的官司打到了加州地区美国联邦巡回法院,尽管他的权益要求也被打回,但法院裁决书中的有关内容给华人带来了一线希望。该巡回法院对那些很成问题的洗衣店条例表示了强烈的保留意见,考虑到这些条例的歧视性后果,法院担心这些条例的实施结果将是把华人的洗衣店"赶走",并"给予那些主要由白人资本建立和经营的大企业以垄断地位";其还对洗衣店条例的执行感到不安,因为它给予了市政当局无限制的裁量权。益和与和利遂分别向美国联邦最高法院提出上诉。因为两个案子的内容几乎完全一致,最高法院便一并审理。在最高法院具有历史意义的判决中,大法官斯坦利·马修斯代表法院宣布了一致同意的判决:裁定两位申诉者的权利被侵害,下令立即释放。为作出这个决定,法院首先肯定了联邦巡回法院先前确立的原则:第 14 条修正案的平等保护适用于美国公民,同样也适用于非美国公民。在明确了华人洗衣店店主虽非美国公民但仍受宪法保护之后,法院审查了市政条例以确定其是否符合宪法。

【评注】 联邦法院指出,执行条例时,它们专门针对一个特定的人群,即中国人,这实际上否定了对华人的法律平等保护。最后,法院指出,"尽管条例本身是公正的,表面上也不偏不倚,但是,如果公权部门带着恶意的眼光并以不平等的方式执行和应用它们的话……那么,对平等的公正的否定仍然为宪法所禁止"。"华人洗衣店案"表明:即使法律本身没有任何"法律"或"事实"歧视,行政机关仍然可能以歧视方式来运用法律。由此可知,此时,平等原则必须超越形式意义上的平等,应动态、实质地看平等。

三、平等权的种类

(一)民族平等

民族平等是指在各民族的关系上,各民族不分大小一律平等,共同构成中华民族。我国是统一的多民族国家,除汉族外,全国有 55 个少数民族。在我国历史上,各族人民共同创造了中华文化。《宪法》第 4 条在国家基本制度中单独规定了民族平等权。

民族平等强调各民族在国家统一的大家庭内的团结与合作。既要反对大汉族主义,也要反对地方民族主义和民族分裂主义,维护中华民族的大团结。在各少数民族聚居的地方实行区域自治,设立自治机关,行使自治权。充分尊重和保障各少数民族管理本民族内部事务的权利,从而实现各民族的平等、团结、互助、和谐。民族平等还包括民族语言平等,即国家应当创造条件,尊重和保障各少数民族充分使用本民族语言进行生产、生活和了解国家事务的自由。

(二)男女平等

《宪法》第 48 条规定:"中华人民共和国妇女在政治的、经济的、文化的、社会的和家庭的生活等各方面享有同男子平等的权利。国家保护妇女的权利和利益,实行男女同工同酬,培养和选拔妇女干部。"这一规定表明,男女平等在宪法基本权利中独立于其他基本权利。

男女平等权是一项与平等权既有联系又不完全相同的基本权利。男女在生理上虽有不同,但在人格尊严上没有任何差异。这就决定了国家、社会、企事业组织和个人,都不得以自然人的性别状况来确定区别对待的标准。因此,《宪法》在第 33 条规定平等权后,又在第 48 条将男女平等作为一项独立的基本权利予以规定。

男女平等包括妇女享有与男子平等的政治权利、文化教育权利、劳动权益、财产权益、人身权益和婚姻家庭权益。保障妇女与男子享有的各种平等权益,是全社会共同的责任。国家机关、社会团体、企业事业单位、城乡基层群众性自治组织,应当依照妇女权益保障法和有关法律的规定,保障妇女的权益。国家采取有效措施为妇女依法行使权利提供必要的条件,确保妇女在各方面享有与男子平等的权利。

男女平等还包括对妇女权益的特别保护。由于我国传统习俗中存在着重男轻女、男尊女卑的陋习，妇女在某些社会关系和社会生活中与男子不平等的现象仍然存在，妇女受歧视和受虐待的情况并未完全消除。为了消除和缩小这些事实上存在着的不平等，法律对妇女合法权益的保障作出了特殊规定，以实现男女实质上的平等。

（三）社会平等

社会平等是指国家在机会与社会条件方面，对其公民应平等对待，设定法律权利义务应当一视同仁，禁止差别对待。国家可以根据个人的实际负担能力和经济情况，在承认公民个人由于自然的、社会的和事实上的差异的前提下，可以合理区别对待，并采取法律上的措施，逐步缩小这种差异而实现实质上的平等。根据这个原则，我国现行法律法规中存在着的根据地域、城乡、户籍、家庭出身等情况，在设定公民权利义务时所进行的区别对待，显然与社会平等相悖。

2004年《宪法修正案》规定的社会保障制度，从社会平等来看，人人有权享受社会保障，包括社会保险。国家应当采取必要措施，将现在建立的城镇居民最低生活保障制度、医疗保险制度、失业待业保险制度，逐步扩大到我国农村地区，以保障农村居民享有与城镇居民相同的社会保障与救济权利，实现社会平等。

（四）经济平等

经济平等是指国家对包括个人在内的各类经济主体，在法律上一视同仁，保障其法律权利与义务，不得作出歧视性的区别对待，从而实现其在经济活动中的平等。经济平等是平等的重要内容，也是公民实现其他基本权利的物质基础与保障。

经济平等要求国家在针对包括个人在内的非公有制经济的经济活动制定法律、法规和规章时，应当遵守宪法关于非公有制经济地位之规定与平等原则。对于已经制定的这类规定，也应当依照宪法的这一原则，"清理和修订限制非公有制经济发展的法律法规和政策，消除体制性障碍。允许非公有资本进入法律法规未禁止进入的基础设施、公用事业及其他行业和领域。非公有制企业在投资、税收、土地使用和对外贸易等方面，与其他企业享受同等待遇"。[1]

四、平等权的内容

平等权所包含的内容是十分广泛的，涉及社会生活的不同领域。具体来说，包括法律面前人人平等、合理差别与禁止歧视。

（一）法律面前人人平等

在现代法治社会中，平等权首先表现为法律面前人人平等的宪法原则。从《宪法》的"中华人民共和国公民在法律面前一律平等"的规定看，"法律面前平等"意味着公民通过法律获得同等的待遇，平等地行使权利和履行义务，不允许因其性别、身份、职业等因素不同而享有法外的特权。其具体内容包括：所有公民平等地享有权利和平等地履行义务；所有公民都生活在法律统治下，不允许有超越法律规定的任何特权；所有公民在司法上一律平等，即实施、适用法律上平等；法律赋予

---

[1] 参见《中共中央关于完善社会主义市场经济体制若干问题的决定》。

公民权利能力上的平等，同等条件下具有获得相同权利的资格，但这并不意味着行为能力上的绝对平等。

（二）合理差别与禁止歧视

1. 合理差别。宪法意义上的差别有合理的差别和不合理的差别。平等权的相对性要求禁止不合理的差别，而合理的差别具有合宪性。

我国目前立法规范的合理差别的情形有：①因行使政治权利需要的区别对待。这是指为了履行特定的权利或特定国家职务的需要，可以在对公民行使某些权利时在宪法和法律上所采取的合理的、适当的和必要的差别。例如，《宪法》第74条规定的全国人民代表大会代表的身份保障权和《宪法》第75条规定的言论免责权。②因人的生理与年龄的差别对待。这是指为缩小或弥补个人因生理自然差异带来的不平等而采取的合理差别。如《宪法》第34条规定的年满18周岁的公民享有选举权与被选举权；《宪法》第45条规定的公民在年老、疾病或者丧失劳动能力的情况下，有从国家和社会获得物质帮助的权利；《刑法》和《未成年人保护法》对未成年人犯罪与成年人犯罪在法律上所作的合理差别规定是根据未成年人的生理身体差异可能导致的与他人的不平等而作的合理差别；《残疾人保障法》规定国家和社会对残疾人权利所给予的保障是相对于非残疾人在法律上所作的合理差别；《妇女权益保障法》对妇女的政治权利、文化教育权利、劳动权益、人身权益和婚姻家庭权利的保护性规定。③因民族的合理差别对待。这是指为了缩小个人因民族等原因造成的他们与其他群体事实上存在的不平等，在法律上所采取的必要的区别规定。如《选举法》对少数民族公民参加当地人大代表和全国人大代表的选举作了不同于汉族的规定。④特定职业的差别要求。这是指因从事某些特殊职业需要特殊能力的任职资格考评所引起的与普通个体的差别对待。如公务员法、法官法、检察官法、人民警察法、律师法、医师法和教师法等，都在年龄、文化程度、专业技师资格等方面进行相应的限制。

一般意义上讲，判断差别正当性的基本原则是：是否符合作为宪法核心价值的人的尊严原则；确定差别措施的目的是否符合公共利益；采取的手段与目的之间是否有合理的联系；等等。

2. 禁止歧视。《公民权利和政治权利国际公约》第26条规定，法律应禁止任何歧视并保证所有的人得到平等的和有效的保护，以免受基于种族、肤色、性别、语言、宗教、政治或其他见解、国籍或社会出身、财产、出生或其他身份等任何理由的歧视。《消除一切形式种族歧视国际公约》《消除对妇女一切形式歧视公约》《1958年消除就业和职业歧视公约》《保护精神病患者和改善精神保健的原则》等国际人权公约也都对歧视下了基本相同的定义。

我国的现行立法中也不乏禁止歧视的相关规定，例如，《宪法》第34条规定："中华人民共和国年满18周岁的公民，不分民族、种族、性别、职业、家庭出身、宗教信仰、教育程度、财产状况、居住期限，都有选举权和被选举权；但是依照法律被剥夺政治权利的人除外。"《残疾人保障法》第3条规定:"残疾人在政治、经济、文化、社会和家庭生活等方面享有同其他公民平等的权利。残疾人的公民权利和人格尊严受法律保护。禁止基于残疾的歧视。禁止侮辱、侵害残疾人。禁止通过大众传播媒介或者其他方式贬低损害残疾人人格。"《劳动法》第12条规定:"劳动者就业,不因民族、种族、性别、宗教信仰不同而受歧视。"

因此可以说:歧视是指被法律禁止的针对特定群体或个人实施的、其效果或目的在于对成人享有和行使的基本权利进行区别、排斥、限制或优待的任何不合理的措施,即歧视的表现形式是在相同的情况下取消或损害特定群体或个人平等享有权利的任何区分、排除或选择的措施。[1]

近年来,司法实践中发生了不少案件,凸显了平等权保护的问题,引起社会各界对禁止歧视和合理差别这一理论问题的高度关注,歧视理论成为宪法平等权理论中的重要一环。只有加快理论研究,促进立法、执法和司法的成熟,才能更好地保证公民平等权的落实与实现。

第二节 政治权利

一、政治权利的概念和范围

政治权利是指公民依照宪法规定,参加政治生活的民主权利和在政治上表达个人见解和意愿的自由权。其可分为广义和狭义概念,广义的政治权利包括参与组织管理的权利与表达意见的自由,狭义的政治权利仅指选举权和被选举权。为了便于说明政治权利在整个基本权利体系中的地位与价值,采取广义的政治权利概念是必要的,本书中所讲的政治权利是指广义的政治权利。

政治权利的范围在我国宪法中并没有明确的界定,但可以由两种途径推知:一种是学理界定,其依据是我国《宪法》第34条规定的我国公民的选举权和被选举权,以及第35条规定的我国公民的言论、出版、集会、结社、游行和示威的自由。以此学界认为广义政治权利的范围包括选举权与被选举权;言论、出版、集会、结社、游行、示威自由的权利。另一种是刑法的界定,其依据是现行《刑法》第54条的规定:"剥夺政治权利是剥夺下列权利:①选举权和被选举权;②言论、出版、集会、结社、游行、示威自由的权利;③担任国家机关职务的权利;④担任国有公司、企业、事业单位和人民团体领导职务的权利。"虽然后两项内容是剥夺选举权与被选举权的必然结果,且这一范围的确定与宪法规定的政治权利范围原则上是相一致的,但宪法是确定政治权利范围的最高依据,其他法律必须以宪法的规定为基础,不得任意扩大或缩小其范围,因此,司法实践中有必要通过宪法解释对其含义与界限进

---

[1] 周伟:《宪法基本权利:原理·规范·应用》,法律出版社2006年版,第74页。

行说明。

二、选举权和被选举权

（一）选举权与被选举权的概念与特征

所谓选举权，是指选民依法选举代议机关代表和特定国家机关公职人员的权利。所谓被选举权，是指选民依法被选举为代议机关代表和特定国家机关公职人员的权利。

在我国，选举权与被选举权是被作为同等概念来使用的，"选举权与被选举权统一说"一直占据主导地位。近年来，有的学者指出，选举权与被选举权并不是同等概念，两者的构成要件与实现方式不应相同。选民的条件和当选人民代表的条件应有所不同，当选人民代表的条件应包括各种综合的要素。被选举权作为选民的一种行为能力，从现实出发，有必要规定较严格的条件，以体现被选举权的严肃性。

选举权和被选举权的基本特征如下：

1. 享有选举权与被选举权必须具备法定资格，即国家宪法和法律赋予公民选举权与被选举权。

2. 选举权与被选举权的行使对象包括两个方面：①选举或被选举为代议机关代表；②特定国家机关公职人员，即法律规定由选举产生的公职人员。包括立法机关、司法机关及特定范围内的行政机关工作人员。

3. 选举权与被选举权的行使方式是法定的，通常采取投票表决等形式，具体由《选举法》规定。

（二）选举权的性质

宪法学上关于选举权是公民的权利还是公民的职务，主要有三种学说：①固有权利说。其代表人物是卢梭、孟德斯鸠等早期的启蒙思想家。该说起源于卢梭的人民主权论，认为国家主权属于全体人民，因此，人民有权行使选举权利。这种选举权为人民与生俱来的权利，无须国家宪法或法律赋予，国家宪法或法律也不得随意剥夺。该说对于17~18世纪反对封建的选举制度（即选举权只属于贵族、僧侣等级的不平等选举制度）起了积极的作用。②社会责任说。该学说起源于18世纪末19世纪初，首先在法国形成，其出发点是"国家法人说"。该说认为，选举权为国家赋予公民的权利，而国家之所以赋予公民此项权利，是为了全社会的利益。因此，公民的选举权是一种社会责任。依据该学说，国家可以根据社会公共利益决定选举权主体，也可以强制公民参加投票。③二元说。该说认为选举权既是公民的一种职务，亦是公民的一种权利，是国家法律赋予的权利，是种赋有职务性的权利。选举权的义务性要求选民根据社会公共利益的需要，积极参加投票；选举权的权利性要求选民作为权利所有者把参加选举作为权利来行使。该说把"权利说"和"责任说"结合起来，肯定了二者的积极因素，避免了二者割裂现实中权利与义务的内在联系的弊端，具有它的合理性。但是，"二元说"并不是从权利和义务各自的特点出发，只是侧重于"权利说"与"义务说"理论的外在特征的结合，是一种折中的学说。我国宪法学界关于我国公民的选举权之性质，主要认为是我国宪法和法律赋予公民的一项政治权利。

（三）我国宪法的规定

对公民的选举权和被选举权，1982年《宪法》恢复了1954年《宪法》规定的内容，第34条规定："中华人民共和国年满18周岁的公民，不分民族、种族、性别、职业、家庭出身、宗教信仰、教育程度、财产状况、居住期限，都有选举权和被选举权；但是依照法律被剥夺政治权利的人除外。"这一规定从法律形式上体现了我国公民选举权和被选举权的普遍性。在我国，人民是国家的主人，人民有当家做主的权利，但不是每一个人都直接行使国家权力、参与国家的重大决策和日常事务管理，而是采用选举的方式，选出代表自己意愿的代表参加各级国家权力机关，管理国家，行使国家权力。因此，选举权和被选举权是我国人民参加国家管理的一项最基本的手段，也是我国人民行使国家权力的基本形式，它直接体现了人民的国家主人翁地位。依照法律规定被剥夺政治权利的人，不能享有选举权和被选举权。

为了保障公民这项最基本的政治权利，我国立法机关制定了《全国人民代表大会和地方各级人民代表大会选举法》，对公民行使选举权和被选举权的原则、程序和方法作了符合我国国情的规定，并且还规定了选举经费由国库开支、对破坏选举者给予法律制裁，从而使我国公民的选举权和被选举权得到了法律和物质上的有效保障。

1981年6月10日第五届全国人民代表大会常务委员会第十九次会议通过了《中国人民解放军选举全国人民代表大会和地方各级人民代表大会代表的办法》。1996年10月29日第八届全国人民代表大会常务委员会第二十二次会议对它进行了修改，修改后的名称为《中国人民解放军选举全国人民代表大会和县级以上地方各级人民代表大会代表的办法》（以下简称《办法》），修改后的《办法》包括八章：总则，选举委员会，代表名额的决定和分配，选区和选举单位，代表候选人的提出，选举程序，对代表的监督、罢免和补选，附则。

三、言论自由

（一）言论自由的概念

言论自由是指公民对于政治和社会生活中的各种问题，有通过语言方式表达其思想和见解的自由。从广义上说，新闻、出版、著作等也可包含在言论自由的范畴之内，形成综合性的权利体系。从狭义上说，出版自由不包括在言论自由范畴之内。言论自由按其性质与功能，可分为政治言论自由与非政治言论自由，政治言论自由是言论自由的核心与基础。宪法规定的言论自由实际上指的是政治言论自由，是构成政治权利的实体内容。

（二）言论自由的宪法规范

言论自由作为一项权利，是17~18世纪资产阶级反对封建专制的胜利成果。在中世纪的欧洲，宗教教义统治一切，禁锢着人们的思想，人们逐渐产生了精神自由的要求。16~17世纪人文主义思想兴起，人们对科学真理的探索与宗教教义的思想统治发生了冲突。因而，最早的言论自由即表现为宗教问题上的自由。这种宗教自由的要求被资产阶级所利用，演变为政治上的自由，并被视为同人身自由、财产自由一样不可剥夺。资产阶级取得政权后，将言论自由作为公民的一项基本权利写入了自己的宪法。1776 年美国弗吉尼亚州宪法最早规定了保障人民的言论出版自由。1789 年法国《人权宣言》宣布："自由传达思想和意见是人类最宝贵的权利之一，因此，每个公民都有言论、著述和出版的自由。"自此，保障言论自由成了所有立宪国家的重要准则之一。1966 年，联合国《公民及政治权利国际盟约》规定："人人有发表意见而不受干预之权利。"言论自由已发展为国际社会普遍的基本准则。

正是由于言论自由攸关人类思想的启发、科技的发展、民主政治与文化的进步，所以各国宪法皆对言论自由予以明文保障。新中国成立以来，从《共同纲领》到以后的 1954 年《宪法》、1975 年《宪法》、1978 年《宪法》、1982 年《宪法》，都将言论自由作为公民的一项权利写入宪法之中。目前我国还没有新闻法等有关言论自由的法律，但已有一些行政法规和部委规章，其中属于行政法规的有：《广播电视管理条例》《电影管理条例》《外国记者和外国常驻新闻机构管理条例》《音像制品管理条例》等；属于部委规章的有：《音像制品进口管理办法》《音像制品内容审查办法》等。

（三）言论自由的范围

我国宪法规定的言论自由具有特定的范围，它通过具体形式加以表现。言论自由的范围包括：①公民作为基本权利主体，有以言论方式表现思想和见解的权利，其内容十分广泛；②通过言论自由表达的内容受法律保护，不受非法干涉，既包括政治、经济方面内容，又包括社会、文化等方面的看法和见解；③言论自由表现形式多样化，既可采取口头的，又可采取书面的，必要时依照法律规定，可利用广播、新闻、电视等传播媒介；④言论自由作为一项法定权利，其权利享受者不应由于某种言论而带来不利后果，合法言论受法律保护；⑤言论自由客观上存在法定界限，受合理限制。

言论自由范围的确定主要取决于社会生活的发展与变化，其标准与界限并不是固定不变的。在现代社会，随着情报手段的发展与信息的扩大，个人行使言论自由的形式越来越丰富和多样化。言论自由范围的扩大，一方面为公民参与国家政治与社会生活提供了良好的环境；另一方面强化了公民对国家权力运行过程的监督。

【宪法事例】　　　　秦中飞手机短信"诽谤"案

2006 年 8 月 15 日，彭水县教委的办事科员秦中飞写了一首这样的词，《沁园春·彭水》："马儿跑远，伟哥滋阴，华仔脓胞。看今日彭水，满眼瘴气，官民冲突，不可开交。城建打人，公安辱尸，竟向百姓放空炮。更哪堪，痛移民难移，徒增苦恼。官场月黑风高，抓人权财权有绝招。叹白云中学，空中楼阁，生源痛失，老师外跑。虎口宾馆，竟落虎口，留得沙沱彩虹桥。俱往矣，当痛定思痛，不要骚搞。"词写好后，秦用短信以及 QQ 转发给了其他朋友。然而，半个月后，警察搜查了秦的办公室的书籍、电脑等，并没收了秦的手机及QQ号，随后又将他带到了公安局国安大队。第二天以其涉嫌"诽谤罪"予以刑事拘留，关押在看守所。彭水县公安局于2006年9月11日对其正式下发逮捕令。据报道，公安机关还传讯了接收短信的十多个人，以及这些短信的二次甚至三次传播和接收者，"至少有四十多人受到牵连"。公安机关认为这首词隐喻了彭水县委县政府3个领导——前任彭水县委书记马平，现任县长周伟，现任县委书记蓝庆华。"短信事件"引起社会公众的关注、热议和讨伐。最终在舆论的关注和压力下，2006年10月24日，彭水县公安局对秦中飞涉嫌诽谤一案作出撤销案件决定，并对给秦中飞造成的伤害表示道歉。25日下午，秦中飞从检察院拿到2125.7元的国家赔偿金。经重庆市有关部门组成的调查组认定，这是一起政法部门不依法办案、党政领导非法干预司法的案件，最初司法机关的介入，源于党政领导指示；对嫌疑人的处理，迎合党政领导意志。

【评注】本案的分析主要从宪法学的角度来进行。我国现行《宪法》第35条规定："中华人民共和国公民有言论、出版、集会、结社、游行、示威的自由。"言论自由是指公民对于政治和社会生活中的各种问题，有通过语言方式表达其思想和见解的自由。作为一项受宪法保护的基本权利，其核心是国家的任何立法与行政活动都不得剥夺公民的言论自由。言论自由的实现，一方面为公民参与国家政治与社会生活提供了良好的环境；另一方面也可以强化公民对国家权力运行过程的监督。但是言论自由也存在一定的界限，即不得发表损害国家的、社会的、集体的利益和其他公民的合法的自由和权利的言论。公民在日常生活的一般场合非议、嘲笑或谩骂包括政治人物在内的公众人物，不过是公众发泄情绪、自我放松的一种方式，属于宪法言论自由的具体表现形式。作为公民，秦中飞用向亲朋好友发短信这种私人通信形式表达其内心的想法，完全是他的宪法权利，任何人无权干涉。《沁园春·彭水》这首词并没有捏造事实，只是反映了彭水县客观存在的一些现实情况，并不违反部门法的禁止性规定，无须承担相关的法律责任。其言论自由权在宪法上必须得以有效保障，否则，宪法上的言论自由权将失去其应有的价值。当然，秦中飞作为公务人员，在向多位朋友发送的短信中用调侃夸张的否定语气评说上级领导和本地事务时，应该考虑到其所填诗词流向社会对有关方面产生不良影响的可能性，其行为也有不太妥当之处。

另外，现行《宪法》第40条规定："中华人民共和国公民的通信自由和通信秘密受法律的保护。除因国家安全或者追查刑事犯罪的需要，由公安机关或者检察机关依照法律规定的程序对通信进行检查外，任何组织或者个人不得以任何理由侵犯公民的通信自由和通信秘密。"本案中，秦中飞没有任何犯罪事实，彭水县公安部门检查他发送的短信是非法的，退一步说，即使秦中飞涉嫌诽谤罪，按该案的具体情况，也属于告诉才处理的自诉案件。应由"受害人"（县委县政府有关领导）自己收集被告的犯罪证据，自己向法院起诉，由法院直接受理。因此，公安机关对此案的立案侦查完全超越了自己的权限。后来彭水县公安部门将检查和追查短信的范围扩大到至少数十人，更是属于大规模侵犯公民通信自由和通信秘密的非法行为。

（四）言论自由的限制

言论自由作为公民的法律权利，其核心是指国家的任何立法与行政活动都不得剥夺公民的言论自由，否则就是违宪行为。然而，任何自由都不是绝对的，都要有一定的限制。

言论自由的受限制性是人权发展的普遍规律，各国在人权立法中，一方面强调言论自由的实体价值；另一方面又对言论自由的内容与行使程序作了必要的限制。《世界人权宣言》第18条规定："人人有思想、良心和宗教自由的权利；此项权利包括改变他的宗教或信仰的自由，以及单独或集体、公开或秘密地以教义、实践、礼拜和戒律表示他的宗教或信仰的自由。"《公民权利和政治权利国际公约》第19条也规定："①人人有权持有主张，不受干涉。②人人有自由发表意见的权利；此项权利包括寻求、接受和传递各种消息和思想的自由，而不论国界，也不论口头的、书写的、印刷的、采取艺术形式的，或通过他所选择的任何其他媒介。③本条第2款所规定的权利的行使带有特殊的义务和责任，因此得受某些限制，但这些限制只应由法律规定并为下列条件所必需：（甲）尊重他人的权利或名誉；（乙）保障国家安全或公共秩序，或公共卫生或道德。"各国宪法中都有限制言论自由界限方面的规定，如德国《基本法》第5条规定，公民有自由发表意见的权利，但该条第2款又规定："这些权利应限制在一般的法律规定、关于保护少年的法律规定和个人名誉的范围内。"韩国《宪法》第21条第4款规定："言论、出版不得侵害他人名誉、权利或公共道德与社会伦理。言论、出版侵害他人的名誉或权利的，被害者可就此提出损害赔偿请求。"这一规定实际上明确了言论自由的内在界限，即不得侵害他人权利，不得违反社会公共道德。

我国《宪法》第51条明确规定："中华人民共和国公民在行使自由和权利的时候，不得损害国家的、社会的、集体的利益和其他公民的合法的自由和权利。"根据我国法律规定，公民在行使言论自由权利时，必须受到如下限制：①受到《宪法》第51条的限制：公民行使言论自由权时，不得发表损害国家的、社会的、集体的利益和其他公民的合法的自由和权利的言论；②受到《刑法》第103、105条的限制：公民行使言论自由权时，不得发表煽动分裂国家、破坏国家统一以及以造谣、诽谤或其他方式发表煽动颠覆国家政权、推翻社会主义制度的言论；③受到《民法通则》第120条的限制：公民行使言论自由权时，不得发表侵害他人名誉权、荣誉权的言论。

对于言论自由的限制范围、限制方式，许多国家都制定了专门的法律加以调整，如新闻自由法、出版法、诽谤法、广播法等。新中国成立以来，我国在《共同纲领》与四部《宪法》中都明确规定言论自由是公民的基本权利，但是在实际生活中，仍不断出现侵犯公民言论自由权利和滥用言论自由权利的现象。对言论自由的限度、限制方式、原则、具体保障等一系列问题，仍没做到完全法律化、制度化。因此，保障公民言论自由就必须及时制定有关的法律，如新闻法、出版法等，使这项重要的公民基本权利能够具体化、法律化，并得到切实实行。

【宪法事例】　　　　　　　　秦火火造谣事件

2013年，北京警方打掉一个在互联网蓄意制造、传播谣言，恶意侵害他人名誉，非法攫取经济利益的网络推手公司——北京尔玛互动营销策划有限公司（简称"尔玛公司"），抓获秦志晖（网名"秦火火"）、杨秀宇（网名"立二拆四"）及公司其他4名成员。为提高网络知名度和影响力、非法牟取更多利益，秦、杨等人先后策划、制造了一系列网络热点事件，吸引粉丝，使自己迅速成为网络名人。如"7.23"动车事故发生后，故意编造、散布中国政府花2亿元天价赔偿外籍旅客的谣言，2个小时就被转发1.2万次，挑动民众对政府的不满情绪；编造雷锋生活奢侈情节，污称这一道德楷模的形象完全是由国家制造的；利用"郭美美炫富事件"蓄意炒作，编造了一些地方公务员被要求必须向红十字会捐款的谣言，恶意攻击中国的慈善救援制度；捏造全国残联主席张海迪拥有日本国籍的谣言；还将著名军事专家、资深媒体记者、社会名人和一些普通群众作为攻击对象，无中生有编造故事，恶意造谣抹黑中伤。

秦、杨二人曾公开宣称：网络炒作必须要"忽悠"网民，使他们觉得自己是"社会不公"的审判者，只有反社会、反体制，才能宣泄对现实的不满情绪；必须要煽动网民情绪与情感，才能将那些人一辈子赢得的荣誉、一辈子积累的财富一夜之间摧毁。他们曾公开表示："谣言并非止于智者，而是止于下一个谣言。"他们甚至使用淫秽手段对多位欲出名女孩进行色情包装，如"中国第一无底线"暴露车模、"干爹为其砸重金炫富"的模特等均是他们"引以为豪"的"杰作"。他们的行为严重败坏社会风气，污染网络环境，造成恶劣影响，有网民称其为"水军首领"，并送其外号"谣翻中国"。

警方表示，秦、杨等人组成网络推手团队，伙同少数所谓的"意见领袖"，组织网络"水军"长期在网上炮制虚假新闻、故意歪曲事实、制造事端，混淆是非、颠倒黑白，并以删除贴文替人消灾、联系查询IP地址等方式非法攫取利益，严重扰乱了网络秩序。公诉机关认为，秦志晖捏造损害他人名誉的谣言并在信息网络上散布，造成恶劣社会影响，严重危害社会秩序；编造虚假信息在信息网络上散布，起哄闹事，造成公共秩序严重混乱，其行为分别触犯了《刑法》第246条、第293条第1款第4项之规定，应当以诽谤罪、寻衅滋事罪追究其刑事责任。2014年4月17日，北京市朝阳法院一审判决对其数罪并罚合并执行共3年刑期。其中，因诽谤罪获刑2年，因寻衅滋事罪获刑1年半，由于他归案后如实供述罪行，因此，对其从轻处罚，共判3年。秦火火当庭表示不上诉。

【评注】言论自由是我国宪法所保障的公民基本权利，但任何自由都不是绝对的，必须遵循宪法和法律所确立的界限。我国《宪法》第51条明确规定："中华人民共和国公民在行使自由和权利的时候，不得损害国家的、社会的、集体的利益和其他公民的合法的自由和权利。"因此，个人在行使言论自由权时，不得损害他人的权益。国际互联网的高度开放性虽给人们提供了更广阔的舆论空间，但不论何人在互联网上发表言论与看法时，都应恪守上述原则。网上言论的发布者必须对其向社会扩散的言论的客观公正性负责。面对日益增多的互联网侵权案件，最高人民法院先后制定了《关于审理侵害信息网络传播权民事纠纷案件适用法律若干问题的规定》《关于办理利用信息网络实施诽谤等刑事案件适用法律若干问题的解释》《最高人民法院关于审理利用信息网络侵害人身权益民事纠纷案件适用法律若干问题的规定》，共同形成了有关互联网法律问题的裁判规则体系，对于规范网络行为、建立良好的网络秩序，具有重要的意义。

（五）言论自由的作用

一般而言，言论自由对于一个国家的民主政治具有以下几个方面的作用：①言论自由在政治权利体系中处于核心地位。公民享有政治权利的首要前提是能够享有言论自由，自由地发表对政治生活和国事的看法和见解。公民政治自由的出发点与落脚点是言论自由的实现。②言论自由是民主政治的基础。一个国家保障言论自由的程度从一个侧面反映了这个国家的民主化程度，它贯穿于民主政治统治的组织、运行与实现的整个过程。我国人民代表大会制度的基本原则与具体运行过程都以保障公民充分享有言论自由为条件，体现了言论自由的价值。③言论自由具有政治监督功能。在倡导民主、法治与人权的社会中，言论自由受到高度重视，它不仅成为政治制度的核心内容，也是社会安定与繁荣的标志。在宪法和法律范围内的言论自由是保持廉政，推动决策民主化、科学化的重要保证。只有公民充分享有言论自由，才能形成强有力的社会舆论监督机制，保证社会的稳定与发展。④言论自由具有协调国家权力与公民权利的功能，而国家权力与公民权利的平衡是社会稳定的重要因素。

【宪法事例】　　　　沙利文诉纽约时报案

1960年3月23日，《纽约时报》（*The New York Times*）接到一个支持马丁·路德·金（Martin Luther King, Jr.）的民权组织的一份广告，该广告呼吁民众支持并资助马丁·路德·金领导的黑人平权运动。1960年3月29日，《纽约时报》配之以巨型大写字母的"关注他们高涨的呼声"（Heed Their Rising Voices）的标题，刊登了这一广告。广告谴责南方几个地区对黑人平权运动的压制，并且指责阿拉巴马州蒙哥马利市的警察"包围"了一所黑人学校，旨在镇压他们的和平示威；指责"某些南方违法者"曾经用炸弹袭击马丁·路德·金的家，殴打金本人；指责警察局先后7次以"超速"、"闲逛"等莫须有的罪名逮捕金，还指控金"作伪证"，而其中有些指责是缺乏事实依据的。蒙市的公共事务专员沙利文（Sullivan）看到报纸以后，向阿拉巴马州蒙哥马利市巡回法庭提起诉讼，他的诉讼理由是：广告没有指明提及的"南方违法者"指的就是他，因为他是事件发生时负责警察工作的市专员。他认为，该广告中涉及的失实内容将在公众脑海中形成对他形象不利的印象——这一指控甚至得到当地民众的证词，因此，广告侵害了他的名誉权，沙利文要求法院判决《纽约时报》向他赔偿 50 万美元。1960 年 11 月 3 日，沙利文的这一诉讼请求获得了巡回法庭的支持，法官判决《纽约时报》应当向沙利文赔偿 50 万美元，这一判决于 1962 年 8 月 30 日再次获得阿拉巴马州高级法院的支持，州法院遵循普通法的惯例，认为当言论造成他人的声誉、职业、交易、商业活动都损失时，该言论即构成诽谤。《纽约时报》不服两级法院的判决，上诉到联邦最高法院。1964 年 1 月 6 日，联邦最高法院开庭审理此案，同年 3 月 9 日，联邦最高法院作出判决，他们认为沙利文没有足够的证据证明《纽约时报》出于恶意诽谤沙利文，尽管广告内容存在失实问题，9 位大法官仍以 9∶0 的投票结果一致通过推翻阿拉巴马州法院的判决。联邦最高法院布伦南（Brennan）大法官代表法庭阐述判决理由，他指出本案的价值在于"公共官员因其公务行为受到批评——这种批评正是宪政制度为了限制政府权力而保护言论与表达自由的反映，该批评是否该遭到因反对而提起的诽谤诉讼，对此，本案第一次要求我们确定彼此的边界"。之后，他详细阐明表达自由作为宪法第一修正案重要内容的核心含义是保障人民批评政府的权利，为了实现这一目的，必须对其采取一定的倾斜取向，大法官指出宪法第一修正案反映了这个国家"深刻的信仰：关于公共问题的辩论应当是无拘无束、健康和完全公开的，而且包括可以对政府和公共官员进行猛烈、辛辣、令人不快的尖锐批评"。布伦南（Brennan）大法官指出，广告所抗议的乃是有关这个时代的主要公共问题，它有权获得宪法保护，本案的问题在于，某些事实陈述上的错误以及原告所谓之诽谤是否足以使这类言论丧失宪法对它的保护。宪法对言论自由的保护并不取决于"人们发表的观念和信仰是否是真理、流行或者具有社会效用。……在自由辩论中，错误的陈述是不可避免的；要使表达自由获得所需的'呼吸空间'，我们必须忍受这些错误"。

在判决意见第二部分的最后，布伦南法官精彩地阐述了著名的"实际恶意"原则以及公民批评者赔偿豁免权的法理依据。他说："宪法保护所要求的是这样的联邦规则，即公共官员因其公务行为遭到谎言诽谤，他不得从中获得因此导致的受损救济，除非他能够证明发表言论者存在实际恶意（Actual Malice）。所谓实际恶意是指：'被告明知陈述错误，或者毫不顾及陈述是否错误'。"

【评注】该案在美国具有里程碑意义，它不仅扩展了言论自由，同时树立了一系列的重要规则，包括"实际恶意"原则、公共人物原则、公众事务原则等。后来的一系列案例又进一步将此原则推广到适用于非公共官员的"公共人物"，并且逐步清晰地勾勒出媒体新闻自由与公民名誉权之间的均衡点。

四、出版自由

（一）出版自由的概念及功能

所谓出版自由，是指公民可以通过公开发行的出版物，包括报纸、期刊、图书、音像制品、电子出版物等，自由地表达自己对国家事务、经济和文化事业、社会事务的见解和看法。出版自由一般包括两个方面内容：①著作自由，即公民有权自由地在出版物上发表作品；②出版单位的设立与管理，即报社、期刊社、图书出版社、音像出版社和电子出版社的设立与管理应遵循国家宪法和法律的规定。

出版自由是民主政治的重要体现，出版自由受保障的程度从一个侧面反映了一个国家民主与法制的建设水平。出版自由具有政治监督功能和信息传播功能，与其他基本权利的实现有着密切的联系。

（二）出版自由的法律规定

1. 国际公约。1945 年《世界人权宣言》第 19 条规定："人人有权享有主张和发表意见的自由；此项权利包括持有主张而不受干涉的自由，和通过任何媒介和不论国界寻求、接受和传递消息和思想的自由。"

1966 年《公民权利和政治权利国际公约》第 19 条规定："①人人有权持有主张，不受干涉。②人人有自由发表意见的权利；此项权利包括寻求、接受和传递各种消息和思想的自由，而不论国界，也不论口头的、书写的、印刷的、采取艺术形式的、或通过他所选择的任何其他媒介。③本条第 2 款所规定的权利的行使带有特殊的义务和责任，因此得受某些限制，但这些限制只应由法律规定并为下列条件所必需：（甲）尊重他人的权利或名誉；（乙）保障国家安全或公共秩序，或公共卫生或道德。"

2. 我国法律。我国 1982 年《宪法》第 35 条规定："中华人民共和国公民有言论、出版、集会、结社、游行、示威的自由。"其他涉及出版自由的法律法规主要有：1990 年 9 月 7 日，第七届全国人大常委会第十五次会议通过，并于 2001 年和 2010 年两次修正的《中华人民共和国著作权法》。现在已经颁布的有关出版自由的行政法规，如《出版管理条例》《音像制品管理条例》《印刷业管理条例》；还有的属于部委规章，例如《出版管理行政处罚实施办法》《内部资料性出版物管理办法》《电子出版物出版管理规定》《音像制品进口管理办法》等。上述行政法规和行政规章对出版物及其出版单位和出版物印制单位的管理，实际上也涉及对言论自由的保障和规范。当前有关国家机关正在起草出版法和新闻法，我国公民的出版自由将会获得愈来愈多的法律保障。

（三）出版自由的限制与管理

与言论自由一样，出版自由也要依法享有和行使，除了要遵守上述法律法规的规定外，还不得利用出版物来传播剥削阶级的腐朽思想，这对维护我国人民出版自由的纯洁性非常有必要。

在实践中，对出版自由的管理限制主要有以下四个方面：

1. 对出版物内容的限制。《出版管理条例》第 5 条规定："公民依法行使出版自由的权利，各级人民政府应当予以保障。公民在行使出版自由的权利的时候，必须遵守宪法和法律，不得反对宪法确定的基本原则，不得损害国家的、社会的、集体的利益和其他公民的合法的自由和权利。"《出版管理条例》第 25 条规定："任何出版物不得含有下列内容：①反对宪法确定的基本原则的；②危害国家统一、主权和领土完整的；③泄露国家秘密、危害国家安全或者损害国家荣誉和利益的；④煽动民族仇恨、民族歧视，破坏民族团结，或者侵害民族风俗、习惯的；⑤宣扬邪教、迷信的；⑥扰乱社会秩序，破坏社会稳定的；⑦宣扬淫秽、赌博、暴力或者教唆犯罪的；⑧侮辱或者诽谤他人，侵害他人合法权益的；⑨危害社会公德或者民族优秀文化传统的；⑩有法律、行政法规和国家规定禁止的其他内容的。"第26条规定："以未成年人为对象的出版物不得含有诱发未成年人模仿违反社会公德的行为和违法犯罪的行为的内容，不得含有恐怖、残酷等妨害未成年人身心健康的内容。"

  2. 对出版物出版方式的限制。通过出版物即报纸、期刊、图书、音像制品、电子出版物等发表言论的，必须由出版单位出版。《出版管理条例》第9条第1、2款规定，"报纸、期刊、图书、音像制品和电子出版物等应当由出版单位出版。本条例所称出版单位，包括报社、期刊社、图书出版社、音像出版社和电子出版物出版社等"。

  3. 对设立出版单位的限制。《出版管理条例》第12条规定："设立出版单位，由其主办单位向所在地省、自治区、直辖市人民政府出版行政主管部门提出申请；省、自治区、直辖市人民政府出版行政主管部门审核同意后，报国务院出版行政主管部门审批。……"

  4. 对出版特定题材的出版物的限制。《关于加强图书审读工作的通知》提出"专题报批的图书出版选题计划报告的要求。这类选题应及时上报及时处理。省一级新闻出版局在上报新闻出版署时要求有一份详尽的审读报告和明确的处理意见。审读报告包括：所上报选题计划、书稿的情况概要、特点及存在的问题，处理意见等"。

  由于出版印刷品发行量大、流传范围广，影响深远，所以世界各国都很重视公民的出版自由，并且建立起相应的管理制度：①预防制，这是一种事先干预的办法；②追惩制，这是一种事后干预的办法。现今英、美等许多国家都采取追惩制。我国现在施行的是预防制和追惩制相结合的办法。

  （四）出版自由与互联网

  目前互联网技术的发展为公民更好地行使出版自由提供了各种便利条件，使出版自由的发展有了更多样化的形式。但从宪法角度看，目前有关互联网方面的立法不够完备，有些行政法规或规章对互联网技术背景下如何保护出版自由问题没有给以充分的重视，在立法的理念或具体制定规范时片面强调管理的价值，忽略了保障的价值。2002年6月由新闻出版总署、信息产业部颁布的《互联网出版管理暂行规定》对互联网出版问题作了具体规定。根据规定，从事互联网出版，除要符合《互联网信息服务管理办法》规定的条件外，还应具备如下条件：要有确定的出版范围；有符合法律、法规规定的章程；有必要的编辑出版机构和专业人员；有适应出版业务需要的资金、设备和场所。申请互联网出版业务的程序包括：由主办者经省、自治区、直辖市新闻出版行政部门审核同意后，报新闻出版总署审批。同时对出版的程序与相关责任问题等作了具体规定。如前所述，对出版自由进行必要的管理是合理的，但问题在于管理的出发点应该是更好地保障出版自由，而不是为管理而管理。另外，对涉及有关公民出版自由保障的问题应由法律加以规定，应当避免由法规或规章规定的现象。

2016年11月7日，我国《网络安全法》正式发布，并于2017年6月1日生效。这部法律的实施从根本上改变中国网络安全的生态，提高全社会的网络安全能力。该法第12条规定："国家保护公民、法人和其他组织依法使用网络的权利，促进网络接入普及，提升网络服务水平，为社会提供安全、便利的网络服务，保障网络信息依法有序自由流动。任何个人和组织使用网络应当遵守宪法法律，遵守公共秩序，尊重社会公德，不得危害网络安全，不得利用网络从事危害国家安全、荣誉和利益，煽动颠覆国家政权、推翻社会主义制度，煽动分裂国家、破坏国家统一，宣扬恐怖主义、极端主义，宣扬民族仇恨、民族歧视，传播暴力、淫秽色情信息，编造、传播虚假信息扰乱经济秩序和社会秩序，以及侵害他人名誉、隐私、知识产权和其他合法权益等活动。"

五、结社自由

（一）结社自由的概念

所谓结社自由，是指公民为了一定宗旨而依法律规定的程序组织某种社会团体的自由，它是公民的一项基本权利。结社自由一般具有以下特征：结社具有持久性与稳定性；结社应遵循法定程序，具有严格的程序性；结社一般具有固定的组织机构与成员；结社与一定的利益选择有关。

（二）结社自由的类型

根据结社的性质和活动方式，通常把结社分为以营利为目的的结社和不以营利为目的的结社。前者指成立公司等，由民法、商法等法律加以调整。后者又可分为政治性结社和非政治性结社。政治性结社主要指成立政党等，非政治性结社主要指成立宗教团体、学术团体、文化艺术团体等。宪法规定的结社自由是指不以营利为目的的结社，其主要是以成立社会团体为其内容。《社会团体登记管理条例》在总则中明文规定，社会团体是指我国公民自愿组成，为实现会员共同意愿，按照其章程开展活动的非营利性社会组织。成立社会团体，应当经其业务主管单位审查同意，并依照本条例的规定进行登记。可以看出，在我国，公民享有结社自由的范围一般限于组织社会团体的自由。这些社会团体虽然是具有非政府性质的组织，但在国家政治生活中发挥着重要作用。

（三）结社自由的保障与限制

结社自由是社会生活和民主生活不可缺少的部分，是社会生活走向民主化的标志，各国宪法和法律以不同的形式保障结社自由，并给予合理限制。由于结社与国家安全和社会秩序的关系甚为密切，各国宪法对结社尤其是政治结社设有适当的限制，限制方式或采取预防制或采取事后追惩制。

新中国成立以后，在结社自由的保障方面，我们经历了曲折的发展过程。1998年9月国务院通过的《社会团体登记管理条例》，对社会团体登记管理问题作了具体规定，它是现阶段调整社会团体活动的主要依据。根据有关规定，政治结社目前是受到一定限制的，公民享有的结社自由的范围一般限于组织社会团体的自由。在我国，社会团体必须遵守宪法、法律、法规和国家政策，不得反对宪法确定的基本原则，不得危害国家的统一、安全和民族的团结，不得损害国家利益、社会公共利益以及其他组织和公民的合法权益，不得违背社会道德风尚。社会团体不得从事营利性经营活动。

六、集会、游行、示威自由

（一）集会、游行、示威自由的含义

集会是指聚集于露天公共场所，发表意见、表达意愿的活动。因此，只要有某种特定目的或共同目的的人群聚集，皆可称为集会。保障集会权往往是保障其他基本权利得以实现的手段。集会自由有两层含义：①集会自由是非强制性的个人权利，任何人不得强迫、威胁他人举办或参加某一集会，以保障公民的人身自由；②集会自由是不受干涉性的个人权利，任何人不得干涉或禁止他人举办或参加某一集会的自由。因而，集会自由可产生两种法律效果：①国家不得干涉公民集会自由权利的行使；②当公民的集会自由权利受到任何妨害时，国家负有排除义务。

游行是指在公共道路、露天公共场所列队行进、表达共同意愿的活动。示威是指在露天公共场所或者公共道路上以集会、游行、静坐等方式，表达要求、抗议或者支持、声援等共同意愿的活动。它们与集会存在以下区别：①状态和表达方式不同。集会是静态的，一般有固定场所或场地，集会者大多集中于一地或几个地方来表达意愿；游行是动态的，在列队行进中进行；示威既有动态的，也可静坐、绝食示威。②表示意愿的强弱程度不同。一般而言，示威最强，游行次之，集会更次。③表示意愿的粗细、深浅不同。示威表示的意愿多在浓缩集中后以宣言或口号的方式来表达，其表达意愿较粗、内容较浅但较壮观；游行是在列队中表达，其粗浅程度次之；集会则或侃侃而谈，或慷慨激昂，或批驳雄辩，其表达意愿较游行、示威细而深。④表达意愿的内容不同。集会表达的可以是共同的倡议，可以是交流思想，也可纯属感情联系；游行多表达喜庆、愤怒或者声援；示威多为反对某种政治决定或提出抗议。由于游行、示威毕竟属于集会表达意愿的延续与发展，因此，一些国家和地区将游行、示威自由全部归入集会或集会游行一项自由之中。只有一些社会主义国家由于比较重视公民的游行、示威自由而单列出来加以规定。

（二）集会、游行、示威的法律规范

各国宪法和法律对集会、游行、示威自由给予了充分的保障，而且宪法上的具体规定普遍通过有关集会、游行、示威的法规得到具体化。集会、游行、示威自由最初源于请愿权。早在英国1215年的《自由大宪章》、1689年的《权利法案》中就有了集会、游行、示威自由的规定。第二次世界大战后，各国宪法以公民基本权利的形式规定了集会、游行、示威自由。为了进一步保障集会、游行、示威自由，规范其行使程序，各国普遍制定了有关集会、游行、示威自由方面的单行法律，不仅有全国性的单行法律，地方也制定了地方性法规。同时，国际公约也对此给予了明确的保障，如1948年《世界人权宣言》第20条规定："①人人有权享有和平集会和

结社的自由。②任何人不得迫使隶属于某一团体。"1966 年《公民权利和政治权利国际公约》第 21 条规定:"和平集会的权利应被承认。对此项权利的行使不得加以限制,除去按照法律以及在民主社会中为维护国家安全或公共安全、公共秩序,保护公共卫生或道德或他人的权利和自由的需要而加的限制。"

我国 1954 年《宪法》第 87 条规定:"中华人民共和国公民有言论、出版、集会、结社、游行、示威的自由。国家供给必需的物质上的便利,以保证公民享受这些自由。"1975 年《宪法》、1978 年《宪法》、1982 年《宪法》沿用了 1954 年《宪法》的规定。1989 年我国制定了《集会游行示威法》,从法律上确定了保障与限制集会、游行、示威自由的界限。该法分为总则、集会游行示威的申请和许可、集会游行示威的举行、法律责任、附则五章。

(三) 集会、游行、示威自由的行使

1. 举行集会、游行、示威,实行强制许可制度。集会、游行、示威的主管机关是集会、游行、示威举行地的市、县公安局,城区公安局;集会、游行、示威路线经过 2 个以上区县的,主管机关为所经过区、县的公安机关的共同上一级公安机关。申请书中应载明如下内容:集会、游行、示威的目的、方式、标语、口号、人数、车辆数、使用音响设备的种类数量、起止时间、地址、路线和负责人的姓名、职业、住址。主管机关接到申请书后,应当在申请举行日期的 2 日前,将许可或者不许可的决定书面通知其负责人,不许可的,应当说明理由;逾期不通知的,视为许可。申请举行集会、游行、示威以要求解决具体问题的,主管机关接到申请书后,可以通知有关机关或者单位同集会、游行、示威的负责人协商解决问题,并可以将申请举行的时间推迟 5 日。如果集会、游行、示威的负责人对主管机关不许可的决定不服的,可以自接到决定通知之日起 3 日内,向同级人民政府申请复议,人民政府应当自接到申请复议书之日起 3 日内作出决定。在提出申请的资格限制方面,《集会游行示威法》作了如下规定,国家机关工作人员不得组织或者参加违背有关法律、法规规定的国家机关工作人员职责、义务的集会、游行、示威;以国家机关、社会团体、企业事业组织的名义组织或者参加集会、游行、示威的,必须经过本单位负责人的批准。

2. 举行集会、游行、示威的限制。《集会游行示威法》第 4 条对公民行使集会、游行、示威自由确定了总体原则,规定:"公民在行使集会、游行、示威的权利的时候,必须遵守宪法和法律,不得反对宪法所确定的基本原则,不得损害国家的、社会的、集体的利益和其他公民的合法的自由和权利。"具体的限制性规定包括:①集会、游行、示威应当和平地进行,不得携带武器、管制刀具和爆炸物,不得使用武力或者煽动使用暴力。②不得妨碍公务。集会、游行、示威在国家机关、军事机关、广播电台、电视台、外国驻华使馆、领馆等单位所在地举行或者经过,主管机关为了维护秩序,可以在附近设置临时警戒线,未经人民警察许可,不得逾越;一些重要的国家机关,如全国人大常委会、国务院、中央军事委员会、最高人民法院、最高人民检察院、国宾下榻处、重要军事设施、航空港等周边距离 10 米~300 米内，不得举行集会、游行、示威。③集会、游行、示威应当按照许可的目的、方式、标语、口号、起止时间、地点、路线及其他事项进行，不得违反治安管理法规，不得进行犯罪活动或者煽动犯罪。若在集会、游行、示威进行中出现危害公共安全或严重破坏社会秩序情况时，人民警察现场负责人有权命令解散。拒不解散的，人民警察现场负责人有权依照规定，决定采取必要手段强行驱散，并对拒不服从的人员强行带离现场或者立即予以拘留。

同时该法明确规定，在举行集会、游行、示威时有下列情形之一的，公安机关可以对其负责人和直接责任人处以警告或者 15 日以下拘留：未按照该法规定申请或者申请未获得许可的；未按照主管机关许可的目的、方式、标语、口号、起止时间、地点、路线进行或不听制止的。举行集会、游行、示威时有犯罪行为的，依照刑法规定追究刑事责任。

【宪法事例】 　　　　　**2012 年中国反日示威活动**

2012 年中国反日示威活动是指中国民众在 2012 年 8 月中旬开始的一系列反示威活动，主要抗议日本于 2012 年上半年提出的钓鱼岛国有化政策、8 月 15 日扣押香港保钓人士和 8 月 19 日日本右翼登陆钓鱼岛的行为。2012 年 9 月 10 日，日本政府正式购买钓鱼岛后，中国大陆民众发起第二轮游行抗议活动，部分城市的示威游行后来演变成针对日企、日货的暴力骚乱。例如在 2012 年 9 月 15 日陕西省西安市的示威活动中，许多停在马路边的由日本生产的汽车被部分示威者掀翻，并打破其车窗。一家日式餐厅也被示威者暴力破坏。目击者指打砸者多为文身男子。西安钟楼饭店遭示威者围攻，要求"交出酒店内的日本人"，并与防暴警察发生激烈冲突。甚至新加坡百乐酒店集团旗下的西安君乐城堡酒店也受到了冲击。据中国中央电视台报道，一名日系车车主被暴徒用钢锁袭击，最终头部颅骨被打穿，并导致暂时失去行走及语言能力。西安警方向媒体公布了车主遇袭的实时画面及视频，并对袭击车主的数名暴徒展开通缉。该案主犯河南南阳人蔡洋获刑 10 年，并判决赔偿被害人经济损失人民币 258 860.06 元。

【评注】 游行示威，是为了向政府展示全国人民积极拥护反日决策；是为了向日本右翼势力表达全体中国人誓死保卫钓鱼岛的决心；是为了向全世界人民宣誓钓鱼岛永远都是中国的领土；是我们中国人对于领土遭受侵犯的强烈反抗和发泄。在合法的范围内，民众高举横幅，挥舞国旗，高喊口号，沿着主要街道游行，并且在日本驻华的机构门外，举行和平示威活动。这是受宪法和法律保护的公民的权利，更是中国人的民族精神，是值得肯定的。爱国游行不是一时冲动，而应是理性的爆发。合法有序地表达爱国主义激情，才是中华儿女成熟理性的表现。凡事都有个度，一旦超过这个度，好事就会变成坏事，得不偿失。如果以抗议为名，行打砸抢烧等违法犯罪之事，伤害的是自己的同胞，损毁的是他人的财物，这样的行为绝不是爱国，只能让亲者痛、仇者快，而且也将因违反宪法和集会游行示威法的相关禁止性规定而受到司法机关的依法处理。

七、批评、建议、申诉、控告或者检举的权利

我国《宪法》第41条第1款规定:"中华人民共和国公民对于任何国家机关和国家工作人员,有提出批评和建议的权利;对于任何国家机关和国家工作人员的违法失职行为,有向有关国家机关提出申诉、控告或者检举的权利,但是不得捏造或者歪曲事实进行诬告陷害。"公民通过对这项权利的行使,既可对国家机关和国家工作人员实行监督,同时又可维护自己的合法权益,免遭国家机关和国家工作人员的不法侵害。以此建立了我国的监督权体系。

(一) 批评、建议权

批评权,就是指公民对国家机关和国家工作人员在工作中的缺点和错误,有提出批评意见的权利。

建议权,就是指公民对国家机关、国家工作人员的工作提出建设性意见的权利。

批评权和建议权的区别仅仅在于前者针对的是国家机关和国家工作人员的缺点和错误,而后者则是针对国家机关、国家工作人员的工作。在我国,公民行使批评权和建议权的途径多种多样,有新闻报刊、来信来访、座谈讨论会等形式。

(二) 申诉、控告、检举权

申诉权,就是指公民的合法权益因行政机关或司法机关作出的错误的、违法的决定或裁决,或者因国家工作人员的违法失职行为而受到侵害时,受害公民有向有关机关申述理由,要求重新处理的权利。

控告权,就是公民对任何国家机关和国家工作人员的违法失职行为,有向有关机关进行揭发和指控的权利。

检举权,就是指公民对于违法失职的国家机关和国家工作人员,有向有关机关揭发事实,请求依法处理的权利。

检举权与控告权一样,都是同违法失职行为做斗争的手段。但两者又存在着区别:①控告人是受国家机关或国家机关工作人员的违法失职行为不法侵害的人;而检举人一般与事件无直接关系。②控告是为了保护自己的权益而要求依法处理;而检举一般是出于正义感和维护公共利益的目的,对违法失职行为进行检举。

我国公民的控告权和检举权可以通过以下途径行使:①对违法犯罪行为向司法机关提出;②对违反政纪的行为向主管单位、行政监察机关或者上级单位提出;③对国家机关中党的组织或党员的违法犯罪行为,向同级或上级党的纪律检查委员会提出。

(三) 权利的保障

为了保障我国公民的批评、建议和申诉、控告或者检举权利的行使,《宪法》第41条第2款规定:"对于公民的申诉、控告或者检举,有关国家机关必须查清事实,负责处理。任何人不得压制和打击报复。"同时,我国《刑法》第254条规定:"国家机关工作人员滥用职权、假公济私,对控告人、申诉人、批评人、举报人实行报复陷害的,处2年以下有期徒刑或者拘役;情节严重的,处2年以上7年以下有期徒

刑。"这些规定，为我国公民行使批评、建议权和申诉、控告和检举权提供了法律上的保障。当然，公民行使批评、申诉、控告的权利也必须实事求是，决不能捏造或者歪曲事实进行诬告陷害。对此，《刑法》第243条规定："捏造事实诬告陷害他人，意图使他人受刑事追究，情节严重的，处3年以下有期徒刑、拘役或者管制；造成严重后果的，处3年以上10年以下有期徒刑。国家机关工作人员犯前款罪的，从重处罚。不是有意诬陷，而是错告，或者检举失实的，不适用前两款的规定。"

（四）国家赔偿请求权

我国《宪法》第41条第3款还规定："由于国家机关和国家工作人员侵犯公民权利而受到损失的人，有依照法律规定取得赔偿的权利。"关于公民享有赔偿的权利，1954年《宪法》曾作过规定，后来在"左"的错误思想指导下，1975年《宪法》将它删除了，1978年《宪法》也没有将其恢复，直到1982年《宪法》才重新确认了1954年《宪法》的这一规定。目前我国《行政诉讼法》规定了行政机关侵犯公民合法权益时负有赔偿的责任。1994年第八届全国人民代表大会常务委员会第七次会议通过了《国家赔偿法》，并于2010年和2012年两度修正以便"保障公民、法人和其他组织享有依法取得国家赔偿的权利，促进国家机关依法行使职权"（《国家赔偿法》第1条），并规定"国家机关和国家机关工作人员行使职权，有本法规定的侵犯公民、法人和其他组织合法权益的情形，造成损害的，受害人有依照本法取得国家赔偿的权利"（《国家赔偿法》第2条）。

第三节 宗教信仰自由

一、宗教信仰自由的含义

所谓宗教信仰自由，就是指每个公民既有信仰宗教的自由，也有不信仰宗教的自由；有信仰这种宗教的自由，也有信仰那种宗教的自由；在同一宗教里面，有信仰这个教派的自由，也有信仰那个教派的自由；有过去信教而现在不信教的自由，也有过去不信教现在信教的自由；有参加宗教仪式或活动的自由，也有不参加仪式或活动的自由。

宗教信仰自由作为公民的一项基本权利，包括以下三方面的内容：

1. 信仰的自由。即公民有决定信仰宗教或不信仰宗教的自由，国家不得强制公民信仰宗教或信仰某种宗教；国家不得鼓励公民信仰宗教或某种宗教；国家亦不得禁止公民信仰宗教或某种宗教。

2. 参加宗教仪式的自由。公民有参加礼拜、祷告和其他宗教典礼或仪式的自由，国家不得强迫公民履行某种宗教仪式或禁止、限制公民履行某种宗教仪式。

3. 组成宗教社团的自由。公民有设立并参加某种宗教社团、社团活动或不加入某种宗教社团、社团活动的自由。国家既不限制，也不得强制或鼓励公民参加某种宗教社团或宗教社团活动。

二、宗教信仰自由的法律规范

（一）国际公约

1948年《世界人权宣言》第18条规定："人人有思想、良心和宗教自由的权利；此项权利包括改变他的宗教或信仰的自由，以及单独或集体、公开或秘密地以教义、实践、礼拜和戒律表示他的宗教或信仰的自由。"该规定确立了宗教信仰自由的内容。

1966年《公民权利和政治权利国际公约》第18条规定："①人人有权享受思想、良心和宗教自由。此项权利包括维持或改变他的宗教或信仰的自由，以及单独或集体、公开或秘密地以礼拜、戒律、实践和教义来表明他的宗教或信仰的自由。②任何人不得遭受足以损害他维持或改变他的宗教或信仰自由的强迫。③表示自己的宗教或信仰的自由，仅只受法律所规定的以及为保障公共安全、秩序、卫生或道德、或他人的基本权利和自由所必需的限制。④本公约缔约各国承担，尊重父母和（如适用时）法定监护人保证他们的孩子能按照他们自己的信仰接受宗教和道德教育的自由。"该规定确认了对宗教信仰自由保护的国际标准。

（二）中国法律

1954年《宪法》第88条规定："中华人民共和国公民有宗教信仰的自由。"1975年《宪法》第28条第1款把宗教信仰自由与其他基本权利列在一条，规定公民"有信仰宗教的自由和不信仰宗教、宣传无神论的自由"。1978年《宪法》重复了1975年《宪法》之规定，不同之处在于把宗教信仰自由置于独立于其他基本权利的一个条款中予以规定。虽然这两次修宪都认为这种表述可以全面、准确地表述宗教信仰自由的内容，避免可能产生的偏差，但有学者提出"这种写法的倾向是明显的，实质上是要强调不信宗教和宣传无神论的自由。宪法的精神是要保障公民的宗教信仰自由，不信宗教当然是自由的，是不必写入宪法的"[1]。结合这两次修宪的社会背景和"文化大革命"中绝大部分宗教设施被破坏，宗教教职人员被革职和把信仰宗教的群众作为封建迷信对待的实际情况，这个分析较为符合修宪的原意。

在1982年的《宪法》修改中，对宗教信仰自由的修改究竟是恢复1954年《宪法》还是保留1978年《宪法》的表述分歧很大。最后，宪法修改委员会采纳了恢复1954年《宪法》表述的意见。为了准确理解宗教信仰自由包括不强迫信教和不信教的含义，增加了第2款作为第1款的补充。1982年《宪法》第36条规定："中华人民共和国公民有宗教信仰自由。任何国家机关、社会团体和个人不得强制公民信仰宗教或者不信仰宗教，不得歧视信仰宗教的公民和不信仰宗教的公民。国家保护正常的宗教活动。任何人不得利用宗教进行破坏社会秩序、损害公民身体健康、妨碍国家教育制度的活动。宗教团体和宗教事务不受外国势力的支配。"

除宪法的总体规定外，我国刑法、民法、选举法、义务教育法等部门法律中具

---

[1] 蔡定剑：《宪法精解》，法律出版社2004年版，第225页。

体规定了对宗教信仰自由的保障。如《刑法》第 251 条规定："国家机关工作人员非法剥夺公民的宗教信仰自由和侵犯少数民族风俗习惯，情节严重的，处 2 年以下有期徒刑或者拘役。"我国保障公民行使宗教信仰自由的其他法律规范主要是行政法规《宗教事务条例》（2005 年）、《境内外国人宗教活动管理规定》（1994 年）和《境内外国人宗教活动管理规定实施细则》（2000 年）等。

三、宗教信仰自由的实现与限制

在我国，宗教设有自己的全国性和地方性的组织机构。目前我国有中国佛教协会、中国道教协会、中国伊斯兰教协会、中国天主教爱国会、中国天主教教务委员会、中国天主教主教团、中国基督教"三自"爱国委员会和中国基督教协会等 8 个全国性宗教团体。为了有计划地培养和教育年轻一代的爱国宗教职业人员，国家设立了 47 所宗教院校，培养年轻一代的宗教职业人员。全国现有中国佛学院、中国伊斯兰教经学院、中国基督教南京金陵协和神学院、中国天主教神学院和中国道教学院等 47 所宗教院校。目前，全国职业宗教人员约 20 万人。

依据《宗教事务条例》，公民的宗教信仰自由的实现表现在以下几个方面：

1. 宗教活动场所的设立。宗教活动场所，是指开展宗教活动的佛教的寺院庵堂、道教的宫观、伊斯兰教的清真寺、天主教和基督教的教堂及其他固定处所。设立宗教活动场所应当具备下列条件：①设立宗旨不违背《宗教事务条例》第 3～4 条的规定；②当地信教公民有经常进行集体宗教活动的需要；③有主持宗教活动的宗教教职人员或者符合本宗教规定的其他人员；④有必要的资金；⑤布局合理，不妨碍周围单位和居民的正常生产、生活。宗教活动场所的财产收入由该场所的管理组织管理和使用，其他任何单位和个人不得占有或者无偿调用。

2. 宗教教职人员的权利。宗教教职人员主持宗教活动、举行宗教仪式、从事宗教典籍整理、进行宗教文化研究等活动，受法律保护。宗教教职人员经宗教团体认定，报县级以上人民政府宗教事务部门备案，从事宗教教务活动。藏传佛教之活佛传承继位，在佛教团体的指导下，依照宗教仪规和历史定制办理，报设区的市级以上人民政府宗教事务部门或不设区的市级以上人民政府批准。天主教的主教由天主教的全国性宗教团体报国务院宗教事务部门备案。

3. 外国人的宗教信仰自由。我国宗教实行独立自主自办的方针，反对外来势力支配与干涉中国宗教的内部事务，以维护中国公民真正享有宗教信仰自由权利。外国人在我国的正常宗教活动受法律保护。外国人可以在中国境内的寺院、宫观、清真寺、教堂等宗教活动场所参加宗教活动。经省、自治区、直辖市以上团体的邀请，外国人可以在中国宗教活动场所讲经、讲道，但不得在中国境内成立宗教组织、设立宗教办事机构、设立宗教活动场所或者开办宗教院校，不得在中国公民中发展教徒、委任宗教教职人员和进行其他传教活动。外国人在中国境内，可以邀请中国教职人员为其举行洗礼、婚礼、葬礼和道场法会等宗教仪式。

4. 宗教信仰自由的限制。我国《宪法》第 36 条第 3～4 款对宗教活动主要规定了两个方面的限制：①任何人不得利用宗教进行破坏社会秩序、损害公民身体健康、妨害国家教育制度的活动；②不允许宗教团体和宗教事务受到外国势力的支配。

第四节 人身自由权

公民的人身权利是公民参加各种社会活动、参加国家政治生活和享受其他权利自由的先决条件，是公民一切权利和自由的基础。若人身自由得不到保障，就谈不上其他权利的行使。因此，各国宪法无不对人身自由作出详细规定。

一、人身自由的含义与内容

人身自由有广义与狭义之分。就狭义的人身自由而言，其是指身体的控制自由，即公民的人身（包括肉体和精神）不受非法限制、搜查、拘留和逮捕。广义的人身自由指的是人身人格权，具体包括生命健康权、身体活动的自由及由狭义的人身自由所衍生的人格尊严、住宅、通信自由和通信秘密等不受侵犯的权利。

各国宪法对人身自由的内容作了不同的规定，但其核心是人身自由不受侵犯。而人身自由的前提与基础是人的尊严和生命权，没有尊严和生命权，其他人身自由也会失去其存在的意义。此外，有的学者主张人身自由还应涵盖隐私权和婚姻自由等。我国《宪法》文本规定的人身自由通常包括四项内容：①人身自由不受侵犯；②公民的人格尊严不受侵犯；③公民的住宅不受侵犯；④公民的通信自由和通信秘密受法律保护。

二、生命健康权

（一）生命健康权的含义和内容

生命健康权是指国家有义务尊重公民的生命和身体完整，不能妄加杀戮和伤害。其中，生命权是一种维持生命存在的权利，即活着的权利；健康权是指对于一个活着的人来说，有权维持自己身体各器官正常功能的权利。

由于各国宪法或宪法理论上对生命权的规定或表述不尽相同，故在具体内容的确定上也有不同的特点。从一般意义上讲，生命权内容包括：①防御权。生命权的本质是对一切侵害生命权价值的行为的防御。国家既不能创造生命，也不能对自然存在的生命价值作出不合理的决定。②享受生命的权利。生命权的对象是生命，每个社会主体平等地享有生命的价值，其主体地位得到宪法的保护。③生命保护请求权。当生命权受到侵害时，受害者有权向国家提出保护的请求，以得到必要的救济。为了保护生命权，各国通过宪法或刑法等途径为生命权价值的实现建立了有效的制度。④生命权的不可转让性与不可处分性。由于生命权是人的尊严的基础和一切权利的出发点，故生命权具有专属性，只属于特定的个人，在这种意义上，宪法上并不允许自我处分自己的生命权，如自杀，也禁止把生命的处分权委任给他人。

（二）生命权的宪法依据

生命权在整个宪法价值体系中处于核心地位，没有生命权则公民的基本权利和整个宪政体制就失去其存在的基础，这是毫无争议的事实。但各国宪法在具体规定生命权方面不尽相同。最早将生命权作为宪法权利的是1776年的美国《独立宣言》，其规定了人人有"生命、自由和追求幸福"的权利，二战以后，人们吸取无视、践踏生命权的惨痛教训，要求国家与社会切实保障生命权。有些国家在宪法上明确规定了生命权保护的依据，把保护生命权作为国家的义务。如德国《基本法》第2条第2款规定："任何人享有生命与身体不受侵犯的权利，人身自由不可侵犯。……"日本《宪法》第13条规定："一切国民作为个人而受到尊重。对于谋求生存、自由和追求幸福的权利在不违反公共福利的范围内，在立法及其国政中得到最大限度的保障。"多数国家并没有在宪法上具体规定生命权，但直接规定与否并不影响生命权作为基本权利的属性和价值，在已有的基本权利条款中也能找到能够说明生命权价值的条款。

我国《宪法》没有具体规定生命权问题，在宪法上生命权是否属于基本权利并不明确。《宪法》第38条关于公民人格尊严权的规定可以理解为保护生命权价值的宪法根据。当然，这一条款中的"人格尊严"与人的尊严的概念之间有一定的区别，前者包括的范围窄一些。另外，对我国《宪法》没有明文规定的权利如何保护的问题在现行的宪法制度上也是不明确的。宪法规定的模糊有可能造成生命权保护界限的不明确性，有时在实际生活中出现的生命权现象会因缺乏有效而明确的宪法依据而不能得到合理的保护。

（三）生命健康权的法律保障

生命健康权是公民享有其他权利和自由的前提和基础。生命不存在，就不能成为基本权利的主体；人的生命一旦丧失，身体的活动能力就不复存在，也就不能从事任何活动；健康受损害，人的活动能力以及实现其他权利和自由的可能性就会大大降低。所以，人的生命和健康是无价的，相比其他基本权利来说，生命健康权更应当受到法律的全面保障。

生命权的法律保障表现在两方面：①许多国家的宪法明确规定公民享有生命权；②各国对死刑的限制或废除。为保护公民的生命权，我国《国家赔偿法》规定，国家机关及其工作人员违法行使职权造成公民死亡的，国家应当支付死亡赔偿金、丧葬费以及死者生前扶养的无劳动能力的人的生活费。

健康权与生命权一样，在我国宪法上并无明确规定，但从《国家赔偿法》保护人身权的规定来看，健康权应当是一项与生命权息息相关的基本权利，不容随意侵害。我国《国家赔偿法》第34条规定，国家机关及其工作人员违法行使职权造成公民身体伤害的，国家支付医疗费、护理费，以及赔偿因误工减少的收入（减少的收入每日的赔偿金按国家上年度职工日平均工资计算，最高额为上年度职工年平均工资的5倍）；造成部分或全部丧失劳动能力的，支付医疗费、护理费、残疾生活辅助具费、康复费等因残疾而增加的必要支出和继续治疗所必需的费用,以及残疾赔偿金(残疾赔偿金根据丧失劳动能力的程度,按照国家规定的伤残等级确定,最高不超过国家上年度职工年平均工资的 20 倍);造成全部丧失劳动能力的,对其扶养的无劳动能力的人,还应当支付生活费。

(四) 生命健康权的限制

国家固然不能任意剥夺公民的生命和伤害公民的健康,但是为有效打击严重的犯罪行为,在特定的背景和历史发展阶段中,就必须承认在一定范围内限制某些人的生命健康权是有必要的。国家机关在特殊情况下,如追捕逃犯、制止暴乱等,有使用武器的权力,这种权力的行使就可能会剥夺公民的生命或伤害其健康。再如,在特定的历史条件下,为打击严重危害社会的犯罪行为,就必须对某些罪大恶极的人判处死刑。

此外,生命权的合理限制还涉及一个相当现代的课题,即当生命已经日益成为可以人为干预的生理过程时,生命权已经由传统的不受专制剥夺权转变为同时涵盖生命的自主支配权,对此国家应当如何限制人为干预生命的行为,以维护人的尊严与价值。这主要表现在限制人体器官移植、禁止买卖人体器官、限制或禁止克隆技术,等等。如何确定限制措施的范围与幅度,实现维护人的尊严之目的与保障生命自主支配权的平衡,是一个值得深入研究的重要课题。

【宪法事例】　　　　最高人民法院收回死刑复核权

死刑复核权是指对被告人判处死刑的案件,由有权的人民法院进行复核,以决定是否核准死刑判决并执行死刑所应当遵循的权利。其是对死刑的判决和裁定进行复核的权限。1954 年新中国第一部《人民法院组织法》规定死刑复核权由最高人民法院和高级人民法院共同行使。1957 年第一届全国人大第四次会议通过决议规定"今后一切死刑案件,都由最高人民法院判决或核准"。自此明确了由最高法院核准死刑的原则。

1979 年刑诉法和刑法中均对死刑案件的核准权进行了严格控制,规定由最高人民法院统一行使。后来随着社会治安的恶化,依法需判处死刑案件的增多,为及时高效地核准死刑案件,有力打击恶性刑事犯罪,全国人大常委会于 1981 年 6 月第五届全国人大常委会第十九次会议上通过了《关于死刑案件核准问题的决定》,规定除反革命和贪污等判处死刑的案件由最高人民法院核准外,在 1981~1983 年之间对杀人、抢劫、强奸、放火、投毒、决水和破坏交通、电力设备等罪行,由高级人民法院判处死刑或者中级人民法院一审判处死刑,被告人不上诉的,不必报最高人民法院核准。死刑复核权授权各地高级人民法院对部分严重暴力犯罪需判处死刑的案件行使核准权。最高人民法院依此决议进行了授权。1991~1997 年为打击日益猖狂的毒品犯罪,最高人民法院又先后授权云南、广东等五省、自治区高级人民法院对部分毒品死刑案件行使核准权。

对于死刑核准权的下放,经过二十多年的实践,暴露的问题越来越多,越来越严重。特别是2000年前后，因为个别法院在死刑案件事实、证据上把关不严，酿成了多起错杀案件，在社会上造成了很坏的影响，充分证明死刑复核权在下放过程中存在滥用的问题，导致公民的生命权受到日益严重的威胁。2005年年底，最高人民法院发出通知，要求自2006年1月1日起，对于对案件重要事实和证据问题提出上诉的死刑第二审案件，一律开庭审理；2006年7月1日起，对所有死刑第二审案件实行开庭审理。这被认为是死刑核准权统一收归最高人民法院行使前的一项重要改革。2006年10月全国人大常委会审议通过了关于修改《人民法院组织法》的决定，删除了《人民法院组织法》第13条中关于最高人民法院必要时授权高级法院行使部分死刑案件复核权的规定。修订后的《人民法院组织法》于2007年1月1日起正式实施。此后，所有的死刑案件，除最高人民法院依法判决的以外，均要报请最高人民法院核准，下放了二十多年的死刑复核权被正式收回至最高人民法院。

【评注】现行《宪法》第33条第3款规定了国家尊重和保障人权。在《宪法》仍未废除死刑的情况下，刑法领域坚持少杀、慎杀、杜绝多杀、错杀，应当是我国的基本死刑政策。生命的丧失具有不可恢复性，死刑的错误使用必将导致不可挽回的损失，由最高人民法院收回死刑复核权有助于促进生命权的保障。当然死刑复核权由最高人民法院收回并不等于死刑案件自此就不再具有错判的可能性，但至少意味着死刑错判的可能性可能会降低。

三、人身自由不受侵犯

（一）人身自由不受侵犯的概念

人身自由不受侵犯是指公民享有不受任何非法搜查、拘禁、逮捕、剥夺、限制的权利。这一概念意味着：人身自由是公民宪法地位的直接体现；任何组织或个人不得非法剥夺或限制公民的人身自由；剥夺或限制公民的人身自由，必须按照法定程序进行。

（二）人身自由不受侵犯的法律保障

1. 国际公约。1948年《世界人权宣言》第9条规定："任何人不得加以任意逮捕、拘禁或放逐。"由此，开创了对人身自由的保护由国内法的宪法保护扩展到国际法的国际保护的先河。

1966年《公民权利和政治权利国际公约》第9条规定："①人人有权享有人身自由和安全。任何人不得加以任意逮捕或拘禁。除非依照法律所确定的根据和程序，任何人不得被剥夺自由。②任何被逮捕的人，在被逮捕时应被告知逮捕他的理由，并应被迅速告知对他提出的任何指控。③任何因刑事指控被逮捕或拘禁的人，应被迅速带见审判官或其他经法律授权行使司法权力的官员，并有权在合理的时间内受审判或被释放。等候审判的人受监禁不应作为一般规则，但可规定释放时应保证在司法程序的任何其他阶段出席审判，并在必要时报到听候执行判决。④任何因逮捕或拘禁被剥夺自由的人，有资格向法庭提起诉讼，以便法庭能不拖延地决定拘禁他是否合法以及如果拘禁不合法时命令予以释放。⑤任何遭受非法逮捕或拘禁的受害者，有得到赔偿的权利。"该公约从各国宪法规定的人身自由的保护，进一步扩展到人身自由受限制后的司法保护，并确定了若干具体的程序。我国已经决定加入该公约，现在处于研究批准的过程中。在该公约经全国人大常委会批准后，将构成我国宪法基本权利体系的一部分而在我国发生法律效力。

2. 中国宪法。

（1）1954 年《宪法》第 89 条规定："中华人民共和国公民的人身自由不受侵犯。任何公民，非经人民法院决定或者人民检察院批准，不受逮捕。"

（2）1975 年《宪法》第 28 条第 2 款规定："公民的人身自由和住宅不受侵犯。任何公民，非经人民法院决定或者公安机关批准，不受逮捕。"该规定把批准权授予公安机关，其目的在于排斥当时的一些群众组织可以进入公民住宅任意逮捕的无政府主义状态。

（3）1978 年《宪法》第 47 条规定："公民的人身自由和住宅不受侵犯。任何公民，非经人民法院决定或者人民检察院批准并由公安机关执行，不受逮捕。"

（4）1982 年《宪法》第 37 条规定："中华人民共和国公民的人身自由不受侵犯。任何公民，非经人民检察院批准或者决定或者人民法院决定，并由公安机关执行，不受逮捕。禁止非法拘禁和以其他方法非法剥夺或者限制公民的人身自由，禁止非法搜查公民的身体。"

1982 年《宪法》修改增加规定了过去历次《宪法》没有规定的第 3 款，即禁止非法拘禁和以其他方法非法剥夺或者限制公民的人身自由，禁止非法搜查公民的身体。该规定显然与"文化大革命"期间，公民个人被国家和国家以外的个人、组织和团体非法拘禁和其他方法限制人身自由以及非法审查公民的情况的普遍存在有着密切的联系，宪法修改者的目的是消除这种不正常的情况，以宪法的方式对人身自由作进一步的保护。

"非法拘禁"是指司法机关违反法律规定的程序，或者依法不享有限制人身自由权力的组织和个人，以拘留、监禁的方法剥夺或限制公民的人身自由。这里的"其他方法"则是指以非法拘禁以外的使他人失去人身自由的一切方法，如隔离审查、对违反计划生育的人举办在学习期间不许离开的学习班等。而"非法搜查"是指司法机关违反法定程序或者依法不享有搜查权的组织或个人，强行对公民的身体进行搜查。

3. 其他法律规定。《立法法》第 8 条第 4～5 项规定，对于"犯罪与刑罚"，其中，"对公民政治权利的剥夺、限制人身自由的强制措施和处罚"只能由法律予以规定，这样，将人身自由作为法律特别保留事项，只有全国人大及其常务委员会才有权对其作出限制性规定。

《国家赔偿法》第 17 条规定："行使侦查、检察、审判职权的机关以及看守所、监狱管理机关及其工作人员在行使职权时有下列侵犯人身权情形之一的，受害人有取得赔偿的权利：①违反刑事诉讼法的规定对公民采取拘留措施的，或者依照刑事诉讼法规定的条件和程序对公民采取拘留措施,但是拘留时间超过刑事诉讼法规定的时限,其后决定撤销案件、不起诉或者判决宣告无罪终止追究刑事责任的;②对公民采取逮捕措施后,决定撤销案件、不起诉或者判决宣告无罪终止追究刑事责任的;③依照审判监督程序再审改判无罪,原判刑罚已经执行的;④刑讯逼供或者以殴打、虐待等行为或者唆使、放纵他人以殴打、虐待等行为造成公民身体伤害或者死亡的;⑤违法使用武器、警械造成公民身体伤害或者死亡的。"

根据《刑法》第245条的规定,非法搜查他人身体、住宅,或者非法侵入他人住宅的,处3年以下有期徒刑或者拘役。司法工作人员滥用职权,犯前款罪的,从重处罚。此外《刑法》第232~248条的其他条款规定了其他侵犯公民人身权利的犯罪行为应承担的刑事责任。从国外对公民人身自由的保障来看,国家机关即使行使司法权,需要对特定人的人身自由加以限制,也必须遵循正当程序的要求。"任何人未经正当法律程序,不得被剥夺人身自由",是大多数国家的法律对人身自由作出的保障性规定。

(三) 人身自由不受侵犯的法律限制

大多数基本权利都不是绝对不受限制的权利,人身自由也不例外。为了维护公共秩序与安全,国家可以依法对特定人采取限制人身自由的措施。

1. 法律层面。最为常见的限制表现为对违法犯罪行为人人身自由的限制与剥夺。根据《治安管理处罚法》的规定,公安机关可以依法对违反治安管理规定的行为人实施15日以下行政拘留的行政处罚。根据《刑事诉讼法》第134条的规定,为了收集犯罪证据、查获犯罪人,侦查人员可以对犯罪嫌疑人以及可能隐藏罪犯或者犯罪证据的人的身体、物品、住处和其他有关的地方进行搜查。依照刑法并按照刑事诉讼法规定的程序被判处管制、拘役、有期徒刑和无期徒刑的罪犯的人身自由也要受到相应限制或剥夺。

又如《中华人民共和国刑事诉讼法》第284条规定,实施暴力行为,危害公共安全或者严重危害公民人身安全,经法定程序鉴定依法不负刑事责任的精神病人,有继续危害社会可能的,可以予以强制医疗。强制医疗的决定机关为人民法院,执行机关为公安机关。具体而言,人民法院负责强制医疗决定书的作出,公安机关负责强制执行。强制医疗作为为了社会的共同利益而对法定的特定人群限制社会活动范围并予以医学治疗的一项强制措施,不仅仅涉及医学问题,也是一个直接关系到公民权利义务乃至人身自由的法律问题,故该制度必须受到严格的法律规范和监管,遵循法治社会司法最终裁决的原则,由司法机关来居中决策。《刑事诉讼法》第285条第1款明确将强制医疗决定权授权人民法院行使,强制医疗制度正式由行政化走向了司法化,由中立的第三方法院作出决定,保障了其公正性和程序正当性。

再如《传染病防治法》第41条第1款规定:"对已经发生甲类传染病病例的场所或者该场所内的特定区域的人员,所在地的县级以上地方人民政府可以实施隔离措施,并同时向上一级人民政府报告;接到报告的上级人民政府应当即时作出是否批准的决定。上级人民政府作出不予批准决定的,实施隔离措施的人民政府应当立即解除隔离措施。"第 41 条第 2 款规定:"在隔离期间,实施隔离措施的人民政府应当对被隔离人员提供生活保障;被隔离人员有工作单位的,所在单位不得停止支付其隔离期间的工作报酬。"第 42 条第 1 款规定:"传染病暴发、流行时,县级以上地方人民政府应当立即组织力量,按照预防、控制预案进行防治,切断传染病的传播途径,必要时,报经上一级人民政府决定,可以采取下列紧急措施并予以公告:①限制或者停止集市、影剧院演出或者其他人群聚集的活动;②停工、停业、停课;……"

2. 行政法规层面。在 2000 年《立法法》颁布之前,一些限制人身自由的强制措施不是由全国人大及其常务委员会的法律而是由国务院行政法规设定的,例如备受争议的劳动教养制度。它并非依据法律条例,在法律形式上亦非刑法规定的刑罚,而是依据国务院劳动教养相关行政法规,公安机关无须经法庭审讯定罪,即可将疑犯投入劳教场所实行最高期限为 4 年的限制人身自由、强迫劳动、思想教育等措施。2013 年 12 月 28 日全国人大常委会通过了《关于废止有关劳动教养法律规定的决定》,这意味着已实施五十多年的劳教制度被依法废止。目前由行政法规规定的限制人身自由的措施主要有:

(1)收容教育。收容教育,是指对卖淫、嫖娼人员集中进行法律教育和道德教育、组织参加生产劳动以及进行性病检查、治疗的行政强制教育措施,其依据是 1993 年 9 月 4 日国务院发布的行政法规《卖淫嫖娼人员收容教育办法》。收容教育的期限为 6 个月到 2 年,由县级人民政府公安机关决定实施。这是目前极具争议的一种人身自由限制,尚需进一步进行立法完善或者废止,这是社会主义法治国家建设法治社会的必然要求。

(2)强制戒毒。强制戒毒,是指对吸食、注射毒品成瘾的人员,在一定时期内通过强制措施进行药物治疗、心理治疗和法制教育、道德教育,使其戒除毒瘾的行政强制措施。其主要依据是 2011 年国务院发布的行政法规《强制戒毒条例》。强制隔离戒毒的期限为 2 年,自作出强制隔离戒毒决定之日起计算。被强制隔离戒毒的人员在公安机关的强制隔离戒毒场所执行强制隔离戒毒 3~6 个月后,转至司法行政部门的强制隔离戒毒场所继续执行强制隔离戒毒。执行前述规定不具备条件的省、自治区、直辖市,由公安机关和司法行政部门共同提出意见报省、自治区、直辖市人民政府决定具体执行方案,但在公安机关的强制隔离戒毒场所执行强制隔离戒毒的时间不得超过 12 个月。

(3)工读学校。工读学校是普通教育中的一种特殊形式,即对有违法和轻微犯罪行为的中学生强制实行集中食宿,集中管理,使其过有纪律的生活的学习方式,每周授课时数不得少于 24 课时、参加劳动的时间不少于 12 小时。适用于 12~17 周岁有违法或轻微犯罪行为,不适宜留在原校学习,但又不够收容教育或刑事处罚条件的中学生(包括被学校开除或自动退学、流浪在社会上的 17 周岁以下的青少年)。

1999 年以前，进入工读学校多为经学校报公安局批准，或者公安局报教育部门批准后，即可强制实行。1999 年的《预防未成年人犯罪法》将其改为在少年的家长（或监护人）同意的情况下，由少年的家长（或监护人），或原学校提出申请，且须经教育行政部门批准。其入学须经当地的区、县教育部门与公安局共同审批。学制一般为 2 年～3 年，在校期间除了对其进行文化教育、职业技术教育和思想政治教育外，还按年龄组织必要的生产劳动，实行半工半读，实行严格的管理和奖惩制度。工读学校的学生毕业以后，根据各自的情况分别送回原学校，或调换学校继续上学，或参军，或安置就业，政治上不受歧视。其依据是 1981 年《国务院批转教育部、公安部、共青团中央关于办好工读学校的试行方案的通知》（国发〔1981〕60 号），后来国务院于 1987 年又颁布了《国务院办公厅转发国家教育委员会、公安部、共青团中央关于办好工读学校几点意见的通知》，成为举办工读学校的法律依据。在工读学校就读，实际上也具有限制其人身自由的性质，对此，如何在程序上更加完善，是需要加以解决的问题。

3. 国家机关限制公民人身自由的条件。公民人身权受宪法和法律保护，国家机关不得随意侵犯公民的人身权，国家还应要求并确保其他组织和个人亦应遵守宪法和法律，不使公民的人身权受到非法侵犯。国家机关只有在符合下列三项条件时，才能限制公民的人身权：

（1）作出限制行为的机关必须是合法的国家机关。对公民人身权的限制必须是由宪法和法律规定的国家司法机关与公安机关才有权进行。逮捕、拘留、拘禁，搜查公民的身体，对公民住宅的搜查、查封，对公民通信的检查，只能由国家司法机关和公安机关进行，其他任何组织、个人都不得侵犯公民的人身自由。

（2）必须具有法律规定的原因。对公民人身权的限制必须有法律规定的根据，对公民人身的逮捕、搜查等强制性措施的使用，对公民住宅的搜查、查封，须是由于公民的现行犯罪或为了搜集犯罪证据而进行的；对公民通信的检查则是"因国家安全或者追查刑事犯罪的需要"，否则，任何组织与个人都不得以任何理由侵犯公民的人身权利。

（3）必须遵循合法的程序。对公民人身权的限制须严格依照宪法和逮捕拘留条例、治安管理处罚法、邮政法、刑法、刑事诉讼法等有关法律规定的程序进行。

上述三条件必须同时具备，缺一不可，否则，就是对公民人身权的侵犯，就是非法行为，要受到法律的禁止、制裁。

【宪法事例】　　深圳市公安机关清理"高危人群"事件

2011 年 8 月，深圳市举办了第 26 届世界大学生运动会。为了保证大运会期间及其前后的安保，深圳警方采取了一项名为"治安高危人员排查清理百日行动"。根据深圳警方的界定，所谓"高危人员"，是指在深圳对社会治安秩序和公共安全有现存或潜在危害的人群，主要包括：①同时满足"有前科、长期滞留深圳、又没有正当职业"等条件的；②同时满足"在应当就业的年龄无正当职业、昼伏夜出、群众举报有现实危险的";③涉嫌吸毒、零星贩毒、涉嫌销赃的;④使用假身份证入住旅馆酒店、租房的;⑤长期滞留深圳、明显靠非法收入生活的,比如涉嫌卖淫的失足妇女;⑥肇事、肇祸的精神病人员,对他人有危害的;⑦扬言报复社会,有可能产生极端行为的;以及其他一些未列举的,对群众安居乐业有现在或潜在危险的。

2011年4月10日,深圳警方召开新闻发布会,公布大运会安保"治安高危人员排查清理百日行动"战果,称在"百日行动"中,警方共出动警力28.4万人次;检查出租屋33万余间(次)、网吧、旅业、休闲娱乐场所、其他场所16万余家(次),共有8万余名"治安高危人员"被清出深圳。

【评注】该事件发生后受到社会各界的普遍批评。从宪法视角考察,该事件涉及的主要问题是地方政府是否有权限制公民人身自由。《宪法》第37条规定:"中华人民共和国公民的人身自由不受侵犯。任何公民,非经人民检察院批准或者决定或者人民法院决定,并由公安机关执行,不受逮捕。禁止非法拘禁和以其他方法非法剥夺或者限制公民的人身自由,禁止非法搜查公民的身体。"根据2000年《立法法》第8条的规定,对于公民政治权利的剥夺、限制人身自由的强制措施和处罚,只能制定法律,没有全国人大的法律授权,别说深圳市政府无权规定这类措施,就连国务院也不得被授权先行制定行政法规(《立法法》第9条规定)。从1996年开始,旨在限制行政部门滥用职权行为的《行政处罚法》也规定,"限制人身自由的行政处罚,只能由法律设定"。全国人大或其常委没有哪部立法授权地方在类似情况下清理"治安高危人员",因此,没有适当的人大立法授权,深圳市人大或政府的这种限制人身自由的强制措施,属于越权行为。此外,深圳市公安机关对七类高危人群的界定也违背了禁止有罪推定的原则。[1]

四、公民的人格尊严不受侵犯

我国《宪法》第38条规定:"中华人民共和国公民的人格尊严不受侵犯。禁止用任何方法对公民进行侮辱、诽谤和诬告陷害。"这是我国为吸取"文化大革命"中肆意践踏人格尊严的历史教训而在现行《宪法》上作出的规定。

(一)人格尊严的概念和内容

人格尊严是指作为人应具有的最起码的资格,是公民个人自由发展其个性而不受干涉的权利,是人之为人所必须享有的地位、待遇或应受的尊重,集中体现为人的自尊心和自爱心,在法律上体现为姓名权、名誉权、荣誉权、肖像权、隐私权等权利。

随着国际化与信息化时代的发展,人格尊严的范围越来越广泛,人格尊严的宪法保护成为宪政国家的重要标志。由于各国经济与文化发展水平不同,人格尊严的具体保护范围与保护方法也不尽相同。从我国宪法和法律的规定看,人格尊严的基本内容包括:

---

[1] 韩大元、王建学编著:《基本权利与宪法判例》中国人民大学出版社,2013年版,第245页。

1. 公民享有姓名权。公民有权决定、使用和依照规定改变自己的姓名，禁止他人干涉、盗用、假冒。

2. 公民享有肖像权。肖像是人的形象的客观记录，是公民人身的派生物。根据《民法总则》第110条的规定，公民享有肖像权，未经本人同意，不得以营利为目的而使用公民的肖像。

3. 公民享有名誉权。名誉权是公民人格权的重要组成部分，是公民要求社会和他人对自己的人格尊严给予尊重的权利。名誉权尽管不具有财产内容，但对维护公民的人格权具有重要意义。

4. 公民享有荣誉权。荣誉权是指公民对社会给予的褒扬享有的不可侵犯的权利，如因对社会做出贡献而得到的荣誉称号、奖章、奖品、奖金等。荣誉权一般不具有经济价值，它更多的是具有精神价值，是在精神文明发展中社会对特定人的贡献给予的肯定。公民、法人享有荣誉权，禁止非法剥夺公民、法人的荣誉称号。

5. 公民享有隐私权。在信息化社会中，隐私权是公民享有人格尊严权的重要内容，表明人类文明的进步。如果公民在自己的私生活领域得不到法律保护，那么作为权利主体就不可能享有完整的人格权。我国宪法条文中尽管没有保护隐私权的专门规定，但从宪法的基本精神与有关规定中可以找出宪法保护隐私权的依据。

【宪法事例】　　老教师改名遭拒状告警方违法案

北京市石景山区金顶街二中历史教师王先生因为研究历史，对上古时期特别感兴趣，为表达对古人的敬意，他想把自己的名字改为"奥古辜耶"。"奥是深奥、古是古代、辜是辜负的意思、耶是语气词。"他认为现代人已经改变了好多古人习俗，改这个名字是表示纪念。但是十几年来，搬了好几次家，向好几个派出所提出申请均不能如愿。2001年再次申请被拒后，他开始研究法律。2002年9月26日，他到户口所在地石景山分局八角派出所户籍科递交申请材料，要求改名。11月5日，石景山分局告知王先生，对其变更姓名的申请不予批准。11月11日，已对法律有所研究的王先生以行政违法为由将石景山公安分局告上了法庭。12月3日，在改名要求获得公安机关批准后，王先生到法院撤诉。

【评注】现行《宪法》第38条规定："中华人民共和国公民的人格尊严不受侵犯。……"人格尊严首先表现为一种人格权，而姓名权是人格权的一种具体形态。姓名是每个公民专用的文字符号，是公民自身人格特征的重要标志，是个人精神意念和个人特质的表达，用什么汉字、字母和符号给自己取名属于公民个人人格自由发展的范畴。《民法通则》第99条第1款规定："公民享有姓名权、有权决定、使用和依照规定改变自己的姓名，禁止他人干涉、盗用、假冒。"而我国《户口登记条例》则规定，18周岁以上公民需变更姓名时，由本人向户口登记机关申请变更登记。目前有关变更姓名的法规中，并未明确何种情况不允许变更姓名，或是不能使用哪类名字，因此，户口管理部门在做出不允许登记某个名字的决定的时候，缺乏相应的法律依据。当然，公民的姓名权并非绝对不可侵犯，但是国家公权力对姓名权的侵犯必须给予正当的理由，采取符合比例原则的手段，只要公民姓名的命名、使用和变更并未侵害他人权益，没有违反宪法秩序和公序良俗等公共利益，就不应当加以限制，否则，就是对姓名权的过度干预。也许正是基于这样的考量，石景山公安分局最终批准了王先生的改名申请。当然，此案也暴露出公正执法与相关法律滞后的问题。

（二）人格尊严的保障

我国宪法在总结宪政史的基础上，对人格尊严的保障给予了高度重视，具体包括：

1. 人格尊严不受侵犯是宪法规定的公民的基本权利，是宪法关系存在的基础。
2. 公民人格尊严不受侮辱。即不得利用暴力或其他方法公然贬低他人人格，破坏他人的名誉。
3. 不得诽谤他人。即不得捏造虚构的事实，损害他人的人格。
4. 不得对他人诬告陷害。即不得为达到陷害他人的目的，向有关机关虚假告发、捏造事实。

人格尊严的宪法保障具体通过民法、刑法等部门法得到实现。如《刑法》第246条第1款规定："以暴力或者其他方法公然侮辱他人或者捏造事实诽谤他人，情节严重的，处3年以下有期徒刑、拘役、管制或者剥夺政治权利。"

（三）人格尊严的界限

由于人格尊严不受侵犯的权利与意见自由、知情权、舆论监督权甚至生命权、人身自由权等发生冲突，因而在具体个案中就必须对相互冲突的各种权利背后隐藏的价值进行合理权衡。权衡的结果是，在法治程度比较高的国家里，国家公职人员和社会公众人物的名誉权、隐私权等要受到一定的限制。还有，国家机关基于公共利益需要有权依法采集身体样本，尽管这可能干涉个人的人格尊严尤其是隐私权。随着信息化社会的发展，人格尊严权受侵犯的现实可能性越来越大，特别是现代科学技术发展所带来的侵犯隐私权的现象日益严重，对此，宪法学需要采取相应措施，消除消极影响，为人格尊严价值的充分实现提供法律依据。

五、公民的住宅不受侵犯

我国《宪法》第39条规定："中华人民共和国公民的住宅不受侵犯。禁止非法搜查或者非法侵入公民的住宅。"

（一）住宅安全权的含义

俗话说，"安居"才能"乐业"，公民的住宅是公民日常生活、学习的处所，保护住宅不受侵犯，就是保护公民居住安全，使公民生活安定，从而有利于公民的学习、工作和生活，有利于公民对子女的培养和教育，也有利于社会的安定团结，因此，保护公民的住宅不受干扰和侵犯是政府义不容辞的责任。

住宅不受侵犯，也称为住宅安全权，是指公民日常生活、工作和休息的场所不受非法侵入或搜查的权利，任何组织或个人，非经法律许可，不得随意侵入、搜查或者查封公民的住宅。这是由人身自由所衍生的一种权利。住宅权与保护公民的隐私、家庭以及通信自由、通信秘密、财产权、休息权等权利有着密切的联系。住宅安全权这一概念通常包括如下内容：任何公民的住宅不得非法侵入；任何公民的住宅不得随意搜查；任何公民的住宅不得随意查封。

这里的住宅不仅限于私人所有或使用的房屋，还应包括私生活在物理学空间上所展开的场所，如租赁的住房、寄宿的宿舍和宾馆等。对住宅的非法侵入或搜查一般也不限于直接非法侵入住宅所处物理空间内的行为，还包括在住宅外部通过一定设备非法监听或窥视住宅内部的私生活或家庭生活情景的行为。正如英国的法谚所说的那样——"每个人的家就是自己的一座城堡"，"风能进雨能进，国王的军队不能进"。

（二）住宅安全权的保障

1. 国际公约。1948年《世界人权宣言》确立了个人的居住自由，第12条规定："任何人的私生活、家庭、住宅和通信不得任意干涉，他的荣誉和名誉不得加以攻击。人人有权享受法律保护，以免受这种干涉或攻击。"该宣言将住宅自由作为个人的私生活的一部分予以保护。

1966年《公民权利和政治权利国际公约》进一步将住宅自由作为一项与私人生活并列的基本人权予以保护，第17条规定："①任何人的私生活、家庭、住宅或通信不得加以任意或非法干涉，他的荣誉和名誉不得加以非法攻击。②人人有权享受法律保护，以免受这种干涉或攻击。"该规定不仅重申了此项权利的重要性，并且强调人人有权享受国家法律保护该权利不被干涉或攻击，由此而产生了国家应该制定法律予以保护的义务。

2. 中国宪法。1954年《宪法》借鉴了1948年《世界人权宣言》，把住宅和通信秘密视为同一性质的私人权利，把二者提到相同地位予以保护，将住宅安全与通信秘密并列，对居住自由与迁徙自由同时予以规定，第90条第1款规定："中华人民共和国公民的住宅不受侵犯，通信秘密受法律保护。"第90条第2款规定："中华人民共和国公民有居住和迁徙的自由。"

1975年《宪法》第28条把人身自由和住宅不受侵犯规定在一个条款中。

1978年《宪法》第47条重复了1975年《宪法》第28条的规定。

1982年《宪法》第39条规定："中华人民共和国公民的住宅不受侵犯。禁止非法搜查或者非法侵入公民的住宅。"该规定把公民的住宅不受侵犯作为一个独立的基本权利予以规定，体现了国家对住宅自由作为基本权利单独予以保护的重视，同时也彰显了公民住宅自由的重要地位。鉴于在"文化大革命"期间公民住宅被国家、社会团体和组织以及其他违法分子任意搜查、抄家或者非法进入、非法侵占的情况经常发生，在该规定中增加第二句以力图对这些情况做出限制。

3. 其他法律。根据《刑法》第245条的规定，非法搜查他人住宅或非法侵入他人住宅的，处3年以下有期徒刑或者拘役。《治安管理处罚法》第40条第1款第3项规定，非法限制他人人身自由、非法侵入他人住宅或者非法搜查他人身体的，处10日以上15日以下拘留，并处500元以上1000元以下罚款；情节较轻的，处5日以上

10 日以下拘留，并处 200 元以上 500 元以下罚款。

此外，根据我国刑事诉讼法及其他相关法律规定，即使有权的国家机关可以对特定人的住宅进行搜查，也必须严格依照法律规定的程序执行。例如在进行搜查前必须向被搜查人出示搜查证；在搜查时，应有被搜查人或者其成年家属、邻居或者其他人在场；搜查后，应当将搜查的情况写成笔录，由侦查人员和被搜查人或他的家属、邻居或其他见证人签名盖章。

这样，公安机关行使治安管理权力和其他不属于刑事侦查权力的行为，无论其行为是否合法，未经屋主同意而随意进入私人住宅就构成对居住自由的侵犯。

（三）住宅安全权的限制

为了维护公共利益，必要时可以对住宅安全权进行限制，但这种限制必须基于公正的法律程序。依法对公民住宅安全权进行限制并不违背住宅安全权的本质内容，它具有合理的基础。住宅安全权的合理限制通常表现在：

1. 法定的国家机关为刑事侦查的需要，可依法对公民住宅进行搜查。如《刑事诉讼法》第 134 条规定："为了收集犯罪证据、查获犯罪人，侦查人员可以对犯罪嫌疑人以及可能隐藏罪犯或者犯罪证据的人的身体、物品、住处和其他有关的地方进行搜查。"

2. 法定的国家机关可依法查封公民的住宅，如《民事诉讼法》关于强制执行生效判决、裁定的规定。

3. 在紧急状态下有关机关和人员可在事先没有办理必要手续的情况下，强行进入公民住宅，以应付紧急事态，但事后必须补办必要的手续。如《消防法》第 45 条规定："公安机关消防机构统一组织和指挥火灾现场扑救……火场现场总指挥根据扑救火灾的需要，有权决定下列事项：……④利用临近建筑物和有关设施；⑤为了抢救人员和重要物资，防止火势蔓延，拆除或者破损毗邻火灾现场的建筑物、构筑物或者设施等。……"

六、通信自由和通信秘密受法律保护

通信自由是指公民通过书信、电话、电信及其他通信手段，根据自己的意愿进行通信，不受他人干涉。通信秘密是指公民对于通信的内容和通信的对方，即真实的发信人和收信人拥有保密而不必向国家机关告知的权利。这里的"信"不只限于书信，还包括所有的信息。通信自由是人们参与社会生活、进行思想或情感交流的必要手段，是公民不可缺少的基本自由。对公民的通信，他人不得扣押、隐匿、毁弃；公民的通信内容，他人不得私阅或窃听。

（一）通信自由和通信秘密的法律保障

我国《宪法》第 40 条规定："中华人民共和国公民的通信自由和通信秘密受法律的保护。除因国家安全或者追查刑事犯罪的需要，由公安机关或者检察机关依照法律规定的程序对通信进行检查外，任何组织或者个人不得以任何理由侵犯公民的通信自由和通信秘密。"我国《刑法》第 252 条规定："隐匿、毁弃或者非法开拆他人信件，侵犯公民通信自由权利，情节严重的，处 1 年以下有期徒刑或者拘役。"《刑法》第 253 条第 1 款规定："邮政工作人员私自开拆或者隐匿、毁弃邮件、电报的，处 2 年以下有期徒刑或者拘役。"这些规定，使宪法规定的通信自由得到了具体化。

（二）通信自由和通信秘密的限制

《宪法》第 40 条同时是对通信自由和通信秘密加以限制的宪法依据。根据该条规定，限制通信自由和通信秘密只能是基于国家安全或追查刑事犯罪的考虑，且只能由公安机关或者检察机关依照法律规定的程序对公民的通信自由与通信秘密加以干涉。对此，我国《刑事诉讼法》第 141 条作了具体规定："侦查人员认为需要扣押犯罪嫌疑人的邮件、电报的时候，经公安机关或者人民检察院批准，即可通知邮电机关将有关的邮件、电报检交扣押。不需要继续扣押的时候，应即通知邮电机关。"《监狱法》第 47 条也对罪犯通信自由的干涉作出了具体规定："罪犯在服刑期间可以与他人通信，但是来往信件应当经过监狱检查。监狱发现有碍罪犯改造内容的信件，可以扣留。罪犯写给监狱的上级机关和司法机关的信件，不受检查。"显然这些规定对于保障公民的通信自由与通信秘密是极其有利的，但是这些规定应当仅限于国家安全或追查刑事犯罪的目的。

第五节 社会经济权利

社会经济权利是指公民依照宪法的规定享有经济利益的权利，是公民实现其他权利的物质保障。社会经济权利是在宪法调整经济生活的过程中产生的，是宪法调整的重要内容。

社会经济权利作为宪法的一项基本内容始于 1919 年德国的《魏玛宪法》。《魏玛宪法》确定了国家对经济生活干预的合理性与必要途径，促进了权利的社会化进程。第二次世界大战以后，各国宪法普遍重视社会经济权利的价值，扩大了对社会弱者的保护范围。由于各国经济发展水平和宪法文化不同，对社会经济权利的具体内容的规定也不尽相同。

从我国《宪法》的规定看，社会经济权利包括：公民财产权、劳动权、休息权、社会保障权。把公民财产权与社会保障权列为社会权利范围，有助于从国家履行义务的角度合理地确定其在基本权利体系中的地位，进一步扩大社会经济权利的范围，满足公民实现经济利益的要求。

一、公民财产权

【宪法事例】　　　　　　　　山西煤矿重组整合事件

2008 年 9 月，山西省政府根据《关于加快推进煤矿企业兼并重组的若干意见》和《关于进一步加快推进煤矿企业兼并重组整合有关问题的通知》，推行"煤矿兼并重组"，计划通过重组整合，使山西矿井数量由以往的 2600 座减少到 1053 座，70%

以上的矿井年产量实现 90 万吨以上,年产量 30 万吨以下的矿井全部淘汰。这样一来,整合后由私人资本投资经营的小煤矿基本失去了生存的可能,涉及的资本仅"浙江商人的投资就有 500 亿之巨"(以至于浙江地方政府也按捺不住频频行动,当然这是另一层面上的私有财产保护的表现),可见影响之大。山西的煤矿重组整合,表面上看是政府主导下在煤矿资源领域开展的宏观经济调控和产业结构调整的行为,但实际上是对煤矿矿业权的处置和权利、利益的重新分配和调整,可以说是变相的"国进民退"。问题是在这种大规模的"国进民退"中,一大批外来投资者面临"被国有化"的命运,被指令兼并整合的企业的财产所有权和经营自主权未能得到应有的保护。

【评注】这一事件折射出在私有财产权保护上存在这样的问题:1999 年宪法修正案规定"在法律范围内的个体经济、私营经济等非公有制经济是社会主义市场经济的重要组成部分",即将非公有制经济与公有制经济置于同等保护的宪法地位。一方面我们要鼓励和促进非公有制经济发展,当然,另一方面国家也有必要让国有经济在关系到国计民生和国家安全的领域中处于主导地位。但是这里的边界何在?对此,仍然没有明确的分界。2004 年宪法修正案规定"公民的合法的私有财产不受侵犯",而真正要做到保护,就是要确保征收或征用是基于公共利益的需要并经过法律程序。在此事件中,官方能否证明其是基于公共利益并经过了法律程序?山西省政府在整个兼并重组过程中,主要采取行政手段,对整合对象、整合方式以及补偿标准都以行政命令的方式规定,不仅违背市场规律,而且有涉嫌违反宪法、物权法、合同法、煤炭法、矿产资源法、公司法、立法法等法律之虞。

在现代宪政国家中,财产权与公民的生命权、自由权一起构成了公民最基本的三大基本权利体系,集中体现着人的基本价值与尊严。宪法作为国家的根本法和社会共同体的最高价值体系,通常把私有财产权价值的保护作为社会追求的基础与出发点。为了实现通过财产权所体现的人的基本价值,各国普遍在宪法中规定保障私有财产权的原则、界限与范围,并通过普通法律把保护私有财产权的宪法原则具体化,为公民实现私有财产权提供法律基础。

公民财产权是指公民个人通过劳动或其他合法方式取得财产,享有占有、使用、处分财产的权利,不受任何国家和其他行使国家委托的权力的组织的限制、剥夺或侵占。公民财产权是公民基本权利的一项重要内容,是公民在社会生活中获得自由与实现经济利益的必要途径。在宪法所要调整的经济关系中,公民个人财产权的保护是一个不可忽视的内容,它不仅仅是公民个人的一项基本权利,更是宪法确立的一项原则,具有普遍性意义。

(一)私人财产权的性质

财产权具有双重属性。[1]它既不能被分类为完全的公民权利或政治权利,也不

---

[1] [芬] C. 克罗斯:"财产权",载 [挪] A. 艾德等:《经济、社会和文化的权利》,黄列译,中国社会科学出版社 2003 年版,第 219 页。

宜划分为经济权利和社会权利。财产权利保护个人的经济利益，故也属于经济权利和社会权利的范围。财产权利因强调国家对个人财产不得干涉而具有消极保护的特点；而经济权利和社会权利因要求国家采取积极措施以保证公民事实上享有财产权利而具有积极的特点。实现个人的经济权利和社会权利，要求国家对社会的财富和资源进行合理的分配以达到社会公正；而财产权利则强调保障既得权利，即强调既得的财产不受任意干涉地得到保护，这是财产权利与经济权利和社会权利保障之间的部分冲突。因为"为实现对财产的权利和人人真正享有对财产的权利，个人应享有最低程度的有尊严生活所必需的财产，其中包括社会保障和社会援助。如果实现财产权仅仅限定为那些有能力获得财产者拥有财产的权利以及保证这些人在这些已有的财产权中免受干涉，那么至少从道义上讲，证明财产权的正当理由是有难度的"。[1] 私有财产权作为一项宪法权利，同时具有对抗公权力和私权利的双重属性。

（二）财产权的法律保障

1. 各国宪法。近代财产权的宪法起源可以追溯到1215年英国《自由大宪章》。它确立的限制王权即国家权力以实现保护财产权利的原则体现在三个方面：①确立了国家征收税收的目的并且对其进行限制的原则。②确立了未经人民同意国王不得任意征收税收的原则。③确立了未经审判程序不得剥夺个人财产的原则。1295年英国《无承诺不课税法》，进一步确立了对国家侵犯财产权利进行限制的原则：①规定国家征收税收必须获得人民的同意；②确定限制国家对个人财产进行征收，为近代宪法限制国家征收财产的行为奠定了基础。

1789年法国《人权宣言》第17条规定："财产是神圣不可侵犯的权利，除非当合法认定的公共需要所显然必需时，且在公平而预先赔偿的条件下，任何人的财产不得受到剥夺。"1791年法国《宪法》重复了这一规定。

1791年美国《宪法》第5条修正案规定："任何人不得不经由法律正当程序，即被剥夺生命、自由或财产；私有财产不得未获公正补偿即遭占取。"该规定确立了剥夺财产的原则，并且规定只有在给予公正补偿的前提下，始得对私有财产进行征收，这成为美国宪法对财产权保护的最高规则。

1919德国《魏玛宪法》第153条第1款规定："所有权，受宪法之保障。其内容及限制，以法律规定之。"第2款规定："公用征收，仅限于禆益公共福利及有法律根据时，始得行之。公用征收，除联邦法律有特别规定外，应予相当赔偿。赔偿之多寡，如有争执时，除联邦宪法有特别规定外，准其在普通法院提起诉讼。联邦对于各邦自治区及公益团体行使公用征收权时，应给予赔偿。"该规定确立只有法律为了公共福利才可以规定国家对财产进行征收，并且可以通过司法程序寻求相当赔偿。1949年德国《基本法》第14条规定："①财产和继承权利受到保障。它们的内容和

---

[1] [芬] C. 克罗斯："财产权"，载 [挪] A. 艾德等：《经济、社会和文化的权利》，黄列译，中国社会科学出版社2003年版，第231页。

范围由法律决定。②财产应负义务。财产的使用也应为社会福利服务。③只有为社会福利才能允许征用。只能由法律或依法实行征用，法律应规定赔偿的性质和程度。这种赔偿取决于建立公共利益和有关人的利益之间的公正平衡。在关于赔偿的数额发生争执的情况下，可向普通法院提出诉讼。"

2. 国际人权公约。1948年《世界人权宣言》第17条规定："①人人得有单独的财产所有权以及同他人合有的所有权。②任何人的财产不得任意剥夺。"

3. 中国宪法。新中国成立后，宪法对财产权的规定基本上采取了分别规定国家财产、集体财产和个人财产的方式。1949年《共同纲领》第3条规定："……保护国家的公共财产和合作社的财产，保护工人、农民、小资产阶级和民族资产阶级的经济利益及其私有财产，发展新民主主义的人民经济，稳步地变农业国为工业国。"该规定把国家的公共财产和集体组织的财产与个人的财产并列予以规定，对以后的立宪产生了影响。

1954年《宪法》第11条规定："国家保护公民的合法收入、储蓄、房屋和各种生活资料的所有权。"这里的财产权主要包括收入、储蓄、房屋和各种生活资料的所有权而不包括生产资料。该规定被1975年《宪法》第9条第2款、1978年《宪法》第9条重复规定。

1982年《宪法》第13条规定："国家保护公民的合法的收入、储蓄、房屋和其他合法财产的所有权。国家依照法律规定保护公民的私有财产的继承权。"该规定把1954年《宪法》中财产权包括的"各种生活资料的所有权"扩大为"其他合法财产的所有权"。

新中国的几部《宪法》对公民的合法财产和私有财产的继承权等问题作了不同形式的规定，但内容与体系不完整，尤其是缺乏尊重和保障私有财产的社会与法律基础。第四次宪法修改以前，宪法对私有财产权的规定是不完善的，主要为：没有形成私有财产保障的理念；财产权的保障对象不明确，基本排斥了对其他生产资料的保护，只保护合法收入、储蓄、房屋等生活资料，对公民作为财产权主体应享有的生产资料所有权没有给予必要的保护。在具体保障私有财产权的规范体系与制度上，现行《宪法》没有明确地确立私有财产权的宪法地位，只规定限制的原则，没有从宪法角度规定补偿原则和程序。在公共权力与私有财产的保护上，过去采用的原则是不平等的，其对公共财产的保护采取更为积极和主动的政策，而对私有财产的保护显得消极和被动，在具体保障力度上明显向公共财产倾斜，导致两种财产权保护的不平等。由于财产权保护原则的不平等，客观上产生了一系列社会问题。例如，私有财产的拥有者缺乏对财产的安全感，开始出现了向国外转移财产的现象；出现了强行拆迁、拖欠民工工资、非法占用耕地等现象。从宪法角度看，近年来我国社会发展中公益与私益之间产生冲突的重要原因之一是私人财产权缺乏有效的保障。

随着市场经济的发展、公民个人财富的积累与公众法律意识的提高，公众对财产权的保护问题给予了高度关注，要求国家法律体制提供有效保护，同时，社会主体普遍要求政府加强对私人财产权的保护。2004年宪法修正案适应保护私有财产的客观需要，将《宪法》第13条"国家保护公民的合法的收入、储蓄、房屋和其他合法财产的所有权。国家依照法律规定保护公民的私有财产的继承权"修改为"公民的合法的私有财产不受侵犯。国家依照法律规定保护公民的私有财产权和继承权。国家为了公共利益的需要，可以依照法律规定对公民的私有财产实行征收或者征用并给予补偿"。这样修改，进一步完善和发展了私有财产保护制度。

(三) 修宪前后的重大变化

1. 加大对私有财产的保护力度。①提升了私有财产保护的法律地位。现行法律对私有财产的保护有一系列规定，而现行《宪法》的有关规定则与此不相适应。宪法修正案提升了私有财产保护的法律地位。②加大了对私有财产的保护力度。2004年宪法修正案规定"公民的合法的私有财产不受侵犯"。"不受侵犯"就是指不得侵入和触犯，不受非法干涉，权利不受损害，从而强调了保护私有财产的严肃性。

2. 扩大私有财产的保护范围。1982年《宪法》对财产权的保护采取了列举的方式，保护的范围仅限于生活资料，没有规定生产资料的保护范围。财产权范围的不确定性，直接影响了财产拥有者创造财富的积极性，使财富的积累经常伴随着不安与非议。这次宪法修正案对公民的私有财产形态不再一一列举，而是采取概括的方式，改用"私有财产"和"私有财产权"的表述，实际上扩大了私有财产的保护范围。

(1) 以概括式取代列举式。随着经济的发展，公民财产权的范围日益扩大，出现了新的权利类型，如投资权利、从事生产经营的权利等。另外，在市场经济发展中出现的非按劳分配而得到的收入，如证券收入、红利股息收入等，需要从法律上明确其性质与地位。公民在实际生活中取得财产权的方式是多种多样的，很难在宪法中一一列举。根据财产权的性质，宪法修正案没有采取对财产权列举的方式，只确定了一个原则，即合法的财产权受到法律保护。在财产权的宪法保护界限上，宪法的保护只限于合法的财产权范围，并不保护不合法的私有财产，在这里，"合法"是一种严格的法律判断，旨在强调财产积累过程的合法性，要求社会成员通过诚实的劳动积累财富，树立合法致富光荣的社会风气。

(2) 以"财产权"代替"所有权"，在权利含义上更加准确、全面。1982年《宪法》规定的所有权概念并不包括财产权的所有内容，它只是财产权的一部分，无法完整地表述财产权的基本内容。为了明确公民私有财产中生产资料的保护范围，宪法修正案以财产权代替原宪法条文中的所有权，并确立了私有财产权不受侵犯的宪法原则。根据宪法修正案的精神，公民的生活资料和生产资料都应受宪法保护，如公民的股权、土地承包权、承包经营权、专利、发明权等。

(3) 确立了对私有财产的征收征用制度。与任何权利一样，财产权的存在并不是绝对的，财产权的社会性实际上决定了财产权存在的界限。各国宪法一方面规定财产权保护原则，另一方面对财产权也规定了必要的限制。宪法修正案规定：国家为了公共利益的需要，可以依照法律规定对公民的私有财产实行征收或征用并给予补偿。这样规定是为了正确处理私有财产保护和公共利益需要、公民权利和国家权力之间的关系，它是在总结现行有关法律的实施经验与借鉴一些国家的做法的基础上，确定了我国的征收、征用制度。

（四）财产权的限制

1. 限制的条件。

（1）必须基于公共利益，即社会整体利益，体现国家国防、外交等重大的国家利益，既要考虑为公益而采取的国家政策的价值，也要考虑社会正义的价值。公共利益不同于团体、社会组织或商业的利益，应进行严格的限定。实践中存在的以公共利益的名义侵犯公民财产权的现象，实际上保护了商业利益和不正当的社会公共利益。

（2）必须依照法定程序的原则。征收、征用在一定程度上限制了公民的私有财产权。为了防止这种手段的滥用，平衡私有财产保护和公共利益需要的关系，征收、征用必须严格依照法律规定的程序进行。

（3）对于为了公共利益对公民财产权进行的任何限制，必须给予合理的补偿。为公共利益而进行的征收或征用给权利人造成了不同程度和不同形式的财产损失，故从权利保护角度给予合理补偿是十分必要的。宪法修正案对补偿制度的规定对于保护公民的财产权将产生重要影响，有助于公民运用损失补偿请求权得到权利救济。

2. 限制的种类。

（1）没收。没收是指对通过违反法律禁止性规定取得的财产，国家依照法律规定对该财产强制剥夺的法律制裁方式。对违反行政法取得的财产给予没收的法律制裁，只有法律、行政法规有权设定。

（2）征收。征收是指国家为了公共利益的需要，对公民合法享有的财产强制取得，并给财产所有人合理补偿的一种强制措施。征收和征用共同之处在于，都是为了公共利益需要，都要经过法定程序，都要依法给予补偿。不同之处在于，征收主要是所有权的改变，征用只是使用权的改变。《立法法》第8条第7项规定，对非国有财产的征收、征用，只能由法律予以规定。无论是中央政府还是地方政府，除非为了公共利益且给予补偿，否则，都不得凭借国家权力强制将私有财产收归国有。

（3）征用。征用是指国家为了公共利益，依照法律规定使用非国有财产或者劳务，并给予补偿的一种法律制度。征用既可以发生在紧急情况下，也可能适用于一般情况。如《戒严法》第17条规定："根据执行戒严任务的需要，戒严地区的县级以上人民政府可以临时征用国家机关、企业事业组织、社会团体以及公民个人的房屋、场所、设施、运输工具、工程机械等。在非常紧急的情况下，执行戒严任务的人民警察、人民武装警察、人民解放军的现场指挥员可以直接决定临时征用，地方人民政府应当给予协助。实施征用应当开具征用单据。前款规定的临时征用物，在使用完毕或者戒严解除后应当及时归还；因征用造成损坏的，由县级以上人民政府按照国家有关规定给予相应补偿。"

(4) 国有化。国有化是指国家将原本不属于国家所有的企业或者某些特别的产业，转移给国家所有的一种措施。在 20 世纪 50 年代初期，国家根据当时社会的发展情况和国家的政策，对在中华人民共和国成立之前设立的属于外国资本家和本国资本家所有的企业，收归国家所有，由国家进行经营管理。1979 年以来，中国实行改革开放的经济体制改革的基本方针与政策，为了建立一个稳定的经济秩序与发展环境，增强投资者的信心，《宪法》第 18 条规定了国外企业和其他国外的经济组织在中国的法律地位受中国法律保护。《合资企业法》《外资企业法》《台湾同胞投资保护法》，均明确规定对于外国投资和台湾同胞投资的企业，国家不实行国有化。对于境内私营企业与民营企业，根据《宪法》第 11、15 条的规定，国家不实行国有化。

二、劳动权

（一）劳动权的概念与性质

公民的劳动权是指有劳动能力的公民有劳动并按照劳动的数量和质量取得报酬的权利。劳动权是人们赖以生存的基本权利，也是其他权利的基础。劳动权作为基本权利，具有自由权与社会权的综合性质。劳动者进行劳动的权利不受侵犯，对公共权力进行防御的功能体现了自由权的基本精神。同时，劳动者通过劳动追求幸福生活，并要求国家积极创造条件，在这种意义上劳动权又具有社会权性质。在劳动权的具体实现过程中劳动者行使的劳动权的社会权性质表现得更为突出。

（二）劳动权的基本特征

1. 劳动权的平等性。凡是具有劳动能力的公民，都有权平等地参加社会劳动，享有平等的就业机会。劳动就业权是劳动权的核心内容，是公民行使劳动权的前提。《劳动法》第 3 条规定"劳动者享有平等就业和选择职业的权利"。第 12 条规定："劳动者就业，不因民族、种族、性别、宗教信仰不同而受歧视。"

2. 取得报酬权。参加社会劳动的公民有权根据所提供的劳动数量和质量获得相应的报酬。劳动权的行使与报酬是相适应的。劳动报酬是公民付出一定劳动后所获得的物质补偿。为了保障劳动者取得报酬权，我国实行最低工资保障制度。

3. 劳动权具有双重性。劳动权既是权利，又是义务。宪法规定，劳动是一切有劳动能力的公民的光荣职责。公民有权根据自己的能力参加社会劳动、取得相应报酬，同时有义务参加社会劳动。这种权利与义务的一致性反映了我国社会主义条件下劳动的性质。从公民对国家方面来说，公民参加劳动是在为国家和集体创造物质财富，国家富裕了，公民个人的生活才能得到根本的物质保障。因此，公民积极参加劳动，既是一种权利，又是一项应尽的光荣职责。国有企业、城乡集体经济组织和私营经济、个体经济的劳动者，要以国家主人翁的态度，以高度的责任心和创造精神对待自己的劳动。我国正处于社会主义初级阶段，实行的是以按劳分配为主体的多种分配方式。宪法规定，国家提倡社会主义劳动竞赛，奖励劳动模范和先进工作者，保护和奖励发明，提倡公民从事义务劳动。此外，国家对就业前的公民，依法进行必要的劳动就业训练。城乡劳动者接受国家为他们提供的教育和训练，既是他们的权利，也是他们的义务。

(三) 劳动权的法律保障

1. 国际人权公约。

(1) 1948年《世界人权宣言》第23条规定："①人人有权工作、自由选择职业、享受公正和合适的工作条件并享受免于失业的保障。②人人有同工同酬的权利，不受任何歧视。③每一个工作的人，有权享受公正和合适的报酬，保证使他本人和家属有一个符合人的生活条件，必要时并辅以其他方式的社会保障。④人人有为维护其利益而组织和参加工会的权利。"

(2) 1966年《公民权利和政治权利国际公约》第8条规定："一、任何人不得使为奴隶；一切形式的奴隶制度和奴隶买卖均应予以禁止。二、任何人不应被强迫役使。三、(甲)任何人不应被要求从事强迫或强制劳动；(乙)在把苦役监禁作为一种对犯罪的惩罚的国家中，第三款(甲)项的规定不应认为排除按照由合格的法庭关于此项刑罚的判决而执行的苦役；(丙)为了本款之用，'强迫或强制劳动'一辞不应包括：①通常对一个依照法庭的合法命令而被拘禁的人或在此种拘禁假释期间的人所要求的任何工作或服务，非属(乙)项所述者；②任何军事性质的服务，以及在承认良心拒绝兵役的国家中，良心拒绝兵役者依法被要求的任何国家服务；③在威胁社会生命或幸福的紧急状态或灾难的情况下受强制的任何服务；④属於正常的公民义务的一部分的任何工作或服务。"

(3) 1966年《经济、社会及文化权利国际公约》确认劳动权是一项基本权利。首先，确认国家保障公民劳动权的义务。第6条规定："①本公约缔约各国承认工作权，包括人人应有机会凭其自由选择和接受的工作来谋生的权利，并将采取适当步骤来保障这一权利。②本公约缔约各国为充分实现这一权利而采取的步骤应包括技术的和职业的指导和训练，以及在保障个人基本政治和经济自由的条件下达到稳定的经济、社会和文化的发展和充分的生产就业的计划、政策和技术。"其次，确认劳动的条件。第7条规定："本公约缔约各国承认人人有权享受公正或良好的工作条件，特别要保证：(甲)最低限度给予所有工人以下列报酬：①公平的工资和同值工作同酬而没有任何歧视，特别是保证妇女享受不差于男子所享受的工作条件，并享受同工同酬；②保证他们自己和他们的家庭得有符合本公约规定的过得去的生活；(乙)安全和卫生的工作条件；(丙)人人在其行业中适当的提级的同等机会，除资历和能力的考虑外，不受其他考虑的限制；(丁)休息、闲暇和工作时间的合理限制，定期给薪休假以及公共假日报酬。"最后，确认劳动基本权。第8条规定："①本公约缔约各国承担保证：(甲)人人有权组织工会和参加他所选择的工会，以促进和保护他的经济和社会利益；这个权利只受有关工会的规章的限制。对这一权利的行使，不得加以除法律所规定及在民主社会中为了国家安全或公共秩序的利益或为保护他人的权利和自由所需要的限制以外的任何限制；(乙)工会有权建立全国性的协会或联合会，有权组织或参加国际工会组织；(丙)工会有权自由地进行工作，不受除法律所规定及在民主社会中为了国家安全或公共秩序的利益或为保护他人的权利和自由所需要的限制以外的任何限制;(丁)有权罢工,但应按照各个国家的法律行使此项权利。②本条不应禁止对军队或警察或国家行政机关成员的行使这些权利,加以合法的限制。③本条并不授权参加 1948 年关于结社自由及保护组织权国际劳工公约的缔约国采取足以损害该公约中所规定的保证的立法措施,或在应用法律时损害这种保证。"

2. 中国宪法。

(1) 1954 年《宪法》第 91 条规定:"中华人民共和国公民有劳动的权利。国家通过国民经济有计划的发展,逐步扩大劳动就业,改善劳动条件和工资待遇,以保证公民享受这种权利。"

(2) 1975 年《宪法》第 27 条将劳动权与所有基本权利放在一条里面,规定"公民有劳动的权利"。

(3) 1978 年《宪法》第 48 条规定:"公民有劳动的权利。国家根据统筹兼顾的原则安排劳动就业,在发展生产的基础上逐步提高劳动报酬,改善劳动条件,加强劳动保护,扩大集体福利,以保证公民享受这种权利。"

(4) 1982 年《宪法》第 42 条规定:"中华人民共和国公民有劳动的权利和义务。国家通过各种途径,创造劳动就业条件,加强劳动保护,改善劳动条件,并在发展生产的基础上,提高劳动报酬和福利待遇。劳动是一切有劳动能力的公民的光荣职责。国营企业和城乡集体经济组织的劳动者都应当以国家主人翁的态度对待自己的劳动。国家提倡社会主义劳动竞赛,奖励劳动模范和先进工作者。国家提倡公民从事义务劳动。国家对就业前的公民进行必要的劳动就业训练。"

3. 其他部门法。我国调整劳动关系的法律主要有《劳动合同法》《工会法》《职业病防治法》《安全生产法》《矿山安全法》等。行政法规主要有《女职工劳动保护规定》《禁止使用童工规定》《失业保险条例》《工伤保险条例》《企业劳动争议处理条例》《劳动保障监察条例》等。行政规章主要有《集体合同规定》《违反和解除劳动合同的经济补偿办法》《违反〈劳动法〉有关劳动合同规定的赔偿办法》《企业最低工资规定》等。批准了 24 个国际劳工组织通过的国际劳工公约,如《消除就业和职业歧视公约》《准予就业最低年龄公约》《男女工人同工同酬公约》等。

三、休息权

(一)休息权的概念与基本特征

1. 休息权的概念。休息权是指劳动者休息和休养的权利,它是劳动者获得生存权的必要条件。休息权作为劳动者享有的基本权利,与劳动权形成完整的统一体,没有休息权,劳动权则无法实现。

2. 休息权的基本特征。

(1)休息权是实现劳动权的必要条件。劳动者在付出一定的劳动以后,需要消除疲劳,恢复必要的劳动能力,休息权本身是劳动权存在和发展的基础。

（2）休息权是劳动者享受文化生活、自我提高的重要权利。休息权不仅为劳动者提供充分地恢复体力的机会，而且为劳动者参加各种文化与社会活动、提高文化素质提供了机会。因此，休息权是劳动者自我发展不可缺少的条件。

（3）休息权是一种法定的权利，在享有休息权期间任何人不得以任何理由侵犯其法定休息权。劳动者有权自行安排自己休息权期间的活动，用工单位不得扣除所应付的工资。

（二）休息权的法律保障

1. 国际人权公约。1948年《世界人权宣言》第24条规定："人人有享有休息和闲暇的权利，包括工作时间有合理限制和定期给薪休假的权利。"1966年《经济、社会及文化权利国际公约》第7条第2款第4项规定，本公约缔约各国承认人人有权享受公正或良好的工作条件，特别要保证休息、闲暇和工作时间的合理限制，定期给薪休假以及公共假日报酬。

2. 中国宪法。

（1）1954年《宪法》第92条规定："中华人民共和国劳动者有休息的权利。国家规定工人和职员的工作时间和休假制度，逐步扩充劳动者休息和休养的物质条件，以保证劳动者享受这种权利。"

（2）1975年《宪法》第27条第2款规定："公民有劳动的权利，有受教育的权利。劳动者有休息的权利，在年老、疾病或者丧失劳动能力的时候，有获得物质帮助的权利。"

（3）1978年《宪法》第49条规定："劳动者有休息的权利。国家规定劳动时间和休假制度，逐步扩充劳动者休息和休养的物质条件，以保证劳动者享受这种权利。"

（4）1982年《宪法》第43条第1款规定："中华人民共和国劳动者有休息的权利。"同时第2款规定："国家发展劳动者休息和休养的设施，规定职工的工作时间和休假制度。"根据《劳动法》的规定，我国职工每日工作不超过8小时，平均每周工作不超过44小时。目前，我国劳动者的休息时间主要有：工作日中应给予劳动者的一定用于休息和用膳的间歇时间；公休假日；法定休假节日；年休假；探亲假；等等。

四、社会保障权

（一）社会保障权的概念

社会保障是指国家对社会成员在年老、疾病、伤残、失业、遭受灾害、生活困难等情况时，依法给予物质帮助的制度。一般来说，社会保障由社会保险、社会救济、社会福利、优抚安置等组成，具有法定性、普遍性、社会性、强制性等特点。根据党的十六大精神，2004年宪法修正案在《宪法》第14条中增加1款，作为第4款："国家建立健全同经济发展水平相适应的社会保障制度。"

（二）社会保障权的法律保障

1. 国际公约。

（1）1948年《世界人权宣言》从三个方面确认了社会保障权是一项基本人权。

①社会保障权是个人作为社会组成部分需要社会给予的保障。第22条规定:"每个人,作为社会的一员,有权享受社会保障,并有权享受他的个人尊严和人格的自由发展所必需的经济、社会和文化方面各种权利的实现,这种实现是通过国家努力和国际合作并依照各国的组织和资源情况。"②失业保障。第23条第1、3款规定,"人人有权工作、自由选择职业、享受公正和合适的工作条件并享受免于失业的保障;每一个工作的人,有权享受公正和合适的报酬,保证使他本人和家属有一个符合人的生活条件,必要时并辅以其他方式的社会保障。"③最低生活保障和其他社会保障。第25条第1款规定:"人人有权享受为维持他本人和家属的健康和福利所需的生活水准,包括食物、衣着、住房、医疗和必要的社会服务;在遭到失业、疾病、残废、守寡、衰老或在其他不能控制的情况下丧失谋生能力时,有权享受保障。"

(2)1966年《经济、社会及文化权利国际公约》进一步发展了社会保障权。社会保障首先包括社会保险。第9条规定:"本公约缔约各国承认人人有权享受社会保障,包括社会保险。"其次是最低生活保障及其实现途径。第11条规定:"①本公约缔约各国承认人人有权为他自己和家庭获得相当的生活水准,包括足够的食物、衣着和住房,并能不断改进生活条件。各缔约国将采取适当的步骤保证实现这一权利,并承认为此而实行基于自愿同意的国际合作的重要性。②本公约缔约各国既确认人人享有免于饥饿的基本权利,应为下列目的,个别采取必要的措施或经由国际合作采取必要的措施,包括具体的计划在内:(甲)用充分利用科技知识、传播营养原则的知识、和发展或改革土地制度以使天然资源得到最有效的开发和利用等方法,改进粮食的生产、保存及分配方法;(乙)在顾到粮食入口国家和粮食出口国家的问题的情况下,保证世界粮食供应,会按照需要,公平分配。"③医疗保障。第12条规定:"①本公约缔约各国承认人人有权享有能达到的最高的体质和心理健康的标准。②本公约缔约各国为充分实现这一权利而采取的步骤应包括为达到下列目标所需的步骤:(甲)减低死胎率和婴儿死亡率,和使儿童得到健康的发育;(乙)改善环境卫生和工业卫生的各个方面;(丙)预防、治疗和控制传染病、风土病、职业病以及其他的疾病;(丁)创造保证人人在患病时能得到医疗照顾的条件。"

2. 中国宪法。

(1)1954年《宪法》第93条规定:"中华人民共和国劳动者在年老、疾病或者丧失劳动能力的时候,有获得物质帮助的权利。国家举办社会保险、社会救济和群众卫生事业,并且逐步扩大这些设施,以保证劳动者享受这种权利。"

(2)1975年《宪法》第27条第2款规定:"公民有劳动的权利,有受教育的权利。劳动者有休息的权利,在年老、疾病或者丧失劳动能力的时候,有获得物质帮助的权利。"

(3)1978年《宪法》第50条规定:"劳动者在年老、生病或者丧失劳动能力的时候,有获得物质帮助的权利。国家逐步发展社会保险、社会救济、公费医疗和合作医疗等事业,以保证劳动者享受这种权利。国家关怀和保障革命残废军人、革命烈士家属的生活。"

（4）现行《宪法》第 14 条第 4 款规定："国家建立健全同经济发展水平相适应的社会保障制度。"第 44 条规定："国家依照法律规定实行企业事业组织的职工和国家机关工作人员的退休制度。退休人员的生活受到国家和社会的保障。"第 45 条规定："中华人民共和国公民在年老、疾病或者丧失劳动能力的情况下，有从国家和社会获得物质帮助的权利。国家发展为公民享受这些权利所需要的社会保险、社会救济和医疗卫生事业。国家和社会保障残废军人的生活，抚恤烈士家属，优待军人家属。国家和社会帮助安排盲、聋、哑和其他有残疾的公民的劳动、生活和教育。"

3. 其他法律规范。《劳动法》第 70 条规定："国家发展社会保险事业，建立社会保险制度，设立社会保险基金，使劳动者在年老、患病、工伤、失业、生育等情况下获得帮助和补偿。"依此规定，劳动者在下列情形下，依法享受社会保险待遇：①退休；②患病、负伤；③因工伤残或者患职业病；④失业；⑤生育。劳动者死亡后，其遗属依法享受遗属津贴。劳动者享受社会保险待遇的条件和标准由法律、法规规定。

中国调整社会保障制度的法律规范主要有行政法规《失业保险条例》《工伤保险条例》和国务院的规范性文件，如《国务院关于深化企业职工养老保险制度改革的通知》《国务院关于建立统一的企业职工基本养老保险制度的决定》《国务院办公厅关于继续做好确保国有企业下岗职工基本生活和企业离退休人员养老金发放工作的通知》《国务院办公厅转发民政部关于进一步做好农村社会养老保险工作意见的通知》《国务院关于建立城镇职工基本医疗保险制度的决定》等。还包括劳动与社会保障部门的行政规章和规范性文件，如《关于完善城镇职工基本养老保险政策有关问题的通知》《关于规范企业职工基本养老保险个人账户管理有关问题的通知》《企业职工生育保险试行办法》等。此外，各省、市、自治区也制定了相应的有关社会保障的地方性法规、地方政府规章和规范性文件。

（三）社会保障权的内容

社会保障权的内容是多方面的，通常可分为实体的社会保障请求权和程序的社会保障请求权。实体的社会保障请求权是指个人向国家提出的具体请求，主要包括所得保障、医疗保障、福利保障、教育保障等。程序的社会保障请求权是指实现实体的社会保障权所需要的一种救济程序。

在我国，社会保障权主要表现为公民的物质帮助权。宪法规定，中华人民共和国公民在年老、疾病或者丧失劳动能力的时候，有获得物质帮助的权利。国家举办社会保险、社会救济和群众卫生事业，并且逐步扩大这些设施以保证劳动者享受这种权利。除宪法的规定外，有关法律、法规具体规定了社会保障权的内容及其实现方式。社会保障权作为一种权利体系，由生育保障权、疾病保障权、伤残保障权、死亡保障权与退休保障权等具体权利构成。

在实现社会保障权的过程中，发展社会保险制度是一种重要形式。从各国社会保障制度的发展看，社会保险对人权保障产生直接的影响，具体表现在：社会保险是一种防止贫困的所得保障手段,即政府向被保险人提供保险金,以保证被保险者的生活安定和福利;社会保险是一种强制性的保险,国家为了消除贫富差别和地区之间的差异,要求社会成员参加社会保险;社会保险对国家而言是一种非营利性事业。目前,我国的社会保险主要包括养老保险、医疗保险、工伤保险、失业保险、生育保险等。

(四) 社会保障权的界限

对于社会保障权主体而言,社会保障只是一种起补充作用的制度。因此,社会保障客观上有它的界限,即社会保障不能超过补充的限度。国家需要投入必要的物质资源,既要防止提供的物质帮助过少,又要防止提供的物质帮助超过一定数量。根据一个国家经济与文化发展情况,应选择适当的社会保障方式,发挥社会保障制度的利益调整功能。当公民的社会保障权受到侵犯时,公民可以通过法律或宪法程序得到救济。

我国《宪法》规定社会保障制度要与经济发展水平相适应,既不能落后于经济发展水平,以免发挥不了应有的作用;也不能超越经济发展水平,超出社会各方面的承受能力。由于社会保障权是补充性的权利,在具体保障与救济方面也需要根据权利侵害的事实,做出合理的判断。

综上所述,在《宪法》中规定"建立健全同经济发展水平相适应的社会保障制度",充分体现了以人为本的思想,反映了经济与社会协调发展的要求,为建立健全社会保障制度提供了宪法依据,对于完善社会主义市场经济体制、维护社会稳定和国家的长治久安、保障公民权利的实现、全面建设小康社会,必将发挥重要的促进作用。

第六节 文化教育权

文化教育权利是指公民在文化与教育领域享有的权利与自由,是一种综合性的权利体系,主要由文化权利与教育权利组成,是国家发展文化与教育事业的重要基础,对于建设社会主义精神文明,提高全民族的文化水平有着重要意义。文化教育权利的发展程度直接影响公民的政治权利、经济权利等基本权利的实现程度,是保障公民宪法地位的不可忽视的因素,主要表现为科学研究的自由、文艺创作的自由和从事其他文化活动的自由。

一、受教育权

(一) 受教育权的概念

我国《宪法》第46条第1款规定:"中华人民共和国公民有受教育的权利和义务。"公民享有受教育的权利和义务,是指公民有在国家和社会提供的各类学校和机构中学习文化科学知识的权利,有在一定条件下依法接受各种形式的教育的义务。

我国宪法之所以规定公民有受教育的权利和义务，是因为：①公民接受教育是整个科学文化发展的基础。要提高科学文化发展水平，促进科学技术的进步，首要前提必须是广大人民群众有文化、有知识。而要做到这点，就必须大力发展教育事业，使人人都有接受教育的机会，否则，就无从谈及文化教育技术的发展。②公民接受教育是进行物质文明、政治文明和精神文明建设的前提条件。积极提高公民的文化知识和科学技术水平，对于促进社会主义"三个文明"建设，有着十分重要的意义。因为进行社会主义现代化建设需要先进的科学技术知识，需要有千千万万掌握了先进科学技术和具有高度觉悟的劳动者，而这样的人才要靠发展教育去培训。因此，一方面，国家有义务创办各种教育机构和文化设施，以保证公民享有受教育的权利；另一方面，公民也有义务通过各种形式的教育，提高自身的文化和业务水平，以适应国家现代化建设的需要。

（二）受教育权的基本特征

1. 受教育权是自由权与社会权的统一，其中，社会权反映了受教育权的实质内容。受教育权的自由权性质要求有能力的公民均等地享有受教育权；而受教育权的社会权性质则要求国家为那些有能力但因经济等问题不能享有受教育权的公民提供条件与环境。

2. 受教育权是通过公民的能力开发建设文化国家的重要手段。

3. 受教育权具有双重性，即受教育权既是公民的一项权利，也是公民的一项义务。国家一方面为公民享有受教育权提供各种机会，另一方面有权要求公民履行教育方面应尽的义务。

4. 根据社会成员的能力，获得平等的受教育权的机会是宪法价值的具体体现。宪法确定的平等权在人们的职业生活与经济活动中起到保障与协调作用。政治国家的宪法向社会国家的宪法的转变很大程度上取决于受教育权价值的实现程度。因此，受教育权是实现社会国家的一种基础与手段。

（三）受教育权的法律保障

1. 国际公约。

（1）1948年《世界人权宣言》第26条规定："①人人都有受教育的权利，教育应当免费，至少在初级和基本阶段应如此。初级教育应属义务性质。技术和职业教育应普遍设立。高等教育应根据成绩而对一切人平等开放。②教育的目的在于充分发展人的个性并加强对人权和基本自由的尊重。教育应促进各国、各种族或各宗教集团间的了解、容忍和友谊，并应促进联合国维护和平的各项活动。③父母对其子女所应受的教育的种类，有优先选择的权利。"

（2）1966年《经济、社会及文化权利国际公约》第13条规定："①本公约缔约各国承认，人人有受教育的权利。它们同意，教育应鼓励人的个性和尊严的充分发展，加强对人权和基本自由的尊重，并应使所有的人能有效地参加自由社会，促进各民族之间和各种族、人种或宗教团体之间的了解、容忍和友谊，和促进联合国维护和平的各项活动。②本公约缔约各国认为,为了充分实现这一权利起见:(甲)初等教育应属义务性质并一律免费;(乙)各种形式的中等教育,包括中等技术和职业教育,应以一切适当方法,普遍设立,并对一切人开放,特别要逐渐做到免费;(丙)高等教育应根据成绩,以一切适当方法,对一切人平等开放,特别要逐渐做到免费;(丁)对那些未受到或未完成初等教育的人的基础教育,应尽可能加以鼓励或推进;(戊)各级学校的制度,应积极加以发展;适当的奖学金制度,应予设置;教员的物质条件,应不断加以改善。③本公约缔约各国承担,尊重父母和(如适用时)法定监护人的下列自由:为他们的孩子选择非公立的但系符合于国家所可能规定或批准的最低教育标准的学校,并保证他们的孩子能按照他们自己的信仰接受宗教和道德教育。④本条的任何部分不得解释为干涉个人或团体设立及管理教育机构的自由,但以遵守本条第1款所述各项原则及此等机构实施的教育必须符合于国家所可能规定的最低标准为限。"第14条规定:"本公约任何缔约国在参加本公约时尚未能在其宗主领土或其他在其管辖下的领土实施免费的、义务性的初等教育者,承担在2年之内制定和采取一个逐步实行的详细的行动计划,其中规定在合理的年限内实现一切人均得受免费的义务性教育的原则。"

2. 中国宪法。

(1) 1949年《共同纲领》第46条规定:"中华人民共和国的教育方法为理论与实际一致。人民政府应有计划有步骤地改革旧的教育制度、教育内容和教学法。"第47条规定:"有计划有步骤地实行普及教育,加强中等教育和高等教育,注重技术教育,加强劳动者的业余教育和在职干部教育,给青年知识分子和旧知识分子以革命的政治教育,以应革命工作和国家建设工作的广泛需要。"

(2) 1954年《宪法》第94条规定:"中华人民共和国公民有受教育的权利。国家设立并且逐步扩大各种学校和其他文化教育机关,以保证公民享受这种权利。国家特别关怀青年的体力和智力的发展。"

(3) 1975年《宪法》把受教育权放在其他各项基本权利中予以规定。

(4) 1978年《宪法》第51条第1款规定:"公民有受教育的权利。国家逐步增加各种类型的学校和其他文化教育设施,普及教育,以保证公民享受这种权利。"

(5) 现行《宪法》第19条规定:"国家发展社会主义的教育事业,提高全国人民的科学文化水平。国家举办各种学校,普及初等义务教育,发展中等教育、职业教育和高等教育,并且发展学前教育。国家发展各种教育设施,扫除文盲,对工人、农民、国家工作人员和其他劳动者进行政治、文化、科学、技术、业务的教育,鼓励自学成才。国家鼓励集体经济组织、国家企业事业组织和其他社会力量依照法律规定举办各种教育事业。国家推广全国通用的普通话。"第46条规定:"中华人民共和国公民有受教育的权利和义务。国家培养青年、少年、儿童在品德、智力、体质等方面全面发展。"

3. 其他法律。我国已建立了较完善的公民受教育权保障体系,在实践中已取得良好的社会效果。有关保障公民受教育权利的法律体系初步建立。除宪法对受教育权作出原则性规定外，我国先后颁布了《义务教育法》《教育法》《高等教育法》《职业教育法》等法律，进一步完善了教育立法。

（四）受教育权的基本内容

根据宪法和有关法律的规定，公民受教育权的基本内容包括：

1. 按照能力受教育的权利。公民按照自己所具有的能力，接受相应的教育。国家可以采取必要的考试制度，使有一定能力的公民享受相应的教育。

2. 享受教育机会的平等。每个公民在宪法和法律所规定的范围内，享有平等的受教育权，不因除能力之外的性别、宗教、社会身份等原因而受不平等的待遇。特别是在入学方面应贯彻平等原则，及时地向社会提供教育设施。如如何解决农民工子女在其父母工作地就近入学以平等接受义务教育的实际需要就是义务教育中特别突出的一个问题。

3. 受教育权通过不同阶段和不同形式得到实现。在我国的受教育权保障体系中，直接与教育功能相联系的形式主要有：幼儿教育、初等教育和初级中等教育、普通高等教育、成人教育等。初等教育和初级中等教育属于义务教育，《义务教育法》规定：国家、社会、学校和家庭依法保障适龄儿童和少年接受义务教育的权利；父母或其他监护人必须使适龄的子女或者被监护人按时入学，接受规定年限的义务教育；适龄儿童、少年因疾病或者特殊情况，需要延缓入学或免予入学的，应由其父母或其他监护人提出申请，经当地人民政府批准；禁止任何组织和个人招用应接受义务教育的适龄儿童、少年就业。随着社会主义市场经济的发展，公民受教育的形式将出现多样化的形式，在保证教育的公共性的前提下，可采取灵活的形式，使公民获得实现教育权的更丰富的形式。

【宪法事例】　　　　　布朗诉教育委员会案
(Brown v. Board of Education of Topeka[1])

由于美国联邦最高法院在普莱西诉弗格森一案中确立了"隔离但平等"原则，且肯萨斯州托皮卡市的学校体系就是按照不同种族设立的，于是，一个8岁儿童琳达·布朗不得不步行1.5公里到一个黑人小学去上学，而她周围的白人朋友们的公立学校却离家很近。他的父母亲奥利弗·布朗夫妇要求当地学校允许他们的孩子在专门为白人子女开办的学校上学，但遭到拒绝。布朗夫妇遂根据联邦宪法第14条修正案关于平等保护的原则，向地区法院提起诉讼。结果，地区法院以"隔离但平等"原则为依据，判决布朗夫妇败诉。1954年，布朗夫妇仍以同样理由上诉联邦最高法院。

美国联邦最高法院在判决中指出，这一案件所涉及的白人学校和黑人学校在有形条件方面是平等的，但是，作为公立学校，采取"隔离但平等"原则很显然有碍

---

[1] 347 U.S. 483, 1954.

于公立学校的教育,不利于保护儿童的平等权利。联邦最高法院在判决中明确指出:在公立教育领域中,"隔离但平等"的理论没有立足之地,隔离的教育设施实质上是不平等的,所以,我们认为,原告们以及这些诉讼所涉及的其他与原告们处于相同境遇的人们,由于他们所控告的种族隔离的原因,他们被剥夺了联邦宪法第14条赋予的法律平等保护权利。这一结论已使我们没有必要再讨论种族隔离是否还违反联邦宪法第14条修正案关于法定程序条款的问题。我们现在宣布,公立教育中的种族隔离是违反法律平等保护的规定的。在公立教育制度中,1896年以来实行的只讲"政治平等"、不讲"社会平等"的原则是不存在的。在普莱西诉弗格森案件中,所有与上述判决相反的言论必须予以否定。

【评注】布朗诉教育委员会案在美国最高法院违宪审查史上具有十分重要的意义,在该案的判决中,联邦最高法院否定了1896年确立的"隔离但平等"原则,实现了对种族平等权的保护。而且该案的判决也意味着联邦最高法院关于平等权的认识发生了转变,真正地将平等权问题放到整个社会发展的大环境中考察,克服了以往仅仅关注"政治平等"的狭隘平等观,将平等权思想扩大到包括受教育权在内的社会各个层面和领域,强调了没有"社会平等"就没有"法律上的平等"的现代平等思想。[1]

二、文化权利

(一) 文化权利的含义

文化是一个没有达成共识的定义。在法律意义上,按照联合国教育科学文化卫生组织通过的决议,"文化视为某个社会或某个社会群体特有的精神与物质、智力与情感方面的不同特点之总和;除了文学和艺术外,文化还包括生活方式、共处的方式、价值观体系、传统和信仰"。[2]

文化权利的实质是保护个人发展和参与其所属群体和社会的文化生活的权利。个人、群体、民族、国家和人类都是文化权利的主体,虽然他们享有的文化权利的内容与范围不尽相同。个人文化权利包括开展科学、技术、文学艺术活动及其产生的精神和物质的利益并受到保护的权利;群体的文化权利包括少数民族、群体保留和发展其特有的艺术、历史、民俗、习惯、语言等各种文化形式的权利;集体文化权利是特定群体从事集体活动和分享、承载共同的价值观,与群体的其他成员共享的物质和精神活动及其成果。[3]

我国《宪法》第47条规定:"中华人民共和国公民有进行科学研究、文学艺术创作和其他文化活动的自由。……"根据这一规定,公民的文化权利包括三个方面内容:即从事科学研究的权利、文艺创作的权利和从事其他文化活动的权利。

---

[1] 韩大元、王建学编著:《基本权利与宪法判例》,中国人民大学出版社2013年版,第49~50页。

[2]《世界文化多样性宣言》(2001年),序言第2段。

[3] [挪] A. 艾德等:《经济、社会和文化的权利》,黄列译,中国社会科学出版社2003年版,第104页。

（二）文化权利的法律保障

1. 国际公约。

（1）1948年《世界人权宣言》第27条规定："①人人有权自由参加社会的文化生活，享受艺术，并分享科学进步及其产生的福利。②人人对由于他所创作的任何科学、文学或美术作品而产生的精神的和物质的利益，有享受保护的权利。"

（2）1966年《经济、社会及文化权利国际公约》第15条规定："①本公约缔约各国承认人人有权：（甲）参加文化生活；（乙）享受科学进步及其应用所产生的利益；（丙）对其本人的任何科学、文学或艺术作品所产生的精神上和物质上的利益，享受被保护之利。②本公约缔约各国为充分实现这一权利而采取的步骤应包括为保存、发展和传播科学和文化所必需的步骤。③本公约缔约各国承担尊重进行科学研究和创造性活动所不可缺少的自由。④本公约缔约各国认识到鼓励和发展科学与文化方面的国际接触和合作的好处。"

2. 中国宪法。

（1）1949年《共同纲领》第43条规定："努力发展自然科学，以服务于工业农业和国防的建设。奖励科学的发现和发明，普及科学知识。"第44条规定："提倡用科学的历史观点，研究和解释历史、经济、政治、文化及国际事务。奖励优秀的社会科学著作。"第45条规定："提倡文学艺术为人民服务，启发人民的政治觉悟，鼓励人民的劳动热情。奖励优秀的文学艺术作品。发展人民的戏剧电影事业。"

（2）1954年《宪法》第95条规定："中华人民共和国保障公民进行科学研究、文学艺术创作和其他文化活动的自由。国家对于从事科学、教育、文学、艺术和其他文化事业的公民的创造性工作，给以鼓励和帮助。"

（3）1978年《宪法》第52条重复了该规定。

（4）现行《宪法》第47条规定："中华人民共和国公民有进行科学研究、文学艺术创作和其他文化活动的自由。国家对于从事教育、科学、技术、文学、艺术和其他文化事业的公民的有益于人民的创造性工作，给以鼓励和帮助。"第20条规定："国家发展自然科学和社会科学事业，普及科学和技术知识，奖励科学研究成果和技术发明创造。"第22条第1款规定："国家发展为人民服务、为社会主义服务的文学艺术事业、新闻广播电视事业、出版发行事业、图书馆博物馆文化馆和其他文化事业，开展群众性的文化活动。"

3. 其他法律。《科学技术进步法》《促进科技成果转化法》《高等教育法》等法律和有关的行政法规，对保障科学研究自由作出了规定。例如《高等教育法》第35条规定："高等学校根据自身条件，自主开展科学研究、技术开发和社会服务。国家鼓励高等学校同企业事业组织、社会团体及其他社会组织在科学研究、技术开发和推广等方面进行多种形式的合作。国家支持具备条件的高等学校成为国家科学研究基地。"第36条规定："高等学校按照国家有关规定，自主开展与境外高等学校之间的科学技术文化交流与合作。"国家只有认真履行了这些宪法和法律义务，才能够为公民实现其科学文化研究自由创造条件。

《专利法》《著作权法》《商标法》等法律和行政法规为文学艺术创作自由进一步确立了保障。

(三) 科学研究自由

1. 科学研究自由的含义。科学研究是对未知领域的探讨，是探求真理的过程，其范围包括自然科学技术、社会科学及人文社会科学研究。科学研究自由是指我国公民在从事社会科学和自然科学研究时，有选择科学研究课题、研究和探索问题、交流学术思想、发表个人学术见解的自由。

2. 科学研究自由的内容。科学研究作为公民的基本权利，其内容包括：公民有自由地对科学领域的问题进行探讨的权利，不允许任何机关、团体和个人非法干涉；公民有权通过各种形式发表自己的研究成果，国家有义务提供必要的物质条件与具体设施；国家积极创造条件，鼓励和奖励科研人员，保护科研成果。就其科学研究的价值而言，自然科学技术、社会科学和人文社会科学具有同等意义，应给予同等的保护。[1]

3. 科学研究自由的限制。科学技术是推动历史进步的巨大力量，是人类社会文明发展水平的重要标志。国家应当尊重科学研究的规律，不得运用国家权力干扰、影响和侵犯公民开展科学研究的活动。但科学研究不得违背宪法所保障的人的固有尊严与价值，尤其不得进行任何有损于人类生命伦理与道德的研究。科学研究应当尊重和遵守公认的生命伦理规范，任何有损固有的尊严与价值，违背人类生命伦理规范的科学研究都应当受到限制。例如，生物医学领域的人类胚胎干细胞研究虽然属于科学研究，但其研究工作并非完全自由。任何此类研究必须符合生命伦理规范，尊重和遵守国际公认的生命伦理准则。因此，我国禁止进行生殖性克隆人的任何研究，允许开展胚胎干细胞和治疗性克隆研究。[2]此外，人体试验、生物武器、研究毒品等行为原则上都是被禁止的。

(四) 文学艺术创作自由

1. 文学艺术创作自由的含义。文学艺术创作自由是指公民有发挥个人的文学艺术创作才能，创作各种形式文学艺术作品的自由。

---

[1] 2005年3月底，清华大学美术学院教授陈丹青因连续4年招不到1名硕士生，向清华大学提出辞职。陈丹青认为，在众多投考他的学生中有许多艺术气质、修养和专业成绩都很优秀的学生，但均因政治和英语成绩不及格而落选。此外，现行人文艺术教育体制的"量化""管理""科学""科研"等与人文艺术及其相关教育无涉的内容也难以使其适应。徐友渔："'清华博导愤怒'拷问招研究生体制"，http://opinion.people.com.cn/GB/35560/3500124.html，访问时间：2006年4月25日。这一事件某种程度上反映了部分现行教育制度与科学研究自由权利的冲突。

[2] 《人胚胎干细胞研究伦理指导原则》(2004年) 第9条规定："从事人胚胎干细胞的研究单位应成立包括生物学、医学、法律或社会学等有关方面的研究和管理人员组成的伦理委员会，其职责是对人胚胎干细胞研究的伦理学及科学性进行综合审查、咨询与监督。"

2. 文学艺术创作自由的形式。文学艺术创作活动以一定的形式体现。这些形式主要是文学艺术作品，包括文学和艺术领域内的一切作品，如图书、讲课、演讲、讲道、戏剧、舞蹈、乐曲、电影作品、图画、建筑、雕塑、摄影作品等，还包括翻译、改编、乐曲整理及某一文学或艺术作品经其他改造的演绎作品。文学艺术作品的内容与特点决定于社会的实践需要与社会发展的水平，也是社会群体精神文化生活的反映。[1]

3. 文学艺术创作自由的限制。文学艺术创作的规律与特点决定了其与公民的隐私权、名誉权等其他权利偶尔会产生冲突，在这种情况下，我们应该依照文学艺术作品的学术规范，遵循利益平衡原则，在文学艺术创作自由及其作品表达思想自由与他人名誉权、隐私权之间寻求一种平衡。

（五）参加文化生活自由

除上述科学研究自由和文艺创作自由外，根据《宪法》的规定，我国公民还享有从事体育活动以及有益于身心健康的文化娱乐活动等其他文化活动的自由。同时，还包括观赏文化艺术珍品，欣赏文艺作品，利用图书馆、文化馆、出版社从事文化娱乐活动等。为了实现公民的文化权利，国家应积极创造条件，提供必要的设施与物质保障。

第七节 特殊主体的权利保护

我国宪法除对一切公民所应普遍享有的权利和自由作出全面的明确规定外，还对具有特定情况的公民设置专条，给予其特别保护。从宪法中的规定看，这些特定主体具体是妇女、儿童、残疾人、退休人员、军烈属、华侨等。

一、妇女的权利保护

由于历史和现实的原因，妇女经常被作为歧视对象，不能与男子享有平等的地位。20世纪以来，各国宪法都对妇女的平等权利予以特别重视，通过立法和司法活动，提高妇女的地位，保障妇女在各方面享有与男子同等的权利。

（一）妇女权利保护的法律保障

1. 国际公约。

（1）1966年《公民权利和政治权利国际公约》第3条规定："本公约缔约各国承担保证男子和妇女在享有本公约所载一切公民和政治权利方面有平等的权利。"

（2）1966年《经济、社会及文化权利国际公约》第3条规定："本公约缔约各国承担保证男子和妇女在本公约所载一切经济、社会及文化权利方面有平等的权利。"第7条第1款规定："公平的工资和同值工作同酬而没有任何歧视，特别是保

---

[1] 周伟：《宪法基本权利：原理·规范·应用》，法律出版社2006年版，第373页。

证妇女享受不差于男子所享受的工作条件,并享受同工同酬。"

(3)联合国还颁布了大量与妇女权利有关的条约、公约、决议、宣言等多项文件。如《妇女政治权利公约》(1994年)、《消除对妇女一切形式歧视公约》(1979年)等。

2. 中国宪法。

(1)1949年《共同纲领》第6条规定:"中华人民共和国废除束缚妇女的封建制度。妇女在政治的、经济的、文化教育的、社会的生活各方面,均有与男子平等的权利。实行男女婚姻自由。"

(2)1954年《宪法》第96条规定:"中华人民共和国妇女在政治的、经济的、文化的、社会的和家庭的生活各方面享有同男子平等的权利。婚姻、家庭、母亲和儿童受国家的保护。"

(3)1975年《宪法》第27条第4款规定:"妇女在各方面享有同男子平等的权利。"

(4)1978年《宪法》第53条第1款规定:"妇女在政治的、经济的、文化的、社会的和家庭的生活各方面享有同男子平等的权利。男女同工同酬。"

(5)现行《宪法》第48条第1款规定:"中华人民共和国妇女在政治的、经济的、文化的、社会的和家庭的生活等各方面享有同男子平等的权利。"第2款规定:"国家保护妇女的权利和利益,实行男女同工同酬,培养和选拔妇女干部。"其中第2款是在以前《宪法》条款基础上增加的,主要针对的是社会上重男轻女思想仍很严重以及妇女干部所占比例很少的情况,希望通过增加这一规定,从宪法上加强对男女平等权的保护。

3. 其他法律。同时,国家还制定了《妇女权益保障法》,对全面保障妇女的权益作出了立法规定。《劳动法》《婚姻家庭法》《继承法》《刑法》《刑事诉讼法》《治安管理处罚法》等法律法规也对特别保护妇女的权利作了进一步具体规定。

(二)妇女权利保护的具体内容

保护妇女的权利和利益主要包括如下几个方面:

1. 政治权利方面。妇女享有同男子平等的选举权和被选举权,妇女有参与国家事务的权利,享有宪法和法律规定的其他各项政治权利,国家重视培养妇女干部。妇女参与政治生活的机会日益增多,并取得了积极成果。

2. 社会经济权利方面。妇女在广泛的经济生活中享有男女同工同酬权、平等就业权、特殊劳动保护权以及生育权等。妇女与男子享有同等的劳动权利,有相同的就业机会,并且实行男女同工同酬制度,同时,由于妇女生理上的特殊情况,在享有劳动权方面需要强调特殊保护。如在女职工怀孕期、产期、哺乳期保证其基本工资和劳动合同的持续有效等具体制度。《劳动法》在总则中明确规定妇女享有与男子平等的就业权利。在录用职工时,除国家规定的不适合妇女的工种或者岗位外,不得以性别为由拒绝录用妇女或者提高对妇女的录用标准。同时还设专章对女职工的特别劳动保护作了规定。

3. 文化教育权方面。妇女能否行使权利，在很大程度上取决于受教育权的实现。《妇女权益保障法》第3条专门规定了有关妇女教育权益的内容，规定了保障妇女受教育权的多种具体措施。[1]

4. 婚姻家庭权利。妇女在家庭生活中的平等权利受法律保护。根据我国法律规定，实行婚姻自由、一夫一妻、男女平等的婚姻制度。禁止包办、买卖婚姻和其他干涉婚姻自由的行为。夫妻在家庭中地位平等。夫妻双方都有参加生产、工作、学习和社会生活的自由，夫妻对共同所有的财产有平等的处理权。子女可以随父姓也可以随母姓。女方在怀孕期间、分娩后1年内或者终止妊娠后6个月内，男方不得提出离婚。女方提出离婚的，或者人民法院认为确有必要受理男方离婚请求的，不在此限；等等。

5. 人身权利。妇女的人身自由不受侵犯。禁止非法拘禁和以其他非法手段剥夺或者限制妇女的人身自由；禁止非法搜查妇女的身体；禁止溺、弃、残害女婴；禁止歧视、虐待生育女婴的妇女和不育的妇女；禁止用迷信、暴力等手段残害妇女；禁止虐待、遗弃病、残妇女和老年妇女；禁止拐卖、绑架妇女；禁止收买被拐卖、绑架的妇女；禁止阻碍解救被拐卖、绑架的妇女；禁止组织、强迫、引诱、容留、介绍妇女卖淫或者对妇女进行猥亵活动；等等。

二、儿童的权利保护

儿童作为权利主体，在社会生活中享有广泛的权利，而这种权利的实现程度直接关系到国家发展的未来。儿童因身心尚未成熟，在其出生以前和出生以后均需要特殊的保护和照料，并在法律上给予特殊保护。

（一）儿童权利保护的法律保障

1. 国际公约。

（1）1948年《世界人权宣言》第25条第2项规定："母亲和儿童有权享受特别照顾和协助。一切儿童，无论婚生或非婚生，都应享受同样的社会保护。"

（2）1966年《公民权利和政治权利国际公约》第24条规定："①每一儿童应有权享受家庭、社会和国家为其未成年地位给予的必要保护措施，不因种族、肤色、性别、语言、宗教、国籍或社会出身、财产或出生而受任何歧视。②每一儿童出生后就立即加以登记，并应有一个名字。③每一儿童有权取得一个国籍。"

（3）1966年《经济、社会及文化权利国际公约》第10条第3款规定："应为一切儿童和少年采取特殊的保护和协助措施，不得因出身或其他条件而有任何歧视。儿童和少年应予保护免受经济和社会的剥削。雇佣他们做对他们的道德或健康有害

---

[1] 如2005年北京大学外国语学院小语种招生时，为改变学生男女性别比例不平衡问题而对男女生设置不同分数线：理科男生619分，女生636分；文科男生590分，女生598分，在社会上引起了很大的争议。详见http://edu.people.com.cn/GB/1055/3678414.html，访问时间：2009年10月2日。

或对生命有危险的工作或做足以妨害他们正常发育的工作，依法应受惩罚。各国亦应规定限定的年龄，凡雇佣这个年龄以下的童工，应予禁止和依法应受惩罚。"

（4）1989年，第44届联合国大会通过了《儿童权利公约》。1985年通过了《联合国少年司法最低限度标准规则》（《北京规则》），对儿童权利保护规定了具体的内容与方式。

2. 中国宪法。

（1）1949年《共同纲领》第48条规定："提倡国民体育。推广卫生医药事业，并注意保护母亲、婴儿和儿童的健康。"

（2）1954年《宪法》第96条规定："中华人民共和国妇女在政治的、经济的、文化的、社会的和家庭的生活各方面享有同男子平等的权利。婚姻、家庭、母亲和儿童受国家的保护。"

（3）1975年《宪法》第27条第5款规定："婚姻、家庭、母亲和儿童受国家的保护。"

（4）1978年《宪法》第51条第2款规定："国家特别关怀青少年的健康成长。"第53条第2款规定："男女婚姻自主。婚姻、家庭、母亲和儿童受国家的保护。"

（5）现行《宪法》第46条第2款规定："国家培养青年、少年、儿童在品德、智力、体质等方面全面发展。"第49条第1款规定："婚姻、家庭、母亲和儿童受国家的保护。"第49条第4款规定："禁止破坏婚姻自由，禁止虐待老人、妇女和儿童。"

3. 其他法律。《未成年人保护法》对儿童权利保护作了具体规定。第6条规定："保护未成年人，是国家机关、武装力量、政党、社会团体、企业事业组织、城乡基层群众性自治组织、未成年人的监护人和其他成年公民的共同责任。对侵犯未成年人合法权益的行为，任何组织和个人都有权予以劝阻、制止或者向有关部门提出检举或者控告。国家、社会、学校和家庭应当教育和帮助未成年人维护自己的合法权益，增强自我保护的意识和能力，增强社会责任感。"该法对未成年人即儿童的权利保护，分别确立了家庭保护、学校保护、社会保护和司法保护的法律体系。

《劳动法》《婚姻家庭法》《继承法》《刑法》《刑事诉讼法》《治安管理处罚法》等法律法规也对保护儿童的权利作了进一步具体规定。2006年，最高人民法院发布的《关于审理未成年人刑事案件具体应用法律若干问题的解释》按照"教育为主，惩罚为辅"的原则，主要考虑到我国未成年人的生理和心理特点，在不违背我国刑法规定的前提下对审理未成年人刑事案件作了区别于成年人的规定，体现了《国际儿童权利公约》确立的尽量减少司法干预原则、预防教育为主原则、最大利益原则和适合儿童特点原则等国际标准。

（二）儿童权利保护的具体内容

1. 享受社会安全的权利。这主要包括父母应特别照料和保护儿童，保证儿童足够的营养、住宅、娱乐和医疗设施，父母以外的人照料儿童时，一切事项应当以争取儿童最大利益尤其是儿童得到安全和照料的权利为首要因素。

2. 享受特殊保护权利。儿童应在物质条件得到保障的环境中生活，社会要对无家可归和难以生活的儿童给予特殊照顾，采取国家支出或其他援助的办法使家庭人口众多的儿童得以维持生活。一旦生活有困难，儿童有权获得社会救济。

3. 受抚养权。抚养儿童是社会和父母的义不容辞的责任。为保障抚养权的实现，联合国有关条约具体规定了抚养权主体、抚养方式、抚养管辖权等问题。《儿童抚养义务法律适用公约》规定，公约适用于对21岁以下未结婚的青少年和儿童的抚养，包括婚生子女和非婚生子女。

4. 受教育权。儿童的受教育权不受侵犯。儿童受教育的初级阶段应是免费和义务性的，在教育儿童方面，父母负有责任。其他对儿童进行教育和负有责任的人，要以儿童的根本利益为出发点，创造各种条件使儿童享受教育权。

5. 独立的人格权。由于儿童是未成年人，在行使权利时自然受到一些条件的限制。儿童的有些权利是通过监护人活动来实现的，但其人格是独立的，任何侵犯儿童人格权的行为都应受到法律的追究。儿童不应受歧视、虐待和剥削，儿童更不能成为任何形式的买卖对象。对未成年人，各国一般在就业年龄、工作时间、夜班劳动、繁重体力劳动等方面作了限制性规定。

6. 儿童的收养权。在国内和国际寄养和收养的儿童应得到法律保护。具体规定是：每个国家均应给予家庭和儿童福利高度优先地位；儿童的寄养安排应由法律规定；各国政府应确定政策、立法和有效监督，以保护跨国收养的儿童；如有可能，跨国收养只应在有关国家已确定这种措施的情况下进行；收养的目的是向无法由亲生父母照料的儿童提供永久的家庭。

7. 残疾儿童的特殊权利。残疾儿童享有独立的人格尊严，并享受同其他同龄公民相同的基本人权。在接受医疗和心理治疗方面享有优先权，并有经济和社会的保障权。残疾儿童有权同父母同住，并参加一切社会活动。我国政府为了保障残疾儿童的权利，已创办了专门吸收残疾儿童的保育院62所、兼收残疾儿童的社会保育院800多所、盲聋学校492所，并开办了各种类型的弱智学校。另外，许多地方还开办了专门为残疾人诊治疾病的康复中心。

三、残疾人的权利保护

残疾人是一个特殊而困难的群体，其人权需要特殊保障。在人权保障体系中，对残疾人人权的切实保障反映了一个国家人权发展的实际水平，并从广泛的意义上呈现了人权的价值。

（一）残疾人权利保护的法律保障

1. 国际公约。在国际人权公约和一些地区的人权协议中，也有保护具有特定残疾的人的条款，或者是其中有些条款涉及对残疾人权利的保护，包括：《关于（残疾人）职业恢复和就业的劳工组织公约》（1983年）、《消除一切形式的残疾人歧视美洲公约》（1999年）、《儿童权利公约》（1989年）等。

在国际法上，还有一些不具有法律约束力但可以解释国际标准的纲领和宣言，可以在各国进行残疾人立法和制定残疾人政策方面起到纲领性的指导作用。国际社会已经通过了以下文件：例如，《智力迟钝者权利宣言》（1971年）、《残疾人权利宣言》（1975年）、《关于残疾人的世界行动纲领》（1982年）、《塔林残疾领域人力资源开发行动方针》（1989年）、《残疾人职业康复和就业公约》（1983年）、《保护精神病患者和改善精神保健的原则草案》（1991年）、《残疾人机会均等标准规则》（1993年）、《教育、伤残预防和参与的行动和战略的桑德堡宣言》（1981年）、《关于特殊需要教育的萨拉曼卡声明和行动纲要》（1994年）等。

2. 中国宪法。

（1）1949年《共同纲领》第25条规定："革命烈士和革命军人的家属，其生活困难者应受国家和社会的优待。参加革命战争的残废军人和退伍军人，应由人民政府给以适当安置，使能谋生立业。"

（2）1978年《宪法》第50条第2款规定："国家关怀和保障革命残废军人、革命烈士家属的生活。"

（3）现行《宪法》第45条第2款规定："国家和社会保障残废军人的生活，抚恤烈士家属，优待军人家属。"第45条第3款规定："国家和社会帮助安排盲、聋、哑和其他有残疾的公民的劳动、生活和教育。"

3. 其他法律。1991年我国制定了《残疾人保障法》，对残疾人的权利予以具体保障。

（二）残疾人权利保护的具体内容

1. 劳动就业权的特殊保障。在劳动就业的现实中，残疾人仍然是最受歧视且最容易被歧视的群体，即便是高学历的残疾人寻求正常的工作，被歧视也不鲜见。据统计，在中国的15岁以上的残疾人中，有劳动能力和有部分劳动能力的占70.4%，不在业率为64.34%。所以，残疾人人权中最基本、最首要的是劳动就业权。对残疾人而言，只有充分享受劳动就业权，才有可能享有其他方面的权利。1987年联合国通过决议，要求联合国秘书长每年向联大报告联合国系统内雇佣残疾人的状况；1987年联合国系统关于残疾人10年的第7次会议强调，各国要把残疾人就业问题作为首要问题来考虑，并在各国立法中提倡采用按比例雇佣残疾人的办法。日本《残疾人雇佣促进法》规定，民间企业须雇佣1.5%的残疾人，公营企业须达1.9%。我国《残疾人保障法》第32条规定："政府和社会举办残疾人福利企业、盲人按摩机构和其他福利性单位，集中安排残疾人就业。"第33条第2款规定："国家机关、社会团体、企业事业组织、民办非企业单位应当按照规定的比例安排残疾人就业，并为其选择适当的工种和岗位。……"

2. 政治权利的特殊保障。残疾人参与国家政治生活的权利应得到切实保障。《残疾人权利宣言》中规定：残疾人享有的公民权利和政治权利与其他人一样；对于智力缺陷者的权利的任何可能的限制或压制，适用《智力迟钝者权利宣言》第7条规定。各国选举法对残疾人选举权的保护作了一些特殊规定。如日本《公职选举法》

第 48 条规定，残疾人可按照法律规定的程序代理投票；第 49 条规定，重度残疾人投票时，根据政令规定的程序，在所居住的场所写好选票以后，可以邮寄方式投票。我国《选举法》第 39 条第 2 款规定："选民如果是文盲或者因残疾不能写选票的，可以委托他信任的人代写。"《残疾人保障法》第 4 条也规定："国家采取辅助方法和扶持措施，对残疾人给予特别扶助，减轻或者消除残疾影响和外界障碍，保障残疾人权利的实现。"

3. 受教育权的特殊保障。残疾人由于各种原因在实现受教育权的过程中经常遇到一些困难，残疾人中的文盲比例也相当高。各国在残疾人立法中普遍重视受教育权问题，并规定了具体措施。如我国《残疾人保障法》规定：残疾人教育采取普及与提高相结合、以普及为重点的方针，着重发展义务教育和职业技术教育；对具有接受普通教育能力的残疾人，由普通学校给予教育，使他们与健全人生活、学习在一起。针对入学中歧视残疾人的现象，《残疾人保障法》第 25 条第 2 款规定："普通小学、初级中等学校，必须招收能适应其学习生活的残疾儿童、少年入学；普通高级中等学校、中等职业学校和高等学校，必须招收符合国家规定的录取要求的残疾考生入学，不得因其残疾而拒绝招收；拒绝招收的，当事人或者其亲属、监护人可以要求有关部门处理，有关部门应当责令该学校招收。"

4. 人格权的特殊尊重。残疾人作为人权主体，其人权受国家法律的保障和全社会的尊敬。《残疾人权利宣言》第 3 条规定，残疾者享有其人格尊严受到尊重的基本权利。残疾者不论其缺陷或残疾的原因、性质和严重性如何，应与其他同龄公民一样，享有同样的基本权利，其中最主要的是享受适当的、尽可能正常而充实的生活。我国《残疾人保障法》中特别强调残疾人的公民权利和人格尊严受法律保护，禁止歧视、侮辱、侵害残疾人。残疾人人权立法的目的是减少或者消除残疾影响和外界障碍，以保障残疾人人权的实现，它是人权保障体制中不可缺少的内容。

四、保障退休人员和军烈属的权利

《宪法》第 44 条规定："国家依照法律规定实行企业事业组织的职工和国家机关工作人员的退休制度。退休人员的生活受到国家和社会的保障。"

退休制度是指根据国家有关部门的规定，国有和集体企业、事业组织的职工和国家机关的工作人员达到一定年龄时，离开劳动或工作岗位，进行休息或休养，并按照规定领取一定的离休金或退休金的制度。

国家实行退休制度，是为了适应企业、事业组织广大职工和国家机关工作人员生理发展规律的要求，保持职工、干部的换代、接班，以便使企业、事业单位和国家机关的生产、工作不致间断，并有秩序、有成效地得到发展的一项重要制度。宪法规定对广大职工和干部实行退休制度，是劳动者休息权的延伸，是在公民因年老、疾病等原因不适合继续参加生产和工作的情况下，给予物质帮助权的补充。

新中国成立以来，国家已经制定了一系列法规，对企业、事业单位的职工和国家机关工作人员的退休年龄、条件，以及离休、退休后的工资待遇等各项问题，都作出了具体规定，有效地保证了离休、退休制度的贯彻执行。

《宪法》第45条第2款规定："国家和社会保障残废军人的生活，抚恤烈士家属，优待军人家属。"军烈属、残废军人是我国社会主义建设事业的重要力量，他们和他们的家属为革命和建设事业流血牺牲，作出了重大贡献，国家和人民理应尊敬他们，并努力做好优抚工作，这对鼓舞士气，增强国防力量，提高军烈属、残废军人、复员退伍军人的积极性，提高广大群众的爱国主义思想有着重要意义。根据宪法的规定，我国《兵役法》对残疾军人、退役军人、烈士家属、病故军人家属以及现役军人家属的优待和安置问题，作了专门规定，从而在法律上具体保证了宪法这一规定的贯彻实施。

五、保护华侨的正当权利

《宪法》第50条规定："中华人民共和国保护华侨的正当的权利和利益，保护归侨和侨眷的合法的权利和利益。"这里的"正当的权利"是指根据国际法和国际惯例，一国公民旅居他国时应享有的权利和利益。

华侨是居住在外国的中国公民。我国华侨人数很多，分布在世界各地。他们不仅是国家的主人，而且是我们发展同世界各国人民友谊的纽带。由于华侨身处国外，情况有些特殊，因此，国家一方面要求华侨遵守所在国的法律，同所在国的人民和睦相处，为发展所在国的经济文化事业、促进所在国人民同我国人民的友谊和两国之间的经济文化交流起积极的作用；另一方面，根据国际上的通例，国家维护华侨的正当权利和利益，反对强迫华侨改变国籍，反对歧视和迫害华侨。对华侨的保护，适用国内法保护和外交保护两种方式，其中，以外交保护为主。

归侨是回国定居的华侨。由于他们长期旅居国外，在生活习惯和其他方面都具有各自的特点，与国内居民有所不同。侨眷则是华侨在国内的亲属，他们与海外华侨家居两地，相互间既有着经济、通信、互访往来等家庭和亲属间的联系，又和祖国人民的命运紧密相连。因此，国家把归侨、侨眷的合法权益保护作为专门问题写入宪法，体现了国家对广大华侨、归侨和侨眷的关怀。1990年9月第七届全国人大常委会第十五次会议通过，并于1991年1月1日起施行的《归侨侨眷权益保护法》，规定了一套较为完整的归侨、侨眷保护制度，对他们的合法权益作出了明确规定，从而使《宪法》第50条的规定在立法上得到了具体落实。

六、我国境内外国人权利的保护

我国《宪法》第32条第1款规定："中华人民共和国保护在中国境内的外国人的合法权利和利益，在中国境内的外国人必须遵守中华人民共和国的法律。"在中国境内的外国人不属于我国公民，不能享有中国公民享有的基本权利。但根据国际惯例和人权保护国际化的趋势，不少国家在实践中逐渐放宽外国人享有权利的范围，确认外国人在该国基本权利体系中享有某种主体资格，如外国人的人身权利、财产权、诉讼权等基本权利受宪法和法律保护。保护外国人在我国境内的合法权益，有利于加强各国人民的交往与合作，有利于实现对外开放政策。

我国《宪法》第 32 条第 2 款规定:"中华人民共和国对于因为政治原因要求避难的外国人,可以给予受庇护的权利。"庇护权是指一国公民因为政治原因请求另一国准予其进入该国居留,或已进入该国请求准予在该国居留,经该国政府批准,享有受庇护的权利。享有庇护权的外国人在所在国的保护下,不被引渡或者驱逐。受庇护的外国人应当遵守居留国的法律,享有外国侨民的待遇。

思考与实务

1. 试论述言论自由的界限。
2. 什么是对言论自由的"事前限制"和"事后限制"?
3. 社会经济权利主要包括哪些方面?以此为例,试说明宪法权利如何随着社会变化而创造发展。
4. 游行示威和结社自由必须受到哪些限制?我国的有关法律规定了哪几类限制?
5. 宪法事例实训:

(1) 胡戈"馒头案"

2006 年 2 月,陈凯歌执导的影片《无极》被网民胡戈改编为《一个馒头引发的血案》(以下简称《血案》)。《血案》中,胡戈大量剪辑使用《无极》的影像片段,并进行了重新配音和编排,对《无极》进行嘲讽。片中,胡戈多次用调侃手法指出《无极》中存在的常识缺乏和艺术水准的低下。《血案》的视频迅速在网络上传播,引起了《无极》的导演陈凯歌的强烈不满,声称要起诉胡戈。这一事件引起了公众与学术界的热烈讨论,但最终并没有形成诉讼案件。[1]

请思考:争议双方各自能够主张何种基本权利?如何解决基本权利的冲突与竞合?

(2) 重庆高考少数民族身份造假案

为促进少数民族地区的发展,体现受教育权的实质平等,重庆市制定了符合条件的少数民族考生可以加分录取的高考优惠政策。2009 年 6 月,重庆市高考文科状元何某某因少数民族身份造假,未被北京大学录取。此前,重庆市联合调查组对此进行调查,在考试前即核实了何某某等 31 名考生的非少数民族身份,取消了他们的高考加分。重庆招生自考办公室随后公布了进一步处理情况,31 名违规考生被取消录取资格,15 名当地涉事官员被纪检监察部门查处。

请思考:如何看待少数民族考生高考加分中的民族平等要求?如何理解平等权和受教育权的宪法地位?

---

[1] 韩大元主编:《中国宪法事例研究(二)》,法律出版社 2008 年版,第 152 页。

第三编　宪法基本制度

第七章
国家的基本经济制度与文化制度

【本章概要】 将经济制度写入宪法是社会主义国家宪法的一大特色,改革开放后,针对是否将经济制度列入宪法学并作为宪法学的重要内容,我国宪法学界出现了一些争论。本章主要阐述了经济制度的概念、我国经济制度的宪法规定以及宪法所确立的我国经济制度的特点。文化制度包括教育、科技、文化、医疗、思想道德与精神文明建设等多个方面。本章主要阐述了我国在该领域的主要宪法理念与宪法规定。

【学习目标】 掌握国家经济制度的概念,我国经济制度和分配制度的宪法规定,对国有经济、集体经济、个体经济的宪法规定,对公共财产、私有财产的宪法保护;掌握我国在科技文化教育事业、医疗卫生与体育事业、精神文明建设等方面宪法的基本精神;对于我国公、私财产的宪法保护,我国现阶段的分配制度、医疗制度等方面进行一些深入的思考。

第一节　国家的基本经济制度

一、经济制度的概念

1993年3月29日第八届全国人民代表大会第一次会议通过宪法修正案:今后国家的根本任务是集中力量进行社会主义现代化建设。……将《宪法》第7条"国营经济是社会主义全民所有制经济,是国民经济中的主导力量。国家保障国营经济的巩固和发展"修改为:"国有经济,即社会主义全民所有制经济,是国民经济中的主导力量。国家保障国有经济的巩固和发展。"将《宪法》第15条第1款"国家在社会主义公有制基础上实行计划经济。国家通过经济计划的综合平衡和市场调节的辅助作用,保证国民经济按比例地协调发展"修改为:"国家实行社会主义市场经济。"

1993年宪法修正案标志着中国市场经济的开始,那么,什么是经济制度呢?

在宪法学、经济学领域都会涉及经济制度,但二者有着很大的区别。经济学上的经济制度是指社会的经济结构或经济基础,是一种不以人们客观意志为转移的受生产力发展水平制约的客观物质关系。宪法学上的经济制度是指一国通过宪法和法律调整的以生产资料所有制为核心的各种经济关系的规则、原则和政策的总称。它属于一国的上层建筑。宪法对经济制度的规范是法治的重要体现,其目的在于通过对政府管理经济生活的权限以及政府管理经济的基本原则的确立,防止政府滥用管制权而侵犯公民权利。另一个与经济制度相关的概念是经济基础,经济基础是指生产关系的总和,即在社会生产、交换、分配和消费过程中形成的各种社会关系,包括生产资料归谁所有、人们在生产过程中的地位与相互关系、产品的分配形式等各方面的内容。

将经济制度写入宪法是社会主义国家宪法的一大特色,这与社会主义国家在国家经济领域所起的重要作用密不可分。将经济制度写入宪法具有两个方面的作用:①通过确认生产资料所有制的性质与形式、经济体制与分配形式,反映客观经济基础;②通过保障公民的经济权利与自由,授予并制约政府调控经济的权力,调整经济关系促进经济活动。[1]伴随着中国的改革开放,中国由计划经济步入了市场经济,行政命令让位于价值规律与宏观调控,特别是近年来中国经济快速发展,我国的经济制度也随之而快速地调整与变化。经济制度的易变性与宪法的稳定性的冲突在所难免,一些学者主张采用资本主义国家所采用的方式,即对经济制度通常不作全面的规定,也不宣告特定的所有制,而是以保障个人的经济权利与自由、确认与规范政府干预经济的能力的形式来表现经济制度。

【宪法事例】　　德国《基本法》的经济宪法之争

1949 年,联邦德国颁布了取名为"基本法"的成文宪法。关于经济方面的内容,它并没有像《魏玛宪法》那样单列一章以集中规定经济生活和经济秩序,而是将经济规范分散在文本各处。分散的条款主要包括:和经济生活关系密切的经济基本权利条款,如第 2 条隐含的广泛的行动自由(Handlungsfreiheit)、第 12 条的职业自由(Berufsfreiheit)、第 14 条的财产权保护(Eigentumschutz)等;将德国确立为社会的、联邦制的国家(sozialer Bundesstaat)的条款(第 20 条);联邦和州之间经济立法权的分配条款(第 70 条以下);也包括若干现代法治国家(Rechtsstaat)之所以被称为法治国家所依赖的宪法原则和原理,如法律保留原则、比例原则、自由裁量权审核原则等。虽然经济条款分散各处,但学界很快整理出了"《基本法》之父们"关于德国经济秩序的大致轮廓:首先,《基本法》包含了内容极其广泛的行动自由权、职业自由权、财产权保护等条款;其次,《基本法》也不赞成亚当·斯密开创的、像美国罗斯福"新政"前实施的完全自由经济,因为根据《基本法》第 20 条第 1 款规定,联邦德国是一个民主的、社会的联邦制国家,此处"社会的"(sozial)一词隐含了

---

[1] 俞子清主编:《宪法学》,中国政法大学出版社 2010 年版,第 156 页。

国家负有为了消除市场经济弊端、追求社会公平和正义而进行经济干预的权力和义务。换一个角度说,《基本法》的经济条款包含两个极端元素：①以"自由"或"公民基本权利"为核心词汇的市场经济；②允许国家干预的"社会"元素。这两个方面必须同时存在,不可偏废。[1]

【评注】 是否在宪法学中纳入经济制度,在宪法学界历来有争议。从欧美来看,并没有明确纳入,因为中立的宪法才有生命力。所有涉及经济问题的条款都是围绕如何保护以公民的财产权和经济自由为核心的基本权利来展开的。从德国宪法来看,也体现了这一特征,这表明宪法往往是通过最基本的核心价值来展现对市场经济的保障。

二、我国宪法关于经济制度的相关规定

1982年《宪法》施行以来,全国人大按法定程序先后于1988年4月、1993年3月、1999年3月和2004年3月,2018年3月对现行《宪法》作了第5次修改,着重对经济制度的有关规定作了修改补充,使其有了新的发展和完善。

（一）核心条款

现行《宪法》第15条规定："国家在社会主义公有制基础上实行计划经济。国家通过经济计划的综合平衡和市场调节的辅助作用,保证国民经济按比例地协调发展。禁止任何组织或者个人扰乱社会经济秩序,破坏国家经济计划。"实践证明,计划经济体制不适应社会主义初级阶段多种所有制和各种经济成分共同发展的经济制度。随着生产力的发展和经济体制改革的不断深入,根据党的十四大建立社会主义市场经济体制的精神,《宪法修正案》第7条把现行《宪法》第15条修改为："国家实行社会主义市场经济。""国家加强经济立法,完善宏观调控。""国家依法禁止任何组织或者个人扰乱社会经济秩序。"实行社会主义市场经济是我国经济体制从计划经济向市场经济转轨的巨大变革。我国《宪法》的修改为社会主义市场经济的建立和发展提供了法律保障和依据。

（二）相关条款

1.1988年4月12日,第七届全国人大一次会议通过了《中华人民共和国宪法修正案》的第1、2条。《宪法修正案》第1条在《宪法》第11条中增加规定："国家允许私营经济在法律规定的范围内存在和发展。私营经济是社会主义公有制经济的补充。国家保护私营经济的合法的权利和利益,对私营经济实行引导、监督和管理。"《宪法修正案》第2条将《宪法》第10条第4款修改为："任何组织或者个人不得侵占、买卖、出租或者以其他形式非法转让土地。土地的使用权可以依照法律的规定转让。"

2.1993年3月29日,第八届全国人大一次会议通过了第3～11条《宪法修正

---

[1] 黄卉："宪法经济制度条款的法律适用——从德国经济宪法之争谈起",载《中外法学》2009年第4期。

案》，其中，对有关经济制度的修改的主要内容如下：

（1）《宪法修正案》第 5 条将《宪法》第 7 条中的"国营经济"修改为"国有经济"；《宪法修正案》第 8 条将《宪法》第 11 条中的"国营企业"修改为"国有企业"。这为国有经济的所有权和经营权的分离提供了宪法依据。

（2）《宪法修正案》第 6 条将《宪法》第 8 条中的"农村人民公社""农业生产合作社"删除，增加规定了"农村中的家庭联产承包为主的责任制"，使这一广大农民创造的农业生产中社会主义劳动群众集体所有制经济的基本制度得到宪法的确认。

（3）《宪法修正案》第 7 条将《宪法》第 15 条"实行计划经济"等规定修改为："国家实行社会主义市场经济。""国家加强经济立法，完善宏观调控。""国家依法禁止任何组织或者个人扰乱社会经济秩序。"

（4）《宪法修正案》第 9 条将《宪法》第 17 条有关集体经济组织的规定修改为："集体经济组织在遵守有关法律的前提下，有独立进行经济活动的自主权。""集体经济组织实行民主管理，依照法律规定选举和罢免管理人员，决定经营管理的重大问题。"

3. 1999 年 3 月 15 日，第九届全国人大二次会议通过了第 12～17 条《宪法修正案》，对经济制度部分进一步作了修改：

（1）《宪法修正案》第 14 条将《宪法》第 6 条第 1、2 款合并为第 1 款，并增加规定第 2 款："国家在社会主义初级阶段，坚持公有制为主体、多种所有制经济共同发展的基本经济制度，坚持按劳分配为主体、多种分配方式并存的分配制度。"

（2）《宪法修正案》第 15 条将《宪法》第 8 条第 1 款修改为："农村集体经济组织实行家庭承包经营为基础、统分结合的双层经营体制。农村中的生产、供销、信用、消费等各种形式的合作经济，是社会主义劳动群众集体所有制经济。参加农村集体经济组织的劳动者，有权在法律规定的范围内经营自留地、自留山、家庭副业和饲养自留畜。"

（3）《宪法修正案》第 16 条将《宪法》第 11 条修改为："在法律规定范围内的个体经济、私营经济等非公有制经济，是社会主义市场经济的重要组成部分。""国家保护个体经济、私营经济的合法的权利和利益。国家对个体经济、私营经济实行引导、监督和管理。"

4. 2004 年 3 月 14 日，第十届全国人大二次会议通过了第 18～31 条《宪法修正案》，对经济制度部分的修改主要有：

（1）《宪法修正案》第 20 条将《宪法》第 10 条第 3 款"国家为了公共利益的需要，可以依照法律规定对土地实行征用"修改为："国家为了公共利益的需要，可以依照法律规定对土地实行征收或者征用并给予补偿。"

（2）《宪法修正案》第 21 条将《宪法》第 11 条第 2 款"国家保护个体经济、私营经济的合法的权利和利益。国家对个体经济、私营经济实行引导、监督和管理"修改为："国家保护个体经济、私营经济等非公有制经济的合法的权利和利益。国家鼓励、支持和引导非公有制经济的发展，并对非公有制经济依法实行监督和管理。"

(3)《宪法修正案》第22条将《宪法》第13条"国家保护公民的合法的收入、储蓄、房屋和其他合法财产的所有权","国家依照法律规定保护公民的私有财产的继承权"修改为:"公民的合法的私有财产不受侵犯。""国家依照法律规定保护公民的私有财产权和继承权。""国家为了公共利益的需要,可以依照法律规定对公民的私有财产实行征收或者征用并给予补偿。"

(4)《宪法修正案》第23条在《宪法》第14条中增加了1款,作为第4款:"国家建立健全同经济发展水平相适应的社会保障制度。"

三、我国宪法所确认的经济制度的特点

我国宪法所确认的经济制度,不仅具有社会主义国家经济制度的一般特征,而且适应了我国社会主义初级阶段建立社会主义市场经济和法治国家的需要,体现出了以下特征:

1. 明确了我国社会主义经济制度的目的。2004年《宪法修正案》序言规定:国家的根本任务是,沿着中国特色社会主义道路,集中力量进行社会主义现代化建设。可见,宪法通过规定国家的根本任务明确了经济制度的根本目的,即通过调整生产关系,促进经济快速协调发展。

2. 在确认社会主义初级阶段经济制度多样化的同时,坚持公有制经济的主导地位,确认我国经济制度的基础是公有制。公有制经济的内涵与范围与传统理解不同,除国有经济和集体经济外,还包括中外合资、中外合作与股份制经济等混合所有制经济中的国有经济成分和集体经济成分。为确保公有制的主导地位,国家对国有经济的宪法保障是"巩固和发展",对集体经济的宪法保障是"鼓励、指导和帮助"。

3. 实行社会主义市场经济,完善宏观调控。1993年《宪法修正案》规定:"国家的根本任务是,根据建设有中国特色社会主义的理论,集中力量进行社会主义现代化建设","国家实行社会主义市场经济","国家加强经济立法,完善宏观调控"。1999年通过的《宪法修正案》规定:"在法律规定范围内的个体经济、私营经济等非公有制经济,是社会主义市场经济的重要组成部分"。2004年通过的《宪法修正案》将保护私有财产权纳入《宪法》,规定:"国家依照法律规定保护公民的私有财产权和继承权","国家保护个体经济、私营经济等非公有制经济的合法的权利和利益。国家鼓励、支持和引导非公有制经济的发展,并对非公有制经济依法实行监督和管理"。

4. 确立了我国社会主义初级阶段的分配制度为按劳分配为主体、多种分配方式并存的分配制度。分配制度直接涉及每一位劳动成员的切身利益,也是社会公平的直接体现。一个国家的分配制度是该国经济制度的重要组成部分,与此同时,分配制度的确立与该国的经济制度的基础有着密切的关系。我国1982年《宪法》第6条第2款规定:"……社会主义公有制消灭人剥削人的制度,实行各尽所能,按劳分配的原则。"1999年《宪法修正案》第14条将"中华人民共和国的社会主义经济制度的基础是生产资料的社会主义公有制,即全民所有制和劳动群众集体所有制","社

会主义公有制消灭人剥削人的制度，实行各尽所能，按劳分配的原则"修改为："中华人民共和国的社会主义经济制度的基础是生产资料的社会主义公有制，即全民所有制和劳动群众集体所有制。社会主义公有制消灭人剥削人的制度，实行各尽所能、按劳分配的原则。""国家在社会主义初级阶段，坚持公有制为主体、多种所有制经济共同发展的基本经济制度，坚持按劳分配为主体、多种分配方式并存的分配制度。"

第二节 国家的文化制度

一、文化制度概述

文化制度是指一国通过宪法和法律调整的以社会意识形态为核心的各种基本文化关系的规则、原则和政策的总和。具体包括：教育事业、科技事业、文学艺术事业、医疗卫生与体育事业以及思想道德等方面。一个国家的文化制度在某种程度上可以说是一个国家性质的反映，不同性质的国家其文化基本制度也会有所不同。

将国家的基本文化政策明确写进宪法首创于1919年的《魏玛宪法》。文化制度一向是我国宪法的重要内容之一，我国1954年《宪法》第15条就规定：国家用经济计划指导国民经济的发展和创造，使生产力不断提高，以改进人民的物质生活和文化生活，巩固国家的独立和安全。1982年《宪法》首次将"精神文明"写入《宪法》，其第24条第1款规定："国家通过普及理想教育、道德教育、文化教育、纪律和法制教育，通过在城乡不同范围的群众中制定和执行各种守则、公约，加强社会主义精神文明的建设。"通过1999年《宪法修正案》、2004年《宪法修正案》、2018年《宪法修正案》最终确立了马列主义、毛泽东思想、邓小平理论、"三个代表"重要思想、科学发展观、习近平新时代中国特色社会主义思想，在我国意识形态领域的指导地位，以"推动物质文明、政治文明、精神文明、社会文明、生态文明协调发展，把我国建设成为富强民主文明和谐美丽的社会主义现代化强国，实现中华民族伟大复兴。"

二、我国宪法关于文化制度的相关规定

1982年《宪法》关于文化制度的规定形式多样，内容丰富，对文化制度的每一个方面都有所涉及。总的说来，包括以下几个方面：

（一）《宪法》序言部分

1. 规定我国文化的民族性、历史性。《宪法》序言规定："中国是世界上历史最悠久的国家之一。中国各族人民共同创造了光辉灿烂的文化，具有光荣的革命传统"。

2. 肯定新中国成立以来我国社会主义文化建设的成就。《宪法》序言规定："教育、科学、文化等事业有了很大的发展，社会主义思想教育取得了明显的成效"。

3. 将社会主义文化的现代化视为社会主义建设的根本目标之一。《宪法》序言规定："中国各族人民将继续在中国共产党领导下，在马克思列宁主义、毛泽东思

想、邓小平理论、'三个代表'重要思想、科学发展观、习近平新时代中国特色社会主义思想指引下,坚持人民民主专政,坚持社会主义道路,坚持改革开放,不断完善社会主义的各项制度,发展社会主义市场经济,发展社会主义民主,健全社会主义法治,贯彻新发展理念,自力更生,艰苦奋斗,逐步实现工业、农业、国防和科学技术的现代化,推动物质文明、政治文明、精神文明、社会文明、生态文明协调发展,把我国建设成为富强民主文明和谐美丽的社会主义现代化强国,实现中华民族伟大复兴"。

4. 充分发挥知识分子的作用。《宪法》序言规定:"社会主义的建设事业必须依靠工人、农民和知识分子,团结一切可以团结的力量"。

5. 发展文化的对外交流。《宪法》序言规定:"中国坚持独立自主的对外政策,坚持互相尊重主权和领土完整、互不侵犯、互不干涉内政、平等互利、和平共处的五项原则,坚持和平发展道路,坚持互利共赢开放战略,发展同各国的外交关系和经济、文化交流,推动构建人类命运共同体;坚持反对帝国主义、霸权主义、殖民主义,加强同世界各国人民的团结,支持被压迫民族和发展中国家争取和维护民族独立、发展民族经济的正义斗争,为维护世界和平和促进人类进步事业而努力"。

(二) 总纲部分

1. 国家发展教育事业。《宪法》第19条规定:"国家发展社会主义的教育事业,提高全国人民的科学文化水平。国家举办各种学校,普及初等义务教育,发展中等教育、职业教育和高等教育,并且发展学前教育。国家发展各种教育设施,扫除文盲,对工人、农民、国家工作人员和其他劳动者进行政治、文化、科学、技术、业务的教育,鼓励自学成才。国家鼓励集体经济组织、国家企业事业组织和其他社会力量依照法律规定举办各种教育事业。国家推广全国通用的普通话。"

2. 国家发展科学事业。《宪法》第20条规定:"国家发展自然科学和社会科学事业,普及科学和技术知识,奖励科学研究成果和技术发明创造。"

3. 国家发展医疗卫生体育事业。《宪法》第21条规定:"国家发展医疗卫生事业,发展现代医药和我国传统医药,鼓励和支持农村集体经济组织、国家企业事业组织和街道组织举办各种医疗卫生设施,开展群众性的卫生活动,保护人民健康。国家发展体育事业,开展群众性的体育活动,增强人民体质。"

4. 国家发展其他文化事业。《宪法》第22条第1款规定:"国家发展为人民服务、为社会主义服务的文学艺术事业、新闻广播电视事业、出版发行事业、图书馆博物馆文化馆和其他文化事业,开展群众性的文化活动。"

5. 国家重视知识、尊重人才。《宪法》第23条规定:"国家培养为社会主义服务的各种专业人才,扩大知识分子的队伍,创造条件,充分发挥他们在社会主义现代化建设中的作用。"

(三) 公民基本权利和义务部分

1. 规定公民文化权利义务平等。《宪法》第33条第2~4款规定:"中华人民共和国公民在法律面前一律平等。国家尊重和保障人权。任何公民享有宪法和法律规定的权利，同时必须履行宪法和法律规定的义务。"

2. 规定公民有受教育的权利和义务。《宪法》第 46 条规定："中华人民共和国公民有受教育的权利和义务。国家培养青年、少年、儿童在品德、智力、体质等方面全面发展。"

3. 规定公民有进行科学研究和艺术创作等活动的自由。《宪法》第 47 条规定："中华人民共和国公民有进行科学研究、文学艺术创作和其他文化活动的自由。国家对于从事教育、科学、技术、文学、艺术和其他文化事业的公民的有益于人民的创造性工作，给以鼓励和帮助。"

（四）国家机构部分

1. 《宪法》第 89 条第 7 项规定，国务院领导和管理教育、科学、文化、卫生、体育和计划生育工作。

2. 《宪法》第 107 条第 1 款规定："县级以上地方各级人民政府依照法律规定的权限，管理本行政区域内的经济、教育、科学、文化、卫生、体育事业、城乡建设事业和财政、民政、公安、民族事务、司法行政、计划生育等行政工作，发布决定和命令，任免、培训、考核和奖惩行政工作人员。"

3. 《宪法》第 119 条规定："民族自治地方的自治机关自主地管理本地方的教育、科学、文化、卫生、体育事业，保护和整理民族的文化遗产，发展和繁荣民族文化。"

4. 《宪法》第 139 条规定："各民族公民都有用本民族语言文字进行诉讼的权利。人民法院和人民检察院对于不通晓当地通用的语言文字的诉讼参与人，应当为他们翻译。在少数民族聚居或者多民族共同居住的地区，应当用当地通用的语言进行审理；起诉书、判决书、布告和其他文书应当根据实际需要使用当地通用的一种或者几种文字。"

思考与实务

1. 经济制度的概念是什么？
2. 试论 1993 年、1999 年、2004 年《宪法修正案》关于经济制度的内容。
3. 试论 1999 年、2004 年《宪法修正案》关于我国文化制度的内容。
4. 试论大型企业（含国有企业）垄断现象的宪法根源。
5. 宪法事例实训：

2005 年 8 月，北京大学教授巩献田联名 718 人上书炮轰《物权法（草案）》（以下简称《草案》）违宪，促使《物权法》成为中国全国人大立法史上第一部进入六审的法律草案，也是审议次数最多的法律草案。巩献田认为，《草案》对《宪法》和《民法通则》的核心条款的废除是违宪的；社会主义宪法同资本主义宪法的一个根本区别，就是表现在如何对待私有制问题上。"以前所有一切宪法，以至最民主共和的宪法的精神和基本内容都归结在一个私有制上"（列宁）。而获得胜利的无产阶级废除和破坏私有制是其阶级统治的首要表现，于是通过宪法确认社会主义公有制，就是区别于资本主义宪法的最明显标志，因而"社会主义的公共财产神圣不可侵犯"就成了社会主义宪法最本质的特征之一。对于广大劳动者来说，公有制和国家财产是他们每个人的物权的最重要的和最根本的基础保障和物质体现。没有国家和集体物权，每个公民的物权就没有实现的可能。可是，在我国，有人对于"社会主义的公共财产神圣不可侵犯"的宪法原则要千方百计地予以废除，同时又在实质上妄图用"私有财产神圣不可侵犯"的精神和原则取而代之，这是值得警惕的！在《宪法》和《民法通则》明明还规定着"社会主义的公共（国家）财产神圣不可侵犯"原则的情况下，公共财产权还遭到如此侵犯和损害，假如不规定的话，那就更不堪设想了！所以，《草案》废除该条规定，既是同《民法通则》的基本精神和规定不一致、违背立法的连续性原则的，同时也是违宪的。

请思考：根据以上情况，《物权法》是否违宪？如何认识宪法和经济制度的关系？

第八章
选举制度和政党制度

【本章概要】选举是民主政治的重要前提,选举制度是选举国家各级代议机关的代表和其他国家公职人员的原则和制度的总称。选举制度的体制主要包括地域代表制和职业代表制、多数代表制和比例代表制。选举行为能确定选举者与被选举者之间的代表关系。西方选举制度可以分为古代、近代和现代三个时期,以选举权享有主体的不断扩张为表现。我国选举制度的基本原则有:选举权的普遍性原则、选举权的平等性原则、直接选举和间接选举并用原则、秘密投票原则以及选举权的物质保障和法律保障原则。直接选举和间接选举的组织和程序有所不同。

【学习目标】掌握选举制度的含义、内容、作用、基本原则;理解选举制度是公民参与政治生活的基本形式;了解选举的民主程序。

选举作为一种政治实践,是现代民主制度的基础,也是一国立法机关组成的前提。从 18 世纪政党在英国议会出现以来,世界上许多国家的发展都是在政党的直接或间接的领导下进行的。如今,选举制度已经和政党制度、代议制度形成一个彼此不可分割的整体,成为各国政治体制中重要的部分,被称为现代民主政治的三大支柱。

第一节 民主选举的一般理论

一、选举和选举制度的概念

选举指享有政治权利的本国公民,通过投票方式,依照特定的法律程序选出代议机关的代表以及某些特定的国家公职人员的行为。选举的实质是实现民主的一种过程,人们通过选举活动,表达自己参政的一种愿望和行动。根据《布莱克维尔政治学百科全书》,选举是一种具有公认规则的程序形式,人们据此而从所有的人或者一些人中,选择几个或者一个担任一定职务。作为一种程序形式,西方"选举"实质上包含这样一些必要成分:一个有组织的群体,一批合格的(即有权的)选举者,共同接受的游戏规则,存在可供选择的对象。[1]

---

[1] 胡盛仪、陈小京、田穗生:《中外选举制度比较》,商务印书馆 2000 年版,第 5 页。

(一) 选举制度的内涵

选举制度是选举国家各级代议机关的代表和其他国家公职人员的原则和制度的总称。其主要内容包括选举制度的原则、选举权和被选举权、选举组织、选举程序、选举诉讼等。选举制度通常由国家的宪法、选举法和代议机关的组织法等法律加以规定。在有的国家，选举的传统和习惯也包括在选举制度之中。选举制度的基本内涵如下：

1. 选举制度是一种法律制度，是当代民主国家必不可少的组成部分。选举制度同代议制度、政党制度共同构成现代国家民主政治的三大支柱；而以政党政治为特征的代议制度，正是通过选举这一程序建立起来的。因此，选举制度是整个国家政治制度的基石。

2. 选举制度是有关选举的各项程序、制度的总称，在其单独使用时并不专门指某项具体制度。而我们经常提到的直接选举制、比例选举制等都是选举制度中的某一具体程序或方法，因此，必须将选举制度和这些具体的选举制分开。

3. 选举制度是由有关选举的一系列原则、程序、方法形成的法律规范的总称。例如，确定谁有权利参加选举和被选举、如何向选民提供可供选择的人选、确定选民以何种方式进行选举等，都必须有明确的程序和方法，并以法律形式予以规范。

(二) 选举制度的特点

1. 选举权利是选举制度的核心。选举权是公民选举国家各级代议机关的代表和其他国家公职人员的权利。被选举权是公民被选举为国家各级代议机关的代表和其他国家公职人员的权利。选举权和被选举权是公民的一项基本权利。选举制度必须确认选举权和被选举权，解决谁有权进行选举、谁是可供选择的合格对象的问题，这两者任缺其一，选举制度都无法启动。从某种意义上说，选举制度的发展历史很大程度上就表现为选举权的渐进扩大。

2. 产生为人民谋利益的代议机关的代表和其他国家公职人员是选举制度的直接目的，而其间接目的在于解决国家权力的合法授予和转移。在民主国家，要成为人民代表或国家公职的担任者，必须经过公民或公民代表的选举程序并获得法律规定的最低限度的赞成票数。

3. 选举原则、规则和程序是选举制度的保障。由于选举同国家的公共权力直接相联系，它不仅意味着对人的选择，还意味着公共权力的授予和委托，构成国家权力的合法性基础，因而备受人们的关注。在选举的制度安排和实际运行之中，各个阶级、阶层、政党组织、政治派别总是力图形成有利于自己的选举结果，力图使自己的代表人物在选举中获胜，并为此进行各种各样的角逐和斗争。所以，以宪法和法律确定合理完善的选举原则、规则和程序十分关键。这些原则、规则和程序必须做到以下要求：体现普及性而不是排斥性的选举权资格和投票机会，选票分量同等而不是具有差别，选举结果不能预设，规则、程序必须预先建立，投票秘密、真实自由的选择和公正性，投票和计票必须受到公众和执法、司法机构的监督等。

二、选举制度的作用

选举制度作为现代民主国家的基石,其具体作用可分别从对国家、对公民和对社会三个方面加以分析。

1. 选举制度的建立有助于国家政治生活的民主化。民主的本义在于使人民当家做主,"人民的公益是政治权威合法性的唯一基础"[1],而完全的直接民主只能在小国寡民的袖珍国家中实现,因此,怎样根据民意推选代议机关的代表和政治领导人就成为实现民主的关键。从理论上说,为政治机关选送成员的方法可以为世袭、上级指定、随机选择、轮流任职、考试录用和选举等。其中,选举最能体现大多数人的意志,而且选举是定期举行的,选民可以对被选举人当选期间的行为作出评价,并有机会根据自己的意愿来罢免他们。因此,选举制度不仅为人民当家做主,也为人民更换选择提供了规范化、制度化的程序。

2. 选举制度的发展有助于提高公民的政治素质。通过选举这种政治参与的方式,选民了解了什么是民主政治,学会了如何介入民主政治的过程,明白了在民主政治中公民有什么权利和义务。同样,候选人也借此机会了解了社会生活中各个角落的真实情况。选举是一种加总的行为,需要合作的精神,选民个人的意见、智慧通过交流、碰撞和妥协,将形成社会共识。参加民主选举有利于增强公民对于国家和社会的归属感、责任感,提升公民人格的价值和力量,激发公民对公共事务的关心。选举并不仅仅是单纯地对候选人进行挑选,实际上,这种选择一方面表达了选民对国家权力行使者必备什么样的素质和条件的大致要求,另一方面也决定了国家管理和社会治理应该贯彻的政策方针的基本框架。例如,第36任美国总统约翰逊在执政期间一直扩大侵越战争,导致美国民众的不满。结果,在1968年约翰逊和尼克松的总统竞选中,美国选民就选择了在竞选中提出结束越南战争的尼克松。因此,选民通过参与选举活动,不仅会对自己的地位、作用产生明确的认识,而且还能提高他们分析和判断政治现象、政治问题的能力,增强优化民主宪政意识。

3. 选举制度的存在有助于促进社会的稳定和发展。首先,在一个利益多元、价值多元的社会里,选举制度能够为多元利益提供竞争性的平台和竞争性的规则,使得多元利益的各种代表者能够利用这个平台和规则参与利益表达、追求利益实现。尽管选举过程中可能存在意见分歧甚至对立,但是通过选举可以使选民与选民、选民与代表、选民与特定公职人员更为紧密地联系在一起,还可以对各种政策选择方案进行论证,因此,选举结果能够凝聚社会共识。其次,选举制度形成了一种使政治权力交替能以和平方式进行的机制,这就使得那些认同现行体制的政治人物不至于轻易走上极端,即使一次选举失利,他和他的支持者还可以寄希望于下一次选举,不需要采取过激行动甚至暴力手段去实现政治抱负,从而使社会保持一定的政治秩

---

[1] [法]卢梭:《社会契约论》,何兆武译,商务印书馆1980年版,第114页。

序,有助于社会稳定。最后,选举制度能够净化社会风气,尽管选举实践中难免不出现"贿选"现象,但选举制相对于任命制而言具有天然的、更为优越的反腐败功能,因为收买一个人比收买多数人容易。

【宪法事例】　　　　　　　布什诉戈尔案

2000 年,布什以 271 张选票险胜戈尔。选举中,11 月 8 日下午,佛罗里达完成了 67 个县的计票工作:在大约 600 万张选票中,布什赢得 2 909 135 张,戈尔赢得 2 907 351 张,其他候选人共得 139 616 张,布什仅比戈尔多得 1784 张选票(相当于佛罗里达选票总数的 0.0299%)!在美国,选举的具体方式和其他民政问题一样,属于州政府管辖。因此,各州有不同的选举法。而佛罗里达选举法就有一个 0.5% 的规定,即如果候选人所得的选票差距在 0.5% 以内,各选区(县)选举委员会必须重新机器计票一次。另外,候选人有权在选举结束后 72 小时以内提出人工重新计票(manual recount)的要求,由县选举委员会决定是否可行。该选举法还规定,在大选结束后 7 日内,各县选举委员会须将选举结果上报州务卿办公室,由州务卿将选举结果汇总、确认和签署,然后宣布全州的正式选举结果,从而决定本州 25 张总统选票的归属。11 月 10 日,佛罗里达各县完成了机器重新计票,布什仍然领先,但与戈尔的差距缩小为难以想象的 327 票!这一情形促使戈尔方面要求对棕榈滩县(Palm Beach County)等若干属于民主党势力范围的选区进行人工重新计票,并得到选举委员会的同意。对此,布什于第二天立刻向佛罗里达的联邦地区法院提出紧急申请,要求法院下令立即停止人工计票,理由如下:①只在部分县进行人工重新计票,必然造成州内选票统计中事实上的不平等,违背了宪法第 14 条修正案中的平等法律保护条款;②人工计票可能比机器计票更容易出错,其结果更不可靠;③局部的人工重新计票会引发全州性的重新计票,甚至导致全国性的重新计票,从而否定已有的大选结果。但是,地区法院以人工计票属州法院管辖范围、联邦法院不能随意干预为由,拒绝了布什方面的要求。布什方面就此又向联邦巡回上诉法院提出上诉。11 月 16 日,该院以同样理由驳回他们的要求。与此同时,佛州州务卿、共和党人凯瑟琳·哈里斯(Katherine Harris)女士宣布,11 月 14 日(大选日后第 7 天)是各县上报选举结果的最后期限,逾时概不接受。哈里斯依法办事,可民主党人却难以接受。因为棕榈滩等县人工计票刚刚开始,不可能在法定的计票期内完成。民主党戈尔控制的棕榈滩县等就此又向州法院提出紧急请求,要求给予上报时间的宽限,但未得到支持,而后他们又上诉到佛罗里达最高法院,要求阻止哈里斯在法院判决之前签署任何选举结果,此举终于成功。当时佛罗里达最高法院庭审时,辩论集中于两个问题:①县选举委员会是否可以决定进行人工重新计票?②州务卿是否有权拒绝逾期上报的计票结果?佛州最高法院以 7∶0 的表决在 11 月 21 日作出两项裁决:①如果机器计票和抽样人工计票的结果出现差异,县选举委员会有权决定进行人工重新计票;②州务卿的确有权拒绝逾期报来的计票结果,但这一权力不是绝对的,而是有条件的。因为选举权是州宪法保障的最重要的公民权利,是其他公众自由的基础,必须得到尊重和保障,"技术性法律规定不能凌驾于选举权的实质内容之上"。为此，法院宣布：棕榈滩等县可以继续进行人工计票，但计票结果必须在5日内（11月26日下午5时前）上报给州务卿，后者必须将这些结果包括在州大选的最后结果中。11月26日下午5时是人工重新计票的截止时间，只有1个县完成了人工重新计票。当晚，哈里斯正式签署了佛罗里达选举的结果：布什赢得2 912 790票，戈尔赢得2 912 253票，布什以多出537票领先。哈里斯拒绝了迈阿密—戴得和棕榈滩两县的人工计票结果（戈尔在两县分别净增选票168、215张），理由是前者报来的只是部分统计结果，后者则超过了截止时间。11月22日，布什向联邦最高法院提出了上诉，要求审查11月21日佛州高院决定的合法性。11月24日，最高法院接受了这一案件，决定在12月1日开庭。3天后，联邦最高法院以9∶0作出判决，以州最高法院没有说明其决定的法律基础，也没有论及它与联邦相关法律之间的关系为由，"搁置"（vacate）了佛罗里达最高法院的判决，并将"案件发回"（remand），最高法院虽未作出直接裁定，但这一决定至少表明，它拥有干预的权力。就在同一天，佛罗里达的巡回法院也对戈尔方面的上诉作出了判决，法院认为，戈尔方面缺少足够的具体证据说明人工计票有可能改变现有的选举结果，州法中也没有规定州务卿必须接受不完整的计票结果，所以，法庭不能强迫迈阿密—戴得县恢复人工计票，也不能否决哈里斯已签署的选举结果。12月8日，佛罗里达最高法院以4∶3票的票数，部分推翻了巡回法院的决定，明确棕榈滩的计票结果和迈阿密—戴得县不完整的计票结果都应该包括在最终的统计结果内，并下令在全州范围内（总共63个县，除已经完成人工计票的3个县外）人工统计大约6万张漏选票，但它并没有确定何为漏选票的标准。布什遂向联邦最高法院提出紧急上诉。12月9日上午，就在佛罗里达各县刚开始人工统计漏选票2小时后，联邦最高法院突然发出了紧急命令，要求佛罗里达立即停止人工计票，宣布12月11日举行法庭辩论，并将此案正式定名为"布什诉戈尔案"（Bush v. Gore）。紧急命令是以5∶4票的表决结果作出的，法院多数意见认为，佛州高院的判决存在着宪法问题，违反了平等法律保护条款，必须给予上诉一方（布什阵营）补救。他们的裁决理由如下：①一旦州法律授予州居民有权选举总统选举人，这一选举权就成为一项基本的宪法权利；②如果州政府的行为损害了这一基本权利，联邦法院应对这些行为进行严格的司法审查；③在本案中，佛罗里达的法律以及州法院均没有给出一个明确的标准，来进行第二次重新（手工）计票，并且确保每一投票均以一种平等的方式公平、准确地统计；④因此，第二次重新计票，即手工计票，违反了宪法第14条修正案所要求的平等保护，以及为正当程序所要求的公正对待每一个投票者。

【评注】在面临大选"难产"的时候，美国的宪政机制显示出其成熟性。布什和戈尔双方虽然针锋相对，但基本上是进行有序的法律斗争。戈尔并不同意最高法院多数派的最后判决，但他表示必须尊重这项裁决。当然，联邦最高法院多数派的最终决定究竟是基于对宪政原则严格而忠实的理解，还是曲解和滥用了宪法原则，将成为学术界长期辩论的话题。

三、选举制度的体制

（一）地域代表制和职业代表制

地域代表制是指按选民的居住地域划分选区或以区、县、乡等行政区划为选举单位选举代表或议员的体制。地域代表制通常有两种形式：①1 个选区只产生 1 名议员或者代表；②1 个选区产生 2 名以上的议员或者代表。前者被称为小选区制或者单数选区制，后者则是大选区制或复数选区制。职业代表制是指按职业团体如工会、农会、商会、银行、保险等行业或界别而不是按地域划分选区选举代表或议员的体制。主张采用职业代表制的理由为，当代表来自不同的行业时，可以促使代表结构合理，使不同行业都积极地通过自己的代表，对国家的各项决策施加影响，以保证各行业利益的平衡和国家决策的公正。最早把职业代表制作为一项立法制度规定下来的是法国 1851 年《宪法》，德国《魏玛宪法》也有类似规定。但是职业代表制也受到现代政治学家的批评，认为"由于利益集团壁垒分明，各代表的活动必须全神贯注地集中于自己专业性选民的利益，而对整个社会事务可能有些眼光短浅，结果是各人自扫门前雪，社会更大的利益可能会受到严重威胁"[1]。所以现在绝大多数国家都采取地域代表制，兼采职业代表制。我国以地域代表制为主，只有人民解放军单独进行选举，实行职业代表制。但是在地域代表中，我们在选举时也尽量照顾方方面面，所以有不少各行各业的专家当选。另外，在我国香港特别行政区，立法机关有一部分议员由功能团体选举产生，这也是对职业代表制的运用。

（二）多数代表制与比例代表制

多数代表制又称为多数选举制，指凡在一个选区内，候选人依法定标准，得票较多者即当选的制度；而由各政党按其所获得的票数的比例分配代表或议员名额的称为比例代表制。在单选区内（即只产生 1 名代表）只能采取多数选举制，在大选区（可产生 2 名以上代表）既可采取多数选举制，也可采取比例选举制。根据多数代表制在计算当选票数方法的不同可以将其分为绝对多数代表制、比较多数代表制和法定得票代表制。绝对多数代表制是候选人所获得的票数，须有投票总数的 1/2 才能当选，例如法国国民议会的选举；比较多数代表制是以候选人得票比较多者当选，而不要求必须要过半数，英美等国选举众议院议员就采用比较多数代表制；法定得票代表制以候选人必须获得一定票数以上为前提，再由其中的比较多数者依次取得当选人资格。有些国家，例如德国，其联邦议院议员的选举被称为"多数代表与比例代表混合制"。

四、选举者与被选举者的关系

每个参加选举的选民是选举者，在大多数没有设置当选资格限制的国家里，选举者同时必然有可能是被选举者。在选举结束后，选举者与被选举者之间的关系成为选民与当选代表（议员）的关系。这种关系是由选举行为引起的，对此，大体有

---

[1] 韩大元主编：《宪法学》，高等教育出版社 2006 年版，第 379 页。

以下不同的观点:

第一种观点认为,选举行为只是依法实现公民职责,当选的代表(议员)一经选出,就处于完全独立于选民的地位。他应当凭借自己的才能、学识和经验去工作,他在代表机关里的一切活动,例如在各种会议上的发言和投票等,都是直接表达自己的意志,而不管选民的意志是否与他的意志一致。

第二种观点认为,选举行为是确定选举者与被选举者之间的委托关系,这和民法中的委托与受委托类似。因此受委托的当选人不具有独立的地位,必须严格遵从选区内选民的委托内容,处事不能自由裁量,他在各种会议上的发言和投票应严格遵照选民的意志行事。

第三种观点认为,选举行为是确定选举者和被选举者之间的代表关系。代表(议员)不是完全脱离选民而独立的,但也不处处依赖于自己的选民,因为事事接受选民指示既无必要,也不切实际。他们在各种会议上的发言和投票,可以根据自己的判断行事,但他应当受本选区选民的约束,向选民负责。

第四种观点认为,选举行为是一种授权。而人民的权力是不可分割的,因此,这种授权是整体的授权。代表当选后,他就是全体人民的代表,他在各种会议上的发言和投票不应是他个人或者其选区选民的意志和利益,而应当反映全体人民的意志和利益。

以上观点中,第三种比较妥当。选民和当选者之间的关系应当是代表与被代表的关系,每一位代表(议员)只是选举他的那一部分选民的代表,并接受这部分选民的监督。然而,每位代表在参政、议政以及在投票表决时,应当立足全局,而不能局限于选民利益、行业利益或者个人利益。

第二节 我国的选举制度

一、我国选举制度的范围

新中国成立后,中央人民政府委员会于 1953 年颁布了新中国的第一部选举法:《中华人民共和国全国人民代表大会及地方各级人民代表大会选举法》(以下简称《选举法》)。它标志着新中国选举制度的建立,为我国选举制度的发展奠定了基础。为适应新形势的发展,1979 年全国人民代表大会制定了新《选举法》,并分别于 1982 年、1986 年、1995 年、2004 年、2010 年和 2015 年对其进行了修改。

我国选举制度一般规定在全国人大组织法(即《中华人民共和国全国人民代表大会组织法》)、地方组织法(即《中华人民共和国地方各级人民代表大会和地方各级人民政府组织法》)等法律之中。例如,全国人大代表依法参加的选举形式有:①参加选举。全国人大代表有权对大会主席团提名的全国人大常委会组成人员的人选,国家主席、副主席的人选,中央军事委员会主席的人选,国家监察委员会主任人选,最高人民法院院长和最高人民检察院检察长的人选提出意见。对确定的候选人,在投票时可以投赞成票,可以投反对票,可以另选他人,也可以弃权。②参加决定人选。根据国家主席提名,全国人大代表参加决定国务院总理的人选;根据中央军事委员会主席提名,参加决定中央军事委员会副主席、委员的人选;根据国务院总理提名,参加决定国务院副总理、国务委员、各部部长、各委员会主任、审计长、秘书长的人选。在表决上述人选时,可以投赞成票,可以投反对票,可以弃权,但不可以另选他人。③参加通过人选。全国人大代表有权对大会主席团提名的全国人大各专门委员会的主任委员、副主任委员和委员人选提出意见。在通过上述人选时,可以投赞成票,可以投反对票,可以弃权,但不可以另选他人。

二、我国选举制度的基本原则

选举制度的基本原则是贯穿于选举立法和实施各个环节的基本准则。我国的选举制度是社会主义类型的选举制度。根据我国《宪法》和《选举法》的规定,我国选举制度的基本精神是保障人民自由行使选举权和罢免权,从而保证人民实现当家做主、管理国家的民主权利。我国选举制度的基本原则有:选举权的普遍性原则、选举权的平等性原则、直接选举和间接选举并用原则、秘密投票原则、选举权的物质保障和法律保障原则。

(一) 选举权的普遍性原则

选举权的普遍性原则是指公民除受法律规定的基本条件(如国籍、年龄、政治权利的有无和行为能力的有无等)限制之外,在法律上不受其他条件的限制而广泛地享有选举权的基本原则。选举权的普遍性原则主要表现为享有选举权的公民的范围的广泛性。1789 年的法国《人权宣言》最早宣布了普选权,但该原则的真正确立却经历了较长的发展过程。资本主义国家一般都经过从直接财产限制和与财产有关的住所限制、受教育程度限制、性别限制以及民族、种族限制到逐步减少这些限制的过程。

我国《宪法》第 34 条和《选举法》第 3 条分别规定:中华人民共和国年满 18 周岁的公民,不分民族、种族、性别、职业、家庭出身、宗教信仰、教育程度、财产状况和居住期限,都享有选举权和被选举权,但依照法律被剥夺政治权利的人除外。也就是说,我国公民享有选举权和被选举权只需要具备以下三个条件:①须有中国国籍;②到选举日须年满 18 周岁;③依法没有被剥夺政治权利。选举权利是重要的政治权利,所以凡有法律明文规定或者经法院宣告剥夺政治权利者当然不能享有选举权和被选举权。

理解我国选举权的普遍性原则,还必须注意选举实践中对以下特殊问题的规定和处理。

1. 精神病患者的选举权问题。精神病患者本身享有选举权和被选举权,但由于其患病失去了行为能力,丧失了行使政治权利的能力。因此,经选举委员会确认,精神病患者如确实无法行使选举权的,不列入选民名单,可暂不行使其选举权利。

2. 因羁押被暂时停止行使选举权的问题。因犯危害国家安全罪或者其他严重刑事犯罪案件被羁押、正在受侦查、起诉和审判的人，经人民检察院或人民法院决定，在羁押期间停止其行使选举权利。

3. 准予行使选举权的问题。根据1983年全国人大常委会《关于县级以下人民代表大会直接选举的若干规定》，下列人员准予行使选举权：被判处有期徒刑、拘役、管制而没有附加剥夺政治权利的；被羁押，正在受侦查、起诉、审判，人民检察院或人民法院没有决定停止其行使选举权利的；正在取保候审或者被监视居住的；正在受拘留处罚的。这些人员参加选举，由选举委员会和执行监禁、羁押或拘留的机关共同决定，可以在流动投票箱投票，或者委托有选举权的亲属或其他选民代为投票。被判处拘役、受拘留处罚的人也可以在选举日回原选区参加选举。

4. 旅居国外的中国公民的选举权问题。根据《选举法》第6条的规定，旅居在国外的中国公民在县级以下人民代表大会选举期间在国内的，可以参加原籍地或出国前居住地的选举。

5. 人民解放军的选举权问题。《选举法》规定人民解放军单独进行选举，选举办法另订。

（二）选举权的平等性原则

选举权的平等性原则指所有选民在平等的基础上参加选举，每一个选民在一次选举中只有一个投票权，而且每一张选票的效力相等。不允许任何选民在选举中享有特权，也不允许对任何选民进行限制或歧视。选举权的平等性原则是"法律面前人人平等原则"在选举制度中的具体体现。

选举权的平等性原则有两个基本要求：①每一次选举中每一个选民只有一个投票权，即一人一票；②每一个代表都以大致相同的人口数为基础，即一票一值。

我国《选举法》第4条规定："每一选民在一次选举中只有一个投票权。"这是对选举权的平等性原则的直接规定。它表明选民平等地享有选举权和被选举权，只受法律规定的资格限制；在一次选举中，每人一票，每票效力相等。"每票效力相等"包括如下内涵：①每一代表所代表的人口数大致相同；②被选举产生的每一代表的地位平等；③少数人的利益得到保护，在我国主要表现为少数民族的利益。我国《宪法》和《选举法》以及其他法律的有关规定基本体现了这些要求。

《选举法》第14条规定："地方各级人民代表大会代表名额，由本级人民代表大会常务委员会或者本级选举委员会根据本行政区域所辖的下一级各行政区域或者各选区的人口数，按照每一代表所代表的城乡人口数相同的原则，以及保证各地区、各民族、各方面都有适当数量代表的要求进行分配。在县、自治县的人民代表大会中，人口特少的乡、民族乡、镇，至少应有代表1人。地方各级人民代表大会代表名额的分配办法，由省、自治区、直辖市人民代表大会常务委员会参照全国人民代表大会代表名额分配的办法，结合本地区的具体情况规定。"第16条规定："全国人民代表大会代表名额，由全国人民代表大会常务委员会根据各省、自治区、直辖市的人口数,按照每一代表所代表的城乡人口数相同的原则,以及保证各地区、各民族、各方面都有适当数量代表的要求进行分配。省、自治区、直辖市应选全国人民代表大会代表名额,由根据人口数计算确定的名额数、相同的地区基本名额数和其他应选名额数构成。全国人民代表大会代表名额的具体分配,由全国人民代表大会常务委员会决定。"第25条规定:"本行政区域内各选区每一代表所代表的人口数应当大体相等。"第11条规定,乡、民族乡、镇的代表名额基数为40名,每1500人可以增加1名代表;但是,代表总名额不得超过160名;人口不足2000的,代表总名额可以少于40名。第5条规定:"人民解放军单独进行选举,选举办法另订。"

(三) 直接选举和间接选举并用的原则

直接选举是指由选民直接投票选举产生应选的国家代表机关代表和国家公职人员的一种选举方法。间接选举一般是指由选民选举产生代表机关,由代表机关再选举产生应选的代表和国家公职人员的一种选举方法。

不言而喻,直接选举较间接选举的民主程度高。它有利于选民直接挑选他们熟悉和信任的人到国家政权机关中代表他们行使管理国家的权力,便于选民直接向代表反映意见和要求,并监督代表的工作,同时也便于代表听取选民的意见和要求,向选民负责和报告工作。囿于我国的经济、文化、交通条件的限制,完全直接选举还不现实,因而我国《选举法》采用直接选举和间接选举并用的原则。

我国《选举法》第2条规定:"全国人民代表大会的代表,省、自治区、直辖市、设区的市、自治州的人民代表大会的代表,由下一级人民代表大会选举。不设区的市、市辖区、县、自治县、乡、民族乡、镇的人民代表大会的代表,由选民直接选举。"在我国确立了直接选举与间接选举并用的原则。

随着我国公民民主意识的增强和文化素质的提高,我国将会逐步扩大实行直接选举的范围。适时扩大直接选举的层次和范围应当是我国选举制度的发展方向。

(四) 秘密投票的原则

秘密投票的原则是指选举人在选举时,在选票上注明被选举人而不记自己的姓名,并亲自将所注选票投入票箱的原则。无记名投票是秘密投票的重要方式,这种选举方法是与记名投票或者以举手、起立、鼓掌等方式公开表达自己意志的选举方法相对立的民主选举方法。

我国《选举法》第37条规定:"选举委员会应当根据各选区选民分布状况,按照方便选民投票的原则设立投票站,进行选举。选民居住比较集中的,可以召开选举大会,进行选举;因患有疾病等原因行动不便或者居住分散并且交通不便的选民,可以在流动票箱投票。"第39条规定:"全国和地方各级人民代表大会代表的选举,一律采用无记名投票的方法……选民如果是文盲或者因残疾不能写选票的,可以委托他信任的人代写。"这体现了我国选举制度的无记名投票的原则。

秘密选举的民主程度高于公开选举,它有利于选举人排除外界干扰,消除顾虑,自由表达自己的意志,而且,无记名投票还使得意欲收买或以恐吓手段去影响投票的做法无法得逞。最早采用秘密投票的国家是澳大利亚，1856年澳大利亚的一个州首先在地方选举中采用无记名投票方式，就是将候选人的姓名印在选票上，由选举人按其意愿圈定。这种做法很快就传播到了美国，而后被欧洲国家采用。目前世界上绝大多数国家的宪法都直接肯定了无记名投票的原则。

（五）选举权的物质保障和法律保障原则

选举权既是公民的基本权利，又是组织国家权力机关的唯一方式，采取一切有效措施保障选举权的实现，对于人民参加管理国家具有重要意义。我国《选举法》对于选举权的保障主要表现在物质保障和法律保障两方面。前者表现为国家为选举提供必要的物质条件，《选举法》第7条规定："全国人民代表大会和地方各级人民代表大会的选举经费，列入财政预算，由国库开支。"此外，国家还提供必要的物质设施，如电台、电视等帮助和支持选举活动。选举权的法律保障是指为保障公民选举权的实现和选举的顺利进行，专门对破坏选举的行为予以制裁的一种法律制度。我国《选举法》第十一章规定了"对破坏选举的制裁"，规定对有下列违法行为的，应当依法给予行政处分或者刑事处分：①以金钱或者其他财物贿赂选民或者代表，妨害选民和代表自由行使选举权和被选举权的；②以暴力、威胁、欺骗或者其他非法手段妨害选民和代表自由行使选举权和被选举权的；③伪造选举文件、虚报选举票数或者有其他违法行为的；④对于控告、检举选举中违法行为的人，或者对于提出要求罢免代表的人进行压制、报复的。这些规定就是选举法对选民和代表行使选举权的具体和直接的保障，旨在保证选举工作的顺利进行。

【宪法事例】　　　　城乡按相同比例选举人大代表

2007年10月山东省淄博市淄川区举行人大换届选举。依据《山东省选举工作委员会关于2007~2008年人大换届选举工作安排意见》中"按照农村每一代表所代表的人口数应多于市区每一代表所代表的人口数的原则，可以小于4:1，但应大于1:1"的规定，在《淄川区人大常委会关于区、乡（镇）两级人民代表大会换届选举工作的安排意见》中，对于人大代表的名额分配方面，采用了与《山东省选举工作委员会关于2007~2008年人大换届选举工作安排意见》相同的表述，即"按照农村每一代表所代表的人口数应多于市区每一代表所代表的人口数的原则，可以小于4:1，但应大于1:1"进行分配。但是，在具体名额预算分配过程中，由于区内人口发生结构性变动，若按4:1确定代表名额，则有4个乡（镇）只有3名人大代表，1个乡（镇）只有2名人大代表，无法独立组团。淄川区人大根据淄川区的发展实际，在广泛听取了前届人大代表和广大人民的意见和建议后，经过淄川区人大常委会主任办公会议讨论，淄川区人大常委会制定了城乡人口分别按照4:1、2.5:1、1.5:1的比例进行选举的3套方案。但按照以上比例计算，仍有乡镇只能分得4名代表。而从各代表团人数的横向比较看，按照4:1分配，则最多的代表团代表为18人，最少的为2人；即便是按照1.5:1分配，最多的代表团代表比最少的代表团代表仍要多4倍多。在对比分析3套方案的利弊之后，该区确定按照城乡人口1:1的比例分配代表名额。由本级选举机构确定城乡按1∶1的比例分配代表名额的实施办法,并提交人大常委会通过决定,最后以淄川区选举委员会的名义正式下发通知。

依据上述方案,山东省淄川市淄川区辖14个镇、3个乡、3个办事处、1个经济开发区和淄博矿业集团,共22个选举单位,总人口为683 622人。本届选民总数为556 592人,其中城镇人口选民205 966人,农村人口选民350 626人,分别占选民总数的37.1%、62.9%。依法登记的选民542 176人,参加投票的选民516 151人,参选率95.2%。全区共划分选区152个,共选出淄川区第十六届人大代表253名。从选举结果来看,在代表总名额只增加1名的情况下,本届工农及其他劳动者代表157名,比上届增加21人,其中农民代表人数由上届的101人增加到112人,占上届工农代表136人的25.7%,占代表总名额的13.9%。

【评注】《宪法》第33条第2款规定:"中华人民共和国公民在法律面前一律平等。"平等是行使选举权的重要原则。选举权平等原则要求公民依法平等地享有选举权和被选举权,并且在一次选举中选民的投票权相等,即一人一票;每一代表所代表的选民人数相等,即一票一值。我国《选举法》第14条第1款规定:"地方各级人民代表大会代表名额,由本级人民代表大会常务委员会或者本级选举委员会根据本行政区域所辖的下一级各行政区域或者各选区的人口数,按照每一代表所代表的城乡人口数相同的原则,以及保证各地区、各民族、各方面都有适当数量代表的要求进行分配。在县、自治县的人民代表大会中,人口特少的乡、民族乡、镇,至少应有代表1人。"而淄川区属于市辖区,实行城乡按相同人口比例选举人大代表,符合《宪法》和《选举法》规定。

三、我国选举制度的组织和程序

选举的组织、程序和方法是选举制度的重要组成部分,为选举制度的各项基本原则的贯彻落实和选举任务的完成提供具体的法律和制度保障。具体包括选举机构、划分选区、选民登记、代表候选人提名、投票、公布选举结果和对代表的罢免以及补选等内容。下面具体介绍我国人民代表直接选举和间接选举的组织与程序。

(一)直接选举的组织和程序

1. 组织选举机构。根据《选举法》第8条的规定,全国人民代表大会常务委员会主持全国人民代表大会代表的选举。省、自治区、直辖市、设区的市、自治州的人民代表大会常务委员会主持本级人民代表大会代表的选举。不设区的市、市辖区、县、自治县、乡、民族乡、镇设立选举委员会,主持本级人民代表大会代表的选举。不设区的市、市辖区、县、自治县的选举委员会受本级人民代表大会常务委员会的领导。乡、民族乡、镇的选举委员会受不设区的市、市辖区、县、自治县的人民代表大会常务委员会的领导。省、自治区、直辖市、设区的市、自治州的人民代表大会常务委员会指导本行政区域内县级以下人民代表大会代表的选举工作。《选举法》第10条规定选举委员会履行下列职责:①划分选举本级人民代表大会代表的选区,分配各选区应选代表的名额;②进行选民登记,审查选民资格,公布选民名单,受理对于选民名单有不同意见的申诉，并作出决定；③确定选举日期；④了解核实并组织介绍代表候选人的情况；根据较多数选民的意见，确定和公布正式代表候选人名单；⑤主持投票选举；⑥确定选举结果是否有效，公布当选代表名单；⑦法律规定的其他职责。选举委员会应当及时公布选举信息。

2. 划分选区。选区是由法律规定选举代表或议员时划分的区域单位，是选民开展选举和产生代表或议员的基本单位，同时也是代表或议员联系选民进行活动的基本单位。由于划分选区关系到选举活动能否顺利进行、选民能否选出自己满意的代表以及代表能否进行正常活动的重大问题，因此十分重要。

我国直接选举人大代表的选区以一定数量的人口数为基础进行划分，根据《选举法》第24条，将不设区的市、市辖区、县、自治县、乡、民族乡、镇的人民代表大会的代表名额分配到选区，按选区进行选举。选区可以按居住状况划分，也可以按生产单位、事业单位、工作单位划分。选区的大小，按照每一选区选1~3名代表划分。为了实现选举权的平等原则，确保投票权价值的平等，《选举法》第25条规定："本行政区域内各选区每一代表所代表的人口数应当大体相等。"

3. 选民登记。选民登记是对本选区内有选举权和被选举权的公民的资格予以法律的认可，以确认其选举资格并发给其选民证的行为。根据《选举法》第26条的规定，选民登记按选区进行，经登记确认的选民资格长期有效。凡截至投票日年满18周岁未被剥夺政治权利的公民，都应列入选民名单。选民名单应在选举日的20天以前公布，并发给选民证。对于公布的选民名单有异议的可以向选举委员会提出申诉。选举委员会对申诉意见应在3日内作出处理决定。申诉人对处理决定不服的，可以在选举日5天前向人民法院起诉，人民法院应在选举日前作出判决，法院的判决依照《民事诉讼法》中"选民资格"诉讼的特殊程序作出，其判决为最后决定。

4. 代表候选人的提名与正式确定代表候选人。代表候选人的提名是选民推荐自己满意和信任的人进入国家权力机关的过程，也是体现我国民主选举的基础环节。根据《选举法》第29条的规定，代表候选人按选区或者选举单位提名产生。在直接选举中，《选举法》规定有两种提名方式：①各政党、人民团体可以单独或联合推荐代表候选人，由选举委员会向选区推荐，俗称"组织提名"。在我国的选举实践中，选举乡、镇级人大代表时，乡、镇级的政党组织和人民团体可以推荐代表候选人，选举县级人大代表时，县级和乡、镇级的政党组织和人民团体可以推荐代表候选人。②选民10人以上联名可以推荐代表候选人，选民联名推荐不受选民小组的限制，只要在一个选区范围内，出于选民本人意愿而联合签名者都可以推荐代表候选人。各地方的选举实施细则一般都规定了由政党或人民团体推荐的候选人的比例，这是为了保证选民能够真正地推选出自己满意的代表，充分地发挥选民或者代表的积极性。

推荐代表候选人的，推荐者应向选举委员会或者大会主席团介绍代表候选人的情况。接受推荐的代表候选人应当向选举委员会或者大会主席团如实提供个人身份、简历等基本情况。提供的基本情况不实的，选举委员会或者大会主席团应当向选民或者代表通报。各政党、各人民团体联合或者单独推荐的代表候选人的人数，每一选民或者代表参加联名推荐的代表候选人的人数，均不得超过本选区或者选举单位应选代表的名额。

选举委员会汇总后，在选举日的 15 日以前公布，并交各该选区的选民小组讨论、协商，确定正式代表候选人名单。如果所提候选人的人数超过《选举法》第 31 条规定的最高差额比例，由选举委员会交各该选区的选民小组讨论、协商，根据较多数选民的意见，确定正式代表候选人名单；对正式代表候选人不能形成较为一致意见的，进行预选，根据预选时得票多少的顺序，确定正式代表候选人名单。正式代表候选人名单应当在选举日的 5 日以前公布。非常重要的是差额选举的要求，由选民直接选举人民代表大会代表的，代表候选人的人数应多于应选代表名额 1/3 至 1 倍。

5. 候选人的介绍。为保证素质高的候选人能够当选，增强选举的竞争性和公开性，必须完善候选人介绍环节。资本主义国家在竞争性选举中非常注重本环节。候选人的介绍，包括候选人主动介绍和被动由他人介绍两种方式。我国《选举法》采取了被动式介绍，但是整部法律均没有禁止候选人自我宣传的条款。《选举法》第 33 条规定："选举委员会或者人民代表大会主席团应当向选民或者代表介绍代表候选人的情况。推荐代表候选人的政党、人民团体和选民、代表可以在选民小组或者代表小组会议上介绍所推荐的代表候选人的情况。选举委员会根据选民的要求，应当组织代表候选人与选民见面，由代表候选人介绍本人的情况，回答选民的问题。但是，在选举日必须停止代表候选人的介绍。"这一规定谨慎开放了"竞选"空间，但"竞选"空间仍受制于选举委员会这一选举机构。

6. 组织投票与确定当选。投票是选民以投票的方法表达选举意向的行为。选民可以投赞成票、反对票，可以另选其他任何选民，也可以弃权。《选举法》规定，在选民直接选举人大代表时，选民根据选举委员会的规定，凭身份证或者选民证领取选票。投票选举由选举委员会主持，选举委员会应当根据各选区选民分布状况，按照方便选民投票的原则设立投票站，进行选举。选民居住比较集中的，可以召开选举大会，进行选举；因患有疾病等原因行动不便或者居住分散并且交通不便的选民，可以在流动票箱投票。另外，选民在选举期间外出，经选举委员会同意，可以书面委托其他选民代为投票，但每一选民接受的委托不得超过 3 人。

投票结束后，选举进入计票和公布选举结果阶段。计票是统计选票并根据法定标准确定选举本身是否合法、选票是否有效、候选人是否当选的制度。计票结束后由选举委员会或者人大会议主席团宣布最终选举结果。

计票环节，由选民或者代表推选的监票、计票人员和选举委员会或者人大主席团的成员将投票人数和票数加以核对，做出记录，并由监票人签字。代表候选人的近亲属不得担任监票人、计票人。每次选举所投的票数，多于投票人数的无效，等于或者少于投票人数的有效；每一选票所选的人数，多于规定应选代表人数的作废，等于或少于规定应选代表人数的有效。

在直接选举时，代表候选人的当选必须有"两个过半数"：①选区全体选民有过半数者参加投票，本次选举有效；②代表候选人在此前基础上必须获得参加选举投票的选民过半数的选票方可当选，假若获得过半数选票的代表候选人的人数超过应选名额时，得票多的当选，如果票数相等不能确定当选人的，应就票数相等的候选人重新投票。过半数选票的当选代表的人数少于应选代表的名额时，不足的另行选举，以得票多的当选，但是得票数不得少于选票的1/3。同时新修改的《选举法》还明确公民不得同时担任2个以上无隶属关系的行政区域的人民代表大会代表。

对于选举结果的公布，《选举法》规定，由选举委员会或者人民代表大会主席团确定选举结果是否有效，并予以宣布。

（二）间接选举的组织和程序

间接选举的组织和程序较为简单，它既不需要进行选区划分和选民登记，选举的组织工作也较容易，有关提名候选人、介绍候选人以及投票程序与直接选举相类似。

1. 选举工作的主持机构。与直接选举成立专门的选举委员会不同，由于选举人数较少，不需要划分选区和进行选民登记，选举工作量不大，因此，间接选举由本级人大常委会主持，并接受上级人大常委会领导。《选举法》第8条第1款规定："全国人民代表大会常务委员会主持全国人民代表大会代表的选举。省、自治区、直辖市、设区的市、自治州的人民代表大会常务委员会主持本级人民代表大会代表的选举。"

2. 代表候选人的提出。《选举法》第29条规定，间接选举的代表候选人由选举单位提名产生，各政党、各人民团体联合或者单独推荐代表候选人，代表10人以上联名也可以推荐代表候选人。至于候选人名额，为体现差额选举精神，《选举法》第30条规定，由县级以上的地方各级人民代表大会选举上一级人民代表大会代表候选人的名额，应多于应选代表名额1/5至1/2。

3. 确定正式代表候选人。《选举法》第31条第2款规定，县级以上的地方各级人民代表大会在选举上一级人民代表大会代表时，提名、酝酿代表候选人的时间不得少于2天。各该级人民代表大会主席团将依法提出的代表候选人名单及代表候选人的基本情况印发全体代表，由全体代表酝酿、讨论。如果所提代表候选人的人数符合《选举法》第30条规定的差额比例，直接进行投票选举。如果所提代表候选人的人数超过《选举法》第30条规定的最高差额比例，则应将全部候选人提交代表进行预选，根据预选时得票多少的顺序、本级人民代表大会的选举办法和选举法确定的具体差额比例，确定正式代表候选人名单，然后进行投票选举。

4. 确定当选。选举大会由主席团主持，采用无记名投票方式，以代表候选人获得全体代表过半数的选票者始得当选。如果获得过半数选票的代表名额超过应选代表名额时，以得票多的当选。如遇票数相等，不能确定当选人时，应当就票数相等的候选人再次投票，以投票多的当选。如果获得过半数选票的当选代表的人数少于应选代表的名额时，不足的另行选举，以得票多的当选，但是候选人仍必须获得全体代表的过半数选票。选举结果由大会主席团确定是否有效，并予以宣布。另外，经间接选举产生的人大代表选出以后,要经过代表资格审查委员会[1]的审查和确认,并经常务委员会确认其代表资格是否有效。

（三）对代表的罢免和补选

对代表的罢免既是行使选举权的重要方面,也是人民对代表进行监督的最有力的措施。《选举法》专章规定了对代表的罢免和补选程序,对提出罢免案的主体条件、被提出罢免的代表的权利以及罢免案的通过条件作出了规定。

《选举法》第48条规定,全国和地方各级人民代表大会的代表,受选民和原选举单位的监督。选民或者选举单位都有权罢免自己选出的代表。

按照《选举法》第49、51、52条的规定,对于直接选举产生的代表,罢免程序是：对于县级的人民代表大会代表,原选区选民50人以上联名；对于乡级的人民代表大会代表,原选区选民30人以上联名,可以向县级的人民代表大会常务委员会书面提出罢免要求；罢免要求应当写明罢免理由；被提出罢免的代表有权在选民会议上提出申辩意见,也可以书面提出申辩意见；县级的人民代表大会常务委员会应当将罢免要求和被提出罢免的代表的书面申辩意见印发原选区选民；表决罢免要求,由县级的人民代表大会常务委员会派有关负责人员主持；罢免代表采用无记名投票的表决方式；罢免案须经原选区过半数的选民通过。

按照《选举法》第50～53条的规定,对于间接选举产生的代表,罢免程序是：县级以上的地方各级人民代表大会举行会议的时候,主席团或者1/10以上代表联名,可以提出对由该级人民代表大会选出的上一级人民代表大会代表的罢免案。在人民代表大会闭会期间,县级以上的地方各级人民代表大会常务委员会主任会议或者常务委员会1/5以上组成人员联名,可以向常务委员会提出对由该级人民代表大会选出的上一级人民代表大会代表的罢免案。罢免案应当写明罢免理由；被提出罢免的代表有权在主席团会议和大会全体会议上提出申辩意见,或者书面提出申辩意见,由主席团印发会议。罢免案经会议审议后,由主席团提请全体会议表决；县级以上的地方各级人民代表大会常务委员会举行会议的时候,被提出罢免的代表有权在主任会议和常务委员会全体会议上提出申辩意见,或者书面提出申辩意见,由主任会议印发会议。罢免案经会议审议后,由主任会议提请全体会议表决。罢免代表采用无记名投票的表决方式。在代表大会举行会议期间,罢免案须经各该级人民代表大会过半数的代表通过；在代表大会闭会期间,罢免案须经常务委员会组成人员的过半数通过。罢免的决议,须报送上一级人民代表大会常务委员会备案、公告。依照法定程序被罢免的代表,其担任的常务委员会组成人员或者专门委员会成员的职务相应撤销。

对于代表的补选程序,我国《选举法》第56条规定,代表在任期内,因故出缺

---

[1] 代表资格审查委员会是人大常委会中专门负责代表资格审查的常设机构。其职责是审查新选出的下一届人大代表的资格和补选的本届人大代表的资格,审查后,向常委会提出审查结果的报告。

（如死亡、被罢免、调离或迁出本行政区域等），由原选区或者原选举单位补选。县级以上的地方各级人民代表大会闭会期间，可以由本级人民代表大会常务委员会补选上一级人民代表大会代表。直接选举的人大代表在任期届满前因故出缺，由原选区选民进行补选。补选出缺的代表时，代表候选人的名额可以采取差额选举，也可以采取等额选举的办法。

此外，《选举法》第54、55条还规定了代表的辞职程序，全国人大代表，省、自治区、直辖市、设区的市、自治州的人大代表，可以向选举他的人大常委会书面提出辞职；县级人大代表可以向本级人大常委会书面提出辞职；乡级人大代表可以向本级人大书面提出辞职。

第三节 政党制度

一、政党的概念、特征

政党政治是现代民主政治的一大特点，在现代国家中，政党的存在是一个共同的现象。政党不是从来就有的，它是近代西方政治的产物。

（一）政党的概念

政党是近代才普遍产生的，但是"党"字古代就已经出现。中国古代，有"朋党"之称，也有"君子不党"的说法。通常就是指有首领的群体为了争权夺利、施展阴谋诡计而形成的有政治色彩的派别，但这都不是今天我们理解的政党。《韦氏大词典》将政党定义为"一群人以指导政府政策为目的而组成的团体"。马克思主义政党学说认为，政党是一定的阶级、阶层或利益集团为了共同利益，以夺取或控制政权，或影响政治权力的运用，而由其先进分子建立的具有一定组织形式的现代政治组织。简单地讲，政党是指以实现特定的政治理想为目的的政治组织和团体。

一般认为，政党主要由四个要素组成：①党员；②政治纲领；③领袖；④组织纪律。政党的组织结构包括体制外的组织结构和体制内的组织结构，前者是政党为组织本党的力量开展政治活动、实现统一领导而形成的一系列存在于政府之外的组织结构，由各政党自己来确定，通常包括党的中央机构、党的地方机构和基层组织以及党的领袖等内容。后者则是政党在取得和维持政权的活动中，与政治体制相交汇而形成的组织机构，大致应当包括议会党团、内阁及议会内的正式结构。

（二）政党的特征

从近现代国家的政治实践来看，政党属于政治组织，但它有别于国家政权机关，不是国家政权机关的组成部分。政党也有别于一般的政治性团体或政治派别，如利益集团。政党的目的是取得政治权力中的关键职位，也就是夺取政权。政党属于社会组织，但又不同于一般的社会团体。政党的特征包括：

1. 政党具有鲜明的阶级性。政党是阶级斗争发展到一定阶段的产物，政党产生和活动的基础是共同的阶级利益；政党代表和维护一定阶级或阶层的利益；政党的组成人员是特定阶级的优秀分子，他们具有共同的政治信仰，是阶级的核心、中坚力量，是阶级的领导者和组织者。所以列宁指出："阶级是由政党来领导的。"

2. 政党具有明确的政治纲领或目标。政党的政治纲领或目标或表现为固定的党章、党纲，或表现为临时性的政治纲领甚至竞选纲领。这个特征是政党与一般政治组织、社会团体相区别的显著标志，也是判断政党的性质、组织与活动方式的依据。

3. 政党组织和活动的指向是为了夺取政权和巩固政权。一般来说，政党在组建时都把夺取政权作为自己的政治目标。即使无法夺取政权，也是把影响政权、谋求政治地位作为党的主要目标。夺取政权的方法，有的通过和平方式，依靠选民和选举；有的通过暴力革命。在夺取政权后，则把维护和巩固政权作为自己的政治使命。

4. 政党具有相对严密的组织系统。为了实现其政治纲领和政治目标，政党必须有健全的组织系统和领导机构，借以动员、领导本阶级的全体成员进行政党斗争。社会主义国家的政党组织比较完善，从中央到地方都建立有系统的组织机构和领导体系。资本主义国家的政党也大多如此，只是表现程度有所差异。有的国家政党组织庞大、机构完整、党员稳定；有的则比较松散、党员队伍不确定。这与政党的组织纪律是否严明有关。

二、政党制度的概念和种类

有了政党，必然形成相应的政党政治。政党政治是指政党掌握、参与或影响国家政权，并在国家政治社会生活和国家事务及其体制的运行中处于中心地位的政治现象。其中政党领导和掌握国家政权是政党政治的核心，而政党政治的法律化就形成政党制度。政党制度就是关于政党组织、政党活动及政党参与行使国家权力的方式的一系列制度的总和，主要包括国家对政党的政治地位、活动规范和执政参政的法律规范。

在学理上，根据不同的分类标准，可以把政党制度划分为不同的类型，如以政治性质和阶级实质为标准，分为资本主义政党制度和社会主义政党制度。资本主义政党制度下，又以执政党的数目为标准，进一步分为一党制、两党制和多党制，或分为一党制和多党制两大类型。社会主义政党制度下，又有一党制和一党领导多党合作制之分。以政党之间是否存在竞争为标准，划分为竞争性政党制度和非竞争性政党制度。在非竞争性政党制度下，又分为阶级合作性质的政党和等级统治的政党，或者是一党权威制、一党多元制和一党极权制。在一党制和多党制类型下[1]，西方学者还根据政党执政的作风和特点，将一党制细分为一党专制、一党权威制、一党多元制、实用一党制、一党霸权制和一党优势制；把多党制细分为两党制、温和多党制、碎分化多党制和极化多党制等。甚至还有以政治结构为标准，把多党制细分

---

[1] 王长江、姜跃等：《现代政党执政方式比较研究》，上海人民出版社2002年版，第56页。

为北欧型、南欧型和日本型等。

比较公认的分类方法是以执政的政党数目为标准,把政党制度划分为一党制、两党制和多党制三大类。根据这一分类法,在资本主义国家,一党制就是指一个国家只存在一个政党,或者虽存在多个政党但只有一个政党执掌国家政权。目前实行一党制的国家有两种情形:①一些第三世界国家,由于历史原因和国内经济发展的制约,推行一个政党长期执政的一党制;②以日本和墨西哥为代表的一党制,其特点是国家的政权长期为一个政党所垄断,其他政党难以在选举中获胜从而打破一党垄断政权的局面。两党制是指一个国家存在两个政党或两个以上的政党,但只有两个主要政党单独地轮流执掌政权。两党制起源于英国,以后为美国、加拿大、澳大利亚、新西兰、奥地利、委内瑞拉和哥伦比亚等国所采用,其中,英国和美国是最典型的实行两党制的国家。两党制的国家虽然在法律上或事实上存在多党,但在现实政治生活中其他党势单力薄,没有实力与两大政党相抗衡,无法在国家政治生活中发挥决定作用。因此,不能以政党的数量来判断是否属于两党制。有的国家虽然有两个政党,但由于不存在交替执政的情况,也不能称作是两党制国家。多党制则是指一个国家存在三个或三个以上政党,其中一些政党联合起来形成多数党联盟而执掌国家行政大权。多党制以法国、德国、意大利等为代表,现北欧各国、西欧绝大部分国家普遍采用多党制。

法国、德国、意大利等国家实行多党制,主要是因为这些国家资本主义发展较慢,社会结构复杂,形成了许多不同的利益集团,容易形成不同的党派,加上战后许多欧洲国家纷纷实行比例选举制,这在客观上有利于小党的存在。多党制下,各政党往往只关注本党的利益,内阁常常是进入议会的各党派妥协的结果,属于暂时性的利害关系的结合,一旦政见不和,就很容易造成内阁的分裂,使政府频繁变更。而且在多党制的情况下,虽然选民可以根据自己的喜好投任何一个党派的票,但是联合政府实行的政策往往是执政联盟中各党政治主张的妥协和综合,是由各党派领导人协商后确定的,与任何一个政党的竞选纲领都有很大的不同,因此,可以说,选民的直接选举似乎没有办法保证未来政府的施政纲领。

三、外国政党制度概述

各国的政党制度因历史传统和具体国情不同而具有很强的差异性、民族性和国家特点。自资产阶级政党产生以来,政党的活动就渗透于国家权力运行的各环节。宪法是主要用来调整国家权力运行的国家根本法,必然要对政党的活动加以规范。但各国的政党制度是长期以来政党干预政治的习惯所形成的,早期在宪法中并没有明文规定,只是以宪法惯例形式在代议制中发挥着作用。最早规定政党制度的是1919年德国《魏玛宪法》。该宪法将政党作为社团组织的形式,作为人民基本权利之一加以规定。二战以后,各资本主义国家的政党制度有了变化,主要是在议会中产生的派系(党派)逐渐固定化。将政党活动纳入法制轨道,使它在宪法和法律规定的范围内开展活动,成为世界各国政党制度发展的潮流。不少国家都在宪法中规定了政党制度,例如德国[1]。然而,到目前为止,各国宪法对政党制度的规定仍很原则化,世界上只有德国等极少数的国家制定了专门的政党法。关于政党制度的一些基本内容多散见于组织法、选举法以及民法、刑法等普通法律中。

在各种法律形式中,宪法是政党制度化的基本形式。世界各国宪法规定的有关政党制度的内容主要有:①结党自由。二战以后各资本主义国家接受了法西斯的教训,对公民自由组织政党予以严格的法律保护,政党活动只要不违背宪法法律规定,法院概不干预。②多党制还是一党制。多党制是现代资本主义政治制度的一个重要特征,它是适应资本主义竞争的要求而产生的。目前多数资本主义国家实行两党以上的多党制,多党制的特点是经常由几个政党联合轮流执政,或几个政党联盟轮流执政。法国、德国是多党制的典型。③对特别人群结党自由的限制。[2]

（一）英国

英国是实行两党制的传统国家,目前英国政治体制中的两大政党是保守党和工党。保守党是历史最悠久的政党之一,其前身为1679年形成的托利党。保守党的下议院大多是董事、经理、商人、律师、公职人员和自由职业者。该党信奉保守主义,反对社会主义,主张"社会市场经济"应由市场力量决定,要求降低所有税,削减政府开支,推行"私有化"和自由贸易;对外强调增强军费开支,加强与欧共体、美国的关系。

工党主张实行改良主义的"民主社会主义",其传统政策是实行福利国家制度,强调公平与效率兼顾。其认为英国已经确立的政治和经济制度是有效的,只要采取温和、缓进的办法就可以实现土地和产业资本的公有,且其党员大部分是工人。工党的产生直接源自于19世纪后半期英国工人政治觉悟的提高。在1906年正式改名为"工党"并有29名代表进入议会之前,劳工代表委员会就有80多万成员了。到20世纪20年代初,工党的会员就达到了400万,在议会中占有142席,超过了自由党的115席,成为仅次于保守党的英国第二大党。1924年工党在大选中获胜,由麦克唐纳组建了第一届工党政府,由此,工党代替自由党与保守党一起轮流施政的局面逐渐形成。

社会自由民主党（简称"自由民主党"）是英国的第三大党,前身是1679年成立的辉格党,曾经在18世纪大部分时间内执政。但是在1924年后该党逐步让位于工党,退出了轮流执政的地位。该党主张建立一个自由开放的社会,强调加强市场机制、维护民主传统,保障公民的个人权益;对外主张欧洲联合。该党的主要成员是工商业资本家、知识分子和专业人员等。

---

[1] 如1949年德国《基本法》第21条规定:"①政党参与人民的政治意志。可以自由建立政党。政党的内部组织必须符合民主原则。它们必须公开说明其资金来源。……"

[2] 如1973年巴基斯坦《宪法》第17条第2款规定:"凡不担任巴基斯坦公务员的任何公民都有建立或参加政党的权利。"

（二）美国

与英国一样，美国也是典型的两党制国家。尽管美国联邦宪法并没有对政党作出任何规定，但是，政党却在联邦政府成立初就已经登上了美国的政治舞台。在联邦宪法制定和批准期间，美国政坛中就出现了"联邦党人"和"反联邦党人"的政治冲突，其影响已经超出了单个州的界限。"联邦党人"以亚历山大·汉密尔顿、詹姆斯·麦迪逊和约翰·亚当斯为首，主张建立强大的联邦政府。"反联邦党人"则以托马斯·杰斐逊、塞缪尔·亚当斯和约翰·汉考克等为核心，坚持地方分权，主张严格限制联邦政府的权力。但是当时美国人对政治中的派别（政党）之争是充满了厌恶的，就连托马斯·杰斐逊也公开表示："如果说不参加政党就不能进入天国，我宁可根本不去天国！"这主要是因为他们对党争抱有深深的戒心。尽管如此，政党却无可避免地产生了，而且，恰恰是那些曾极力反对组建政党的早期政治领导人成了政党领袖。

1789年联邦政府成立后，担任财政部长的汉密尔顿主张建立国家银行、稳定国家信贷、征收进口税从而保护美国工业。为了实现这一经济目标，汉密尔顿要求从宽解释联邦宪法，加强联邦宪法的权力，同时在外交上采取不介入欧洲事务的中立政策，加强与英国的贸易往来。汉密尔顿的这一政策遭到了国务卿杰斐逊的强烈反对。杰斐逊认为，美国应该以"农业立国"，因为独立的小农经济是共和制度的最好基础。因此，必须控制联邦政府的权力，扩大州权。在对外政策上，杰斐逊主张美国应当履行之前与法国的协议，帮助法国对抗英国。围绕这一争论，美国政坛内部出现了重大分裂，形成了以汉密尔顿为首的联邦党和以杰斐逊为首的民主共和党。

1796年，华盛顿在连任两届总统后宣布隐退。联邦党和民主共和党分别提名亚当斯和杰斐逊为自己的候选人，参加当年的总统竞选。由此开始了一场以政党为中心参与政治角逐、由两大党主导的泾渭分明的政治较量。

1800年总统选举后，联邦党的实力受到很大的削弱。在1812~1814年的第二次对英战争中，联邦党采取了亲英立场，在政治上受到了严厉谴责，声誉丧失殆尽。1816年总统竞选再次失败后，联邦党逐渐瓦解并最终消失。由于联邦党的消失，民主共和党失去了对立政党的竞争，其内部逐渐开始分化，最后公开分裂成为国民共和党和民主党。在1828、1832年总统竞选中，国民共和党连续失利，此后逐渐湮没无闻。

1833~1834年冬季，各州反对民主党总统杰克逊的领导人举行了一系列的聚会，产生了"辉格党"[1]这个新政党，该党在1840年的总统竞选中赢得了胜利。在随后的十多年里，美国政坛出现了民主党和辉格党同场竞争的局面。

但是，民主党和辉格党的出现并没有使美国的政治运作趋于平稳，因为两党成

---

[1] 该党取名"辉格党"，是为了要向世人表示，他们要向英国辉格党反对王室那样，义无反顾地对抗民主党。

员都包括了南方的种植园奴隶主。随着美国围绕奴隶制问题的冲突不断升级，两党都发生了巨大的变化。1852年总统选举中，辉格党因内部严重分裂而败北，随后，其组织逐渐瓦解。

到了19世纪50年代，南北双方因为奴隶制问题走向彻底决裂已不可避免，为了与顽固维护奴隶制的民主党进行竞争，1854年7月，作为新政党的共和党成立，该党一经出现，就得到了广泛的支持，其候选人林肯在1860年当选为总统。

1861年南北战争及战后的南方重建使美国的两党政治实现了向制度化的转变，此后，无论是民主党或者共和党占优势，都无法继续维持独霸政坛的局面，尤其是从20世纪90年代开始，美国政坛逐渐出现了民主党和共和党分别控制行政和国会的"分治"格局，基本上使两党实力达到了平衡。

（三）法国

法国是西方国家中最早确立多党制的国家，其多党政治的渊源最早可以追溯至18世纪末的法国大革命时期，至19世纪80年代第三共和国时期，多党制度逐渐确立起来。在随后的一个多世纪里，法国的多党制度随着社会发展而演化，并出现了新的特征。

早在18世纪末的大革命中，各种各样代表不同阶级、阶层利益的政治派别就已经层出不穷。其中最有影响的是斐扬派、吉伦特派、雅各宾派和热月党，等等。虽然这些政治派别并没有发展成为成熟的政党，但是它们的形成和发展对法国多党制的确立和演变产生了重大的影响。

1870年法兰西第三共和国建立后，正式确立了议会的普选制，现代意义上的政党逐渐开始出现。一般认为，第一个法国政党是1880年建立的法国工人党，该党在马克思和恩格斯的指导下制定了政治纲领，而且也建立了全国代表大会，初步形成了政党组织。1901年7月，第三共和国正式通过了保护自由结社的法律，允许自由组建政治党派和民间团体。从此，法国政党如雨后春笋般纷纷成立。先后出现的政党有几百个，其内部大多分为激进、中间和保守等派别，每次议会选举时，参选政党一般有二三十个。然而政党更迭频繁导致政局不稳。尤其是第四共和国时期最为严重，在其存在的短短12年中，法国共出现了26届政府，每届政府的平均寿命不到半年，其中最短的只有2天。

1958年法兰西第五共和国成立后，法国虽然从总体上保持了多党制，但却出现了政党向两极化发展的趋势。

早在二战结束初期，时任法国临时政府主席的戴高乐就认为，第三共和国垮台的根本原因是国内党派林立。因此，1958年戴高乐出任第五共和国总统后，采取了一系列限制政党作用和减少政党数量的措施。其中，最重大的举措就是废除"比例选举制"，改为"多数代表制"，各政党只有在选区中获得多数票才能获得一个议席，这就使那些力量较弱的政党被排挤出了议会，最后消亡。另外就是1962年，戴高乐为了进一步减弱政党对法国政局的左右，废除了议会控制总统选举的传统，开始实行总统由公民普选产生的制度。这样就导致议会内部政党分化为两大阵营：①支持戴高乐政策的由"保卫新共和联盟"和"独立共和党"组成的右翼政党联盟；②反对戴高乐政策的由法国社会党、法国共产党、法国人民党和独立党等组成的左翼政党联盟。

自此，尽管左翼与右翼政党联盟的组成都发生了变化，但政党发展的两极化一直是政党发展的显著特征。从总体上看，在20世纪80年代初以前，右翼政党联盟一直控制着法国政权。20世纪80年代后，法国出现了左、右翼政党联盟共治的局面。

四、我国的政党制度

共产党领导下的多党合作和政治协商制度是我国的政党制度，是有中国特色的社会主义民主政治制度的重要内容。我国实行的政党制度是与人民民主专政国体和人民代表大会制度政体相适应的，是在长期的中国革命和建设实践中逐渐形成并发展起来的、符合中国国情的政党制度，是中国的一项基本政治制度。这项制度的基本内涵是：在国家采取重大措施或决定国计民生的重大问题时，执政的中国共产党都事先同民主党派和无党派民主人士进行协商，取得统一认识，然后再形成决策；民主党派和无党派人士在国家权力机关——人民代表大会及其常委会、专门委员会中，在地方各级人大中，均有一定比例的代表，参政、议政并发挥监督作用；在人民政协中充分发挥民主党派和无党派人士的作用；举荐民主党派和无党派人士在各级政府及司法检察机关中担任领导职务。

（一）现行《宪法》规定的政党制度的主要内容

1. 确立了中国共产党的历史作用和历史地位。《宪法》序言第五自然段规定："1949年，以毛泽东主席为领袖的中国共产党领导中国各族人民，在经历了长期的艰难曲折的武装斗争和其他形式的斗争以后，终于推翻了帝国主义、封建主义和官僚资本主义的统治，取得了新民主主义革命的伟大胜利，建立了中华人民共和国。从此，中国人民掌握了国家的权力，成为国家的主人。"第七自然段规定："中国新民主主义革命的胜利和社会主义事业的成就，是中国共产党领导中国各族人民，在马克思列宁主义、毛泽东思想的指引下，坚持真理，修正错误，战胜许多艰难险阻而取得的。……"

2. 确立了中国共产党在社会主义初级阶段的基本路线，赋予了四项基本原则的宪法地位。《宪法》序言第七自然段规定："……国家的根本任务是，沿着中国特色社会主义道路，集中力量进行社会主义现代化建设。中国各族人民将继续在中国共产党领导下，在马克思列宁主义、毛泽东思想、邓小平理论、'三个代表'重要思想、科学发展观、习近平新时代中国特色社会主义思想指引下，坚持人民民主专政，坚持社会主义道路，坚持改革开放，不断完善社会主义的各项制度，发展社会主义市场经济，发展社会主义民主，健全社会主义法治，贯彻新发展理念，自力更生，艰苦奋斗，逐步实现工业、农业、国防和科学技术的现代化，推动物质文明、政治文明、精神文明、社会文明、生态文明协调发展，把我国建设成为富强民主文明和谐美丽的社会主义现代化强国，实现中华民族伟大复兴。"

3. 完善了中国共产党领导的多党合作和政治协商制度的宪法规范。《宪法》序言第十自然段规定："……在长期的革命、建设、改革过程中，已经结成由中国共产党领导的，有各民主党派和各人民团体参加的，包括全体社会主义劳动者、社会主义事业的建设者、拥护社会主义的爱国者、拥护祖国统一和致力于中华民族伟大复兴的爱国者的广泛的爱国统一战线，这个统一战线将继续巩固和发展。中国人民政治协商会议是有广泛代表性的统一战线组织，过去发挥了重要的历史作用，今后在国家政治生活、社会生活和对外友好活动中，在进行社会主义现代化建设、维护国家的统一和团结的斗争中，将进一步发挥它的重要作用。中国共产党领导的多党合作和政治协商制度将长期存在和发展。"

4. 规定了党必须在宪法和法律的范围内活动。《宪法》序言第十三自然段规定："……全国各族人民、一切国家机关和武装力量、各政党和各社会团体、各企业事业组织，都必须以宪法为根本的活动准则，并且负有维护宪法尊严、保证宪法实施的职责。"《宪法》第5条第4款规定："一切国家机关和武装力量、各政党和各社会团体、各企业事业组织都必须遵守宪法和法律。一切违反宪法和法律的行为，必须予以追究。"第5条第5款还规定："任何组织或者个人都不得有超越宪法和法律的特权。"

（二）中国共产党领导的多党合作和政治协商制度形成的历史背景

中国除了执政的中国共产党外，还有8个民主党派，它们是中国国民党革命委员会、中国民主同盟、中国民主建国会、中国民主促进会、中国农工民主党、中国致公党、九三学社、台湾民主自治同盟。各民主党派主要是在抗日战争和反对国民党反动统治的斗争中，逐步形成和发展起来的，它们最初在政治上主要反映和代表民族资产阶级、城市小资产阶级及知识分子的利益。各民主党派在成立之初，就在共产党统一战线政策的推动下，同共产党建立了不同程度的合作关系，并在共同斗争中不断发展了这种关系。各民主党派通过长期的政治实践，选择了中国共产党的领导和新民主主义道路，为新民主主义革命的胜利和建立新中国作出了重要贡献。

1949年9月，中国共产党与各民主党派、各人民团体和其他爱国民主人士，在北京召开了中国人民政治协商会议，制定了《共同纲领》，选举产生了中央人民政府委员会，宣告了中华人民共和国的成立。从此，中国共产党成为领导全国政权的执政党，各民主党派成为接受中国共产党领导的、同中国共产党通力合作的参政党。共产党与民主党派的合作，从政权外的合作发展成为在国家政权中的合作。中国人民政治协商会议第一届全体会议的召开和《共同纲领》的制定，标志着共产党领导的多党合作和政治协商制度的初步确立。

1954年《宪法》在序言中规定："我国人民在建立中华人民共和国的伟大斗争中已经结成以中国共产党为领导的各民主阶级、各民主党派、各人民团体的广泛的人民民主统一战线。今后在动员和团结全国人民完成国家过渡时期总任务和反对内外敌人的斗争中，我国的人民民主统一战线将继续发挥它的作用。"这一规定用根本法的形式，确认了我国的政党制度，指出了民主党派在国家政治生活中的地位和任务。其后，中国共产党制定了在人民民主专政条件下同民主党派团结合作的总方针和各项政策，并在实践中逐步创造了多党合作的基本经验和基本形式，从而形成了共产党领导的多党合作和政治协商制度的基本格局。1956 年，中国共产党提出了"长期共存、互相监督"的方针，同年 9 月这一方针列入中共八大决议。1957 年下半年以后至"文化大革命"期间，共产党与民主党派的合作关系受到极为严重的破坏。直到 1982 年 9 月，党的十二大政治报告明确提出了"长期共存，互相监督，肝胆相照，荣辱与共"的中国共产党与各民主党派相互关系的"十六字"基本方针。1987 年，党的十三大把共产党领导的多党合作和政治协商制度同人民代表大会制度并列为我国社会主义政治制度的优点和特点。1989 年 12 月 30 日，中共中央在与各民主党派充分协商后制定了《关于坚持和完善中国共产党领导的多党合作和政治协商制度的意见》；2005 年 2 月，中共中央又制定了《关于进一步加强中国共产党领导的多党合作和政治协商制度建设的意见》（以下简称《意见》）。在《意见》中，明确指出了中国共产党同各民主党派之间的关系，以及各民主党派的政治地位和法律地位。

（三）中国共产党领导的多党合作和政治协商制度的作用

中国共产党领导的多党合作和政治协商制度在发展社会主义民主、建设社会主义政治文明进程中具有重要地位和作用。多党合作体制既能发扬各党派之间相互监督的长处和一党统一领导的优点，又克服了两党制或多党制下各党相互争斗带来的政局动荡的弊端和一党制下很容易产生的缺乏监督制约的不足，它是一种具有中国特色的新型政党制度。

1. 有利于中国特色的社会主义民主政治建设和政治文明建设。发挥民主党派参政议政和民主监督的作用，不仅有利于进一步增强社会主义民主的广泛性，而且有利于培养人民群众和党外人士的参与意识，畅通各种民主渠道，提高人民的参政能力和正确运用民主权利的水平。在共产党与民主党派的合作互动过程中，有利于将民主党派成员及其所联系的群众的智慧反映和集中起来，以推进政治文明的建设。

2. 有利于调动和发挥各方面建设中国特色社会主义的积极性、主动性和创造性，促进改革开放和社会主义现代化建设事业。多党合作和政治协商制度既可以吸收更多的民主党派成员参加国家政权机关和人民政协，参加政治协商和民主监督，又可以调动各民主党派联系群众的积极性和创造性，有利于团结一切可以团结的力量。民主党派的相当一部分成员都是学有专长、富有才干的专家、学者、管理者，切实实行共产党领导的多党合作和政治协商制度，有利于充分调动这支重要力量，充分发挥他们的聪明才智，为改革开放和社会主义现代化建设提供更多的人才智力支持。

3. 有利于加强和改善中国共产党的领导，提高党的执政能力和执政水平，健全党内外的民主生活，加强民主监督，减少和避免决策的失误。

（四）我国政党制度的特点

1. 确认中国共产党的领导地位是多党合作制的前提。《中国共产党章程》开宗明义:"中国共产党是中国工人阶级的先锋队,同时是中国人民和中华民族的先锋队,是中国特色社会主义事业的领导核心,……"这明确了中国共产党作为工人阶级政党的性质和执政党地位。现行《宪法》序言也对中国共产党的执政党地位作了充分肯定。在《宪法》第1条明确规定了,"中国共产党领导是中国特色社会主义最本质的特征"。共产党对国家的领导,形式上包括政治领导、组织领导和思想领导。

2. 民主党派是参政党,与中国共产党一起,共同参加国家政权机关的管理工作,没有执政党和在野党之分。我国目前有8个民主党派,中国共产党和民主党派一起,共同参与对国家事务的管理。它们之间只有领导执政与参与执政之分,没有西方两党制或多党制下那种执政党和在野党之分。对于参政党的含义,尚无明确的法律规定。从宪法惯例和政策看,我国民主党派是参政党,具体说来就是参加政府,在国家机关中占一定席位,并适当担任公职,参加国事管理;根据《宪法》,与执政党一起就国家大政方针、人事问题和社会重大问题共同进行协商;根据互相监督的原则对执政党的活动进行监督,并且发挥民主党派成员在文化、科学、技术等方面的专长为社会主义建设提供服务等。

3. 政治协商、互相监督、长期共存。政治协商是指在多党合作的过程中,中国共产党和各民主党派就有关国家和地方的大政方针以及政治、经济、文化和社会生活中的重要问题在决策之前进行协商和就决议执行过程中的重要问题进行协商的制度。互相监督包括中国共产党对各民主党派的领导与监督和民主党派对中国共产党及其所领导政权的监督两方面内容,但主要是后者。在国家政治生活和政党关系中,民主党派的民主监督范围十分广泛,主要通过建议和批评对国家宪法、法律和法规的实施,重大方针政策的贯彻执行,国家机关及其工作人员的工作进行监督。

(五)中国共产党领导的多党合作和政治协商制度的主要形式

中国共产党领导的多党合作和政治协商的形式是多种多样的,主要形式有:

1. 中国人民政治协商会议(简称"人民政协")。它是中国共产党领导的多党合作和政治协商的重要机构,成立于1949年,由中国共产党、8个民主党派、无党派人士、人民团体、各族各界的代表、香港同胞、澳门同胞、台湾同胞和归国侨胞的代表以及特别邀请的人士组成。人民政协是有广泛代表性的统一战线的组织,它不是国家机关,但又极大地不同于一般的人民团体。它的组织包括全国委员会和除乡、镇以外的各级地方行政区域的地方委员会。人民政协的主要职能是政治协商、民主监督和参政议政。

2. 中共中央和各级地方党委召开的民主党派和无党派人士协商会、座谈会。由中共中央主要领导人邀请各民主党派主要领导人和无党派的代表人士参加的民主协商会,一般每年举行1次,主要就中共中央将要提出的大政方针进行协商;民主党派、无党派人士座谈会大体每2个月举行1次,主要是通报或交流情况,听取政策性建议或讨论某些专题。除会议协商以外,各民主党派和无党派人士可就国家大政方针和政治、经济、文化建设中的重大问题向中共中央提出书面意见,也可约请中共中央负责人交谈。

3. 中共中央主要领导人根据形势需要，不定期地邀请民主党派主要领导人和无党派的代表人士举行高层次、小范围的谈心活动。主要是就共同关心的问题沟通思想，征求意见。

党的十九大报告系统阐述了中国特色社会主义新时代党的建设总要求，并提出"以加强党的长期执政能力建设、先进性和纯洁性建设为主线"。"加强党的长期执政能力建设"是在中国深度参与全球治理的背景下提出的，需要我们站在推进国家建设与民族发展的高度，站在人类发展与全球治理的高度，站在既有文明与未来文明有效融合对接的高度，来理解和把握。

思考与实务

1. 如何认识我国选举制度的基本原则？
2. 我国对直接选举和间接选举的范围是怎样规定的？扩大直接选举的范围需要具备哪些条件？
3. 我国《宪法》是如何规定我国的政党制度的？该政党制度具有什么特点？
4. 宪法事例实训：

（1）非户籍居民的选民资格

江山原本为湖北籍，移居深圳多年，2003年12月以业主身份入住深圳独树社区碧岭华庭。2005年4月，独树社区开始进行选民登记。江山在东晓街道办事处得知：他可以有选举权但没有被选举权，而且要回原户籍地居委会开一张不在户籍地参加选举的证明。江山前往罗湖区人民法院状告独树社区居委会。在6次不被受理后，法院最终受理了本案，但法院经审理最终认定：起诉人江山虽在规定的期限内向选举委员会提交了武汉市汉阳区洲头街和平社区居民委员会出具的《证明》，但该《证明》仅载明"江山因故不能参加本社区组织的一切社会活动"，而不是按照选民条件的要求明确证明其"不在户籍所在地进行本届选民登记"，因此，无法证明江山没有在原籍进行本届居委会选举的选民登记。同时，江山在承诺的期限内未提交关于政治权利等相关材料，"经本院审判委员会讨论决定，依法判决江山不具有罗湖区东晓街道办事处独树社区居民委员会本届选民资格"。

请思考：《选举法》对流动人员的选举是怎样规定的？

（2）代表候选人资格

2003年福建省清流县县级人大换届选举中，根据人口比例分配到各乡镇的代表名额相当有限，特别是在一些人口相对较少的乡镇，一般只有5～6名。例如温郊、沙芜、邓家乡只有5个代表名额，林畲、余朋、田源、里田只有6个代表名额，而这其中都包括了1名县寄选代表。在这几个乡，按照有关规定，乡镇的党委书记、人大主席皆为"应选"，除去"应选"名额，选民意愿"可选"的代表只有2～3名；

考虑到乡镇党委书记和人大主席一般是党员和男性,在安排代表比例结构时,必须在"可选"名额中侧重考虑非党员和妇女代表人选。

同时,在一些需要由多个行政村(或者单位)联合选举代表的选区(全县二合一的选区31个,三合一的选区6个,四合一的选区22个)中,"大村吃小村""大单位吃小单位"的现象非常突出,有的选区可能因此要进行预选或者2次投票。

请思考:代表候选人如何提名?正式代表候选人怎样确定?

第九章 国家立法机关

【本章概要】 按照孟德斯鸠的理论，国家权力分为立法权、司法权、行政权三种，美国学者古德诺的二分法又将国家的立法权定义为国家意志的表达。可见，议会是一国实行民主政治最重要的标志，自英国 1701 年《王位继承法》实施以来，"议会至上"原则在西方议会经过几百年的发展，逐渐形成了完善的组织机构和议事规则。同样，人民代表大会也是我国国家权力机关的核心，人大与它的派生机关的权力运作休戚相关。本章分别以西方分权学说与议会制度、我国的人民代表大会制度和人民代表大会的职能、我国人民代表大会制度的完善与思考为视角阐述国家立法机关。

【学习目标】 掌握人民代表大会制度的概念，我国人民代表大会及其常委会的性质与地位、产生和任期以及职能；掌握人民代表大会代表的权利与义务；了解西方议会分权学说、国外的议会制度的起源与发展；能够对我国人民代表大会制度的完善进行一些深入的思考。

第一节 西方分权学说与议会制度

一、西方分权学说

柏拉图第一次把分工的思想应用于解释国家的产生和国家的职能，亚里士多德在批判继承柏拉图观点的基础上，指出"一切政体都有三个要素——议事职能、行政职能和审判职能"。洛克在《政府论》中提出每个国家都有三种权力：立法权、执行权和对外权[1]。真正意义上的三权分立是由孟德斯鸠完成的，他的理论的出发点与洛克完全一致，即防止权力被滥用，从而保证个人的自由。在《论法的精神》中，他认为，每一个国家都有三种权力，即立法权、行政权和司法权。孟氏认为三种国家权力要由不同的人来执掌："当立法权和行政权集中在同一个人或同一个机关之手，自由便不复存在了，因为人们将要害怕这个国王或议会制定暴虐的法律，并暴虐地执行这些法律。如果司法权不同立法权和行政权独立，自由也就不存在了。如果司法权同立法权合而为一，则将对公民的生命和自由施行专断的权力，因为法官就是立法者。如果司法权和行政权合而为一，法官便将握有压迫者的力量。如果同

---

[1] [英] 洛克：《政府论》（下篇），瞿菊农、叶启芳译，商务印书馆 1964 年版，第 91 页。

一个人或是重要人物、贵族或平民组成的同一个机关行使这三种权力,即制定法律权、执行公共决议权和裁判私人犯罪或争讼权,则一切便都完了。"[1]三权分立理论在18世纪美国建国时期又得到了进一步的发展,即国家权力不但要分成三权,而且三种权力要相互制衡。三权制衡是美国宪法的重要理念。

三权分立政治制度的设计源于以下两种思想:①"民约论",即国家的主权属于人民,其本质是人民自愿让渡的一部分天赋权利;②"性私论",即人的本性是自私的,由于人的生理或情感的需要,自私是根植于每个人内心深处的本质。每个人都将是自己利益的最好维护者,只要有可能人们将动用一切可能的力量最大限度地维护自己的权益。因此,每个人都存在着滥用公共权力的天然潜在倾向,"绝对的权力等于绝对的腐败"。可见,西方的分权理论是建筑在"我们人类不是天使"这一人性认识基础之上的。正如汉密尔顿所说的那样:"如果人人都是天使,就不需要政府了。如果是天使统治人,就不需要对政府有任何外来的或内在的控制了。"其根本的原因是为了保护公民的人权与自由。

西方的分权理论是和法治紧密相连的,分权理论是法治的要求甚至可以说是法治的一种形式。根据法的创立、执行和判决过程,分为立法、执法和司法三项主要职能,分权理论以司法独立为前提,这三种权力之间,并不是平均地分配重量[2]。到目前为止,西方任何一个国家的三权的具体划分,没有一个国家是与他国完全相同的,即使是同一国家在不同的历史时期三权的分配也可能会有所变化。但公民权利的实现和社会良好的管理等"公共利益"是衡量权力配置和理性的唯一标准。

二、西方议会的产生和发展

议会,也称为代议机关。英国叫 Parliament,通常译作"议会",而美国则称为 Congress,译作"国会"。代议制度最早可以追溯到以工商奴隶制经济为基础的古希腊城邦直接民主制和古罗马时期的民主共和国,以及16~17世纪英法等国的"等级代表会议"形态。1688年英国"光荣革命",形成了近代意义上的代议制度。到19世纪末,代议制已逐渐成为各国政权制度的基本形式。

(一)英国

英国的议会发展历程大体可以概括成以下几个过程。1215年,英国贵族逼迫英王约翰签署了《自由大宪章》,并由贵族成立了25人委员会,监督国王遵守宪章。这个委员会被认为是英国议会的开端。1625年,依靠贵族、骑士和市民打败国王上台执政的孟福尔伯爵依据《自由大宪章》的规定召开大会议,史称"孟福尔议会"。

---

[1] [法]孟德斯鸠:《论法的精神》(下篇),张雁深译,商务印书馆1963年版,第185~186页。
[2] 例如美国建国者认为,司法权是三权中最弱的一个,因为它既不像行政权那样掌握着强制力,也不像国会那样掌握国家的钱袋,因而较少存在被滥用的可能性。它不可能损害其他部分的利益,相反应该尽可能保护它不受其他机构的侵害,所以对于司法权来说,问题不是如何加以限制,而是如何保证其对于其他机构的独立。

其破例允许骑士和市民代表参加,这使议会成为等级代表机关,通常被视作英国现代议会制度诞生的重要标志。英国现代议会的真正形成是英国资产阶级革命的结果。1688年,英国资产阶级和新贵族以政变的方式赶跑了詹姆士二世,迎来了荷兰执政者威廉三世及其妻子玛丽,这就是"光荣革命",这是民主对专制的胜利。1689年,英国议会通过《权利法案》,1701年又通过了《王位继承法》,确立了议会至上与立法至上的制度。议会在形式上成了唯一的立法机关,议会的立法权代表了至高无上的国家权力。"巴力门(议会)在英国可以造法,亦可以毁法,甚至将女人变成男人(1928年通过的《男女平等法》)。任何人、任何团体、任何机构均不能合法地否决巴力门的立法。"[1]对于英国议会的上院,议员不经选举产生,由贵族担任,议员总数通常为1100名左右。上院是英国最高上诉法院,享有审理有关贵族的案件的权力,也可以审理下院提出的弹劾案。除此之外,上院对财政议案有权搁延1个月,其他议案有权搁延1年,这可以促使一些法案被修改。英国议会的下院是由普选产生的,下院议员全部按"单名选区制"选举。目前,英国下院共有635个议席,每届议会任期5年,但是首相有权在他认为有利的时机建议英王提前解散议会,进行大选。

议会至上的理念使英国立法的合宪性审查受到了阻碍。"英国法官从不宣称或运用任何权力来废除议会的立法,而议会法律则可以不时取消法官的法律。简而言之,法院制法从属于议会立法,只能在议会的同意下进行,并受到议会的监督";且"在大英帝国的任何部分,不存在任何人、集团、执法、立法或司法机构能基于法律违反了宪法或以任何理由宣布任何英国议会通过的法律无效,当然除非它被议会取消"。[2]

1998年英国吸收了《欧洲人权公约》的主要精神,通过了《人权法》。该法第3条规定:只要有可能,主要和次要立法必须以符合协约权利的方式获得解读并给予效力。该法第4条规定:如果法院有理由认为法律条款不符合协约权利,它可以宣布该法冲突……法院的宣布并不影响该法律条款的效力、继续运行或执行。该法第8条规定:如果法院认为公共权力的行为违法,那么它有权在其权力范围内提供或做出任何它认为公正与适当的救济或决定。可见,《人权法》授权了法院宣布议会法案违反了《欧洲人权公约》所保障的权利,并赋予了法院纠正非法律命令下侵犯协约权利的行政与司法行为的权力。无疑,传统的"议会至高无上"的理念受到了挑战,但法院的宣布并不直接触动任何法律的效力。

(二)美国

美国国会是在独立战争胜利后建立的。1776年7月4日,北美13个殖民地的代表通过了《独立宣言》,正式宣告美利坚合众国成立。1787年5月25日,费城会议

---

[1] [英]戴雪:《英宪精义》,雷宾南译,中国法制出版社2001年版,第5页。
[2] 转引张千帆:《宪法学导论》,法律出版社2004年版,第293页。

召开,起草了新宪法。该宪法于该年9月17日被通过,并于1789年3月4日经3/4的州批准生效。新宪法第1条就规定了把最高立法权赋予合众国国会,国会实行两院制。下院为众议院,各州按相等的人口比例选举产生议员,每2年选举一次。上院为参议院,议员由州立法会议选举,每州2人。1913年宪法第17修正案规定,参议员由各州选民直接选举产生。国会除拥有立法权外,还享有广泛的联邦贸易、外交、军事、财政、税收以及预算方面的权力,并有权弹劾总统及其批准任命的政府高级官员和法官。任何一院通过的法案都要交给另一院按同样程序进行审议,对该法案如有不同意见,则由两院议员组成协商委员会调和分歧。法案一旦在两院通过,便由总统签署公布。

(三)法国

法国议会起源于封建时代的三级会议。14世纪初,国王腓力四世为了同罗马天主教廷抗争,召开了由僧侣、封建主、骑士和市民代表参加的等级代表会议,借此国王建立了直接的税收制度。当国王的固定收入足以维持军队和官吏队伍所需时,他就不举行三级会议了。到1789年,为了缓解当时出现的农业、财政和政治危机,避免国家破产,国王路易十六不得不重开被废弃了175年的三级会议。1789年6月17日,第三等级的代表宣布三级会议为国民议会,僧侣和贵族中的自由派也加入了国民议会。1789年7月9日,在美国制定新宪法的鼓舞下,国民议会宣告自己为制宪会议,这遭到了国王的强烈反对和驱散代表的威胁,国王的这一举动深深激怒了巴黎人民。1789年7月14日,巴黎人民起义,攻占了巴士底狱。不久,革命席卷了全国。1789年8月26日,《人权宣言》通过。1791年,法国历史上第一部成文宪法制定,成立了作为最高立法机关的一院制议会。之后,法国政局动荡,议会也发生了一系列变化,到1875年,法兰西第三共和国宪法正式规定议会实行两院制。

目前,法国议会由国民议会和参议院组成。国民议会议员采用"单记名多数两轮投票制"产生,每选区1名代表,由选民直接选举产生。国民议会议员共577名,议员任期5年,期满全部改选,可连选连任。国民议会议员候选人必须是年满25岁、完成了义务兵役并交纳了1000法郎保证金的法国公民。参议院议员共283名,均由间接选举产生,任期9年,每3年改选其中的1/3。参议院议员必须是年满35岁的法国公民。

三、西方国家议会的职能模式

理解议会的职能,应当从议会在整个国家机关体系中所处的地位以及议会在整个国家管理活动中所起的作用两个方面来把握。虽然世界各国的议会制度相互影响,尤其是后发国家都在借鉴甚至模仿他国的做法,但是世界上没有两个议会职能完全相同的国家。在当今西方国家,议会职权的大小因国而异。一般来说,议会制共和国的议会职权大于总统制共和国的议会职权,而总统制共和国议会的职权又大于二元君主制国家的议会职权。从总体上说,西方国家议会职能模式基本上和其政体模式相一致,可以大致分为以下四种情况:

(一) 三权分立的美国模式

以美国、委内瑞拉等为典型代表。这种模式的特点是：①议会与政府和司法机关是完全分离的。议员与总统的选举分开进行。议员不得同时兼任政府职务，议会中的各种立法提案都由议员提出，在形式上政府不能向议会提出法律案或者预算案。②政府不向议会负连带责任，政府成员只向总统负政治责任，而总统则向国民负责任。议会不能对总统投不信任票，总统也无权解散议会。美国模式的分权原则非常明确。根据美国1787年《宪法》第1～3条的规定，立法权属于参众两院组成的议会，行政权属于美利坚合众国总统，司法权属于联邦最高法院及其下级法院。另外，根据美国宪法、宪法判例和惯例，凡在合众国政府供职的人员，不得为国会议员；行政机关的人员不得向国会提出议案，不能出席国会会议。法官受理案件不受立法和行政的干扰，法官终身任职，行政机关对法官虽有任命权，但没有罢免权。立法机关对法官有同意与否决的权力，但非因法官犯罪并依法定程序弹劾外也没有罢免权。在制衡方面，美国宪法规定的国会对总统的制衡有：国会有权要求总统条陈政策以备审议，有权建议、批准总统对其所属行政官员的任命，有权批准总统对外缔结的条约，有权通过弹劾案撤换总统。国会对司法机关的制衡表现在：参议院有权审判弹劾案，国会有宣告惩治叛国罪的权力，有权建议、批准总统对最高法院法官的任命，有弹劾、审判联邦最高法院法官并撤销其职务的权力。总统对国会的制约体现在：总统对国会通过的法案拥有有限的否决权，副总统兼任参议院议长。总统对司法的制约在于：总统有特赦权，有权提名并任命最高法院法官。同时联邦最高法院对行政机关和国会也有制约，具体表现在：总统因弹劾案受审时，联邦最高法院法官担任审判庭主席。此外，联邦最高法院有权解释法律，宣布国会通过的法律违宪无效。因此，其制衡原则十分清楚。

(二) 以行政为重点的法国模式

法国、俄罗斯是典型代表。在现行《宪法》颁布之前，法国是议会制共和制国家，议会是三权的中心，即立法权受宪法的限制，行政权和司法权受法律和立法权的限制。现行《宪法》改变了这个体制，加强了总统的权力，削弱了议会的权力，从而把权力的重心从立法转移到了行政。根据现行《宪法》的规定，总统是以仲裁人和保证人的地位行使国家权力的。他不仅有权任命官员并领导政府，而且还有权在法定的期限之内要求议会重新审议其最后通过的法案，议会不得拒绝；总统有权就一切涉及公共权力组织的法律草案提交公民复决；总统有权以命令宣布议会特别会议的召开和闭会。也就是说，总统在很大程度上控制着议会的立法权。

(三) 以议会为重点的英国模式

以英国、日本、德国和澳大利亚为典型代表。在这些国家，宪法明确规定，议会是最高国家权力机关，其地位居于行政和司法之上。这一模式源于"议会主权论"这一理论：议会是人民选出的代表，是人民直接的代言人，应当享有国家主权。因此，议会除了履行立法职能外，还应代表人民领导和监督政府。例如，日本现行

《宪法》第41条明确规定：国会是国家最高的权力机关，是国家唯一的立法机关。英国是一个实行不成文宪法的国家，议会的职能虽然没有明确的成文法律规定，但议会内阁制的传统一直在延续。内阁首相由议会中多数党的领袖担任，内阁成员由首相从议员中遴选，内阁对议会负连带责任。内阁必须得到议会的信任或者支持，如果议会拒绝通过政府有关重要政策的议案、财政案或者通过了内阁的"不信任案"，则内阁就应集体辞职；如果内阁拒绝辞职，则应提请英王下令解散议会下院，接着提前进行大选。如果大选后原执政党仍占多数，内阁就可以继续留任，否则必须辞职。当然在现实中，由于英国执政党议员通常都控制着议会下院的多数席位，在执政党议员不发生倒戈的情况下，议会下院很少能通过对政府的"不信任案"。

（四）以议会为核心的瑞士模式

在英国模式下，政府虽然必须服从议会，但其仍可以在一定程度上反抗和制衡议会。在瑞士模式下，政府则必须绝对服从议会。这种情况在当代西方国家是绝无仅有的。瑞士的中央最高行政机关是联邦委员会，由7名委员组成，分任7个部的部长。联邦委员会的委员是由议会上、下两院联席选举出来的。他们虽可以随时出席议会参加讨论，也可向议会提出法律案，但是不能参加议会的表决，而且凡是议会所决定的政策，他们必须服从，凡是议会通过的法律，他们必须执行。对于议会所决议的法律他们不能要求议会复决，更不能因与议会政见不同而解散议会。因此有人说，瑞士的行政机关更像是议会的一个委员会。[1]当然这种议会核心的模式和马克思所主张的"议行合一"是不同的，因为两者体现不同的阶级本质，而且从议会权力来看，它只是对政府具有一定的控制权，而不是领导权。同时，议会并不具有任何对国家司法机关的领导或者控制能力。

需要指出的是，尽管西方各国的议会职能存在以上四种模式，但从总体特征来看，他们都是实行分权和制衡的体制，只是表现形式和程度不同而已。

第二节 我国的人民代表大会制度

一、人民代表大会制度的概念

【宪法事例】 《沈阳市中级人民法院工作报告》
进行审议时经表决未获通过

2001年2月14日，沈阳市人民代表大会会议对沈阳市中级人民法院和沈阳市人民检察院的上年度工作报告进行审议表决。在所有的508名代表中，出席人大闭幕会议的代表有474人，只有218人对法院的报告投了赞成票，而投反对票的有162人，弃权82人，未按表决器的9人，因赞成票没有超过半数未被通过。而沈阳市人民检

---

[1] 王世杰、钱端升：《比较宪法》，中国政法大学出版社1997年版，第261页。

察院的工作报告也仅仅以 270 人的微弱多数过关。

法院工作报告未获人民代表大会代表通过怎么办？2001 年 2 月 14 日上午，沈阳市人民代表大会常务委员会主任张荣茂立即召开大会主席团紧急会议，主席团成员面对全体代表，当场举手表决，作出了责成市人民代表大会常务委员会对市中级人民法院报告继续审议，并将审议结果向下次人民代表大会报告的决定。为此，沈阳市人民代表大会常务委员会多次召开主任会议。他们认为，根据《地方各级人民代表大会和地方各级人民政府组织法》的有关规定，由市人民代表大会常务委员会审议市中级人民法院工作报告在法理上是可以的，但从沈阳市的实际情况出发，由人民代表大会审议更为合适。沈阳市人民代表大会在学习法律、请教专家和听取全国人民代表大会和辽宁省人民代表大会的指导意见后，于 7 月 9 日，召开市第十二届人民代表大会常务委员会第二十五次会议，作出了召开沈阳市第十二届人民代表大会第五次会议、听取审议中级人民法院的整改情况和 2001 年工作安排的决定。大家认为，市中级人民法院 2000 年工作报告未获通过是由于法院班子中出现了严重腐败问题，实质上是人民代表大会代表对法院领导班子和法院的工作不满意。"未通过"作为法律的裁决已成事实，无须再重新修改报告并审议。依据《地方各级人民代表大会和地方各级人民政府组织法》，市人民法院根据第十二届人民代表大会第四次会议代表提出的意见，认真进行整改，并向第五次人民代表大会报告整改情况和 2001 年工作安排，符合"一府两院"年度工作安排须向同级人民代表大会报告，经人民代表大会审议通过的法律要求。[1]

【评注】 该事件被韩大元教授评价为中国民主政治的标志性事件。在我国宪政体制下，各级人大有监督"一府两院"的权力。人大代表正确行使监督权，是人民意志的真实体现，通过人大的制度监督，保证人民所赋予的权力得以正确行使，能够保证宪法、法律和法规的贯彻执行。这种监督既是一种制约，又是一种鞭策。各级人民政府、人民法院、人民检察院，都要接受同级国家权力机关的监督，使其按照人民的意志开展工作，防止国家权力被权力承担者滥用、误用和以权谋私。

1949 年 9 月中国人民政治协商会议第一届全体会议召开，并通过了《共同纲领》，确定中华人民共和国的根本政治制度是民主集中制的人民代表大会制度，规定由中国人民政治协商会议第一届全体会议代行全国人民代表大会的职权，并由它选举中华人民共和国中央人民政府委员会，在第一届政协全体会议闭幕后作为行使国家权力的机关。1953 年我国进行了第一次大规模的普选，1954 年 9 月，第一届全国人民代表大会第一次会议召开。

我国的人民代表大会制度是按照马克思"议行合一"的原则建立起来的。1871 年法国无产阶级取得革命胜利之后，资产阶级的议会被工人阶级的代表机关取代了。公社既是立法机关，又是工作团体。马克思将这一形式称为"议行合一"的管理模

---

[1] 胡锦光主编：《宪法学原理与案例教程》，中国人民大学出版社 2009 年版，第 115 页。

式,即立法、决策和执行都由人民代表行使,并将其作为无产阶级政权的理想模式。俄国1917年革命后,列宁指出:"不要议会制共和国,从工人代表苏维埃回到议会共和制,是倒退了一步,而应当从下到上由全国的工人、雇农和农民代表苏维埃组成共和国。"我国现行《宪法》第2条第1、2款规定:"中华人民共和国的一切权力属于人民。人民行使国家权力的机关是全国人民代表大会和地方各级人民代表大会。"

为了完整地表述人民代表大会制度的概念,我们在理论上可以把它分解为四个主要环节:

（一）国家的一切权力属于人民

国家的一切权力属于人民是人民代表大会制度的实质。权力属于人民是指国家权力属于人民全体。由于国家权力统一不可分割,所以不能把每一个公民单独地看作是部分权力的所有者,而只能说人民作为整体是国家权力的所有者。但是人民是无数人的总和,而人与人之间差异非常大,要使人民能够形成统一意志、行使权力,非要依靠一套有效的实行民主和集中的制度不可。这样才能使每一个代表、每一个从政人员都能真正地代表人民,使每一项决策都能完善地体现人民的意志。

（二）人民在民主普选的基础上选派代表,组成全国人民代表大会和地方各级人民代表大会,作为人民行使国家权力的机关

在我国,国家权力属于人民,但人民作为权力的集体所有者并不直接行使权力,而是要选举代表来行使权力,但每一个代表也不是个人独自行使权力,严格地说,国家权力由全国人大和地方人大行使,行使的权力的内容就是宪法和法律明文规定的人大职权。各级代表大会依照法定的程序集体地行使国家权力,人民代表大会的全体成员集体地代表着人民的意志和利益。但是每一个代表本身却只是选举自己的选民意志的代表,并只接受这部分选民的托付和监督。选民是不能对非本选区的代表进行罢免的。

（三）其他国家机关由人民代表大会产生,受它监督,向它负责

国家权力从本质上看是统一不可分的,但是国家职能的分工仍然存在。大体上说,全国人民通过人民代表大会行使的国家权力可以分解为两个部分:①由人民代表大会直接行使的,具体体现为宪法和法律规定的各级人民代表大会的职权;②经宪法授权给其他国家机关行使的职权,这一部分由人民代表大会组织和监督它们行使。依据现行《宪法》第3条第3款规定,国家行政机关、监察机关、审判机关、检察机关都由人民代表大会产生,对它负责,受它监督。人大将人民的意志集中表现为法律与决策,需要组织行政机关去执行法律和决议;需要设立国家监察委员会,实现对所有行使公权力的公职人员的监察职能;需要组织审判机关、检察机关去适用法律。因此,就有必要组织行政机关和司法机关。国家行政机关、监察机关、审判机关、检察机关等都由人民代表大会产生,向人民代表大会负责,受人民代表大会监督。

（四）人大常委会向本级人大负责，人民代表大会向人民负责

人民代表大会行使国家权力是通过会议的方式进行的。我国各级人民代表大会通常每年只举行一次会议，而且会期不长，所以县级以上各级人民代表大会均设常务委员会作为经常行使国家权力的机关。常务委员会是本级人民代表大会的一部分，我国1982年《宪法》增强了人民代表大会常务委员会的职能。

《宪法》第41条也规定了公民对于任何国家机关都有提出批评和建议的权利，全国人民代表大会和地方各级人民代表大会是人民行使国家权力的机关，当然要向人民负责，受人民监督，否则就可能脱离人民，违背人民的意志和利益。人民代表向人民负责，受人民监督的方式包括：人民代表受选民或者选举单位的监督，选民或者选举单位可以随时罢免自己选出的代表。

综上，我们可以将人民代表大会制度概括如下：人民代表大会制度是我国的根本政治制度，它指我国的一切权力属于人民，人民在普选的基础上选派代表，组成全国人民代表大会和地方各级人民代表大会作为行使国家权力的机关；其他国家机关由人民代表大会产生，受人民代表大会监督，对人民代表大会负责；人大常委会向本级人大负责，人民代表大会向人民负责的制度。

二、人民代表大会和西方议会的不同

【宪法事例】　　　　人大代表与西方议员有着本质区别

人大代表与西方议员有着本质区别。我们的人大代表，来自各地区、各民族、各方面，工人、农民、知识分子、解放军和妇女、归国华侨等都有适当比例的代表，人口再少的民族也至少有1名代表，具有广泛的代表性。我们的人大代表工作和生活在人民中间，同人民群众保持着密切联系，对人民群众的生活和愿望感受最直接。我们的人大代表，从事各自的职业，有各自的工作岗位，深入实践、贴近实际，对党和国家的方针政策、宪法法律的贯彻实施情况体会最深刻，对现实生活中的实际问题了解最深入。我们的人大代表，是在会议期间依法集体行使职权，而不是每个代表个人直接去处理问题，各级人大常委会办事机构是代表的集体参谋助手和服务班子。不像西方议员是职业政客，分别代表某党某派的利益，还有自己的议员助手和工作班子。[1]

【评注】人民代表大会制度能够切实保证国家一切权力属于人民，扩大人民民主，保证人民当家做主。我们要积极借鉴人类社会创造的文明成果，包括政治文明的有益成果，但绝不照搬西方那一套。

人民代表大会制度是代议制的一种形式，全国人民代表大会是中国的议会，它已经加入了世界各国议会联盟。但我国的人民代表大会，包括人民代表大会的组织原则与机构、职权、代表地位以及与政党的关系等都与国外议会存在很大的差别。

---

[1] 摘自吴邦国同志2008年3月19日在十一届全国人大常委会第一次会议上的讲话。

(一) 两者赖以存在的理论不同

西方资本主义国家议会是按照"三权分立"原则建立的,主张权力的分离与制约,彼此牵制,使国家权力的运转保持在授权范围内而不违宪。其思想底蕴是:人类并不是天使,人的本性是自私的,每个人都存在着滥用职权以谋取私利的可能性。公民将自己的一部分权力委托给议会,但是又不完全信任它,为了从制度上防范它滥用职权,又将一部分权力委托给其他的国家机关,让各机关彼此制约,共同对人民负责。而我国的人民代表大会制度是按照马克思"议行合一"的原则建立起来的,如果说三权分立理论以人性恶为基础,那么,某种程度上可以说马克思"议行合一"的体制是以人性善为出发点的,它反对国家权力的分割。"议行合一"的体制虽然也强调人民代表大会对人民负责、受人民监督,但其更注重国家法律与决策的上令与下行,也就是说人民代表大会直接掌握国家的最高权力,直接负责国事的议决和执行。但它不可能事事亲力亲为,所以又设置了一些机构,将执行权委托给这些机构,自己保留最高的领导权和监督权。

(二) 两者承担的功能不一样

我国的全国人大不仅承担国家的立法功能,而且更重要的是承担国家的领导功能,它产生其他的国家机关,是真正意义上的国家最高权力机关。宪法还明确规定了全国人大有权罢免由它选举产生和决定的国家领导人。而西方资本主义国家议会除了具有立法功能外,主要承担的是制约而不是领导其他国家机关的职能。因此,两者所处的地位也不同,我国的全国人大是国家最高权力机关,其他国家机关都要接受它的领导,向它负责;而西方国家议会只是地位平等的三种国家机关中的一种,要受到其他两种性质的国家机关的制约。

(三) 组成人员的性质不同

西方国家议会大多采用职业代表制,而我国全国人大代表则是各行各业中由人民选举产生的代表,采用兼职制度。在西方国家,从某种意义上说,选票就是金钱,而且是一般劳动者无法负担的大量金钱,因为"竞选"离不开宣传,而宣传离不开金钱。而我国则完全不同,除少数担任全国人大常委会委员的代表以外,全国人大代表是非专职的。全国人大代表也是通过选举产生的,但并非把政治活动作为自己的职业。全国人大代表都是有各自的职业的,他们是来自各行各业的工人、农民、知识分子、解放军和各级国家机关干部。他们中间有相当多的人是先进模范人物和各类专业技术人员。这样他们才能广泛地联系各行各业的人民群众,了解他们的意愿和要求,才能真正地体现民意。

(四) 两者和政党的关系不同

西方国家议会政治和政党政治融为一体,议会的选举与政党的控制密切相连。而全国人大在中国共产党领导下进行工作。在西方国家,议会成为各政党斗争的主要场所之一。例如,美国政党在议会中的组织活动并没有宪法依据,可是美国国会两院均有政党组织。通观各国,在议会内部呈现出一种两党增加一两个政党,而多党却通过结盟、合并使政党数目减少的趋势。

在我国，情况却完全不同。尽管我国宪法没有明确规定中国共产党对全国人大的领导，但《宪法》第1条第1款规定"中华人民共和国是中国工人阶级领导的……社会主义国家"，《宪法》序言中也有"中国共产党领导中国各族人民"的表述，这些都肯定了中国共产党对国家的领导，从而使中国共产党以执政党的地位承担起具体的领导职责，但这并不意味着中国共产党对全国人大的直接领导。中国共产党和其他组织一样，在宪法和法律的范围内活动。中国共产党通过合法程序，将自己的政策、方针通过全国人大及其常委会，体现在相关的法律和决定中。在全国人大代表中，各民主党派与无党派人士代表通常也占到全国人大代表的1/5左右，但我国全国人大不存在西方式的议会党团，只存在按地域组成的代表团。这并不意味着其他政党在全国人大不发挥作用，因为我国实行共产党领导的政治协商制度，共产党通过民主协商方式，广泛听取和采纳各民主党派的意见和建议，凡属共产党向全国人大提出的重要事项，都事先经过与民主党派的协商。

除了以上这些不同外，我国人大没有上、下院之分。全国人大代表约3000人，和其他国家相比，人数也相对较多。

目前，在设有议院的164个国家和地区中，有111个国家和地区实行了一院制，53个国家和地区实行两院制。实行两院制的国家有两个特点：①联邦制国家占多数，在单一制国家中，实行两院制的只有25%左右；②西方发达国家多采用两院制，占70%左右。而亚洲、非洲和拉丁美洲的绝大多数独立国家都采用一院制。西方国家中采用一院制的国家主要有：芬兰、瑞典、挪威、丹麦、葡萄牙、希腊、新西兰等；而采用两院制的国家有：英国、美国、法国、德国、奥地利、意大利、日本、加拿大、西班牙、瑞士、智利和俄罗斯等。

长期以来，西方政治学家对议会设置一院还是两院更好的问题争论不休。主张两院制的思想家例如孟德斯鸠和狄骥等认为：首先，两院制可以起到相互制衡的作用。因为两院可以分别容纳社会上的各种势力，例如美国的参议院代表州的利益，而众议院代表选民的利益，德国、俄罗斯也是如此。但是法国和日本上下两院都是由选民选出的，应该说没有太大的区别。其次，两院制可以防止草率立法。在两院制的议会中，法案需要经过两院的审议和一致通过才能最终成立，这可以促使立法者采取更慎重的态度。最后，两院制可以容纳特殊利益和罗致专家。有些学者指出，对于日益复杂的各种经济与社会问题的立法，议员们难以充分研究，所以，应当设立第二院罗致有各种专门知识和经验的专家从事各种复杂问题的研究。不少国家的上议院不用直接选举，而采用间接选举或任命的方式产生，这便于统治阶级网罗各种学者专家参与议会的决策活动。

同样，也有不少政治家、法学家是一院制的拥戴者，例如法国的罗伯斯比尔、美国的富兰克林等。他们的理由如下：①如果承认两院制，就无异于承认一个国家可以有两个主权，如果第二院与第一院意见分歧，则第二院为有害之物；若两院意见一致，则第二院为多余。②两院制使得立法程序烦琐、拖延时日，上院多为保守势力，这不利于对社会变化及时做出反应。而且两院制也容易在议会内部发生矛盾和冲突，当两院僵持不下时，容易被行政机关操纵。

我国人民代表大会没有上、下院之分，虽然存在人大和人大常委会，但是两者不是类似上、下院的关系，人大常委会只是人大的常设机构，由人大选举产生，并且向人大负责。

第三节 最高国家权力机关及其常设机关

一、全国人民代表大会的职能

全国人民代表大会是国家最高权力机关，具有最高的法律地位。它由各省、自治区、直辖市、香港特别行政区、澳门特别行政区和军队普选出的代表组成，具有最高的广泛性和代表性，集中代表全国人民的意志和利益，对全国人民负责并受全国人民的监督。

（一）全国人民代表大会的职权

依据我国《宪法》第62条的规定，全国人民代表大会享有以下职权：

1. 修宪权。宪法是国家的根本大法，除全国人民代表大会以外，其他任何机关包括全国人大常委会都无权修改，修宪权是专属于全国人民代表大会的权力。

2. 立法权。全国人民代表大会有权制定刑事、民事、国家机构和其他方面的基本法律。基本法律，就是规范国家政治、经济、社会生活的全局性的法律。某部法律是否应当作为基本法律，理论上应由全国人大常委会判断。

3. 重大事项决策权。全国人民代表大会有权审查和批准国民经济和社会发展计划和计划执行情况的报告，审查和批准国家的预算和预算执行情况的报告，批准省、自治区、直辖市的建置，决定特别行政区的设立及其制度，决定战争与和平的问题。

4. 人事任免权。全国人民代表大会选举全国人大常委会的组成人员；选举中华人民共和国主席、副主席；根据主席的提名，决定国务院总理人选；根据总理的提名，决定国务院其他组成人员的人选；选举中央军事委员会主席；选举国家监察委员会主任；根据中央军委主席的提名，决定中央军事委员会其他组成人员的人选；选举最高人民法院院长和最高人民检察院检察长；根据主席团的提名，决定全国人民代表大会各专门委员会的主任委员、副主任委员和委员。全国人大有权罢免这些人员，接受这些人员的辞职请求。

5. 监督权。全国人民代表大会监督宪法的实施；监督其他中央国家机关的工作，包括：听取和审查全国人大常委会、国务院、最高人民法院、最高人民检察院的工作报告；对国家监察委员会进行监督；对国务院或者国务院的组成部门提出质询案；改变或者撤销全国人大常委会不适当的决定。

6. 应当由最高国家权力机关行使的其他职权。全国人民代表大会可以行使它认为应由自己行使的所有职权。

（二）全国人民代表大会的会议与工作程序

1. 全国人民代表大会会议。全国人民代表大会每届任期5年，依据《宪法》第61条的规定，全国人大每年举行一次会议。如果全国人民代表大会常务委员会认为必要，或者有1/5以上的全国人民代表大会代表提议，可以临时召集全国人民代表大会会议。会议应于每年第一季度举行，由全国人民代表大会常务委员会召集，会期一般在15天左右，会议至少要有2/3的代表出席才能举行。代表按各选举单位组成35个代表团出席会议。正式会议举行前召开预备会议，选举大会主席团和秘书长，通过会议议程和关于会议其他准备事项的决定。主席团是大会的组织者，主持全国人大会议，保证大会的顺利进行，代表大会决定的所有问题都先在主席团会议上通过。主席团第一次会议由全国人大常委会委员长召集，会议推选主席团常务主席若干人；推举主席团成员若干人，分别担任每次大会全体会议的执行主席。第一次会议还决定副秘书长人选、会议日程安排、表决议案的办法、代表提出议案的截止日期等。以后的主席团会议由常务主席召集并主持，其决议由主席团全体成员的过半数通过。

每年举行全国人民代表大会会议时，中国人民政治协商会议也召开会议（统称"两会"），这已经成为中国的宪法惯例。政协会议一般都有自己的议程，如审议政协常委会的工作报告等。政协委员同时也列席人大会议，并进行讨论。

2. 对议案的审议程序。全国人民代表大会的主要工作是讨论、审议并通过议案。其有权就属于全国人民代表大会职权范围内的事项进行审议。有权向全国人民代表大会提出议案的有：大会主席团、全国人大常委会、全国人民代表大会专门委员会、国务院、中央军事委员会、最高人民法院、最高人民检察院，它们提出的议案由大会主席团决定列入会议议程。此外，1个全国人大代表团或30名以上全国人大代表，也可以向全国人民代表大会提出议案。这一类议案由主席团决定是否列入会议议程，或者先交给有关的专门委员会审议，由专门委员会提出是否列入会议议程的意见，然后再由主席团决定是否列入会议议程。

根据《立法法》的规定，全国人大对法律案的审议，要经过这样几个步骤：①提出法律案；②法律案的审议；③法律案的表决和公布。法律草案修改稿由全体代表的过半数通过，由国家主席签署主席令予以公布。

3. 对有关报告的审议。有关报告主要包括国民经济和社会发展计划以及财政预算报告、常委会工作报告、政府工作报告、最高人民法院工作报告、最高人民检察院工作报告等。

国民经济和社会发展计划以及财政预算报告的专业性很强，对此，全国人民代表大会的审议程序相对复杂，大体包括如下步骤：①在全国人民代表大会举行前，国家发展和改革委员会、财政部需就计划、预算的主要内容，向人大财经委员会和其他有关专门委员会作出汇报，由这些机构进行初步审查；②人大会议期间，国家发展和改革委员会、财政部除了受国务院委托向大会作计划和预算报告外，还要将计划主要指标（草案）、预算收支表（草案）和预算执行情况表（草案）一并印发大会，同时交由全国人大财经委员会和其他有关专门委员会审查；③全国人大财经委员会根据各代表团和其他有关专门委员会的审查意见，对计划和计划执行情况、预算和预算执行情况进行审查，向主席团提出审查结果报告；④审查结果报告经主席团会议审议通过后，印发会议，并将关于国民经济和社会发展计划的决议草案，提请大会全体会议表决，由过半数赞成票通过。

全国人民代表大会对常委会工作报告、政府工作报告、最高人民法院工作报告、最高人民检察院工作报告的审议程序比较简单。一般在听取报告后，由各代表团全体会议或分组会议进行审议，最后一次全体会议表决，由过半数赞成票通过。

4. 人事任免程序。

（1）选举程序。全国人大常委会委员长、副委员长、秘书长、委员、全国人大专门委员会组成人员，中华人民共和国主席、副主席，中央军事委员会主席，国家监察委员会主任，最高人民法院院长和最高人民检察院检察长的候选人名单，由大会主席团提出，经各代表团酝酿协商后，再由主席团根据多数代表的意见确定正式候选人名单，提请大会投票选举。其中全国人大常委会委员长、副委员长、秘书长、委员和全国人大专门委员会组成人员的人选，须在代表中提名。候选人获得全体代表的过半数选票即可当选。

（2）决定程序。国务院总理的人选由国家主席提名，经各代表团讨论酝酿，由全体代表过半数通过决定。国务院副总理、国务委员、各部部长、各委员会主任、中国人民银行行长、审计长、秘书长的人选，由国务院总理提名，经讨论酝酿，由全体代表过半数通过决定。中央军委副主席、委员的人选由中央军委主席提名，经讨论酝酿，由全体代表的过半数通过决定。

（3）罢免程序。全国人民代表大会罢免国家机构组成人员的基本程序是：①提出罢免案。全国人民代表大会主席团、3个以上的代表团或者1/10以上的全国人大代表，可以对由全国人民代表大会选举或决定的国家机关组成人员提出罢免案。②罢免案的处理。罢免案由主席团或者全国人大常委会予以公告。

5. 质询程序与询问程序。

（1）质询。质询是全国人大通过法定程序强制被监督对象回答代表提出的问题，其所针对的一般是比较重大而又存疑的事项。全国人民代表大会会议期间，1个代表团或者30名以上的代表联名，闭会期间，人大常委会组成人员10人以上联名可以书面提出对国务院和国务院各部门的质询案。依据我国《各级人民代表大会常务委员会监督法》第35条的规定："全国人民代表大会常务委员会组成人员10人以上联名，省、自治区、直辖市、自治州、设区的市人民代表大会常务委员会组成人员5人以上联名，县级人民代表大会常务委员会组成人员3人以上联名，可以向常务委员会书面提出对本级人民政府及其部门和人民法院、人民检察院的质询案。质询案应当写明质询对象、质询的问题和内容。"质询案按照主席团的决定由受质询机关的负责人在主席团会议、有关的专门委员会会议或者有关的代表团会议上口头答复，或者由受质询机关书面答复。在主席团会议或者专门委员会会议上答复的，提质询案的代表团团长或者代表有权列席会议，发表意见。提质询案的代表或者代表团对答复质询不满意的，可以提出要求，经主席团决定，由受质询机关再作答复。在专门委员会会议或者代表团会议上答复的，有关的专门委员会或者代表团应当将答复质询案的情况向主席团报告。主席团认为必要的时候，可以将答复质询案的情况报告印发会议。质询案以书面答复的，受质询机关的负责人应当签署，由主席团决定印发会议。

（2）询问。询问只具有介绍、说明情况的性质，目的是帮助代表了解有关情况，以便对报告和议案进行审议和表决。各代表团审议议案和有关报告的时候，有关部门应当派负责人员到会，听取意见，回答代表提出的询问。各代表团全体会议审议政府工作报告和审查关于国民经济和社会发展计划及计划执行情况的报告、关于国家预算及预算执行情况的报告的时候，国务院和国务院各部门负责人应当分别参加会议，听取意见，回答询问。

（三）全国人民代表大会各专门委员会

依据现行《宪法》第70条的规定，全国人民代表大会设立民族委员会、宪法和法律委员会、财政经济委员会、教育科学文化卫生委员会、外事委员会、华侨委员会和其他需要设立的专门委员会。专门委员会由每届代表大会第一次会议选举产生，由主任委员1人、副主任委员若干人和委员若干人组成。各专门委员会的主任委员、副主任委员和委员的人选，由大会会议主席团从代表中提出一份名单，由代表大会全体会议一揽子表决通过，没有差额。在全国人民代表大会闭会期间，全国人大常委会可补充专门委员会的个别副主任委员和部分委员。

全国人大各专门委员会是全国人大的常设工作机构，没有独立的法定职权，不是最后决定问题的权力机关。全国人大各专门委员会由全国人大产生，向全国人大负责，受全国人大领导；在全国人大闭会期间，受全国人大常委会领导。在每次全国人民代表大会会议上，各专门委员会都要向全国人民代表大会书面报告一年来的工作和今后一年的工作要点；在每届一次大会上还要书面报告过去5年的工作。

根据《全国人民代表大会组织法》，专门委员会的职责具体包括：①审议全国人大主席团或者全国人大常委会交付的议案；②向全国人大主席团或者全国人大常委会提出属于全国人大或全国人大常委会职权范围内同本委员会有关的议案；③审议全国人大常委会交付的被认为同宪法、法律相抵触的行政法规、决定和命令，国务院各部、各委员会的命令、指示和规章，地方性法规和决议，以及省级政府的决定、命令等，并提出报告；④审议全国人大主席团或全国人大常委会交付的质询案，听取受质询机关的答复，必要时提出报告；⑤对属于全国人大或全国人大常委会职权范围内同本委员会有关的问题，进行调查研究，提出建议。

（四）特定问题调查委员会

《宪法》第71条第1款规定："全国人民代表大会和全国人民代表大会常务委员会认为必要的时候，可以组织关于特定问题的调查委员会，并且根据调查委员会的报告，作出相应的决议。"特定问题调查委员会是全国人大及其常委会为查证某个重大问题而依照法定程序成立的临时性调查组织，它是国家权力机关实施监督的一种重要形式，也是国家权力机关法定的调查方式。《全国人民代表大会议事规则》规定，特定问题调查委员会必须在全国人民代表大会或者常务委员会会议期间产生。主席团、3个以上的代表团或者1/10以上代表联名，可以提议组织关于特定问题的调查委员会，由主席团提请大会全体会议决定。

提议组织特定问题的调查委员会的议案一经全体代表过半数表决通过，特定问题调查委员会这一临时性机构即告成立。调查委员会由主任委员、副主任委员若干人和委员若干人组成，实行委员会制。调查委员会组成人员的人选由主席团在代表中提名，提请大会全体会议通过。调查委员会还可以聘请专家参加调查工作。

在调查工作中，调查委员会有权向一切与调查的问题有关的国家机关、社会团体和公民个人进行调查，被调查的个人和组织必须如实提供必要材料，不得伪造、篡改、毁灭应提供的证据材料，并对提供的材料负相应的责任。提供材料的公民如要求调查委员会对材料来源保密，调查委员会应当给予保密，以保证被调查者能够大胆提供真实情况。

调查委员会在调查过程中，可以不公布调查的情况和材料。调查委员会在结束调查工作时，必须以书面形式向全国人民代表大会或全国人大常务委员会提出报告。调查报告的内容必须真实、可靠、公正、合法，不仅对所调查的重大问题的查证情况要有客观的介绍，而且要有调查委员会所作的结论性意见。

全国人民代表大会或全国人大常务委员会召开全体会议，听取调查委员会的调查报告，并对该特定问题做出相应的决定。另外，全国人民代表大会会议期间成立的特定问题调查委员会，如果在大会会议期间调查工作尚未结束，需要在闭会期间继续进行的，全国人民代表大会可以授权全国人大常委会在全国人民代表大会会议闭会期间，听取调查委员会的调查报告，并可以作出相应的决议，报下一次全国人民代表大会会议备案。

到目前为止，全国人大及其常委会从未组织过任何特定问题的调查委员会。

【宪法事例】　　　　　　　广东省财政监督

对政府预算的规划和控制是议会的最主要职能。但直到2003年1月14日，走在全国前面的广东省人大代表才"第一次知道政府在怎么花钱"。600多页的预算表列出了102个省直部门的项目类别、名称、资金来源及简要说明。据称，这"标志着人民的代表——民意从此将对人民缴纳给政府的钱财的去向，真正进行严格的审议和监督"。以往人大对财政预算的监督大多流于形式。预算细化后，已有参加计划预算委员会的代表对预算草案中的支出提出了疑问，例如，省国土资源厅4个处室都申请了宣传教育经费，加起来总额近170万元，"这是不是重复申请？金额是否过大？"广州代表团的11名代表联名提出了全国的第一份预算修正案，建议在政府性基金支出中包括医疗保险基金。但该修正案未能提交大会审议，因为"这份提案超出了省政府的权限，只有国务院和财政部批准，才能设立此类基金"。为什么医疗保险基金的设立超过了省政府权限，必须由国务院和财政部批准？中央政府是否有必要控制地方政府的税收和财政预算？为什么？

事实上，广东省于2001年就首次尝试了编制相对细化的预算案，并对人大代表公开，但当年只有7个省级部门的预算纳入了这个计划。2004年，被提交人大审议的省级部门扩大到114个，审议金额突破225亿元。3年前只是几页纸的政府预算案，现在成了3厘米厚的大手册。

【评注】"权力导致腐败，绝对的权力导致绝对的腐败"。在西方，民主与法治的结合体制被称为"自由民主制"。体现在财政政策的制定上，议会绝对控制财政并不会受到欢迎，相反，议会通过民主来监督政府财政权，则在现实中成为制度的常态。

二、全国人民代表大会常务委员会的职能

（一）全国人民代表大会常务委员会的性质与宪法地位

《宪法》第57条规定，全国人民代表大会常务委员会是全国人民代表大会的常设机关，对全国人民代表大会负责并报告工作。全国人大常委会在全国人大闭会期间，行使宪法和法律规定的职权，制定法律、作出决定并监督其实施。在每年的全国人大会议上，常委会必须向大会报告一年来的工作，全国人大有权改变或者撤销其常委会不适当的决定，有权依照法定程序罢免常委组成人员。

全国人大之所以设立常委会，是由我国的具体国情决定的。我国是一个地域辽阔、人口众多的多民族国家，全国人民代表大会的性质要求其代表具有广泛的代表性，因而代表人数必须维持一定的规模，但代表人数太多，又非专职，就不便于经常开会行使职权，于是每年一般只召开一次会议，会议也不能过长，一般是15天左右。因此，我国1982年《宪法》增强了人大常委会的职能。

（二）全国人民代表大会常务委员会的组成

依据《宪法》第65条的规定，全国人大常委会由委员长、副委员长若干人、秘书长、委员若干人组成。全国人大常委会组成人员中，应当有适当名额的少数民族代表。与英国的"议行合一"体制不同，我国的全国人大常委会组成人员不得担任国家行政机关、监察机关、审判机关和检察机关的职务。

全国人大常委会委员从全国人大代表中提名。中共中央对全国人大常委委员的产生具有决定作用，每次全国人大常委会换届之前，中共中央就要研究确定换届人事安排的指导思想、基本原则和具体政策，并成立换届人事安排小组，负责有关工作。中共各级组织、各民主党派、全国工商联以及其他有关方面，对全国人大常委会委员的中共人选和非中共人选进行推荐。中共中央在广泛民主推荐和民主协商

的基础上，按照全国人大常委会委员的结构要求，提出人选建议名单，向全国人大会议主席团推荐，主席团分别提交各代表团进行酝酿协商，主席团会议根据多数代表的意见，确定正式候选人名单，提交大会选举；其中，常委会委员为差额选举产生，委员长、副委员长、秘书长实行等额选举。差额比例没有明确的法律规定，由全国人民代表大会会议在选举办法中确定。常委会组成人员候选人得票数超过全体代表的半数，始得当选。如委员长、副委员长、秘书长候选人的得票数没超过全体代表的半数时，依法由主席团另提人选，进行选举。每届全国人民代表大会第一次会议以后的全国人民代表大会会议，可以补选常委会组成人员。第十届全国人大常委会以前，人大常委会人员几乎都是从一线退下来的政府官员，第十届常委会用选举方法产生了19名有较强专业背景、年富力强的政府官员和专家学者为全职常委会委员。其中10名的人事关系调入全国人大常委会，与原单位脱离关系，这是全国人大常委会人员结构上的一次大调整。

全国人民代表大会常务委员会委员长、副委员长、秘书长组成委员长会议，它是常委会的领导机构，在常委会闭会期间负责处理常务委员会的重要日常工作，并且为常委会的召开进行组织准备，在常委会开会期间发挥组织领导作用。委员长会议既是一种国家机构，又是一种会议形式。委员长会议由委员长召集并主持，也可以委托副委员长主持会议。委员长会议根据需要不定期召开，委员长会议的议题，由秘书长提出、委员长确定。委员长会议只能为常委会行使职权服务，不能代替常委会行使职权，其工作方式是集体负责制，决定问题要遵循少数服从多数原则。

全国人大常委会每届的任期和全国人民代表大会的任期相同，都是5年。委员长和副委员长任职不得超过两届，而常委会其他组成人员则不受连续任职不超过两届的限制。

（三）全国人民代表大会常务委员会的职权

1. 立法权。《宪法》第67条规定，全国人民代表大会常委会制定和修改除应当由全国人民代表大会制定的法律以外的其他法律。根据《立法法》第8条的规定，全国人大及其常委会对下列事项享有专有立法权：①国家主权的事项；②各级人民代表大会、人民政府、人民法院和人民检察院的产生、组织和职权；③民族区域自治制度、特别行政区制度、基层群众自治制度；④犯罪和刑罚；⑤对公民政治权利的剥夺、限制人身自由的强制措施和处罚；⑥税种的设立、税率的确定和税收征收管理等税收基本制度；⑦对非国有财产的征收、征用；⑧民事基本制度；⑨基本经济制度以及财政、税收、海关、金融和外贸的基本制度；⑩诉讼和仲裁制度；必须由全国人民代表大会及其常务委员会制定法律的其他事项。

对于上述事项，全国人民代表大会及其常务委员会有权作出决定，授权国务院可以根据实际需要，对其中的部分事项先行制定行政法规，但是有关犯罪和刑罚、对公民政治权利的剥夺和限制人身自由的强制措施和处罚、司法制度等事项除外

按照《宪法》第67条的规定，全国人民代表大会制定刑事、民事、国家机构的

和其他的基本法律，全国人大常委会则制定除基本法律以外的其他法律。从实践来看，大部分法律是由全国人大常委会制定的，这些法律涉及政治、经济、科技、教育、文化、国防、外交等社会各个领域。制定法律成为全国人大常委会主要的经常性的工作。

2. 宪法和法律解释权。《宪法》第67条规定，全国人大常委会有解释宪法和法律的权力[1]。《立法法》第45条规定，法律解释权属于全国人民代表大会常务委员会。法律有以下情况之一的，由全国人民代表大会常务委员会解释：①法律的规定需要进一步明确具体含义的；②法律制定后出现新的情况，需要明确适用法律依据的。并且规定最高人民法院、最高人民检察院作出的属于审判、检察工作中具体应用法律的解释，应当主要针对具体的法律条文，并符合立法的目的、原则和原意。

《立法法》对立法解释的程序作了如下规定：①国务院、中央军委、最高人民法院、最高人民检察院和全国人大各专门委员会以及省、自治区、直辖市的人大常委会可以向全国人大常委会提出法律解释的要求。②由常务委员会工作机构研究拟定法律解释草案。这是因为常委会的立法工作机构参与了每部法律案的审议制定过程，对法律规定的背景、含义比较了解，统一由工作机构研究拟定法律解释草案，有利于更好地符合立法的原意，也有利于保持法制的统一。③法律解释草案由委员长会议决定列入常务委员会会议议程，经常务委员会审议，由宪法和法律委员会根据常务委员会组成人员的审议意见进行审议、修改，提出法律解释草案表决稿。法律解释草案表决稿以常务委员会全体成员的过半数通过，由常务委员会发布公告予以公布。全国人民代表大会常务委员会的法律解释同法律具有同等效力。

3. 监督权。

（1）宪法实施的监督权。除全国人大外，全国人大常委会也拥有监督宪法实施的权力。全国人大常委会作为全国人大的常设机构，拥有这一权力便于对宪法的实施进行经常性的监督。

（2）立法监督权。根据《宪法》和《立法法》的有关规定，全国人大常委会可以行使以下立法监督权：①与监督宪法实施相关联的立法监督权。全国人大常委会有权监督宪法的实施，自然有权监督立法行为是否违宪。②撤销同宪法、法律相抵触的行政法规、决定和命令，撤销同宪法、法律和行政法规相抵触的地方性法规和决议，撤销省级人大常委会批准的违背宪法和立法法的自治条例和单行条例。③裁决法律之间的冲突。法律之间对同一事项的新的一般规定与旧的特别规定不一致，不能确定如何适用时，由全国人大常委会裁决。地方性法规与部门规章之间对同一事项的规定不一致，不能确定如何适用时，由国务院提出意见，国务院认为应当适用地方性法规的，应当决定在该地方适用地方性法规；认为应当适用部门规章的，应当提请全国人大常委会裁决；根据授权制定的法规与法律规定不一致，不能确定

---

[1] 包括全国人大制定的基本法律和常委会自己制定的法律。

如何适用时,由全国人大常委会裁决。④接受有关立法主体的立法备案和批准有关规范性文件的权力。根据宪法和有关宪法性法律规定,省级人大及其常委会制定的地方性法规,报全国人大常委会备案;自治区的自治条例和单行条例,报全国人大常委会批准;自治州、自治县的自治条例和单行条例,报全国人大常委会备案。立法法也规定,行政法规、地方性法规、自治条例和单行条例均须报全国人大常委会备案;根据全国人大常委会授权制定的规范性法律文件,如果全国人大常委会的授权决定提出备案要求,也应当报全国人大常委会备案。既然有权接受备案,就可以进行监督;同理既然有权批准,就更可以监督。

(3) 工作监督权。《宪法》规定,全国人大常委会监督国务院、中央军事委员会、国家监察委员会、最高人民法院、最高人民检察院的工作。监督的主要方式是听取和审议工作报告。听取和审议工作报告,大多数是围绕国家的中心任务、发生的重大事件以及人民群众关心的"热点"问题进行的。但有些是例行的,例如对上一年度中央决算的报告和审计工作报告的听取和审议。

提出质询也是全国人大常委会进行工作监督的主要方式。常委会会议期间,常委会组成人员10人以上联名可书面向常委会提出对国务院及其各部、各委员会和最高人民法院、最高人民检察院的质询案,由委员长会议决定是否由受质询机关书面答复,或者由受质询机关的领导人在常委会会议上口头答复。

除此之外,执法检查也是全国人大常委会近年来实行的一种重要的法律监督的形式。执法检查的主体是全国人大常委会和全国人大专门委员会;对象是国务院及其部门、最高人民法院和最高人民检察院;内容是法律实施主管机关的执法工作;方式是组织执法检查组,到各地去检查法律实施的情况,作为评价有关部门执法情况的依据;检查结束后,检查组整理出执法检查报告,对法律实施情况作出全面评价,对法律实施中存在的问题及原因进行分析,并提出改进执法工作的建议。

4. 任免权。需由全国人大常委会产生的国家机关工作人员有两部分:①只能由全国人大常委会决定任免的人员,包括:根据国家监察委员会主任的提请,任免国家监察委员会副主任、委员;根据最高人民法院院长的提请,任免最高人民法院副院长、审判员、审判委员会委员和军事法院院长;根据最高人民检察院检察长的提请,任免最高人民检察院副检察长、检察员、检察委员会委员和军事检察院检察长;决定外交部驻外全权代表的任免;批准省、自治区、直辖市的人民检察院检察长的任免。②在全国人民代表大会闭会期间,由全国人大常委会行使全国人大的部分人事任免权,包括:根据国务院总理的提名,决定国务院的各部部长、委员会主任、审计长、秘书长的人选;根据中央军事委员会主席的提名,决定中央军事委员会其他组成人员的人选。上述各类人员,凡提请任免的机关,应当向常委会介绍被任免人的基本情况,必要时,有关负责人应到会回答询问。

5. 对重大事项的决定权。全国人大常委会享有对国家生活中重要问题的决定权,包括:决定同外国缔结的条约和重要协定的批准和废除;规定军人和外交人员的衔级制度和其他专门衔级制度；规定和决定授予国家的勋章和荣誉称号；决定特赦；在全国人民代表大会闭会期间，如果遇到国家遭受武装侵犯或者必须履行国际共同防止侵略的条约的情况，决定战争状态的宣布；决定全国总动员或者局部动员；决定全国或者个别省、自治区、直辖市的紧急状态；在全国人民代表大会闭会期间，审查和批准国民经济和社会发展计划、国家预算在执行过程中所必须作的部分调整方案等。

6. 全国人民代表大会授予的其他职权。除上述职权外，全国人大常委会还有权执行全国人大授予的其他职权。例如：主持全国人民代表大会代表的选举；召集全国人民代表大会会议；联系全国人大代表并组织他们视察；在全国人大闭会期间，领导各专门委员会的工作；等等。

（四）全国人民代表大会常务委员会的会议制度与工作程序

1. 会议制度。全国人大常委会会议一般每2个月举行一次，通常都在双月的下旬，每次会期7天左右，这样一年就有40多天开会时间；如果有特殊的需要，经委员长会议决定，可以临时召集常委会会议。

常委会会议举行前，通常先召开委员长会议，拟订常委会会议议程草案，决定会议召开的日期和会期。常委会举行会议时，一般要召开若干次全体会议。它是常委会依法行使职权的基本会议形式。全体会议决定每次常委会会议的议程；听取法律案和其他议案的说明；听取国务院及有关部门、最高人民法院、最高人民检察院的工作报告；对法律案、人事任免案和其他有关议案、决议进行表决。常委会会议期间，还要召开若干次分组会议，它是常委会会议审议有关议案的主要会议形式。分组会议人数少，发言不受时间限制，便于常委会组成人员和有关列席人员对审议的议题充分发表意见。分组会议在审议议案时，提交议案的有关部门派人到会，听取意见，回答询问。根据《全国人民代表大会常务委员会议事规则》，在分组审议的基础上，常委会可以再举行联组会议进行集中审议。联组会议在形式上也是全体会议，但不对议案进行表决，不决定问题，主要任务是对分组审议中比较重大的、有分歧的问题作进一步的集中审议。在联组会议上的发言时间，第一次不超过15分钟，第二次对同一问题的发言不超过10分钟，如果事先提出要求，经会议主持人同意，也可延长发言时间。这种会议形式便于常委会组成人员在充分交流、讨论的基础上求得比较一致的意见。

常委会会议一般公开举行。每次开会时都邀请和组织国内新闻媒体对会议的内容、进程和审议讨论的情况进行报道，包括对一些重大的不同意见作公开报道。常委会会议设有旁听席，邀请工会、妇联和共青团等人民团体负责人参加旁听。全国人大常委会每次举行会议时，下列人员列席全国人大常委会会议：国务院、中央军事委员会、最高人民法院、最高人民检察院的负责人；全国人大各专门委员会中不是常委会委员的主任委员、副主任委员和委员；全国人大常委会副秘书长；各省、自治区、直辖市的人大常委会主任或副主任；全国人大代表；全国人大其他有关部门的负责人。列席人员在常委会会议上有发言权，但没有表决权。常委会会议实行列席制度，可以使有关机关直接听到全国人大常委会对改进它们工作的意见和建议，从而加强全国人大常委会的监督效果。同时，列席人员来自全国各地，来自各个行业，可以使全国人大常委会听到各方面的意见，使常委会通过的法律、作出的决定能更好地反映人民群众的意愿，更加符合客观实际。

2. 议案审议程序。

（1）一般议案的审议程序。一般议案的审议程序包括议案的提出、议案的审议和表决等几个环节。

根据《全国人民代表大会组织法》的规定，有权向全国人大常委会提出议案的有：委员长会议、国务院、中央军事委员会、最高人民法院、最高人民检察院、全国人大各专门委员会。委员长会议提出的议案，由常委会会议审议；其他方面提出的议案，由委员长会议决定提请常委会会议审议，或者先把该议案交给有关的全国人大专门委员会审议，由专门委员会提出审议报告，委员长会议再根据该报告决定提请常委会会议审议。另外，全国人大常委会组成人员10人以上联名，也有权向全国人大常委会提出全国人大常委会职权范围内的议案，由委员长会议讨论决定提请常委会会议审议，或者把议案先交给有关的专门委员会审议、提出审议报告，委员长会议再决定该议案是否提请常委会会议审议；如果决定不提请常委会会议审议的，也要向常委会会议报告或者向提案人作出说明。

由全国人大常委会进行表决的议案，可以采用无记名投票方式、举手方式、按电子表决器方式或其他方式，表决结果由会议主持人当场宣布。在交付表决的议案中，如果有修正案的，要先表决修正案。对于人事任免案，既可以逐人表决，也可以整个人选名单合并表决。

（2）法律案审议程序的特别规定。全国人大常委会对法律案的审议与一般议案的审议相比有以下特殊要求：

第一，常委会的三审程序。对于进入全国人大常委会议程的法律案，一般要经过3次常委会会议的审议，即实行三审制。一审指在全体会议上听取提案的说明，由分组会议进行初步审议。二审指经2个月或者更长的时间后，经过委员们对法律草案进行深入研究以后，先在全体会议上听取宪法和法律委员会关于法律草案修改情况和主要问题的汇报，再由分组会议围绕法律草案中的重点、难点和比较大的分歧意见，进行深入审议。三审是在全体会议上听取宪法和法律委员会关于法律草案审议结果的报告，由分组会议对法律草案修改稿进行审议。

第二，有关方面的审议。审议列入常委会会议议程的法律案由有关方面审议：①由分组会议审议；②由有关的专门委员会审议；③由宪法和法律委员会统一审议。其中分组会议审议提交常委会的法律案属于基本审议。所有列入常委会会议议程的法律案，都应当经过分组会议的审议。分组会议审议法律案时，提案人应当派人听取意见，回答询问。有关专门委员会对提交常委会的法律案的审议属于专门审议。

凡列入常委会会议议程的法律案，都应当由有关的专门委员会审议。审议应当提出审议意见，印发常委会会议。宪法和法律委员会审议提交常委会的法律案属于统一审议。凡列入常委会会议议程的法律案，均由宪法和法律委员会根据常委会组成人员、有关的专门委员会的审议意见和各方面提出的意见，对法律案进行统一审议，提出修改情况的汇报或审议结果报告和法律草案修改稿，对重要的不同意见应当在汇报或审议结果报告中予以说明。对有关的专门委员会的重要审议意见没有采纳的，应当向有关的专门委员会反馈。宪法和法律委员会审议法律案时，可以邀请有关的专门委员会的成员列席会议，发表意见。宪法和法律委员会和有关的专门委员会审议法律案时，应当召开全体会议，根据需要，可以要求有关机关、组织派负责人说明情况。

第三，听取意见。列入常委会会议议案的法律案，宪法和法律委员会、有关的专门委员会和常委会工作机构应当听取各方面的意见。听取意见可以采取座谈会、论证会、听证会等各种形式。常委会工作机构应当将法律草案发送有关机关、组织和专家征求意见。

法律案有关问题专业性较强，需要进行可行性评价的，应当召开论证会，听取有关专家、部门和全国人民代表大会代表等方面的意见。论证情况应当向常务委员会报告。

法律案有关问题存在重大意见分歧或者涉及利益关系重大调整，需要进行听证的，应当召开听证会，听取有关基层和群体代表、有关部门、人民团体、专家、全国人民代表大会代表和社会有关方面的意见。听证情况应当向常务委员会报告。

常务委员会工作机构应当将法律草案发送相关领域的全国人民代表大会代表、地方人民代表大会常务委员会以及有关部门、组织和专家征求意见。

第四，法律案表决程序和法律公布程序。法律草案修改稿经常委会会议审议，由宪法和法律委员会根据常委会组成人员的审议意见进行修改，提出法律草案表决稿，法律草案表决稿交付常务委员会会议表决前，委员长会议根据常务委员会会议审议的情况，可以决定将个别意见分歧较大的重要条款提请常务委员会会议单独表决。单独表决的条款经常务委员会会议表决后，委员长会议根据单独表决的情况，可以决定将法律草案表决稿交付表决，也可以决定暂不交付表决，而是交宪法和法律委员会和有关的专门委员会进一步审议。法律草案表决稿由委员长会议提请常委会全体会议表决，经常委会全体组成人员的过半数通过。常委会通过的法律由国家主席签署主席令予以公布。

3. 对立法的审查程序。

（1）审查程序。

第一，被动审查。根据《立法法》第99条的规定，全国人大常委会的被动审查依申请主体的不同有两种情形：①国务院、中央军事委员会、最高人民法院、最高人民检察院和省、自治区、直辖市的人大常委会如果认为行政法规、地方性法规、自治条例和单行条例同宪法或者法律相抵触的,可以书面向全国人大常委会提出审查的要求;②上述国家机关之外的其他国家机关和社会团体、企业事业组织以及公民如果认为行政法规、地方性法规、自治条例和单行条例同宪法或者法律相抵触的,可以向全国人大常委会书面提出进行审查的提议,由全国人大常委会工作机构进行研究,必要时,送有关的专门委员会进行审查、提出意见。对于前者,专门委员会一般必须启动审查程序,而后者要经过法规审查工作机构筛选以后,才决定是否送专门委员会审查,专门委员会可以审查,也可以不审查。全国人大常委会收到多份以普通公民身份提起的对法规进行违法违宪审查的建议一般只针对部分启动审查程序。[1]

第二,主动审查。主动审查是不需要其他组织或者个人提出审查建议就启动的,这和法规备案程序相结合。根据《宪法》和《立法法》的相关规定,行政法规、地方性法规、自治条例和单行条例、规章应当在公布后的30日内由以下机关报全国人大常委会备案:①行政法规由国务院报全国人大常委会;②省、自治区、直辖市人大及人大常委会的地方性法规由制定机关报全国人大常委会;③较大的市的人大及人大常委会的地方性法规由省、自治区人大常委会报全国人大常委会;④自治州、自治县的自治条例和单行条例由省、自治区、直辖市人大常委会报全国人大常委会;⑤国务院根据全国人大及全国人大常委会的授权制定的法规,由国务院报全国人大常委会。

虽然备案本身只要求登记、统计和存档,只具有形式上的意义,但在我国,长期以来,备案同时也具有实质意义,即接收备案的主体要对报备法规的合宪性与合法性等进行审查,合称备案审查。2003年8月修订的《行政法规、地方性法规、自治条例和单行条例、经济特区法规备案审查工作程序》中就明确规定:"专门委员会对备案的法规认为需要审查的,可以提出书面的报告,经常委会办公厅、法工委研究,报秘书长同意后,进行审查。"以这一规定为契机,全国人大常委会法制工作委员会设立了法规审查备案办公室,以加强法规备案审查工作。

(2)审查决定的作出。专门委员会经审查,认为行政法规、地方性法规、自治条例和单行条例同宪法或者法律相抵触的,可以向制定机关提出书面审查意见;也可以由宪法和法律委员会与有关的专门委员会召开联合审查会议,要求制定机关到会说明情况,再向制定机关提出书面审查意见。制定机关应当在2个月内研究提出是否修改的意见,并向全国人大宪法和法律委员会和有关的专门委员会反馈。全国人大宪法和法律委员会和有关的专门委员会在审查时认为行政法规、地方性法规、自治条例和单行条例同宪法或者法律相抵触而制定机关不予修改的,这时才可以向

---

[1] 2003年3月,就职于广州某公司的湖北籍公民孙志刚,因未携带身份证出门被广州市一派出所错误收容,在执行收容过程中遭到残酷殴打致死。2003年5月,许志永等三位法学博士向全国人大常委会申请启动对《城市流浪乞讨人员收容遣送办法》的违宪审查程序,但是国务院随即废止了该办法,说明此处违宪审查程序没有启动。

委员长会议提出书面审查意见和予以撤销的议案，由委员长会议决定是否提请常务委员会会议审议决定。

（五）全国人民代表大会常务委员会的工作机构

常委会的工作机构是常委会的附属机构，负责为全国人民代表大会及其常委会和专门委员会提供服务，具体包括以下四部分：

1. 全国人大常委会秘书处。秘书处是全国人大常委会的综合协调机构，其下设一个局级办事机构——秘书组。秘书处直接为委员长会议和委员长服务，对外必须用办公厅的名义。秘书处由全国人大常委会秘书长、副秘书长和专门委员会负责常务工作的副主任和工作委员会的有关负责人组成。秘书长主持秘书处的工作，召集秘书处会议。

2. 全国人大常委会办公厅。办公厅是综合性办事机构，在全国人大常委会秘书长领导下工作，承办常委会的各项具体事务。

3. 全国人大常委会的工作委员会。

（1）全国人大常委会法制工作委员会。法制工作委员会是全国人大常委会的法制工作机构。法制工作委员会设主任1人、副主任若干人，由委员长会议提请常委会会议任免。其主要职责包括拟定法律方面的议案草案，以及对各省、自治区、直辖市人大常委会及中央和国家机关有关部门提出的有关法律方面问题的询问进行研究并予以答复，以及进行与人大工作有关的法学理论的研究等。

（2）全国人大常委会预算工作委员会。预算工作委员会协助财政经济委员会承担全国人民代表大会及其常务委员会审查预决算、审查预算调整方案和监督预算执行方面的具体工作，受常务委员会委员长会议委托，承担有关法律草案的起草等工作。

（3）全国人大常委会香港特别行政区基本法委员会和澳门特别行政区基本法委员会。这两个委员会的主要任务是，分别就有关《香港特别行政区基本法》第17、18、158、159条以及《澳门特别行政区基本法》第17、18、143、144条实施中的问题进行研究，并向全国人民代表大会常务委员会提供意见。

4. 各专门委员会的办事机构。全国人大的各专门委员会都有自己的一套机关，例如办公室和若干业务室。专门机关是全国人大及其常委会的法律工作机构。

第四节　地方各级人民代表大会

一、地方各级人民代表大会

（一）地方各级人民代表大会的地位、性质、任期

根据《中华人民共和国地方各级人民代表大会和地方各级人民政府组织法》（以下简称《地方组织法》）的规定，地方各级人大代表所属区域范围内人民的意志，在本行政区域内可以自主地决定地方性事务。

在把握地方各级人民代表大会的地位时，应当注意其与上级人民代表大会的关系。概括地说，上级人大及其常委会不得干涉下级人大及其常委会依法行使职权，他们之间并不是领导与被领导关系，但上下级人大之间也存在一定的联系，主要是法律监督关系、业务指导关系和工作联系关系。首先，法律上的监督关系。地方各级人大及其常委会必须保证在本行政区域内贯彻执行宪法、法律、行政法规、上级人大及其常委会制定的地方性法规和所通过的决议、决定；各级人大常委会有权撤销下一级人大及其常委会不适当的决定和命令。其次，《选举法》规定，省、自治区、直辖市、设区的市、自治州的人大常委会指导本行政区域内县级以下人民代表大会的选举工作；同时，县级以上（含县级）地方人民代表大会是上级人民代表大会的选举单位，有权监督、罢免自己选出的上级人大代表，这体现了下级人大对上级人大的监督关系。再次，上级人大可以指导下级人大的工作。如地方人大常委会在工作中遇到对所要执行的法律的理解有歧义，以致影响到正在进行的工作时，可向上一级人大常委会请示，上一级人大常委会应给予明确的指示，供下一级人大常委会执行。最后，两者存在工作联系关系。如上级人大常委会下发有关人大工作的信息资料，组织下级人大之间的经验交流，邀请下级人大常委会负责人列席常委会会议等。

地方各级人民代表大会由代表组成。省级、设区的市的人民代表大会代表由下一级人民代表大会选举产生。县级和乡级人民代表大会代表由选民直接选举产生。

根据2004年宪法修正案的规定，地方各级人民代表大会每届任期5年，地方各级人民代表大会会议每年至少举行1次，经1/5代表提议，可以临时召集本级人民代表大会会议。

（二）地方各级人民代表大会的职权

1. 地方立法权。依据现行《宪法》第100条的规定，省、直辖市的人民代表大会和它们的常务委员会，在不同宪法、法律、行政法规相抵触的前提下，可以制定地方性法规，报全国人民代表大会常务委员会备案。设区的市的人民代表大会和它们的常务委员会，在不同宪法、法律、行政法规和本省、自治区的地方性法规相抵触的前提下，可以依照法律规定制定地方性法规，报本省、自治区人民代表大会常务委员会批准后施行。

根据《立法法》，地方性法规可以就下列事项作出规定：①为执行法律、行政法规的规定，需要根据本行政区域的实际情况作出具体规定的事项；②属于地方性事务需要制定地方性法规的事项。

此外，除全国人大和全国人大常委会的专有立法事项外，其他事项国家尚未制定法律或者行政法规的，地方性法规可以先行规定。之后，法律或行政法规若就这些事项作出规定，地方性法规如果与之抵触，即应予以修改或废止。经济特区所在地的省、市人大及其常委会可根据全国人大的授权决定，制定法规，在经济特区范围内实施。民族自治地方的人民代表大会有权依照当地民族的政治、经济和文化的特点，制定自治条例和单行条例。

2. 在本行政区域内，保证宪法、法律、行政法规的遵守和执行。地方各级人民代表大会在本行政区域内，保证宪法、法律、行政法规和上级人民代表大会及其常务委员会决议的遵守和执行；保证国家计划和国家预算的执行；保护社会主义的全民所有的财产和劳动群众集体所有的财产，保护公民私人所有的合法财产，维护社会秩序，保障公民的人身权利、民主权利和其他权利；保护各种经济组织的合法权益；保障少数民族的权利；保障宪法和法律赋予妇女的男女平等、同工同酬和婚姻自由等各项权利。

3. 选举和罢免本级国家机关的负责人。地方各级人民代表大会分别选举并且有权罢免本级人民政府的省长和副省长、市长和副市长、县长和副县长、区长和副区长、乡长和副乡长、镇长和副镇长。县级以上的地方各级人民代表大会选举并且有权罢免本级人民代表大会常务委员会的组成人员；选举并且有权罢免监察委员会主任、本级人民法院院长和本级人民检察院检察长。选出或者罢免人民检察院检察长，须报上级人民检察院检察长提请该级人民代表大会常务委员会批准。

4. 决定地方的重大事务。地方各级人民代表大会依照法律规定的权限，通过和发布决议，审查和批准本行政区域内的预算以及它们的执行情况的报告；县级以上的地方各级人民代表大会审查和批准国民经济和社会发展计划，乡镇人民代表大会根据国家计划，决定地方的经济建设、文化建设和公共事业建设的计划；县级以上地方各级人民代表大会讨论、决定本行政区域内的政治、经济、教育、科学文化、环境和资源保护、民政、民族工作等方面的重大事项，乡镇人民代表大会决定本行政区域内的民政工作的实施计划。

5. 监督其他国家机关的工作。地方各级人民代表大会听取和审查本级人民代表大会常务委员会的工作报告。监督本级人民政府、监察委员会、人民法院和人民检察院的工作。听取和审查本级人民政府和人民法院、人民检察院的工作报告；改变或者撤销本级人民代表大会常务委员会的不适当的决议；撤销本级人民政府的不适当的决定和命令。

（三）地方各级人民代表大会会议

县级以上的地方各级人大会议由本级人大常委会召集；乡、民族乡、镇人大会议，由选举产生的主席团负责召集。地方各级人大会议每届第一次会议，由上届本级人大常委会或者乡、民族乡、镇的上次人大会议主席团召集。

县级以上地方各级人民代表大会会议正式开幕之前要举行预备会议，选举本次会议的主席团和秘书长，通过会议议程草案，通过大会设立的议案审查委员会、计划和预算审查委员会等各个委员会组成人员名单，通过关于会议的其他准备事项的决定。

地方各级人民代表大会会议由大会主席团主持。会议的形式有三种：①大会全体会议。其任务是：听取和审议本级人大常委会、本级人民政府、本级人民法院、本级人民检察院的工作报告，并作出决议；对提交大会审议的各项议案听取说明和审议，各项议案包括国民经济和社会发展计划及计划执行情况的报告、国家预算及预算执行情况的报告、地方性法规草案等；依法选举、任命、罢免国家机构组成人员，决定接受他们的辞职；提出质询案；决定组织特定问题的调查委员会；在决定国家其他重大问题时，作出决议或决定；进行大会发言和表决。②代表团全体会议。其任务是：集中审议各项议案；听取代表团团长传达主席团会议的决定和意见；听取本级人民政府及其所属部门回答代表们提出的询问。③代表团小组会议。当代表团人数较多时，将一个代表团划分成若干代表小组，使代表充分发表意见。代表团人数特少的，则不分小组，只举行代表团全体会议。

（四）专门委员会

《地方组织法》规定，省、自治区、直辖市、自治州、设区的市的人民代表大会根据需要，可以设法制（政法）委员会、财政经济委员会、教育科学文化卫生委员会等专门委员会。各专门委员会受本级人民代表大会领导；在大会闭会期间，受本级人民代表大会常务委员会领导。在实践中，大多数省、自治区、直辖市、自治州、设区的市的人大按法律规定设有法制委员会、财经委员会、教科文卫委员会。有一些地方人大还设立了农村委员会、城建委员会等专门委员会。在少数民族聚居、多民族杂居以及少数民族较多的地方，大都设有民族委员会。在一些侨乡或华侨较多的地方，大都设侨务委员会。也有的地方将民族、侨务、外事综合设置为民族侨务外事委员会。

地方人大专门委员会是地方人大的常设机构，在本级人大及其常委会领导下，研究、审议和拟订有关议案，对属于本级人大及其常委会职权范围内同本委员会有关的问题，进行调查研究，提出建议。它和地方人大常委会不同，虽是常设机构，但没有实体性权力，主要任务是协助人大及其常委会开展工作。专门委员会由主任委员、副主任委员和委员若干人组成。专门委员会组成人员的人数，法律未作具体规定，各地可根据具体情况自行确定，有的少至几人，有的多达二十九人。各专门委员会的主任委员、副主任委员和委员的人选由代表大会主席团在代表中提名，大会通过，在大会闭会期间，常委会可补充任命专门委员会的个别副主任委员和部分委员，由主任会议提名，常委会会议通过。

二、地方各级人民代表大会常务委员会的职能

（一）地方各级人大常委会的组成和任期

常务委员会是本级人民代表大会的常设机关，对本级人民代表大会负责并报告工作。目前，县和县级以上的地方各级人民代表大会设立常务委员会。常务委员会由本级人民代表大会在代表中选举的主任1人、副主任若干人和委员若干人组成。省、自治区、直辖市、自治州、设区的市的人大常委会还应同时选举秘书长1人参加组成。宪法规定，常务委员会的组成人员不得担任国家行政机关、监察委员会、审判机关和检察机关的职务。如果担任上述职务，则必须辞去常务委员会的职务。

常务委员会每届任期与本级人民代表大会每届任期相同，它行使职权到下届常务委员会选出时为止。

（二）地方各级人大常委会的职权

1. 保证宪法和法律的执行。

2. 主持选举、召集会议。领导或者主持本级人民代表大会的选举；联系本级人民代表大会代表；召集本级人民代表大会会议。

3. 决定重大事务。讨论、决定本行政区域内的政治、经济、教育、科学、文化等事项；根据本级政府的建议，决定对本行政区域内的国民经济和社会发展计划、预算的部分变更，决定授予地方的荣誉称号等。

4. 人事任免权。在本级人大会议闭会期间，决定副省长、自治区副主席、副市长、副州长、副县长、副区长的个别任免；在省长、自治区主席、市长、州长、县长、区长和法院院长、检察院检察长因故不能担任职务时，从本级政府、法院、检察院的副职领导人员中决定代理的人选；对上级人大代表出缺，可以补选，还可以个别撤换。根据省长、自治区主席、市长、州长、县长、区长的提名，决定本级政府秘书长、厅长、局长、主任、科长的任免，报上一级政府备案。根据《人民法院组织法》和《人民检察院组织法》的规定，任免法院副院长、庭长、副庭长、审判委员会委员和审判员；任免检察院副检察长、检察委员会委员、检察员，批准任免下一级检察院的检察长；省、自治区、直辖市的人大的常务委员会根据主任会议的提名，决定在省、自治区由按地区设立的和在直辖市内设立的中级人民法院院长的任免；根据省、自治区、直辖市检察院检察长的提名，决定检察分院检察长、副检察长、检察委员会委员、检察员的任免。

5. 监督权。应该说，法律监督和工作监督等监督权是人大常委会的重要职能。2006 年《中华人民共和国各级人民代表大会常务委员会监督法》出台，成为各级人大常委会行使监督权的直接依据。地方人大常委会的监督权包括：监督本级政府、监察委员会、法院和检察院的工作，受理人民群众对这些机关和国家工作人员的申诉和意见；撤销本级政府不适当的决定、命令和下一级人民代表大会及其常委会的不适当的决议；在本级人代会闭会期间，撤换个别代表，决定撤销本级政府的个别副职领导的职务；决定撤销由常务委员会任命的本级政府其他组成人员和由它任命的法院、检察院有关人员的职务；等等。

自治区、自治州和自治县的人大常委会除行使以上各项职权外，还行使《宪法》第三章第六节规定的自治权。

（三）工作程序

地方各级人大常委会是合议制机关，其工作方式是举行会议。常务委员会由主任召集，每两个月至少举行一次。有权向常委会提出议案的是：人大常委会主任会议、本级政府、各专门委员会、省级人大常委会以及自治州、设区的市人大常委会组成人员 5 人以上联名、县级人大常委会组成人员 3 人以上联名。除主任会议提出的议案外，其他议案提出后，由主任会议决定是否提请常务委员会会议审议，或者先交有关的专门委员会审议，提出报告，再决定是否提请常务委员会会议审议。常务委员会的决议，以全体组成人员的过半数通过。

在常务委员会会议期间，常委会的组成人员可以提出对本级政府、法院、检察院的质询案。质询的程序是：首先，县级由常务委员会的组成人员3人以上联名，省、自治区、直辖市、自治州、设区的市则由常委会组成人员5人以上联名才能提出；其次，质询案必须向常务委员会书面提出；最后由主任会议决定交受质询机关答复。

三、人民代表大会的代表

【宪法事例】 梁广镇身兼两地人大代表事件[1]

广东云浮市"亿万富翁"梁广镇，因涉嫌挪用公款罪被立案侦查。鉴于其云浮市人大代表身份，经云浮市检察院申请、该市人大常委会许可，检察院对其采取强制措施并移送法院进行刑事审判。然而，广西百色市人大常委会表示了不同的意见，原因是梁广镇也是百色市人大代表，未经其许可，云浮市检察院不能对其采取强制措施并移送法院进行刑事审判。百色市人大常委会认为，梁广镇虽然犯罪事实清楚，但情节轻微且时间过久，可以既往不咎。两地人大常委会机关意见相左，导致检察机关无所适从，案件被迫搁置。

【评注】 依据我国《中华人民共和国全国人民代表大会和地方各级人民代表大会代表法》（以下简称《代表法》）第49条规定，地方各级人民代表大会的代表迁出或调离本行政区域的，代表的资格终止。所以本案梁广镇身兼两地的人大代表违反《代表法》的规定。国外的议员人身特别保护制度旨在维护议会的独立，与国外不同，我国并不是分权制国家，宪法并没有人大独立的概念，因此，我国人大代表的人身特别保护制度只在于对代表的个人权利的维护。以上两点决定了我国人大或人大常委会许可审批权仅限于形式审而非实质审。代议机关并不是法律适用机关。美国《宪法》规定：两院议员，除犯有叛国罪、重罪及妨害治安罪外，在各议院开会期间及往返于各该院的途中，不受逮捕。与美国相比，我国人大代表的人身特别保护范围更加宽泛，是否有必要，值得考虑。

代表大会是由代表组成的，代表大会的决议都是经过集体讨论并得到多数代表的同意后作出的，因此，代表的活动把分散的意志集中成为国家的意志，可见代表大会代表的作用非常重要，他们的工作和活动理应受到保护和支持，他们的地位应当受到尊重。代表出席代表大会，围绕着会议的议事日程对国家事务和社会事务进行集体讨论、审查和决定，必要时可以依照法定程序提出议案，包括质询案和罢免案等，这是代表的主要工作。

在代表大会闭会期间，代表也有许多工作要做，主要包括调查研究、联系群众、

---

[1] 韩大元：《中国宪法事例研究（四）》，法律出版社2010年版，第190页。

守法执法、协助宪法和法律的实施、协助政府推行工作、反映群众的意见和要求等。人民代表是集体审议、集体决定国家事务，代表个人不宜干预行政机关、法院和检察院的工作过程，也不能直接处理人民群众的申诉、控告和建议等。代表如果发现国家机关工作有错误，就应报告人大或者常委会，或者提出议案和建议，通过权力机关去干预和纠正。

结合《宪法》和《代表法》的相关规定，代表的权利主要有以下几项：

1. 出席代表大会，参与对国家事务和社会事务等重大问题的讨论和决定。为了保证代表这一权利的实现，法律规定在人民代表大会召开前，必须把开会日期和建议大会讨论的主要事项通知给每个代表，以便代表有所准备。代表也应做好调查研究，并对问题进行充分思考。

2. 根据法律规定的程序提出议案，或者提出建议、批评和意见。

3. 提出质询案或者提出询问。

4. 人身的特别保护。全国人大代表非经全国人大主席团许可，在全国人大闭会期间非经全国人大常委会许可，不受逮捕或者刑事审判。代表如果因为是现行犯被拘留，执行拘留的公安机关应当立即向全国人大主席团或者全国人大常委会报告，这是事后报告。县级以上人民代表同样适用这样的人身保护的规定。

5. 代表的言论和表决不受追究。这种规定肇始于英国，在资本主义国家里，鉴于议员在议会里提出对政府不信任案或者发表不利于政府政策的言论，可能招致打击，所以法律作出这样的规定。我国宪法规定，代表在人大会议和常务会议上的发言不受法律追究。

6. 物质保障。代表在出席人大会议和执行其他属于代表的职务的时候，国家根据实际需要给予适当的补贴，例如往返旅费等物质上的便利或者补贴。少数民族代表在参加会议时，应当为其准备必要的翻译。

人大代表在享有权利的同时，也应承担以下义务：①人民代表应出席会议，认真参与对国家事务的讨论和决定，还应积极参加诸如代表视察等活动；②代表应模范地遵守宪法和法律，宣传法制，带头执法；③代表应保守国家秘密；④代表应密切联系群众和原选举单位，倾听意见，应尽可能多地列席原选举单位的人大会议；⑤代表应接受原选举单位和群众的监督，原选举单位有权罢免自己选出的代表。

思考与实务

1. 依据我国宪法规定，全国人民代表大会的职权有哪些？
2. 依据我国宪法规定，全国人民代表大会常务委员会的职权有哪些？
3. 若全国人大制定的基本法与全国人大常委会制定的非基本法出现立法冲突，如何理解与解决？
4. 如何完善我国的质询制度？

5. 如何理解我国的人民代表大会制度？
6. 如何完善我国的人民代表大会制度？
7. 人民代表大会代表的权利与义务有哪些？如何完善？
8. 我国人大代表的投票是否应当公开？人大制度应该在哪些方面进行配套改革？
9. 宪法事例实训：

2009年全国人大会议于3月5日开幕，3月13日就结束，只有8天半的时间，会期较以往缩短不少。媒体报道说是力求节俭和环保，会风务实。但有代表质疑，人大是集体行使职权，如果没有会议的基础，就失去了人大最重要的基础。不少代表表示，可以在其他方面节约，会期不能再短了。与世界各国议会会期相比，我国全国人大会期最短，例如芬兰议会会期为4个月，日本、希腊为5个月，奥地利、法国、英国为6个月，丹麦议会会期的从当年10月第一个星期二开始到下一个年度的10月第一个星期二结束，德国为25周，美国约9个月，印度国会每年也不少于4个月。根据各国议会联盟对48个国家的统计，一年会期中开会次数依次为：最多的达125天以上，100～124天的9个国家；75～99天的7个国家；50～74天的8个国家；25～49天的15个国家；最少的在25天以下，有3个国家。[1]

请思考：

(1) 我国人民代表大会行使职权的方式。

(2) 我国人民代表大会每年举行几次会议？一般的会期是多少？

(3) 你认为决定人民代表大会会期的因素是什么？对于2009年全国人大会期缩短为8天半你有何看法？

(4) 如果要增加会期，你认为需要哪些配套的改革措施？

---

[1] 转引王月明：《宪法案例与图表》，法律出版社2010年版，第137页。

第十章 国家元首制度

【本章概要】国家元首是国家机构的重要组成部分。自英国资产阶级革命以来,世界各国的国家元首以及同一国家不同时期的国家元首所享有的具体国家权力可能有所不同,但国家元首对内、对外代表国家,是国家的最高代表已成为世界共识。本章将分别以国家元首制度起源与类型、国家元首的职能与职务保障、我国的国家元首制度与完善为视角阐述国家元首制度。

【学习目标】掌握国家元首的概念,我国国家主席性质与地位、产生和任期以及职权;了解国家元首制度的起源、世界主要国家国家元首制度的历史发展与类型,能够对我国国家元首制度的完善进行一些深入的思考。

第一节 国家元首制度的起源与类型

一、国家元首的概念

国家元首(Chief of state or Crown)原意为"君主"。"Crown"一词则有"王权"之意。在外国古代奴隶制、封建制国家的历史上,元首一般地表现为君主。元首的称号相互之间可能十分不同,如"苏丹"(有些伊斯兰国家)、"法老"(古埃及)、"埃米尔"(科威特)、"天皇"(日本)等,但他们都是独揽立法、行政、司法大权于一身的专制君主。在中国,早在《尚书·益稷》就写道:"元首明哉,股肱良哉,庶事康哉。"在此,"元首"指君,"股肱"指臣。《汉书·丙吉传》称"君为元首"。可见国家元首,从词义上说不论是国内还是国外,都是指国家的最高代表者。

世界古代史中最早使用"元首"一词的国家是公元前25年屋大维建立的古罗马帝国。现代国家元首的概念是从资产阶级民主制度产生、资本主义国家建立之后产生的。现代国家元首与古代元首的最大的不同在于,现代政体已不再像封建专制政体那样,把最高权力集中在君主一人手中,而是建立在一定的民主选举和权力分配学说基础之上。一国的国家元首是国家机构的组成部分,对内、对外是国家的最高代表者,国家元首实际上是国家这种政治组织的人格化。

国家元首是一国的最高代表,在国际上代表本国,是国家机构的重要组成部分。享有元首职权,是世界各国元首共同的重要特征。这些职权主要包括公布法律权、发布命令权、统率武装力量权、任免官吏权、外交权、赦免权、荣典权、享有最高的礼仪待遇等等。

二、国家元首制度的类型

按照不同的标准,可以把世界各国的元首制度划分为不同的类型。下面两种划分方式最为常见。

(一) 实位元首制和虚位元首制

据国家元首行使权力的状态,可以把国家元首制度分为实位元首制和虚位元首制。实位元首制,是指国家元首行使职权时较少受到其他国家机关的干预,实际享有统治权。实位国家元首制主要存在于总统制国家以及封建色彩比较浓厚的二元君主立宪制国家(如科威特、沙特、尼泊尔等国)。现代资产阶级国家的总统制,主要有两种形式:①典型的总统制,以美国为代表,其他如阿根廷、墨西哥等国;②具有议会制特点的总统制,又称半总统制,以法国为代表,其他如俄罗斯等国。在美国式总统制下,总统为国家元首兼政府首脑。总统和议会关系的特点是:总统不对议会负责,也无权解散议会。总统和政府关系的特点是:总统兼政府首脑,政府部长由总统按法定程序任免,对总统负责。在法国式总统制下,总统为国家元首,不兼任政府首脑,但主持政府会议。总统和议会关系的特点是:总统在与总理及议会两院议长磋商后,有权解散议会。总统和政府关系的特点是:总统有权按法定程序任免总理和政府其他成员。政府对其行使职权的活动不向总统负责而对议会负责。议会可以以通过不信任案为手段,追究政府责任。

虚位元首制,是指国家元首只是礼仪上的国家代表,其职权行使在很大程度上受议会和政府的制约。虚位元首通常没有实际掌握国家权力,是处于虚位状态的"临朝而不理政"的元首,其存在于议会内阁制国家,如德国、西班牙、意大利、希腊等,和国家元首大多由世袭产生的议会君主立宪制国家,如英国、日本、荷兰等。虚位元首在国家的政治生活中没有决定性的作用,仅仅是国家的一种象征。

(二) 个体元首制和集体元首制

根据元首本身的组织机构,可以把国家元首制度分为个体元首制和集体元首制。个体元首制,是由一人独任国家元首。世界上多数国家实行个体元首制。集体元首制,是指由二人以上组成合议制机关,由其全体成员共同担任国家元首和行使元首职权。瑞士是其典型代表。集体元首的各成员之间,基本上地位平等,权力相同。瑞士最高国家行政机关称联邦委员会,由7名委员组成,联邦议会每年从中选定一人为联邦主席,另外选定一人为副主席;但其元首职权由联邦委员会集体行使,主席是由上述7名委员轮流担任。再如苏联和东欧的一些社会主义国家,也普遍采用集体元首制。

据统计,在世界150个国家中,实行个人国家元首制的约有147个,其中由国王或其他世袭君主担任国家元首的有23个,由总统等担任国家元首的有124个;实行集体制(如国务委员会、主席团、最高委员会等)国家元首的有3个。[1]

---

[1] 李林:《立法机关比较研究》,人民日报出版社1991年版,第197页。

第二节 国家元首的职能与职务保障

国家元首的职权是元首制度的重要组成部分。尽管各国国家元首职权的性质、范围和行使方式差别很大,但从各国宪法的有关规定和国家元首职权行使的实际状况来看,仍然可以发现各国元首职权的一些共同之处。大体可以将其概括为以下几类:

一、批准和公布法律权

法律须经国家元首公布,但元首对于立法机关通过的法律是否有不批准的权力,各国的规定有所不同。一些国家的宪法只赋予国家元首公布法律的职责,而没有赋予其对法律议案的否决权。如日本《宪法》第7条规定:天皇根据内阁的建议和承认,公布法律;又如我国1982年《宪法》规定了国家主席根据全国人大及其常务委员会的决定颁布法律。也有一些国家,国家元首在宪法上拥有对立法机关制定的法律的绝对否决权,但实际上国家元首极少使用这一权力,这类国家以英国为典型。从法律上英国女王对议会所通过的议案拥有绝对的否决权,但自1707年安妮女王否决议会两院的关于苏格兰民兵法案以后,英王迄今已有300年未使用过法案否决权。在宪法上赋予国家元首对立法机关通过的法律的相对否决权,是当代世界各国的主流。例如,在美国,对于众议院和参议院所通过的议案,美国总统有权加以直接否决。同时美国总统还享有搁置否决权,即在议会休会前10天将某议案搁置,过了10天自行失效。法国总统在宪法上有要求议会对所通过的法律议案或其中的某些条款重新复议的权力。俄罗斯联邦总统的签署公布法律权,也不仅仅具有程序上的意义。俄罗斯联邦现行《宪法》第107条规定,总统得在14日内签署和公布法律。如果总统在收到联邦法律时起的14日内否决了联邦法律,国家杜马和联邦委员会得按照俄罗斯联邦宪法规定的程序重新审议该法律。

二、统率武装力量权

统率武装力量权,既是元首权的传统内容之一,也是识别国家元首的标志。其包括对外宣战权。元首拥有统率武装力量权可以是形式上的,也可以是事实上的。

在英国,英王是英国海陆空军的大元帅,海陆空军分别被称为皇家海军、皇家陆军、皇家空军,而事实上,这只是一个名义上的权力。类似的还有挪威、印度、意大利等国。法国总统、美国总统、朝鲜的共和国主席、尼泊尔国王、沙特国王等都享有统率三军的权力。国家元首的宣战权通常只具有程序上的意义。如法国1958年《宪法》第35条规定:"宣战应由议会批准。"1973年美国国会通过的《战争权力法案》规定,只有在正式宣战、依法授权或美国本土、领地、武装力量受到攻击时总统才有权把武装力量投入战争。总统调动军队前48小时内,要向国会作出说明。

三、召集和解散议会权

在英国，按照"议会每年至少开一次会"的原则，英王在名义上享有着召集议会和解散议会的权力。近二百年来关于议会何时召开大都由国务大臣们决定。关于解散议会权，英王也很少行使，即使行使也是通过内阁承认而由内阁负责。其他君主国家诸如荷兰、挪威、比利时、日本等情况与英国大致相同。

欧洲有的大陆国家，如法国，其议会是在彻底废除了封建等级会议的资产阶级革命过程中建立起来的，所以其议会的召集与解散和英国大不相同。法国1958年《宪法》第12条规定，当政府同国民议会发生冲突时，总统在同总理及议会两院议长磋商后得宣布解散国民议会。意大利《宪法》第88条第1款规定："共和国总统在听取各该院主席之意见后，得解散两院或两院之任何一院。但共和国总统在其任期之最后6个月内不得行使这种权力。"

美国是典型的三权分立国家，立法与行政的分权比较明显，三权制衡均匀，所以国会不由总统召集，总统也无权解散议会。

社会主义国家一般都不承认国家元首有解散最高人民代表机关的权力。如我国宪法规定，全国人民代表大会的召开由全国人大常委会召集，国家主席无权干涉。

四、任免权

国家元首享有的人事任免权一般包括任免国家重要的文武官员，如总理或首相和各部部长等行政官员，甚至包括法官。任免权可以是实质的，即国家元首可以直接选择任免；也可能是形式上的，即根据代议机关或内阁的决定来行使任免权。由作为国家代表的国家元首对重要官员进行任免，象征着这些官员所行使权力的公共性及权力来源上的受委托性。美国总统行使实质性的任免权，其任命的人员有：大使、其他使节和领事、最高法院法官、各部部长和其他高级官员。法国总统同样行使实质性的任免权，可任命的人员有：内阁总理及其他政府成员、行政法院人员、受勋委员会总裁大使和特使、审计院的审计官、省长、驻海外领地政府代表、将级军官、宪法委员会9名成员中的3名成员。在英国，英王行使形式上的任免权，其任免的官员有：内阁首相、各部大臣、驻外使节、属地总督以及最高法院法官。在日本，天皇根据国会的提名，任命内阁总理大臣，根据内阁的提名，任命最高法院院长。在韩国，由总统任命的高级官员有：经国会同意，任命国务总理；由总理提请，任命国务委员及从国务委员中任命行政各部长官，任命宪法委员会主席及9名委员；经国会同意，任命大法院院长、监察院院长。

依据我国宪法的规定，国务院总理是由国家主席提名，由全国人民代表大会任免。

五、紧急命令权

紧急命令权是指国家元首具有的在非常时期宣布国家进入紧急状态，颁布与法律具有同等效力的命令及采取相应解决措施的权力。这是国家元首以发布命令的方法来进行补充立法的一种主要形式。命令为执法所需要，所以命令往往纯粹为补充法律的细则，不能用以改变法律或停止法律的效力。

日本明治宪法规定，天皇根据紧急需要得发布代替法律的敕令。法国第五共和国宪法规定，在共和国体制、民族独立、领土完整或国际义务的履行受到严重和直接的威胁，并当宪法规定的公共权力的正常运行受到阻碍时，总统在同总理、两院议长和宪法委员会主席正式磋商后，根据形势采取必要的措施。韩国宪法规定，当发生自然灾害或重大财政、经济危机时，以及国家的安全保障或公共的安宁和秩序受到或可能受到重大威胁时，如果判定需要采取迅速的措施，总统可以在内政、外交、国防、经济、财政、司法等各方面，采取必要的紧急措施。现行的联邦德国《基本法》规定，如果在第68条规定的情况下未解散联邦议院时，联邦政府虽然已指明某项法案是紧急性的，但联邦议院仍然否定该法案的，联邦总统根据联邦政府的请求并取得联邦参议院的同意，可以就此项法案宣布立法紧急状态。美国总统根据1976年国会通过的《国家紧急状态法》享有紧急命令权，当国家进入紧急状态时，总统可以行使平时不能行使的权力。

六、外交权

在国际关系中，国家元首是国家的代表者。元首所做的一切具有法律意义的国际行为，都被看成是他的国家的行为。元首所享有的这种最高的外交权被称为最高代表权。这一职权是元首最重要的权力之一，是国家元首的重要标志，即"对外代表本国"。外交权的具体内容主要包括：使节权，即接受并派遣外交代表和领事；缔约权，即缔结国际条约。

在各国宪法中，关于使节权大都有明确的规定。如美国《宪法》规定，美国的驻外大使、公使、领事等，一概由总统任命，但须经参议院的同意。表面上看来，是否接见使节和接受国书似乎纯粹是一种礼仪，其实它含有承认或者不承认来使所代表的国家为独立的国家以及他所代表的政府为合法政府的意义。因此，国家元首们常常运用这一权力代表本国在国际上作出种种决定。

国家元首有与外国缔结条约或者批准条约的权力。有关元首的缔约权各国情况有所不同。有的国家元首只有谈判和缔结条约的权力而没有批准权，有的则只有批准权而无谈判缔结权，也有既有权谈判又有权批准条约的元首。如在英国，一切国际协定都是以英王的名义订立的，凡条约，只要不是割地赔款及其他议会所能干预的以外，英王都可以独自订立、核准并有权执行。再如，美国总统有谈判和缔结条约的权力，但没有批准权，美国宪法规定，经参议院建议和同意，并得到该院出席议员的2/3赞同时，总统有缔结条约之权。缔约权在美国是由参议院和总统共同掌握的，总统在行使缔约权时要受到参议院的制约，尽管这种限制的效果实际上很微弱。第二次世界大战以来，美国在国际事务中的作用日益扩大，总统为了避免征求参议院同意的麻烦，常以行政协定代替条约。行政协定一般是总统代表国家与外国缔结的、不需要由参议院批准的、与条约具有同等法律效力的文件。又如法国《宪法》规定"共和国总统派遣驻外国的大使和特使，并接受外国大使和特使","共和国总统议定并批准条约。为了缔结无须（总统）批准的国际协定而进行的一切谈判，都应报告总统"。但是，总统的外交权是受到若干限制的：首先，总统派遣驻外大使和特使必须经总理副署，批准条约亦需总理副署。其次，对外条约需要国会立法程序的批准和认可。在我国，2004 年宪法修正案规定：中华人民共和国主席代表中华人民共和国，进行国事活动，接受外国使节；根据全国人民代表大会常务委员会的决定，派遣和召回驻外全权代表，批准和废除同外国缔结的条约和重要协定。

除了上述两方面以外，元首出国访问或进行双边会谈，参加国际性会议，都是开展外交活动的形式。

七、赦免权

国家元首的赦免权就是元首有以命令的方式赦免犯罪和对于已被定罪的罪犯给予赦免或者减轻刑罚的权力，这也是国家元首的传统职权，包括大赦和特赦两种。大赦既可施行于审判机关判决后，免除刑罚的执行，也可以施行于审判机关判决前，免除其刑事追究。特赦是指对特定的人的赦免，只可以在法院判决确定之后免除刑罚的执行，即只能消灭其刑，不能消灭其罪。美国《宪法》规定，总统有权对危害合众国的犯罪行为发布缓刑赦免令，但弹劾案除外；比利时《宪法》规定，国王有减免法官所宣判的刑罚的权力；法国现行《宪法》规定，共和国总统有赦免权；意大利《宪法》规定，总统可以宣布赦免和减刑。

八、荣典权

国家元首的荣典权是指颁赐荣典、荣誉、授予荣誉称号或职衔的权力。国家元首的荣典权属最高层次，其所授予的荣誉是国家的最高荣誉。

九、其他权力

除上述权力外，不少国家元首还拥有着其他权力，如法国总统拥有提请公民投票权；俄罗斯联邦总统有权决定举行公民公决、就俄罗斯联邦宪法的解释问题向俄罗斯联邦宪法法院提出质询权等。此外，国家元首拥有刑事免诉权几乎已经成为各国普遍遵守的原则。如法国 1958 年《宪法》规定：除叛国罪外，共和国总统对于在执行职务中所做的行为不负责任；在美国如国家总统犯有刑事罪行，只有在恢复普通公民身份后，法院才能加以审理。

为保障国家元首职权依法履行，规定对国家元首的弹劾制度已基本成为世界各国的宪政的主流。如美国、法国、俄罗斯、韩国等都规定了对国家元首的质询与弹劾制度。

【宪法事例】　　韩国宪法法院弹劾总统案[1]

卢武铉总统于 2003 年在总统选举中获胜。2004 年年初，为了查清总统大选的非法政治献金问题，检察机关公布了中期调查结果，在野党和执政党都有议员被拉下

---

[1] 韩大元：《中国宪法事例研究（二）》，法律出版社 2008 年版，第 391 页。

马。这时正值第 17 届国会议员大选，卢武铉总统违反政治中立原则，公开发表了倾向于执政党的言论。在野党利用在国会中的绝对优势，以违反选举法、亲信受贿和经济不振等理由，于 3 月 21 日在国会上通过了弹劾总统动议案，致使总统暂时停止行使总统职权。国会法制委员会委员长根据宪法法院法的规定，向宪法法院提交国会弹劾议决书，请求弹劾卢武铉总统。宪法法院经过辩论和审理，驳回了弹劾请求，恢复了总统职权。

【评注】该案经宪法法院审理，得出以下基本结论：

（1）宪法法院认为，国会是国民的代表机关，根据《国会法》有权制定国会内部的议事规则。议长主持国会的具体形式属于国会的自律权范围，不能认为明显地超越了其裁量权范围，宪法法院不能作出判断。

（2）关于选举中总统是否违反政治中立的义务问题，宪法法院认为，选举法规定公务员中立义务的目的是保证政党之间的机会平等。宪法法院在分析政治的中立性意义、公务员在选举中政治性言论的范围等问题的基础上，认定"作为总统，利用总统在政治上的影响力发表支持特定政党的言论违反了选举中政治中立的规定，对选举结果产生了不当的影响"。

（3）总统在公开的媒体上，对现行法律的正当性与规范力提出质疑的行为破坏了法治国家的精神，同时违反了其遵守宪法的义务。

（4）总统把国民投票方式作为"信任投票"的言论，超越了宪法赋予总统的职权，对国民通过投票表达自由意志施加了不当的影响，违反了总统遵守宪法和法律的义务。

（5）有关亲信腐败案问题，宪法法院认为没有必要的证据表明，总统对特定人的受贿等不当行为作出指示或提供帮助，也没有证据表明其参与了受贿等不当行为。这一部分与总统职务之间没有必要的联系，不能构成弹劾理由。

（6）在认定上述事实的基础上，宪法法院重点解释了《宪法》第 53 条第 1 款规定的"弹劾审判请求有理由时，宪法法院对被请求人宣告罢免其职位的决定"中"理由"的内涵。如果对宪法条款的规定只做字面解释的话，有可能出现"凡是因职务行为违反法律都须罢免"的局面，有可能违反法益衡量原则。《宪法》规定的"弹劾审判理由"实际上指的是理由充分的"重大的违反法律行为"。如何掌握这一标准？宪法法院认为，应该在"违反法律行为的重大性"与"因罢免决定可能产生的效果"之间寻求合理的平衡。总统是国家元首、政府首脑，是国民直接选举产生的宪法机关，不同于一般的公务员。对总统的罢免应限于作为总统已失去了宪法维护的能力，违背了国民的基本信任，失去了继续担任国政资格的情况。

（7）综合以上情况，虽然总统违反了法律规定并对宪法秩序产生了一定的负面影响，但不足以认定总统的行为明显地违反了宪法秩序，没有直接构成对自由民主基本秩序的破坏。

第三节 我国的国家元首

一、我国国家元首制度的历史回顾

今日中国国家元首是谁，或者说由哪个机关行使元首权，历次宪法都没有明文规定。宪法学术界对中国的元首制度有两种具有代表性的不同意见。一种意见以许崇德教授为代表，认为："如果对于元首的理解更灵活一点，即认为元首不仅是实际权力的行使者，而且也可以在形式上拥有权力，甚至即使在形式上也不是较大权力的享有者，只要宪法确认他在国家社会中是本国的最高代表即可。那么，我们不妨认为主席是中华人民共和国的元首。"[1] 另一种意见以吴家麟教授为代表。在中国改革开放后最早的宪法学教科书（1983年）中，吴教授认为："根据1954年《宪法》所确定的集体元首制度，但宪法既规定主席对外代表中华人民共和国，所以它是以主席为代表的集体元首制。"[2] 这一集体元首制的特点是：①元首职权由国家主席同最高国家权力机关结合起来行使；②武装力量的统率权由国家的中央军委行使；③元首的地位从属于全国人民代表大会。本书认为，依据1982《宪法》的规定，"中华人民共和国主席代表中华人民共和国，接受外国使节"，可见在国家政治生活和对外活动中，国家主席也充分扮演了国家元首的角色。因此本书同意国家主席即为国家元首的观点。

我国设置国家主席是1954年《宪法》确定的。在这之前，根据1949年9月中国人民政治协商会议第一次全体会议通过的《中华人民共和国中央人民政府组织法》的规定，我国设立中央人民政府委员会，对外代表国家，对内领导国家政权，集体行使国家元首的职权。

1954年《宪法》对中华人民共和国主席的产生、任期、职权以及在国家中的地位作了具体的规定。该《宪法》第41条规定的"中华人民共和国主席对外代表中华人民共和国"与《中央人民政府组织法》所规定的"由中央人民政府委员会对外代表国家"明显不同。1954年《宪法》规定国家主席由全国人民代表大会选举产生，对外代表中华人民共和国，并且根据全国人民代表大会及其常务委员会的决定，行使公布法律、任免国家机关工作人员等职权，中华人民共和国主席成为一个行使国家元首职权的独立的国家机关。此时的国家主席就职权而言是虚实结合。依据1954年《宪法》的相关规定，国家主席的法律公布权、人事任免权、宣布战争状态等权力的行使需依据全国人民代表大会或全国人民代表大会常务委员会的决定，国家主席礼仪方面的职责如接受外国使节、接受国书等都表现出程序性的一面，即"虚"

---

[1] 许崇德主编：《中国宪法》（修订本），中国人民大学出版社1996年版，第218页。
[2] 吴家麟主编：《宪法学》，群众出版社1983年版，第474页。

的特性。但从 1954 年《宪法》所规定的国家主席统率全国武装力量，担任国防委员会主席方面来说，国家主席则具有"实"的一面。

1966 年以后，国家主席长期空缺，主席制度名存实亡。1975 年《宪法》正式取消了国家主席的建制。它把原来由国家主席统率全国武装力量的职权，改由中共中央主席行使；把原来全国人民代表大会根据国家主席的提议任免国务院总理，改为根据中共中央委员会的提议任免国务院总理。这事实上是以党代政。1978 年《宪法》仍然没有设置国家主席，并把 1954 年《宪法》规定由国家主席行使的部分职权，又改由全国人大常委会委员长行使。直到 1982 年《宪法》从完善我国国家体制出发，恢复了国家主席的建制。但就国家主席的职能而言，和 1954 年《宪法》相比，两项重大职权被转移到其他国家机关了：①国家主席不再享有武装力量统率权，国家也不再设国防委员会，而这一传统意义的元首职权改由国家的中央军委行使。②1954 年《宪法》规定，国家主席可以在必要时召开最高国务会议并担任会议主席。国务会议由国家副主席、全国人大常委会委员长、国务院总理和其他有关人员组成。国务会议可就国家重大事务进行讨论，并提出意见，以供有关国家机关讨论并作出决定。1982 年《宪法》没有设置最高国务会议，因而国家主席自然就没有这项职权。此外，1982 年《宪法》把国家主席的当选年龄由 35 周岁提高到 45 周岁；国家主席任期由 4 年改为 5 年。

二、我国现行的国家元首制度

（一）我国现行国家元首制度的特点

根据我国现行《宪法》的规定和政治实践中的情况，可以认为我国现行国家元首制度主要有以下特点：

1. 国家主席作为一个独立的国家机关从属于最高国家权力机关——全国人民代表大会。中国的国家权限分配模式主要是借鉴苏联等社会主义国家的国家权限分配模式。即由普选的方式产生的国家最高权力机关统一行使国家权力，议行合一；其他国家机关都是由最高国家权力机关产生，对其负责，受其监督。因此，中国的国家主席制度（或称"元首制度"）的设计也是借鉴苏联及东欧社会主义国家制度设计的模式，国家主席既不是行政首脑，也不是权力机关首脑，而是作为一个独立的国家机关从属于全国人民代表大会。

2. 实行虚位元首制。国家主席不掌管实际的行政权，作为国家元首行使职权必须以全国人大和全国人大常委会的决议为根据。国家主席不参加立法工作，不负行政责任。根据 1982 年《宪法》的规定，国家主席拥有法律公布权、任免权、外交权、荣典权、赦免权等，但这些权力的行使通常都是程序意义上的，都是依照全国人大或全国人大常委会的决定行使的。

3. 国家主席不统率武装力量。1982 年《宪法》增设了中央军事委员会作为一个独立的国家机关领导全国的武装力量。依据 1982 年《宪法》的相关规定，中央军委实行主席负责制，中央军委主席对全国人大和全国人大常委会负责。

（二）国家主席的性质和地位

1982年《宪法》对国家主席的性质和地位并没有作出明确规定。从国家元首理论和制度上看，1982年《宪法》中关于中华人民共和国主席代表中华人民共和国，进行国事活动，接受外国使节以及关于中华人民共和国主席对内事务的职权方面的规定，基本上体现出国家主席就是我国的国家元首。而且，在国际交往中，国家主席也被国际社会看成是中国的国家元首。因此，尽管1982年《宪法》中没有明确规定中华人民共和国主席是我国的国家元首，但无论是在制度上还是在政治生活中所发挥的作用上，都显示出中华人民共和国主席作为国家元首的性质和地位。

（三）国家主席的产生和任期

1982年《宪法》规定，中华人民共和国主席、副主席由全国人民代表大会选举产生。每届全国人大召开第一次会议时，由大会主席团提名，经各代表团酝酿协商后，再由主席团确定正式候选人名单，经大会全体代表过半数表决通过即当选。

现行《宪法》第79条第2款规定："有选举权和被选举权的年满45周岁的中华人民共和国公民可以被选为中华人民共和国主席、副主席。"国家主席、副主席每届任期同全国人大每届任期相同。国家主席在任期届满前，由于逝世、罢免或其他原因缺位时，由副主席继任。中华人民共和国主席、副主席都缺位的时候，由全国人民代表大会补选；在补选之前，由全国人民代表大会常务委员会委员长暂时代理主席职位。

（四）国家主席的职权

根据1982年《宪法》的规定，我国国家主席主要有以下职权：

1. 公布法律、发布命令。全国人大及全国人大常委会制定的法律由国家主席以主席令的形式公布，这是法律生效的最后一道必经程序。国家主席还可根据全国人大和全国人大常委会的决定，发布特赦令、宣布进入紧急状态等。

2. 人事任免权。国家主席根据全国人大和全国人大常委会的决定，任免国务院组成人员，派遣和召回驻外全权代表。

3. 外交权。国家主席代表国家进行国事活动、接受外国使节；根据全国人大常委会的决定，批准或废除同外国缔结的条约和重要协定。

4. 荣典权。国家主席根据全国人大和全国人大常委会的决定，授予对国家有功勋的人员以勋章和荣誉称号。

《宪法》没有明确规定国家副主席的职权，只规定了副主席协助主席工作。副主席可以受国家主席的委托，代替执行主席的一部分职权。

思考与实务

1. 什么是国家元首？
2. 试论国家元首的职权。

3. 国家元首可以分成哪些种类?
4. 我国国家元首制度的特点是什么?
5. 试论我国国家主席的任职资格与任期。
6. 试论我国国家主席制度的完善。
7. 宪法事例实训:

(1) 1998 年美国总统克林顿被弹劾案[1]

1998 年 1 月 17 日,时任美国总统的克林顿在琼斯性骚扰诉讼案中,为了掩盖他与白宫实习生莱温斯基的不正当性关系,而向大陪审团作假证。同年 10 月 8 日,共和党控制下的众议院以 258 票对 176 票的表决结果通过了展开对克林顿总统弹劾调查的决议案。12 月 11 日、12 日,众议院司法委员会通过四项弹劾条款,提交众议院审议表决。12 月 19 日,众议院举行全体会议,以简单多数通过了弹劾克林顿总统的两条理由——在与其有关的绯闻案中"作伪证"和"妨碍司法"。美国参议院于 1999 年 1 月 7 日开始对克林顿总统进行弹劾审讯。2 月 12 日,参议院通过表决后宣布:众议院针对克林顿的两项弹劾罪名均不成立,克林顿继续担任总统,弹劾审讯就此结束。

请思考:什么是弹劾制度?美国总统弹劾的程序和理由是怎样的?试谈政党政治和民意因素在弹劾案处理中的特殊作用。

(2) 著名刑法学家高铭暄关于启动特赦机制的动议[2]

2009 年 1 月 9 日湖北随州熊振林一连杀害了包括其前妻在内的 8 名受害人,被称为"杀人魔王"。2009 年 1 月 11 日,嫌犯熊振林在武汉落网。

中国人民大学教授高铭暄建议中央,在国庆 60 年之际实行特赦。高铭暄的建议并非针对"熊振林案件",他指出,特赦制度本为宪法所规定,与打击犯罪并不相悖。在回答《南方周末》记者提问时,高铭暄指出,在大庆的时候搞特赦有利于让老百姓看到这个国家还是有它的"仁政",施"仁政"者得人心。

2009 年 4 月 16 日,罪犯熊振林在湖北随州市被执行死刑。

请思考:什么是特赦?特赦与大赦有何区别?依据我国宪法规定行使特赦权的机关有哪些?自中华人民共和国成立以来我国在何时对何人行使了特赦权?行使特赦权的法律与社会意义如何?

---

[1] 董和平、秦前红:《宪法案例》,中国人民大学出版社 2006 年版,第 155 页。
[2] 参见王媛:"【十问】高铭暄 建议国庆特赦",http://www.infzm.com/content/24817,访问时间:2010 年 7 月 25 日。

第十一章
国家行政机关

【本章概要】行政机关是指行使行政权、履行行政职能的机关。学理上通常将西方国家的行政机关分为内阁制、总统制和委员会制。我国宪法规定了中央人民政府和地方各级人民政府等行政机关,具体包括它们的性质、地位、领导体制以及职权等内容。

【学习目标】了解行政机关的含义和分类;认识行政机关的宪法地位;重点掌握我国行政机关的层级结构特征以及它们各自依据宪法和法律应当享有的权限和承担的职能。

第一节 行政机关概述

一、行政机关的基本含义

行政机关是指行使行政权、履行行政职能的机关。但是究竟哪些机关属于行政机关,对此却有不同理解和解释。一种观点认为,行政机关是除了立法机关和司法机关以外的全部行政机构。另一种观点认为,行政机关也包括司法机关。还有一种观点认为,行政机关仅仅指国家最高行政机构或者中央行政机关。[1]虽然存在这些不同的观点,但可以肯定的是,宪法规定行政机关和宪法学研究行政机关的前提是基于国家权力或者国家职能的分工。因此,要了解现代宪法中行政机关的基本含义,必须回溯国家政制结构变迁的过程。在法律意义上,法律给政府至少预设了两个不同的工作,即法律的制定和法律的实施,前者为国家的立法职能,后者为国家的执行职能,相应的国家机关包括立法机关和执行机关。中世纪以前,只有执行机关与立法机关的对应,执行机关同时承担现代意义上行政和司法的职能。但是,自英国13世纪奠定国家机关三分结构的基础以后[2],执行职能分别由行政机关和司法机关承担。于是,更严格的行政职能和司法职能逐渐代替了以前执行职能的提法。到18世纪,英国最终确立立法、行政和司法三种国家机关的国家政制结构。国家机关三重划分已被普遍接受为政府政制的基本必需。[3]因此,现代意义的宪法所研究的行

---

[1] 韩大元、胡锦光主编:《宪法教学参考书》,中国人民大学出版社2003年版,第510页。
[2] F. W. Maitland, *The Constitutional History of England*, Cambridge, 1961, p. 20.
[3] [英] M. J. C. 维尔:《宪政与分权》,苏力译,生活·读书·新知三联书店1997年版,第14页。

政机关是指与立法机关和司法机关并列的、行使宪法和法律所赋予的国家权力来组织和管理国家事务的机关。

行政机关有时可以用"政府"一词表述,但是要注意"政府"可能在不同含义上使用,因为"政府"有广义和狭义之分。广义的政府泛指行使国家权力的所有机关,包括立法、行政和司法机关;狭义的政府指国家政权机构中的行政机关。[1]而且,在不同的国家,"政府"所表达的通常含义也有所差别。在多数西方国家,"政府"一词主要在广义上使用,美国的"政府"可以用来指联邦和各州全部的立法、行政和司法机关。在英国,"政府"的范围则相对狭窄,主要指中央和地方的行政机关;德国的政府也通常是在狭义上使用,比如德国《基本法》(即《联邦德国宪法》)第六章规定的"联邦政府"。我国一般在狭义上使用"政府"一词,指国家的行政机关,包括称为中央人民政府的国务院和地方各级人民政府及其职能部门。本章所使用的"政府"限定在狭义范围内,即仅指国家的行政机关。

二、行政机关的类型

行政机关的类型可以根据不同标准进行划分。比如,根据行政机关行使权力的地域范围,行政机关在单一制国家可以划分为中央国家行政机关和地方国家行政机关或自治地方行政机关,在联邦制国家可以分为联邦行政机关和成员单位的行政机关。根据行使职权的业务性质,行政机关可分为一般权限的行政机关和专门权限的行政机关,前者是指一级政权机关,后者指一级政权机关领导下的职能机关。[2]根据行政管理环节,行政机关可分为决策机关、执行机关、监督机关和咨询机关。其中,第一种划分方法在宪法文本中最为常见。宪法规定国家机构的基本内容和目的是区分不同国家机关的权力范围,包括同层级的国家机关的权力范围和不同层级的国家机关的权力范围。同层级的国家机关权力划分指立法、行政和司法之间的权力划分,不同层级国家机关的权力划分主要涉及同性质的权力在不同层级之间的划分。宪法规范行政权力在不同层级之间划分的方法自然是分别规定中央行政机关和地方行政机关的权力范围,或者联邦行政机关和成员单位行政机关的权力范围。

此外,根据各国宪法所确立的行政机关产生方式和行政机关与其他国家机关所构成的法律关系,学理上通常将西方国家的行政机关(政府)分为三类,即内阁制政府、总统制政府和委员会制政府。严格来讲,这种划分方法实际上是根据行政机关组织形式对中央政府或联邦政府进行划分,即这类方法区分了不同国家的最高行政机关的不同体制,但不是对一个国家行政机关类型的划分,也没有能够揭示一个国家不同层级的行政机关所形成的法律关系。不过,因为这种划分方法能够比较深刻地阐明不同国家在国家机构体制方面乃至在国家基本制度方面存在的相同或差异之处,因此是宪法学研究的重要内容。

---

[1] 《中国大百科全书》(政治学卷),中国大百科全书出版社1992年版,第479页。
[2] 韩大元主编:《比较宪法学》,高等教育出版社2003年版,第326页。

（一）内阁制

内阁制，又称责任内阁制、议会内阁制、议会制，是西方国家中由内阁（政府）总揽行政权并对议会负责的一种政府组织形式。内阁制政府发源于英国，第二次世界大战后为许多国家所采用，如德国、意大利、挪威、瑞典、加拿大、日本等国家。内阁制的组织与活动的主要特点是：①政府由在国会中占多数席位的政党或政党联盟的领袖组成，该领袖任内阁总理或首相。②总理或首相和由他提出的政府部长名单，形式上经过国家元首批准任命。③内阁成员对议会共同负连带责任。内阁向议会提出主要法律提案和预算法案。如果法案没有得到议会的通过，或是议会通过了对政府的不信任案，则内阁必须辞职。如果内阁不愿辞职，可以提请国家元首解散议会，重新选举议会。在改选后的议会中如果原执政的政党仍居多数，内阁即可不辞职，否则应立即辞职。④国家元首是虚权元首，不负行政责任，真正的大权掌握在总理或首相手中，总理或首相在内阁会议中起主导作用。⑤内阁与议会的权力往往合二为一，内阁成员通常同时是议会的议员，他们一方面在政府担负行政工作，一方面在议会参加立法工作，议会的一切重要法律提案都来源于内阁，议会的立法工作实际上是在内阁主导下进行的。

英国内阁是17世纪由王室议事堂内室演变而成的。内阁权力不是根据法律而是按照惯例行使的。1918年政府机构委员会的报告列举了内阁的主要职能：①对提交议会的政策作出最后决定；②按照议会通过的政策，行使最高的行政管理权；③随时协调和划定各行政部门的权力。[1]首相是内阁的权力中心、行政首脑。依惯例，首相由在大选中获得下院多数议席的政党或者政党联盟的领袖担任，不过形式上还是由君主指定的。首相必须是议员。首相的责任是向英王汇报政府工作概况；主持内阁。首相不仅是内阁会议的当然主席，而且会议决议以首相的意见为准。首相对各部实行总监督，解决各部之间的纠纷；批准无须提交内阁讨论的全部重要决定；任免内阁成员和所有政府成员及其他有关宗教、司法方面的人事任免权。

联邦德国的内阁制是欧洲大陆国家内阁制政府的代表。德国的内阁制发端于魏玛宪法时期。《魏玛宪法》确认的内阁制强调以总理为主导，同时重视内阁成员共同讨论重大事务的会议精神，如《魏玛宪法》第56条规定："联邦总理规定国家大政方针，并对联邦议院负责。在此大政方针的范围内，各部部长独立执行其职务，并对联邦议院负责"。第57条又规定："各部部长得将一切法案及宪法或法律规定应行共同讨论之事务，以及关于与多数部长有关系而各内部意见不能一致之问题，提出共同讨论。"二战后，《联邦德国基本法》（东、西德统一后民主德国宪法废除，《基本法》[2]经过修改成为统一后德国的宪法）则大大强化了总理的地位，因此其与其

---

[1] 李步云主编：《宪法比较研究》，法律出版社1998年版，第839页。
[2] 1990年9月23日《基本法》修改。修改条款包括序言、第51条2款、第146条；增加第135条第2款、第143条；删除第23条（现行《基本法》第23条为1992年12月21日增加条款）。

他责任内阁制的总理地位不同。依德国《基本法》第 67 条规定，联邦议院提出不信任案的对象是总理个人而不是政府，即不信任案是对总理个人提出的，并且联邦议院必须提出"建设性不信任案"，即联邦议院只能以大多数议员选出联邦总理继任者并请求联邦总统将联邦总理免职来表示对联邦总理的不信任。德国基本法所规定的建设性不信任案的好处是避免政府陷入没有行政首脑的混乱之中，有利于政治的稳定。1989 年"东欧剧变"之后的部分东欧国家借鉴了处理议会与政府之间关系的"建设性不信任案"的做法。

（二）总统制

总统制是以总统为国家元首同时又是政府首脑的一种政府组织形式。总统制政府实行立法、行政和司法三权分立和权力制约、平衡原则。总统制的组织与活动的主要特点是：①总统通常由公民直接或间接选举产生，政府由在大选中获胜的总统组建。②总统既是国家元首，又是政府首脑。政府成员由总统任命，对总统负责，政府成员不得同时兼任国会议员，不能参加国会立法的讨论和表决。③政府不对国会负责，国会不能对总统提出不信任案，总统也无权解散国会。④总统对于国会没有提出法律议案的权力，但是对国会通过的法案有签署权，如不同意有权加以否决，国会通常可以绝对之多数推翻总统否决。其总统制政府的典型国家是美国，其总统制政府由 1787 年宪法确认。美国总统制从创立到现在总体的发展趋势是总统的权力不断扩大，掌握了越来越广泛的行政权力。

半总统制是一种介于总统制和内阁制之间的政府组织形式。它兼具总统制和内阁制的特点，但是通常被归于总统制的政府组织形式之中。半总统制起源于法国，这种体制由 1958 年法兰西第五共和国《宪法》确立。半总统制的组织与活动的主要特点是：①政府实际上有总统和总理两位行政首脑，经全民选举产生的总统既是国家元首，又掌握行政大权，政府设总理作为形式上的政府首脑。②总统作为国家权力的中心拥有非常广泛的权力。总统是实际上的行政首脑，除享有召集议会特别会议、签署法令、公布法律、发布命令和外交决策等权力外，还享有下列特权：任命总理和政府部长，主持内阁会议，可不经总理签署直接颁布紧急命令，实行非常权力，发布总统咨文，相对否决议会法案，将重要法案提交全民公决。总统不向议会负责，并可在同总理和两院议长磋商后，宣布解散议会，总统还有统率军队的权力。这些内容决定了法国的政府组织形式具有总统制特征，但实际上总统的权力比总统制下的总统权力还要大。③政府不对总统负责而对议会负责，当议会通过不信任投票或否决政府的施政纲领时，总理必须向总统提出辞职，这一内容又使半总统制具有内阁制的特征。

（三）委员会制

委员会制又称合议制，是指国家最高行政权不是集中在国家元首或政府首脑一人手中，而是由议会产生的委员会集体行使的一种政府组织形式。"委员会委员之地位，殆与私法上受任人之地位相似，应在不违反委任人意思之范围内，行使其职权。"[1]委员会制政府以瑞士为代表。瑞士委员会制政府的组织与活动的主要特点是：①最高国家行政机关是一个实行合议制的联邦委员会，由7名委员组成，在联邦议会两院联席会议上选出，任期4年，可连选连任。凡具有当选为众议员资格的公民都可以被选为委员，但联邦议会议员、联邦法院法官以及其他联邦或州的公职人员不得同时被选为委员。②联邦议会两院联席会议每年在7人当中选举正、副主席各1人，任期皆为1年，不得连任。主席作为联邦委员会的代表对外代表国家，履行一些礼仪上的国事行为，没有任何其他特殊权力，其职权与地位和其他委员是平等的；联邦主席依惯例由副主席升任，并另选新的委员会副主席。③联邦委员会为最高执行和管理机关，委员会采取合议制，政府的一切决定均由7名委员合议作出，委员会的各委员地位平等，权力相当。④联邦委员会是联邦议会的执行机关，必须服从和执行联邦议会的决定，而无权解散联邦议会，但是议会也不能在联邦委员会任期届满前罢免委员会。⑤联邦委员会有权发布各种命令，包括一般行政命令、受联邦议会委托制定法规性命令以及在非常时期根据联邦议会事先概括授权发布紧急命令。

委员会制不同于总统制的最大特点是行政首脑由委员会成员轮流担任，行政首脑只行使象征性的权力，没有不同于其他委员的特殊权力。委员会制不同于内阁制的主要方面是委员会成员虽然由议会选举产生，但议会不得对委员会提出不信任案，委员会也无权解散议会。

三、行政机关的宪法地位

行政机关的宪法地位是指一国的国家行政机关在宪法所确立的国家制度中所处的地位，所体现的主要是宪法关于行政机关性质和权力范围的规定、行政机关在国家的宪法体制中与其他国家机关的关系。行政机关在一个国家宪法中的地位主要涉及三个方面的问题，即行政机关的宪法依据、行政机关与其他国家机关之间的关系、行政机关的活动原则。

（一）行政机关的宪法依据

宪法从内容上讲无非是规定公民基本权利和自由、规定国家的权力结构，从目的上看则是保障公民权利、限制国家权力。宪法规范国家权力。行政机关行使的是国家行政权，因此，宪法应当明确规定国家所设立的行政机关和行政机关所享有的权力范围。行政机关的设置和行政权的归属构成一个国家的宪法关于行政机关的首要内容。或者说，行政机关和行政权必须有宪法上的依据，我们把它称之为宪法关于行政机关组织规定的法定原则。法定原则包括两个方面的内容：①宪法必须明确国家所设立的行政机关；②宪法必须明确规定行政权的归属。这两方面的内容通常在同一个宪法条款中体现出来，比如美国《宪法》第2条第1款规定行政权属于总统，德国《基本法》第87条第1款规定外交事务、联邦财政管理等事务由联邦政府

---

[1] 张知本：《宪法论》，殷啸虎、李莉勘校，中国方正出版社2004年版，第177页。

下级行政机关执行;也可以规定在宪法的不同条款中,比如我国《宪法》第85条和第95条分别规定国家设立中央人民政府和地方各级人民政府,第89条和第107条则规定中央人民政府和地方人民政府的职权范围。

在宪政国家,国家权力必须由宪法规定。法定原则意味着不能在宪法规定之外设立其他的行政机关,宪法所设立的行政机关行使的权力范围不能超越宪法的规定。需要注意的是,宪法所规定的行政机关通常是一级政权机关,即通常我们所说的"政府",至于政府的组成部门或政府可能设立的其他行使某一项职能的机构,宪法不可能加以详细规定。因为政府机构会随着社会的发展经常出现增加、减少或者合并的状况,宪法不宜对政府的职能部门予以明确规定。尽管如此,政府的组织通常由国家立法机关制定法律加以规定,这一点同样是行政机关组织必须符合法定原则的体现。比如我国《中华人民共和国国务院组织法》(以下简称《国务院组织法》)第8条规定了国务院组成部门的设立程序,《地方组织法》第64条规定了县级以上人民政府组成部门的设立程序。此外,在议会民主发展比较成熟或者议会中的政党斗争比较激烈的国家,宪法一般也不宜对政府的组成部门加以规定。因为在成文宪法国家,宪法的修改往往比修改法律难得多,倘若宪法明确规定了政府的组织结构,要修改宪法以改变政府组织结构就比较困难,而政府组织结构在任何国家都是处在迅速变化之中的,因而可能产生需要对政府组织结构进行调整但是又不能够成功修宪的矛盾情形。因此,由宪法授权法律规定政府的组织结构是比较合适的。

(二)行政机关与其他国家机关的关系

行政机关的产生源于国家权力(国家职能)的分离,宪法所规定的国家权力包括立法权、行政权和司法权,因此,宪法必然涉及行政机关(行使行政权)和其他国家机关(分别行使立法权和司法权)之间的关系。不同国家机关之间的关系构成宪法文本中国家政制结构的主要内容。一般来说,现代宪法关于行政机关与司法机关之间的规定基本上是相同或近似的,表现为司法机关对行政机关的行为是否符合宪法和法律进行监督,从而构成宪法监督或者行政监督法律关系,分别在违宪审查[1]案件或行政诉讼案件中体现出来。行政机关与立法机关之间的关系则在不同的国家存在很大的差异,可以说几乎没有任何两个国家的宪法关于行政与立法关系的规定是相同的。行政机关与立法机关之间的关系可以归纳为以下几个方面:行政机关的组成是否由立法机关(议会)决定;立法机关是否有权否决行政机关的决议;立法机关是否有权以提出不信任案的方式要求政府或者政府首脑辞职;政府是否有权向立法机关提出法律议案和预算案;政府是否有权解散立法机关(议会)。内阁制、总统制和委员会制的行政机关组织形式就是根据上述内容所作的区分。

---

[1] 在美国称为"司法审查"(Judicial Review),在德国称为"宪法审查"(Verfassungsgerichtsbarkeit);美国的行政诉讼也称为司法审查。

(三) 行政机关的活动原则

在法治国家，国家权力的行使必须受宪法和法律的制约。联邦德国《基本法》第 20 条第 3 款规定："立法权受宪法的限制，行政权和司法权受立法权与法律的限制。"[1]"国家机关行使权力受有效的法律的制约构成法治国家原则的核心内容。"[2]行政机关行使权力受宪法和法律的制约即构成法治国家的依法行政原则。依法行政原则要求行政机关受宪法、立法机关所制定的法律以及其他特定的法规和规章的约束，在普通法国家，行政机关的行为还要受习惯法的约束；同时，行政机关的行为应受到国家司法机关的审查。行政机关行使权力必须始终注意要遵守宪法和法律的约束，这一点在法治国家是不受限制的。

依法行政或行政法治原则是宪法诸原则如人民主权原则、人权原则、权力分立原则与法治原则的具体化。[3]一般而言，依法行政原则包括两项更具体的原则，即法律优先原则和法律保留原则。法律优先原则是指行政应当受现行法律的约束，不得采取任何违反法律的措施。优先原则无限制和无条件地适用于一切行政领域，源自有效法律的约束力。根据法律保留原则，行政机关只有在取得法律授权的情况下才能实施相应行为。法律优先原则只是消极地禁止行政机关违反现行法律，而法律保留原则是积极地要求行政活动具有法律依据。在法律出现缺位时，法律优先原则并不禁止行政活动，而法律保留原则排除任何行政活动。[4]此外，一般的法律原则，比如信赖保护原则、比例原则、权利保障原则、平等原则等对行政机关的行为也具有拘束力。

第二节 我国的国家行政机关

一、我国国家行政机关的性质、设置和宪法地位

(一) 我国国家行政机关的性质和设置

我国是实行人民代表大会制度的国家，中华人民共和国的一切权力属于人民，人民行使国家权力的机关是全国人民代表大会和地方各级人民代表大会。宪法规定国家机构实行民主集中制原则，根据此原则，国家的行政机关由人民代表大会产生，对它负责、受它监督。同时，国家行政机关是同级人民代表大会的执行机关。因此，我国的国家行政机关对于人民代表大会而言具有从属性。

---

[1] "Die Gesetzgebung ist an die verfassungsmaesssige Ordnung, die vollziehende Gewalt und die Rechtsprechung sind an Gesetz und Recht gebunden."
[2] Hartmut Maurer, Staatsrecht I (2. Auflage), Verlag C. H. Beck Muenchen, 2001, p. 216.
[3] 韩大元等：《宪法学专题研究》，中国人民大学出版社 2004 年版，第 463 页。
[4] [德] 哈特穆特·毛雷尔：《行政法学总论》，高家伟译，法律出版社 2000 年版，第 103～104 页。

我国的国家行政机关由作为最高国家行政机关的国务院和地方各级国家行政机关构成。

（二）国家行政机关与其他国家机关的关系

要理解国家行政机关在宪法所确立的国家结构中的位置，必须了解行政机关与同级的其他国家机关之间的关系和上下层级的行政机关之间的关系两方面的内容。行政机关与其他国家机关的关系包括行政机关与同级人大的关系、与人民法院和人民检察院之间的法律关系。

宪法规定我国是人民民主专政的社会主义国家，人民代表大会制度是我国的根本政治制度。在人民代表大会制度下，一切国家权力归人民代表大会行使，国家的行政机关、审判机关和检察机关都由人民代表大会产生，对它负责，受它监督。在我国的国家权力体系中，立法权客观上处于优位，属于第一层面的国家权力，行政权、审判权和检察权处于国家权力的第二层面。[1]根据2018年宪法修正案，新增加的监察委员会行使的监察权，也属于国家权力的第二层次。行政机关与人民代表大会的关系表现为：行政机关的组成人员由同级人大及其常委会决定；行政机关执行同级人大制定的法律、法规或者决定、决议；人大及其常委会监督同级人民政府的工作。因此，人民代表大会制度下的人民代表大会与行政机关的关系与西方国家的内阁制政府或总统制政府有着根本的区别。

监察委员会是国家的监察机关，根据《监察法》规定，监察委员会独立行使监察权，不受行政机关、社会团体和个人的干涉。负责监察的公职人员包括人民代表大会及其常务委员会机关、人民政府、人民法院和人民检察院中的公职人员。因此，监察委员会是对行政机关单向的监察和被监察关系。

行政机关与同级人民法院是平行的、各自独立的国家机关，二者的宪法地位平等。人民法院是国家的审判机关，通过审判活动对行政机关行政行为的合法性进行监督。根据法律的规定，受人民法院审查的行政机关不仅包括法院的同级行政机关和下级行政机关，还可能包括上级行政机关。人民法院依照法律规定独立行使审判权，不受行政机关的干涉。

人民检察院是国家的法律监督机关，与行政机关之间存在单向的监督和被监督的关系，人民法院、人民检察院和公安机关办理刑事案件中的分工负责、互相配合和互相制约的关系是检察机关与行政机关单向监督关系之外的特殊情形。人民检察院对行政机关的监督具体表现为：检察机关对公安机关（安全机关）在刑事诉讼中侦查活动的监督；对司法行政机关（监狱、看守所等职能部门）活动的监督；对其他行政机关的监督，主要是对行政机关工作人员个人违法履行职务行为是否构成渎职犯罪实施的监督。

---

〔1〕 韩大元主编：《宪法学》，高等教育出版社2006年版，第452页。

（三）我国国家行政机关的内部关系

国家行政机关相互之间的关系即国家行政机关的内部结构，是指构成国家行政机关各部分的排列组合方式，包括国家行政机关的层级结构和部门结构，前者是指各级政府上下级之间、政府组成部门上下级之间所形成的领导与被领导，或者指导与被指导的关系，属于纵向关系，后者是指同级政府之间和政府各组成部门之间构成协调的平行关系，属于横向关系。就纵向关系而言，主要是最高行政机关，即国务院对地方各级人民政府的领导关系以及地方各级人民政府上下级之间的领导关系；就横向关系而言，主要是同级地方各级人民政府之间、同一政府的各职能部门之间以及不同地方政府的各职能部门之间的相互配合与协助关系。

法律意义上的行政机关不仅包括一级政权机关，即政府，还包括政府的组成部门。因此，"政府"所包含的范围实际上要比"国家行政机关"包含的范围窄。我国宪法主要规定中央人民政府和地方人民政府，它们构成宪法学中国家行政机关的主体。本节以下两部分将分别介绍作为中央人民政府的国务院和地方各级人民政府，以进一步探讨宪法所规定的国家行政机关的内部关系。

二、国务院

（一）国务院的性质和地位

我国《宪法》第85条规定国务院的性质和地位："中华人民共和国国务院，即中央人民政府，是最高国家权力机关的执行机关，是最高国家行政机关。"国务院作为最高国家权力机关的执行机关，反映了我国行政机关的基本职能是作为国家权力机关的执行机关，即行政机关（政府）负责把国家权力机关通过的法律、法规或其他规范性文件和决议付诸实施。国务院与最高国家权力机关之间的具体关系主要体现在两个方面：在国务院组成方面，第62条第5项、第63条第2项和第67条第9项规定全国人大及其常委会对国务院组成人员的任免权力；在国务院活动方面，《宪法》第92条规定国务院对全国人大负责并报告工作，在全国人大闭会期间对全国人大常委会负责并报告工作。《宪法》第92条的内容具体反映在宪法的其他条款中：①《宪法》第62条第10、11项规定全国人大审查和批准国务院所作的国民经济和社会发展计划和计划执行情况的报告，审查和批准国务院所作的国家的预算和预算执行情况的报告。②《宪法》第67条第6项规定全国人大常委会监督国务院的工作。③《宪法》第67条第7项规定全国人大常委会撤销国务院制定的同宪法、法律相抵触的行政法规、决定和命令。

"国务院是最高行政机关"则表明了国务院作为中央人民政府与地方各级人民政府之间的关系，即国务院对于地方各级人民政府的垂直领导关系。《宪法》第89条和第110条进一步规定了这种垂直领导关系。第89条第4项前半句规定国务院"统一领导全国地方各级国家行政机关的工作"；第13项规定国务院有权"改变或者撤销各部、各委员会发布的不适当的命令、指示和规章"。第110条第2款规定"全国地方各级人民政府都是国务院统一领导下的国家行政机关，都服从国务院"。国务院对地方各级人民政府的领导关系是我国单一制国家结构形式的反映和要求。

（二）国务院的组成、任期和工作机构

国务院由总理、副总理若干人、国务委员若干人、各部部长、各委员会主任、中国人民银行行长、审计长和秘书长组成。总理人选由国家主席提名，全国人大决定；国务院其他组成人员由国务院总理提名，经全国人大决定后，由国家主席任免。在全国人大闭会期间，根据国务院总理的提名，全国人大常委会可以决定除副总理和国务委员之外的国务院组成人员的人选，由国家主席任免。

国务院的任期与全国人大的任期相同，均为5年。国务院总理、副总理和国务委员连续任职不得超过两届。

按照现行《宪法》和《国务院组织法》的规定，国务院设有部、委员会、直属机构和办事机构。各部、各委员会、中国人民银行和审计署是分管某一方面的行政事务的职能部门，是国务院的组成部门，有权根据法律和国务院的行政法规、决定、命令，在本部门权限范围内发布规章、指示和命令。国务院直属机构是国务院设立的主管各项专门业务的机关，如国家税务总局、国家统计局、海关总署；直属机构的行政首长不是国务院的组成人员。国务院办事机构，如侨办、港澳办，协助总理办理专门事项。国务院还设有办公厅，它是国务院综合性的日常办公机构，秘书长作为总理领导国务院工作的助手，属于国务院的组成人员。此外，国务院还设有直属特设机构、国务院直属事业单位、国务院部委管理的国家局以及国务院议事协调机构和临时机构。

（三）国务院的领导体制和会议制度

国务院的领导体制经历了一个长期的发展过程。新中国成立初期的政务院实行的是一种委员会的集体领导制，政务院每周举行一次政务会议，重大问题由集体讨论并由集体决定。1954年《宪法》规定"总理领导国务院的工作"，"各部部长和各委员会主任负责管理本部门的工作"，国务院在组织形式上与政务院不同，但在领导体制上仍旧实行集体领导。1982年《宪法》第86条第2款则规定"国务院实行总理负责制。各部、各委员会实行部长、主任负责制"。现行《宪法》所确立的是一种行政首长负责制。一般而言，行政首长负责制是由行政管理工作的性质决定的，与行政管理所要实现的效率目标相适应。

国务院实行总理负责制，就是总理对国务院的工作有完全的决策权，并对其行使职权的结果承担责任。根据宪法和国务院组织法，总理负责制的内容主要体现在：①总理由国家主席根据全国人大的决定任命，表明总理受命于国家，接受人民的委托，负担起领导国务院的责任。[1]②国务院其他组成人员的人选由总理提名，由全国人大或全国人大常委会决定，在必要的时候，总理有权向全国人大或全国人大常委会提出免除他们职务的请求。③根据《国务院组织法》第2条规定，国务院总理

---

[1] 朱国斌：《中国宪法与政治制度》，法律出版社2006年版，第203页。

领导国务院的工作；副总理、国务委员协助总理工作，按分工负责处理分管工作（《国务院工作规则》第二章第 5、7 条）。④总理召集和主持国务院全体会议和常务会议，国务院工作中重大问题的讨论由总理集中意见，形成国务院决定。⑤国务院发布决定、命令、行政法规，任免行政人员，向全国人大及其常委会提出议案，必须由总理签署才有法律效力。国务院的组成部门也实行行政首长负责制，即实行部长、委员会主任责任制。

召开会议是国务院的重要工作形式。国务院重要会议包括全体会议和常务会议。国务院总理召集和主持全体会议和常务会议，国务院工作中的重大问题要经过常务会议或全体会议讨论决定。根据《国务院工作规则》规定，国务院全体会议由总理、副总理、国务委员、各部部长、各委员会主任、人民银行行长、审计长、秘书长组成。全体会议的主要任务是：①讨论决定国务院工作中的重大事项；②部署国务院的重要工作；③通报国内外形势。全体会议一般每半年召开一次，根据需要可以安排有关部门、单位负责人列席会议。常务会议由总理、副总理、国务委员、秘书长组成。常务会议的主要任务是：①讨论决定国务院工作中的重要事项；②讨论法律草案、审议行政法规草案；③通报和讨论国务院其他事项。国务院常务会议一般每月召开三次，如有需要可临时召开。根据需要可安排有关部门、单位负责人列席会议。此外，国务院还召开总理办公会议，以讨论处理日常工作中的重大问题。

（四）国务院的职权

根据《宪法》第 89 条的规定，国务院所享有的职权概括起来主要有以下几个方面：

1. 行政立法权。行政立法是行政机关作为主体制定普遍性行为规则的行为。国务院作为最高国家权力机关的执行机关必须保证国家宪法和法律的贯彻执行。在落实这一职权的过程中，国务院必须制定大量的行政管理法规。《宪法》第 89 条第 1 项规定，国务院有权"规定行政措施，制定行政法规，发布决定和命令"。不过，需要注意的是，国务院的行政立法权不是国家立法权。根据《宪法》第 58 条的规定，国家立法权由全国人大及其常委会行使。最高国家权力机关及其常设机关制定的法律所调整的对象通常是有关国家政治、经济和文化生活中的重大问题，全国人大及其常委会制定法律的活动才是行使国家立法权的表现。国务院制定的行政法规和规章虽具有法的一般特征，但它的调整对象通常是行政管理事务。行政立法的主要目的是执行和实施全国人大及其常委会所制定的法律，这些都是为实现行政管理职能服务的。国务院根据宪法的规定制定行政法规的活动称为"职权立法"。根据《立法法》第 65 条的规定，职权立法事项包括为执行法律的规定需要制定行政法规的事项和《宪法》第 89 条规定的国务院行政管理职权的事项。国务院还可以根据全国人大的特别授权进行"授权立法"。根据《宪法》第 89 条第 18 项和《立法法》第 9 条的规定，国务院有权根据全国人大和全国人大常委会的授权制定应当由法律规定的事项的行政法规。由此可见，授权立法的事项根据宪法和法律的规定应该由最高国家权力机关通过制定法律加以规定，但是因为最高国家权力机关制定法律的条件尚不成熟，而实践中又迫切需要制定相应的规则以保证工作的顺利进行，因此最高权力机关会授权国务院制定暂行的规定或者条例以解决实际问题。比如1985年4月第六届全国人大三次会议作出的《关于授权国务院在经济体制改革和对外开放方面可以制定暂行的规定或者条例的决定》，授权国务院在必要的时候对于有关经济体制和对外开放的问题，在同有关的法律和全国人大及其常委会的有关决定的基本原则不相抵触的前提下，可以制定暂行的条例或者规定颁布实施，并报全国人大常委会备案。待条件成熟时，再由最高权力机关制定法律。《立法法》第65条第3款规定："应当由全国人民代表大会及其常务委员会制定法律的事项，国务院根据全国人民代表大会及其常务委员会的授权决定先制定的行政法规，经过实践检验，制定法律的条件成熟时，国务院应当及时提请全国人民代表大会及其常务委员会制定法律。"

国务院制定的行政法规的法律效力低于宪法和法律，其内容不得与宪法和法律相抵触，否则无效。

2. 行政管理权。国务院是国家的最高行政机关，行政管理权是它的主要职权。《宪法》第89条规定，国务院有权规定各部和各委员会的任务和职责，统一领导各部和各委员会的工作；统一领导全国地方各级国家行政机关的工作，规定中央和省、自治区、直辖市的国家行政机关的职权的具体划分。国务院有权管理全国性的行政工作，包括编制和执行国民经济和社会发展计划和国家预算；领导和管理经济工作和城乡建设；领导和管理教育、科学、文化、卫生、体育和计划生育工作；领导和管理民政、公安、司法行政和监察等工作；管理对外事务，同外国缔结条约和协定；领导和管理国防建设事业；领导和管理民族事务；保护华侨的正当权利和利益，保护归侨和侨眷的合法权利和利益；批准省、自治区、直辖市的区域划分，批准自治州、县、自治县、市的建置和区域划分；依照法律规定任免、培训、考核和奖惩行政人员；依照法律规定决定省、自治区、直辖市的范围内部分地区进入紧急状态。

3. 行政监督权。国务院作为国家最高行政机关统一领导各部、各委员会和全国地方各级国家行政机关，国务院享有的行政监督权是实现国务院的统一领导职能的重要保障。国务院行政监督的对象是国务院的各部委和地方各级行政机关，内容是对国务院各部委及地方各级行政机关是否履行法定职责、对它们的工作是否符合法律和法规进行监督。国务院的行政监督权主要包括审计监督和对抽象行政行为的监督，原有的行政监察权由国家监察委会行使。其具体内容如下：①国务院设立审计机关，对国务院各部门和地方各级政府的财政收支进行审计监督；②国务院有权对其各部门及地方各级行政机关的抽象行政行为（即行政机关制定具有普遍约束力的法规、规章以及发布具有普遍约束力的决定和命令的行为）进行监督。根据宪法的规定，国务院有权改变或者撤销各部、委员会发布的不适当的命令、指示和规章；

有权改变或者撤销地方各级行政机关的不适当的决定和命令。[1]

4. 提出议案权。国务院有权根据国家行政管理的需要或就国家行政管理活动中出现的问题，向国家权力机关提出属于它职权范围内的提案。国务院作为权力机关的执行机关，需要向最高权力机关提出国民经济和社会发展计划、国家预算和决算方案，以及国务院有权建议权力机关制定或者修改法律，而这些都需要以议案的形式向权力机关提出。

5. 全国人大及其常委会授予的其他职权。全国人大及其常委会授予的其他职权是指没有宪法和法律的明确规定，由全国人大及其常委会以决议、决定等形式专门授予国务院行使的职权。目前国务院所享有的由全国人大及其常委会授予的职权仅见于对国务院的授权立法。

【宪法事例】　　　　　　　　2003年审计风暴

审计署在其官方网站上刊登了《国土资源部2003年度预算执行审计结果》。这份公告表明，国土资源部2003年预算执行情况总体较好，能按照预算法的要求，及时批复所属单位预算，财务管理比较规范。但审计署也发现，国土资源部在预算执行和其他财政财务收支管理中仍存在一些问题。

1. 2003年4月，国土资源部批复所属中国土地勘测规划院（简称"规划院"）预算时，安排了隶属于国土资源部的经费自理事业单位——中国土地矿产法律事务中心（简称"法律中心"）房租及人员经费等补贴100万元，形成向非财政拨款单位安排预算资金。

2. 2000年至2003年，国土资源部本级及所属单位以各种名义，截留、挪用专项资金6307万元，用于发放工资、奖金及弥补行政支出等。

3. 2002年末，所属航遥中心未经财政部批准同意，将国土资源调查专项经费结余80万元进行分配，将40%计入地勘发展基金，按30%计提公益金，用30%直接发放奖金，不符合财政部《中央本级项目支出预算管理办法》关于"项目完成后，结余的资金经报财政部批准同意后，可结转下一年度使用"的规定。

4. 一些财务收支未纳入年初预算或未经财政部同意自行调整预算，不符合《预算法实施条例》关于"各部门、各单位的预算支出，必须按照本级政府财政部门批复的预算科目和数额执行"的规定。

5. 2002年6月，国土资源部自行设立国库集中支付工作办公室，编制列入监测院，机构设在财务司。2002年、2003年，共安排国库支付办专项工作经费96万元。

【评注】《宪法》第91条规定，国务院设立审计机关，对国务院各部门和地方各级政府的财政收支，对国家的财政金融机构和企业事业组织的财务收支，进行审计

---

[1] 参见刘茂林：《中国宪法导论》，北京大学出版社2005年版，第329~330页。普遍的观点认为国务院的行政监督权仅仅指国务院对各部委和各级行政机关的抽象行政行为的监督。本书认为审计监督是实现国务院统一领导权的重要内容，因此将它们纳入行政监督权范围之内。

监督。审计机关在国务院总理领导下，依照法律规定独立行使审计监督权，不受其他行政机关、社会团体和个人的干涉。

根据《审计法》的规定，审计机关对被审计单位正在进行的违反国家规定的财政收支、财务收支行为，有权予以制止；制止无效的，经县级以上审计机关负责人批准，通知财政部门和有关主管部门暂停拨付与违反国家规定的财政收支、财务收支行为直接有关的款项，已经拨付的，暂停使用。审计机关认为被审计单位所执行的上级主管部门有关财政收支、财务收支的规定与法律、行政法规相抵触的，应当建议有关主管部门纠正；有关主管部门不予纠正的，审计机关应当提请有权处理的机关依法处理。审计机关可以向政府有关部门通报或者向社会公布审计结果。审计机关对违反国家规定的财政收支、财务收支行为，需要依法给予处理、处罚的，在法定职权范围内作出审计决定或者向有关主管机关提出处理、处罚意见。被审计单位违反本法规定，转移、隐匿违法取得的资产的，审计机关、人民政府或者其他有关主管部门在法定职权范围内有权予以制止，或者申请法院采取保全措施。审计机关认为对负有直接责任的主管人员和其他直接责任人员依法应当给予行政处分的，应当提出给予行政处分的建议，被审计单位或者其上级机关、监察机关应当依法及时作出决定；构成犯罪的，由司法机关依法追究刑事责任。对被审计单位违反国家规定的财务收支行为，审计机关、人民政府或者其他有关主管部门在法定职权范围内，依法责令其限期缴纳应当上缴的收入、限期退还违法所得、限期退还被侵占的国有资产，以及采取其他纠正措施，并可依法给予处罚。

三、地方各级人民政府

【宪法事例】 广东省东莞市政府"禁猪令"事件

2007年11月26日，广东省东莞市第32次党政领导班子联席会议研究决定，从2009年1月1日起，在全市范围内禁止养猪。按照计划，东莞将分四步逐步停止养猪业发展：从即日起到12月15日，对暂缓清理的养猪场进行核查，并进行立牌公示，实行统一管理，接受社会监督；2007年底前对所有非暂缓清理的养猪场进行彻底清理；2008年底前，对包括暂缓清理在内的所有养猪场进行全面清理；2009年1月1日起，全市范围内停止所有生猪养殖活动。按照计划，东莞确定暂缓清理的养殖场有433个、生猪10.3万头。暂缓清理的养猪场必须符合以下七个条件：位于非禁养区范围；不影响群众正常生活；不影响市容市貌；不影响水源；没有群众投诉；贫困养殖户按一户一场计饲养生猪数量在15头以下；本地户籍人（指户籍所在村、镇人员）开办且有鱼塘配套的养殖场的，每亩鱼塘配套养猪在10头以下。

东莞市政府称，"禁猪"的首要原因是东莞环境容量日趋窘迫，不堪承受养猪业的污染之重。东莞市政府提供的资料表明，一头猪排放的污染负荷相当于7个至10个人排放的污染负荷。东莞现有75万头生猪，要新建一座日处理132万吨的污水处理厂，才能有效净化处理。按照现在每吨0.8元的污水处理费计算，一年需要4亿多元污水处理费。东莞市副市长梁国英说，大量、分散、简陋的畜禽养殖场，不仅严重污染地表水源、污染空气环境,而且六成养殖场采用潲水养殖,易发食品安全事件。前几年群众写信投诉,人大代表、政协委员也多次提出意见,强烈要求整治养殖业污染。他还说:"从社会细化分工的角度看,一个城市总是优先侧重发展优势产业,将一些产业淘汰转移出去也有利于其他地区发展生猪生产,各地区之间按照比较优势进行分工。因而,禁养令在东莞32个镇街征求意见时,得到了26个镇的支持。"2008年3月6日,全国人大代表、东莞市市长李毓全在北京接受新快报和人民网联合采访时透露,饱受争议的"东莞2009年起禁止养猪"的政策已经取消。

【评注】东莞"禁猪令"可以从宪法的视角进行多方位的分析。例如,有人认为"禁猪令"侵犯了公民享有的经济权利,有人则认为东莞市政府作出"禁猪"决策的程序出了问题,是当地政府在没有充分听取各方意见的情况下做出的,而"我们真正关心的其实并不是东莞'禁猪'在实体上是否合理,而是这个决定的程序正义"。如果我们从平等权的角度看,东莞市政府的禁令对本地户籍人与外地人区别对待,也违反了宪法的平等权原则。如此等等,不一而足。国务院于2007年7月30日发出《国务院关于促进生猪生产发展稳定市场供应的意见》(以下简称《意见》),该《意见》明确要求"各城市要在郊区县建立大型生猪养殖场,保持必要的养猪规模和猪肉自给率。任何地方不得以新农村建设或整治环境为由禁止和限制生猪饲养"。国务院在《意见》中还要求"各地区、各有关部门要在8月31日前,将贯彻落实本意见的情况报告国务院"。不料在国务院的上述《意见》发出后还不到4个月,东莞市即于2007年11月26日作出了"禁猪令",其"禁猪令"的主要理由,即在于环境保护,而这是国务院明文否定的禁猪理由。从宪法上说,各地都有规制其地方经济的权力,这是地方政府的重要职权,也为宪法所保障。而国务院的《意见》规定"任何地方不得以新农村建设或整治环境为由禁止和限制生猪饲养",这一规定构成了对地方经济规制权的直接限制。诚然,《宪法》第110条规定,全国地方各级人民政府都是国务院统一领导下的国家行政机关,都服从国务院,宪法既规定了国务院的统一领导,也赋予了地方政府规制经济的权力。在强调东莞市"禁猪令"违反国务院规定的同时,不能忘记地方政府享有受宪法保障的规制经济的权力。这或许是东莞"禁猪令"背后所隐藏的真正宪法问题之一。[1]

(一)地方人民政府的性质和地位

我国《宪法》第105条第1款规定:"地方各级人民政府是地方各级国家权力机关的执行机关,是地方各级国家行政机关。"我国的地方各级人民政府是指省、自治区、直辖市、市、市辖区、自治州、县、乡、民族乡、镇的人民政府。[2]地方政府作为地方国家权力机关的执行机关,它们之间的法律关系和国务院与全国人大及其常委会之间的法律关系基本相同,即地方各级人民政府对于同级国家权力机关具有

---

[1] 韩大元主编:《中国宪法事例研究(三)》,法律出版社2009年版,第169页。
[2] 特别行政区政府的内容见本书第十五章第四节。

从属性,由它产生,对它负责,执行它的决定、决议或地方性法规,并接受它的监督。地方各级人民政府是地方各级行政机关,这表明了地方各级人民政府是地方的行政管理机关,是国家行政机关体系的重要组成部分,在中央人民政府的统一领导下,行使国家行政管理职权。地方各级人民政府除了对同级人大及其常委会负责外,还要对上级人民政府负责,并受国务院统一领导。

(二) 地方各级人民政府的组成、任期和工作机构

关于地方各级人民政府的组成和任期,《宪法》和《地方组织法》有明确的规定。地方政府组成人员的产生方式与国务院组成人员的产生方式略有不同。《宪法》第62条第5项规定国务院总理及其他组成成员都由全国人大决定。根据《地方组织法》第8条第5项规定,县级以上地方政府中的领导成员,包括省长、副省长,自治区主席、副主席,市长、副市长,州长、副州长,县长、副县长,区长、副区长,由各同级人大选举产生。第9条第7项规定,乡、民族乡和镇的人民代表大会选举产生乡长、副乡长,镇长、副镇长。根据《地方组织法》第57条,新的一届人民政府领导人员依法选举产生后,在2个月内提请本级人大常委会任命;县级以上地方政府中的其他组成人员[1],包括人民政府秘书长、厅长、局长、委员会主任、科长。地方各级人民政府每届任期5年。

根据《地方组织法》第64条的规定,地方各级人民政府根据工作需要和精干的原则,设立必要的工作部门。县级以上的地方各级人民政府设立审计机关,地方各级审计机关依照法律规定独立行使审计监督权,对本级人民政府和上一级审计机关负责。省、自治区、直辖市的人民政府的厅、局、委员会等工作部门的设立、增加、减少或者合并,由本级人民政府报国务院批准,并报本级人民代表大会常务委员会备案。自治州、县、自治县、市、市辖区人民政府的局、科等工作部门的设立、增加、减少或者合并,由本级人民政府报请上一级人民政府批准,并报本级人大常委会备案。县级以上的地方各级人民政府的工作部门受人民政府的统一领导,并且依照法律或行政法规的规定接受国务院或上一级人民政府主管部门的业务指导或者领导。

(三) 地方各级人民政府的领导体制和会议制度

《地方组织法》第62条规定地方各级人民政府分别实行省长、自治区主席、市长、州长、县长、区长、乡长、镇长负责制,即实行首长负责制,他们分别主持地方各级人民政府的工作,重大问题的决定在集体讨论基础上由行政首长个人做出并对各项行政工作负全部责任。

县级以上的地方各级人民政府会议分为全体会议和常务会议,由本级人民政府的行政首长召集和主持,政府中的重大问题须经全体会议或常务会议讨论。

---

[1] 《地方组织法》第56条第3款规定,乡、民族乡的人民政府设乡长、副乡长;镇的人民政府设镇长、副镇长。乡级人民政府不设立工作机构。

（四）地方各级人民政府的派出机关

《地方组织法》第68条规定了地方各级人民政府在必要的时候可以设立若干派出机关：①省、自治区人民政府在必要的时候经国务院批准可以设立若干派出机关。历史上，这些派出机关称为"行政公署"或者"盟"，其所辖区域称为"专区"，由专员、副专员主持工作，专员和副专员由省、自治区人民政府任免。后来，随着地、市合并的行政机关体制改革以及行政公署逐步被撤销等工作的展开，现行《地方组织法》已经不再使用"行政公署"的名称。②县、自治县的人民政府在必要的时候，经省、自治区、直辖市人民政府批准，可以设立若干区公所作为它的派出机关。派出机关的主要任务是执行上级政府决定、命令和指示，办理上级政府交办的事务，代表县政府检查、督促和指导乡政府的工作。③市辖区、不设区的市的人民政府经上一级人民政府批准，可以设立若干街道办事处作为它的派出机关。街道办事处是城市地区的基层行政组织，由主任、副主任主持工作。其主要任务是办理上级政府交办的事务，指导居民委员会的工作。

派出机关不是一级政权机关，也不设立和召开人民代表大会，其任务是执行设立和派出它的上一级人民政府交办的事务，协助上一级人民政府做好对辖区内下级人民政府的监督、检查和指导工作。

（五）地方各级人民政府的职权[1]

由于地方人民政府包括几个层级，不同层级政府所享有的职权存在一定差异，因此，《地方组织法》第59条和第61条分别列举了县级以上人民政府和乡、镇人民政府的职权，第60条则特别突出省级政府和部分市级政府的规章制定权。

《地方组织法》第59条共列举了10项县级以上地方各级人民政府的职权，这些职权可以概括为：①执行权。县级以上地方人民政府执行本级人民代表大会及其常委会的决议，执行上级国家行政机关的决定和命令，执行国民经济和社会发展计划、预算。②领导权。县级以上地方人民政府有权规定行政措施，发布决议和命令，领导所属各工作部门和下级人民政府的工作。③管理权。县级以上地方各级人民政府管理本行政区域内的经济、教育、科学、文化、卫生、体育事业，环境和资源保护、城乡建设事业和财政、民政、公安、民族事务、司法行政、监察和计划生育等行政工作；依照法律规定任免、培训、考核和奖惩国家行政机关工作人员；办理上级行政机关交办的其他事项。④监督权。县级以上地方各级人民政府依照法律的规定设立监察机关，对本级人民政府及国家公务员、本级人民政府及本级人民政府各部门任命的其他人员、下级人民政府及其领导人实施行政监察；依照法律的规定设立审计机关，对本级人民政府各部门及下级人民政府实施审计监督；有权改变或者撤销所属各工作部门的不适当的命令、指示下级人民政府的不适当的决定和命令。

《地方组织法》第60条规定了部分层级的地方人民政府享有的规章制定权，具

---

[1] "民族自治地方人民政府的自治权"参见本书第十五章第三节。

体内容是:"省、自治区、直辖市的人民政府可以根据法律、行政法规和本省、自治区、直辖市的地方性法规,制定规章,报国务院和本级人民代表大会常务委员会备案。设区的市的人民政府可以根据法律、行政法规和本省、自治区的地方性法规,制定规章,报国务院和省、自治区的人民代表大会常务委员会、人民政府以及本级人民代表大会常务委员会备案。依照前款规定制定规章,须经各该级政府常务会议或者全体会议讨论决定。"《立法法》第84条第2款规定地方政府规章应当经政府常务会议或者全体会议决定;第98条则规定规章应当在公布后的30日内依《立法法》的规定报有关机关备案。

乡、民族乡和镇人民政府是最基层的行政单位,其职权根据《地方组织法》第61条的规定主要包括执行权和行政管理权。乡级人民政府没有制定行政规章和规定行政措施的权力。此外,乡级人民政府不设立工作机构,因此它没有领导和监督所属工作部门的权力。乡级政府组成人员只有正、副乡(镇)长,工作人员只有负责公安、经济、教育等具体事务的助理工作人员,因此《地方组织法》没有规定乡级人民政府的依法任免、考核国家机关工作人员的职权。

思考与实务

1. 如何认识行政机关的基本含义?
2. 内阁制、总统制和委员会制政府的基本内容有哪些?
3. 我国行政机关的性质和宪法地位包括哪些基本内容?
4. 我国宪法所规定的国务院的职权可以分为哪些类型?
5. 宪法事例实训:

(1) 2006年10月24日,在郑州市十二届人大常委会第二十四次会议上,郑州市政府有关负责人作了《〈关于解决城乡弱势群体看病难、看病贵问题〉代表议案办理情况的汇报》,但这份报告在表决中未获通过。

请思考:如何理解行政机关首长负责制?行政首长如何向同级人大及人大常委会负责?

(2) 2010年3月11日,国务院提请第十一届全国人大一次会议审议《国务院机构改革方案》。该方案第三节中提出,国家发展和改革委员会(以下简称国家发改委)的工业行业管理有关职责、国防科学技术工业委员会核电管理以外的职责、信息产业部和国务院信息化工作办公室的职责,将整合划入新组建的工业和信息化部。换言之,新建的工业和信息化部由上述四个部门整体合并,其中发改委所涉及的司局可能包括发改委中小企业司、工业司全部,发改委经济运行局部分职能也会纳入其中。

请思考:工业和信息化部的宪法地位是怎样的?怎样才能成立一个新的部门?

第十二章
国家军事机关

> **【本章概要】** 军事机关是国家机构的重要组成部分。在我国，中央军事委员会领导全国武装力量，并具有一些自身的特色。
>
> **【学习目标】** 了解我国最高军事机关；掌握中央军事委员会的性质和领导体制。

一、国家最高军事机关的沿革

武装力量是国家机构的重要组成部分。中国人民解放军是中国共产党领导的人民军队，具有优良的传统。新中国成立之初，很多解放战争尚未结束，强大的国防和有力的指挥枢纽是取得胜利的保障。《中国人民政治协商会议共同纲领》第 20 条规定："中华人民共和国建立统一的军队，即人民解放军和人民公安部队，受中央人民政府人民革命军事委员会统率，实行统一的指挥，统一的制度，统一的编制，统一的纪律。"根据《中央人民政府组织法》（现已失效）第四章的"人民革命军事委员会"规定，人民革命军事委员会统一管辖并指挥全国人民解放军和其他人民武装力量。人民革命军事委员会设主席一人，副主席若干人，委员若干人。人民革命军事委员会的组织及其管理和指挥系统，由中央人民政府委员会制定之。中央人民政府人民革命军事委员会终于 1954 年 9 月。此后，中央根据中央政治局关于成立党的军事委员会的决议，重新设立军事委员会。人民军事委员会存续期间有效地推动了军队的正规化、现代化建设，积极吸取了解放战争时期的经验和成果，建设起了有中国特色的中国军队。

1954 年 9 月第一届全国人民代表大会第一次会议通过的《中华人民共和国宪法》规定设立中华人民共和国国防委员会，中央人民政府人民革命军事委员会即行撤销。国防委员会由主席、副主席和委员若干人组成。国防委员会主席由中华人民共和国主席担任，其他成员根据主席提名，由全国人民代表大会决定。1954 年宪法没有明文规定国防委员会的职权。《宪法》第 42 条规定"中华人民共和国主席统率全国武装力量，担任国防委员会主席"，即武装部队的统帅权属于国家主席暨国防委员会主席。1975 年《宪法》和 1978 年《宪法》取消了国家主席、国防委员会的设置，规定由中国共产党中央委员会主席统率全国武装力量。

1982 年修订《宪法》，对于国家主席进行了重新定位。宪法修改委员会决定设立国家中央军事委员会，予以体现军队与国家的关系。[1] 现行《宪法》第 93 条明确规

---

[1] 彭真：《关于中华人民共和国宪法修订草案的报告》（1982 年 11 月 26 日第五届全国人民代表大会第五次会议）。

定了，中华人民共和国中央军事委员会领导全国武装力量。中央军事委员会组成人员包括主席，副主席若干人，委员若干人。中央军事委员会实行主席负责制。此外，国防部是国务院的军事工作部门。它的基本职能是：统一管理全国武装力量的建设工作，如人民武装力量的征集、编制、装备、训练、军事科研以及军人衔级、薪给等。

二、中央军事委员会的性质和地位

中华人民共和国的武装力量，由中国人民解放军、中国人民武装警察部队和民兵组成。《宪法》第29条规定，中华人民共和国的武装力量属于人民。它的任务是巩固国防，抵抗侵略，保卫祖国，保卫人民的和平劳动，参加国家建设事业，努力为人民服务。国家加强武装力量的革命化、现代化、正规化的建设，增强国防力量。中央军事委员会是我国武装力量的最高领导机关，是国家机构的重要组成部分。它享有全国武装力量的领导权和指挥权。通常，我们把中国共产党中央军事委员会和中华人民共和国中央军事委员会简称为"中央军委"。

三、中央军事委员会的组成和任期

《宪法》第62条规定，全国人民代表大会有权选举中央军事委员会主席；根据中央军事委员会主席的提名，决定中央军事委员会其他组成人员的人选。第67条规定，全国人大常委会有权在全国人民代表大会闭会期间，根据中央军事委员会主席的提名，决定中央军事委员会其他组成人员的人选。

中央军事委员会每届任期同全国人大每届任期相同，为5年。宪法没有规定中央军事委员会主席的连续任职期限，这意味着军委主席可以连选连任，不受限制。

思考与实务

1. 我国的军事领导机关的历史沿革如何？
2. 中央军事委员会的性质和地位如何？
3. 中央军事委员会的职能是什么？

第十三章
国家监察机关

【本章概要】 在国家权力结构中设置监察机关,是从我国历史传统和现实国情出发加强对公权力监督的重大改革创新。本章主要论述监察委员会的性质和职能,阐释监察委员会与其他国家机关的关系,分析监察委员会的组织机构,概括监察委员会行使权力的基本原则和监察委员会行使权力的方式。

【学习目标】 了解宪法修改后新的国家机关的结构和体系;理解监察委员会作为国家机关的特征和监察权的本质,监察委员会与同级人大、政府、法院和检察院的关系;掌握监察委员会的组成方式、组织结构,以及监察委员会行使权力的原则和方式。

第一节 监察委员会的性质和职能

一、监察委员会的性质

(一) 监察委员会是国家机关

2018年3月11日,第十三届全国人民代表大会第一次会议通过《中华人民共和国宪法修正案》。修改后的《宪法》设立国家的监察机关,即监察委员会。

监察委员会是国家机关。《宪法》第123条规定:"中华人民共和国各级监察委员会是国家的监察机关"。监察委员会是由宪法设立的国家机关,是与人民代表大会、政府、法院和检察院并列的国家机关。《宪法》第3条第3款规定:"国家行政机关、监察机关、审判机关、检察机关都由人民代表大会产生,对它负责,受它监督。"

监察委员会是行使监察权的国家机关。《宪法》第127条第1款规定:"监察委员会依照法律规定独立行使监察权,不受行政机关、社会团体和个人的干涉。"监察委员会行使监察权的具体内容及行使权力的方式则由全国人民代表大会通过的《中华人民共和国监察法》(以下简称《监察法》)[1]规定。同时,监察委员会在党的直接领导下,代表党和国家,既调查职务违法行为,又调查职务犯罪行为,其职能权限与司法机关、执法部门明显不同。为实现此功能,在机构设置上,监察委员会作为行使国家监察职能的专责机关,与党的纪律检查委员会合署办公。因此,监察委员会是国家机关,同时也是实现党和国家自我监督的政治机关,而不是行政机关、

---

[1] 2018年3月20日第十三届全国人民代表大会第一次会议通过《中华人民共和国监察法》。

司法机关。

监察委员会行使的监察权本质是监督权。根据法治的基本内涵，公权力必须受到监督和制约。国家机关所行使的权力属于公权力。对公权力的监督和制约包括对国家机关的监督和对机关工作人员的监督。监察委员会行使的监察权是监察机关对所有行使公权力人员的监督。《监察法》第3条规定："各级监察委员会是行使国家监察职能的专责机关，依照本法对所有行使公权力的公职人员进行监察，调查职务违法和职务犯罪，开展廉政建设和反腐败工作，维护宪法和法律的尊严。"

（二）监察委员会作为国家监察机关，与其他国家机关的关系

监察委员会作为国家监察机关，是与人民代表大会、国家行政机关、审判机关和检察机关并列的国家机关。监察机关与同级人大及其常委会的关系由我国的人民代表大会制度决定。《宪法》第3条第3款规定监察机关由人民代表大会产生，对它负责，受它监督。为此，《宪法》和《监察法》规定了全国人大及其常委会和地方各级人大及其常委会，选举、任免国家监察委员会和地方各级监察委员会的组成人员的情形。《宪法》第126条规定："国家监察委员会对全国人民代表大会和全国人民代表大会常务委员会负责。地方各级监察委员会对产生它的国家权力机关和上一级监察委员会负责。"

监察委员会与行政机关、审判机关和检察机关之间的关系由《宪法》和《监察法》规定。依《宪法》第127条，监察委员会依照法律规定独立行使监察权，不受行政机关的干涉。该条第2款规定，监察机关办理职务违法和职务犯罪案件，应当与审判机关、检察机关、执法部门互相配合，互相制约。《监察法》第34条第1款规定："人民法院、人民检察院、公安机关、审计机关等国家机关在工作中发现公职人员涉嫌贪污贿赂、失职渎职等职务违法或者职务犯罪的问题线索，应当移送监察机关，由监察机关依法调查处置。"该条第2款规定："被调查人既涉嫌严重职务违法或者职务犯罪，又涉嫌其他违法犯罪的，一般应当由监察机关为主调查，其他机关予以协助。"

作为宪法设立的国家监察机关，监察委员会享有对包括人大及其常委会在内的同级国家机关的公职人员监察的权力。依据《监察法》第15条第1项之规定，受监察机关监察的公职人员包括人民代表大会及其常务委员会机关、人民政府、人民法院和人民检察院中的公职人员。因此，监察委员会行使的是宪法赋予的监察和监督之权，监察对象为所有国家机关中的公职人员。

二、监察委员会的职能

（一）监察对象

监察委员会行使监察权，对行使公权力的公职人员进行监督。根据《监察法》第15条，受监察机关监察的公职人员包括：

1. 中国共产党机关、人民代表大会及其常务委员会机关、人民政府、监察委员会、人民法院、人民检察院、中国人民政治协商会议各级委员会机关、民主党派机关和工商

业联合会机关的公务员,以及参照《中华人民共和国公务员法》管理的人员。

2. 法律、法规授权或者受国家机关依法委托管理公共事务的组织中从事公务的人员。

3. 国有企业管理人员。

4. 公办的教育、科研、文化、医疗卫生、体育等单位中从事管理的人员。

5. 基层群众性自治组织中从事管理的人员。

6. 其他依法履行公职的人员。

(二)监察职能

依据《监察法》第3条之规定,各级监察委员会是行使国家监察职能的专责机关,对所有行使公权力的公职人员进行监察,调查职务违法和职务犯罪,开展廉政建设和反腐败工作,维护宪法和法律的尊严。

《监察法》实施后,《行政监察法》废止,对行政机关工作人员的监督纳入监察委员会的监察范围。同时,原由检察机关行使的反贪反渎和预防腐败的职能由新设立的监察机关行使。但是,根据《监察法》第15条的规定,监察委员会监察对象不限于上述监察对象,而是所有行使公权力的公职人员。因此,监察委员会依法行使的监察权,不是以往行政监察、检察机关的反贪反渎和预防腐败职能的简单叠加。

依据《监察法》第11条,监察委员会依照《监察法》和有关法律规定履行监督、调查、处置职责,内容包括:

1. 对公职人员开展廉政教育,对其依法履职、秉公用权、廉洁从政从业以及道德操守情况进行监督检查。

2. 对涉嫌贪污贿赂、滥用职权、玩忽职守、权力寻租、利益输送、徇私舞弊以及浪费国家资财等职务违法和职务犯罪进行调查。

3. 对违法的公职人员依法作出政务处分决定;对履行职责不力、失职失责的领导人员进行问责;对涉嫌职务犯罪的,将调查结果移送人民检察院依法审查、提起公诉;向监察对象所在单位提出监察建议。

三、监察委员会的形成过程

(一)新中国监察制度的发展

新中国成立之后的监察制度呈现三个基本特点:一是监察对象以政府公职人员为主;二是监察内容以公职人员的履职为重点;三是监察机构从政府的监察部门到党的机构与政府监察部门的合署办公。

1949年9月27日,中国人民政治协商会议第一届全体会议通过《中华人民共和国中央人民政府组织法》(现已失效)。根据该法第5条和第14条,政务院是国家政务的最高执行机关;政务院由中央人民政府委员会组织、对中央人民政府委员会负责并报告工作。在性质上,政务院就是最高行政机关。政务院设政治法律委员会、财政经济委员会、文化教育委员会和人民监察委员会。依据该法第18条的规定,前三个委员会以实施指导工作为主,而人民监察委员会则是实体性的政务院机构,负责监察政府机关和公务人员是否履行其职责。1949年10月，中央人民政府委员会第三次会议决定成立政务院人民监察委员会。此时的监察机构，以对行政机关工作人员的监督为主。

1954年9月，中央人民政府政务院改为中华人民共和国国务院后，政务院人民监察委员会改为中华人民共和国监察部。1959年4月，第二届全国人民代表大会第一次会议决定撤销监察部，原职能改由中共中央监察委员会负责。

1986年12月2日，第六届全国人民代表大会常务委员会第十八次会议通过《全国人民代表大会常务委员会关于设立中华人民共和国监察部的决定》，决定设立中华人民共和国监察部。1987年7月1日，监察部正式挂牌办公。

1993年1月，中共中央、国务院决定中共中央纪律检查委员会与监察部合署办公，一套工作机构、两个机关名称，履行党的纪律检查和政府行政监察两项职能。

（二）监察委员会的制度化和法律化

现行监察委员会的设立经历了一个从改革试点到逐步制度化和法律化的过程。

监察委员会的设立以中共中央的试点工作为先导。2016年10月27日，党的十八届六中全会公报发布。公报指出："各级党委应当支持和保证同级人大、政府、监察机关、司法机关等对国家机关及公职人员依法进行监督。"这是首次将监察机关与人大、政府等国家机关并列提出。同年11月7日，中共中央办公厅印发《关于在北京市、山西省、浙江省开展国家监察体制改革试点方案》。中央成立深化监察体制改革试点工作领导小组，对试点工作进行指导、协调和服务。同年12月26日，国家监察体制改革试点工作正式在三省市施行。

2017年10月29日，中共中央办公厅印发《关于在全国各地推开国家监察体制改革试点方案》。方案明确提出在2017年底2018年初召开的省、市、县人民代表大会上产生三级监察委员会。方案强调，试点省（自治区、直辖市）党委对试点工作负总责，成立深化监察体制改革试点工作小组，由党委书记担任组长。国家监察体制改革在三地试点1年之后，正式在全国推开。

监察委员会的设立通过宪法修改予以明确规定。《监察法》的制定并实施完成监察委员会从试点到法律化和制度化的过程。2018年3月11日，第十三届全国人民代表大会第一次会议通过《中华人民共和国宪法修正案》。修正案对现行《宪法》作出21条修改，其中11条同设立监察委员会有关。在《宪法》中增写"监察委员会"一节，是对我国政治体制、政治权力、政治关系的重大调整，是对国家监督制度的重大顶层设计，顺应了把"全面从严治党"向纵深推进的迫切要求，反映了党的十八大以来国家监察体制改革的成果，贯彻了党的十九大关于健全党和国家监督体系的重大部署。《宪法》就国家监察委员会和地方各级监察委员会的性质、地位、名称、人员组成、任期任届、领导体制和工作机制等作出规定，为监察委员会建立组织体系、履行职能职责、运用相关权限、构建配合制约机制、强化自我监督等提供了根本依据，使党的主张成为国家意志，使国家监察体制改革于宪有据、监察法于宪有源。

2018年3月17日第十三届全国人民代表大会第一次会议通过《第十三届全国人民代表大会第一次会议 关于国务院机构改革方案的决定》，批准《国务院机构改革方案》。方案规定："监察部并入新组建的国家监察委员会。国家预防腐败局并入国家监察委员会。不再保留监察部、国家预防腐败局。"2018年3月20日，第十三届全国人民代表大会第一次会议通过《监察法》，该法规定监察委员会的职权范围、行使职权的原则和行使职权的方式等主要内容。

【宪法事例】　　　　历史上的监察机构和监察制度

自秦以降，对官员的监督就构成国家权力体系的一部分。秦的权力监督体系由御史大夫和监御史构成。汉朝基本沿袭秦制，但又有一些变化，主要是设立了御史台，由御史中丞为台长，负责察举非法。到了唐代，监察制度又有了新的发展，御史台已经成为独立的机构。唐中宗以后，御史台分为左右御史，分别监督朝廷中央政府和州县地方政府。唐以后朝代的发展中，监察制度的发展大体与监察机构的单一或多元、监察机构自身在中央机构中的地位、监察对象的范围等因素相关。[1]概言之，"中国历代皆有针对官员纪律加以监察之制度，以济司法之不足"。[2]

历史上的监察机构中，我们比较熟悉的是中华民国时期依据"五权宪法"观念设立的监察院。根据孙中山先生的"五权宪法"的构想，"中华民国宪法"设立监察院。"五权宪法"是由孙中山先生创立的宪法理论，基于三民主义理论，被中国国民党采纳，列入《中国国民党党纲》，后来成为"中华民国宪法"的基本理论。据考，孙中山在19世纪就有关于宪法五权的酝酿。"五权"于1906年12月2日始正式见于文字。和其他三权分立的宪法不同，在政府的三个分支之外（行政权、立法权、司法权），设有独立的考试权及监察权，是为五权分立。世界宪法学家Albert P. Blaustein认为，许多现代宪法追随"中华民国宪法"的设计，设立相对应的独立机构，如公务员叙用委员会、行政监督察等。[3]

监察院为中华民国最高监察机关，于1931年2月正式成立。监察院负责行使弹劾权、纠举权、调查权和审计权。"以中山先生之意，监察权乃针对官员的事后政治上之监督。"李惠宗教授认为，监察院实际具有准司法之权、准行政之权和准立法之权，故实际的"监察制度似远逾中山先生之规划"。[4]

【评注】从秦汉以来的监察御史到中华民国时期的监察院，监察制度的本质是基本一致的，即对政府官员进行监督。监察机构权力的来源、监察机构在国家权力体

---

[1] 参见刘田玉："中西权力监督模式的演化和特征——兼评我国人大个案监督的有限合理性"，http://www.cssm.org.cn/view.php?id=12685，访问时间：2018年5月12日。

[2] 李惠宗：《宪法要义》，元照出版有限公司2004年版，第551页。

[3] See Albert P. Blaustein, *Constitutions of the World: A Philadelphia Constitution Foundation Book*, Fred B Rothman & Co, 1992.

[4] 李惠宗：《宪法要义》，元照出版有限公司2004年版，第552~553页。

系中的独立性以及地位、监察权力的范围，等等，这些要素影响、决定了不同时期监察制度所能起到的作用。

第二节 监察委员会的组织结构

一、监察委员会的层级结构

《宪法》第 124 条规定，监察委员会包括国家监察委员会和地方各级监察委员会。根据《监察法》第 7 条第 2 款，地方各级监察委员会包括省、自治区、直辖市、自治州、县、自治县、市和市辖区设立监察委员会。

《宪法》第 125 条第 1 款规定："中华人民共和国国家监察委员会是最高监察机关。"第 125 条第 2 款规定："国家监察委员会领导地方各级监察委员会的工作，上级监察委员会领导下级监察委员会的工作。"

由于监察对象的广泛性，为了有效和及时实施对公职人员的监察，《监察法》还规定地方各级监察委员会可以派驻或派出监察机构和监察专员。《监察法》第 12 条第 1 款和第 2 款分别规定，"各级监察委员会可以向本级中国共产党机关、国家机关、法律法规授权或者委托管理公共事务的组织和单位以及所管辖的行政区域、国有企业等派驻或者派出监察机构、监察专员"，"监察机构、监察专员对派驻或者派出它的监察委员会负责"。根据《监察法》第 13 条，派驻或者派出的监察机构、监察专员根据授权，按照管理权限依法对公职人员进行监督，提出监察建议，依法对公职人员进行调查、处置。

二、监察委员会的组织

监察委员会的组织包括监察委员会的组成和任期两方面内容。

修改后的《宪法》第 124 条和《监察法》第 8 条规定，监察委员会由主任、副主任若干人、委员若干人组成。《监察法》第 8 条和第 9 条分别规定国家监察委员会和地方各级监察委员会的产生方式。国家监察委员会主任由全国人民代表大会选举，副主任、委员由国家监察委员会主任提请全国人民代表大会常务委员会任免。地方各级监察委员会由主任、副主任若干人、委员若干人组成，主任由本级人民代表大会选举，副主任、委员由监察委员会主任提请本级人民代表大会常务委员会任免。

《宪法》第 124 条规定，"监察委员会主任每届任期同本级人民代表大会每届任期相同。国家监察委员会主任连续任职不得超过两届"。《监察法》第 8 条第 3 款亦规定"国家监察委员会主任每届任期同全国人民代表大会每届任期相同，连续任职不得超过两届"。《监察法》第 9 条第 3 款规定："地方各级监察委员会主任每届任期同本级人民代表大会每届任期相同。"

三、监察委员会的领导体制

根据《宪法》和《监察法》，上下层级监察委员会之间是领导与被领导关系，这种关系也决定了不同层级监察委员会管辖权的分配方式和管辖争议解决方式。

《宪法》第125条第1款规定："中华人民共和国国家监察委员会是最高监察机关。"第125条第2款以及《监察法》第10条规定："国家监察委员会领导地方各级监察委员会的工作，上级监察委员会领导下级监察委员会的工作。"《监察法》第9条第4款规定："地方各级监察委员会对本级人民代表大会及其常务委员会和上一级监察委员会负责，并接受其监督。"

由监察委员会上下层级之间的领导和被领导关系决定，在具体行使监察职权过程中，上级监察委员会有权直接管辖，或者指定管辖下级监察委员会的案件。《监察法》第16条第2款规定："上级监察机关可以办理下一级监察机关管辖范围内的监察事项，必要时也可以办理所辖各级监察机关管辖范围内的监察事项。"《监察法》第17条第1款规定："上级监察机关可以将其所管辖的监察事项指定下级监察机关管辖，也可以将下级监察机关有管辖权的监察事项指定给其他监察机关管辖。"

不同地域和层级的监察委员会就管辖权发生争议时，上级监察委员会决定管辖权争议。《监察法》第16条第3款规定："监察机关之间对监察事项的管辖有争议的，由其共同的上级监察机关确定。"第17条第2款规定："监察机关认为所管辖的监察事项重大、复杂，需要由上级监察机关管辖的，可以报请上级监察机关管辖。"

第三节 监察权行使的原则和监察权限

一、监察权行使的基本原则

（一）坚持党的领导原则

坚持中国共产党对国家监察工作的领导，是监察权行使的首要原则。

新修改的《宪法》第1条第2款规定，"中国共产党领导是中国特色社会主义最本质的特征"。坚持和完善党的领导必须加强党的反腐工作。国家监察工作是开展廉政建设和反腐败工作的重要领域和重要内容。因此，坚持中国共产党对国家监察工作的领导与中国特色社会主义制度建设在本质上是一致的。在《宪法》中增写"监察委员会"一节，顺应了把"全面从严治党"向纵深推进的迫切需要，有利于坚持和加强党对反腐败工作的统一领导，为制定《监察法》、设立国家和地方各级监察委员会提供了宪法依据，为推进国家治理体系和治理能力现代化提供了重要保证。

《监察法》第2条确认并规定了坚持中国共产党领导国家监察工作的根本原则。在组织结构上，为保证党对监察工作的集中统一领导，党的纪律检查机关同监察委员会合署办公，履行纪检、监察两项职责，在领导体制上与纪委的双重领导体制高度一致。监察委员会在行使权限时，重要事项需由同级党委批准。《监察法》第2条还规定，以马克思列宁主义、毛泽东思想、邓小平理论、"三个代表"重要思想、科学发展观、习近平新时代中国特色社会主义思想为指导，构建集中统一、权威高效的中国特色国家监察体制。这进一步从政治思想上保证党对国家监察工作的领导。

（二）独立行使监察权，不受行政机关、社会团体和个人干涉的原则

《宪法》第127条第1款规定："监察委员会依照法律规定独立行使监察权，不受行政机关、社会团体和个人的干涉。"监察权不是司法权，但具有司法权的属性。监察委员会行使的调查、留置等权力具有司法属性；监察权行使的目的在于追究和惩治公职人员的违法犯罪行为，同样具有司法属性。对于行使司法权的人民法院和人民检察院，《宪法》第131条和第136条分别规定人民法院和人民监察权独立行使审判权和检察权，不受行政机关、社会团体和个人的干涉。因此，本原则是由监察权的司法属性决定的。

独立行使监察权，并不意味着监察权的行使不受制约。监察委员会行使监察权除了要接受党的领导、受上级监察委员会领导外，还要受执法部门、检察机关和审判机关的制约。《宪法》第127条第2款规定："监察机关办理职务违法和职务犯罪案件，应当与审判机关、检察机关、执法部门互相配合，互相制约。"审判机关指的是各级人民法院；检察机关指的是各级人民检察院；执法部门包括公安机关、国家安全机关、审计机关、行政执法机关等。监察机关履行监督、调查、处置职责，行使调查权限，是依据法律授权，行政机关、社会团体和个人无权干涉。同时，有关单位和个人应当积极协助配合监察委员会行使监察权。目前在实际工作中，纪检监察机关不仅同审判机关、检察机关形成了互相配合、互相制约关系，同执法部门也形成了互相配合、制约的工作联系。审计部门发现领导干部涉嫌违纪违法问题线索，要按规定移送相关纪检监察机关调查处置；纪检监察机关提出采取技术调查、限制出境等措施的请求后，公安机关与相关部门要对适用对象、种类、期限、程序等进行严格审核并批准；在对生产安全责任事故的调查中，由安监、质检、食药监等部门同监察部门组成联合调查组，实地调查取证，共同研究分析事故的性质和责任，确定责任追究的范围和形式。监察委员会成立后，对涉嫌职务犯罪的行为，监察委员会调查终结后移送检察机关依法审查、提起公诉，由人民法院负责审判；对监察机关移送的案件，检察机关经审查后认为需要补充核实的，应退回监察机关进行补充调查，必要时还可自行补充侦查。在宪法中对这种关系作出明确规定，是将客观存在的工作关系制度化法律化，可确保监察权依法正确行使，并受到严格监督。

（三）法治原则

《宪法》第5条第1款规定："中华人民共和国实行依法治国，建设社会主义法治国家。"法治的要义是遵守宪法和法律、限制国家公权力、保障公民个人权利。监察委员会行使国家权力要受法治原则制约。

法治原则对于监察委员会行使监察权的要求主要规定在《监察法》第5条，内容包括：①国家监察工作严格遵照宪法和法律；②行使监察权要以事实为根据，以法律为准绳；③监察机关在行使权力时必须保障当事人的合法权益、适用法律时平

等对待当事人;④行使监察权力应以惩戒与教育相结合;⑤严格监督监察权的行使,监察机关要接受人大的监督,办理职务违法犯罪案件时应当同司法机关相互制约,还要接受民主监督、社会监督、和舆论监督。

二、监察权限

根据《监察法》第四章的规定,监察机关在行使监察权的过程中所享有的权力类型包括以下方面:

(一) 监察机关的检查权和调查权

监察委员会行使检查权和调查权。依《监察法》第11条的规定,监察委员会依照《监察法》和有关法律规定履行监督和调查职能,依法行使:①检查权。监察机关开展廉政教育,对其依法履职、秉公用权、廉洁从政从业以及道德操守情况进行监督检查。②调查权。监察机关对公职人员涉嫌贪污贿赂、滥用职权、玩忽职守、权力寻租、利益输送、徇私舞弊以及浪费国家资财等职务违法和职务犯罪进行调查。

调查权是监察机关为履行监察职能而依法授予的最重要的权力。调查权行使的内容包括:①收集调取证据。监察机关行使监督和调查职权,有权依法向有关单位和个人了解情况,收集、调取证据。有关单位和个人应当如实提供;任何单位和个人不得伪造、隐匿或者毁灭证据。在调查过程中,监察机关可以询问证人等人员。②谈话。对可能发生职务违法的监察对象,监察机关按照管理权限,可以直接或者委托有关机关、人员进行谈话或者要求说明情况。③要求被调查人作出陈述。监察机关在调查过程中,对涉嫌职务违法的被调查人,监察机关可以要求其就涉嫌违法行为作出陈述,必要时向被调查人出具书面通知。④讯问。对涉嫌贪污贿赂、失职渎职等职务犯罪的被调查人,监察机关可以进行讯问,要求其如实供述涉嫌犯罪的情况。

监察机关及其工作人员必须依法行使调查权力,遵循权力法定和程序规范,坚持公权力行使的比例原则,以保障有关当事人的合法权利。[1]对监督、调查过程中知悉的国家秘密、商业秘密、个人隐私,监察机关及其工作人员应当保密。

(二) 限制人身自由的权力

监察机关所行使的限制人身自由的权力包括留置权和限制出境措施。

监察机关的留置权是指监察机关为调查违法犯罪事实及证据,依法将涉嫌严重违法或职务犯罪的公职人员留置于特定场所、限制其人身自由的法定权力和权限。

依《监察法》第22条的规定,被调查人涉嫌贪污贿赂、失职渎职等严重职务违法或者职务犯罪,监察机关已经掌握其部分违法犯罪事实及证据,仍有重要问题需要进一步调查,经过监察机关依法审批,可以将其留置在特定场所。适用留置的情形包括:①涉及案情重大、复杂的;②可能逃跑、自杀的;③可能串供或者伪造、

---

[1] 左卫民、安琪:"监察委员会调查权:性质、行使与规制的审思",载《武汉大学学报(哲学社会科学版)》2018年第1期。

隐匿、毁灭证据的；④可能有其他妨碍调查行为的。对涉嫌行贿犯罪或者共同职务犯罪的涉案人员，监察机关可以依照第 22 条第 1 款的规定采取留置措施。《监察法》第 29 条规定："依法应当留置的被调查人如果在逃，监察机关可以决定在本行政区域内通缉，由公安机关发布通缉令，追捕归案。通缉范围超出本行政区域的，应当报请有权决定的上级监察机关决定。"

《监察法》第 43 条规定，监察机关采取留置措施，应当由监察机关领导人员集体研究决定。设区的市级以下监察机关采取留置措施，应当报上一级监察机关批准。省级监察机关采取留置措施，应当报国家监察委员会备案。留置时间不得超过 3 个月。在特殊情况下，可以延长一次，延长时间不得超过 3 个月。省级以下监察机关采取留置措施的，延长留置时间应当报上一级监察机关批准。监察机关发现采取留置措施不当的，应当及时解除。监察机关采取留置措施，可以根据工作需要提请公安机关配合。公安机关应当依法予以协助。

监察机关行使留置权必须充分保证当事人的权利。《监察法》第 44 条规定，监察机关在对被调查人采取留置措施后，应当在 24 小时以内，通知被留置人员所在单位和家属，但有可能毁灭、伪造证据，干扰证人作证或者串供等有碍调查情形的除外。有碍调查的情形消失后，应当立即通知被留置人员所在单位和家属。监察机关应当保障被留置人员的饮食、休息和安全，提供医疗服务。讯问被留置人员应当合理安排讯问时间和时长，讯问笔录由被讯问人阅看后签名。

留置是限制人身自由的手段。因此，根据《监察法》第 44 条第 3 款的规定，如被留置人员涉嫌犯罪移送司法机关后，被依法判处管制、拘役和有期徒刑的，留置 1 日折抵管制 2 日，折抵拘役、有期徒刑 1 日。

限制出境，是监察机关享有的另一项限制人身自由的权限。依据《监察法》第 30 条，监察机关为防止被调查人及相关人员逃匿境外，经省级以上监察机关批准，可以对被调查人及相关人员采取限制出境措施，由公安机关依法执行。对于不需要继续采取限制出境措施的，应当及时解除。

（三）监察机关的强制权

监察机关的强制权包括对于财产的强制权和搜查权。

依据《监察法》第 23 条，监察机关调查涉嫌贪污贿赂、失职渎职等严重职务违法或者职务犯罪，根据工作需要，可以依照规定查询、冻结涉案单位和个人的存款、汇款、债券、股票、基金份额等财产。有关单位和个人应当配合。冻结的财产经查明与案件无关的，应当在查明后 3 日内解除冻结，予以退还。

《监察法》第 24 条规定了监察机关的搜查权。对涉嫌职务犯罪的被调查人以及可能隐藏被调查人或者犯罪证据的人，监察机关可以对其身体、物品、住处和其他有关地方进行搜查。在搜查时，应当出示搜查证，并有被搜查人或者其家属等见证人在场。搜查女性身体，应当由女性工作人员进行。监察机关进行搜查时，可以根据工作需要提请公安机关配合。公安机关应当依法予以协助。

（四）采取技术侦查措施的权力

技术侦查措施，是指为了侦破特定犯罪行为，根据国家有关规定，由法律规定的国家机关经过严格审批程序而采取的特定技术手段，通常包括电子侦听、电话监听、电子监控、秘密拍照、录像、进行邮件检查等秘密的专门技术手段。

基于技术侦查措施对公民个人权利的可能侵犯，采取技术侦查措施的权力必须由法律规定。《中华人民共和国刑事诉讼法》第148条规定，对于特定类型的犯罪，根据侦查犯罪的需要，经过严格的批准程序，公安机关可以采取技术侦查措施；采取技术侦查措施，按照规定交有关机关执行。《监察法》第28条第1款规定："监察机关调查涉嫌重大贪污贿赂等职务犯罪，根据需要，经过严格的批准手续，可以采取技术调查措施，按照规定交有关机关执行。"

采取技术侦查措施必须严格遵守法定的期限。《监察法》第28条第2款规定："批准决定应当明确采取技术调查措施的种类和适用对象，自签发之日起3个月以内有效；对于复杂、疑难案件，期限届满仍有必要继续采取技术调查措施的，经过批准，有效期可以延长，每次不得超过3个月。对于不需要继续采取技术调查措施的，应当及时解除。"

（五）监察机关的处置权

监察机关的处置权包括：监察机关对违法的公职人员依法作出政务处分决定；对履行职责不力、失职失责的领导人员进行问责；对涉嫌职务犯罪的，将调查结果移送人民检察院依法审查、提起公诉；向监察对象所在单位提出监察建议。

《监察法》第45条规定，监察机关根据监督、调查结果，依法作出不同处置。

1. 对职务违法公职人员的政务处分。对有职务违法行为但情节较轻的公职人员，按照管理权限，监察机关直接或者委托有关机关、人员，进行谈话提醒、批评教育、责令检查，或者予以诫勉。对违法的公职人员依照法定程序作出警告、记过、记大过、降级、撤职、开除等政务处分决定。

2. 对履行职责不力、失职失责的领导人员进行问责。对不履行或者不正确履行职责负有责任的领导人员，监察机关按照管理权限对其直接作出问责决定，或者向有权作出问责决定的机关提出问责建议。

3. 对涉嫌职务犯罪的，移送依法审查和提起公诉。对涉嫌职务犯罪的，监察机关经调查认为犯罪事实清楚，证据确实、充分的，制作起诉意见书，连同案卷材料、证据一并移送人民检察院依法审查、提起公诉。

4. 监察建议。监察机关对监察对象所在单位廉政建设和履行职责存在的问题等提出监察建议。

监察机关经调查，对没有证据证明被调查人存在违法犯罪行为的，应当撤销案件，并通知被调查人所在单位。

【宪法事例】　　国家权力分立与监察权属性的讨论

监察权是在传统的立法、行政和司法三种权力之外的新设权力。如果说权力的性质决定权力行使的方式和权限范围，不如说权力行使的方式和权限范围决定了某种权力的性质。

洛克在《政府论》中将国家权力划分为立法权、行政权和对外权。在这三种权力中，立法权是制定和公布法律的权力；行政权是执行法律的权力；对外权则是指与外交有关的宣战、媾和和订约等权力。立法权是最高权力，行政权和对外权都是从立法权获得的并隶属于它，因为立法权是代议机关受人民委托为公共利益目的而制定的具有普遍约束力的规则的权力。孟德斯鸠将国家权力划分为立法权、行政权和司法权。立法权属于全体人民，但由代议机关代为行使；行政权属于君主；而司法权则应由人民选出的法官组成的法院来行使。孟德斯鸠认为，将三种不同性质的权力分别交由三个不同的机关来行使，并在不同的权力行使者之间实行监督和制约，不仅可以防止权力过度集中，保障民主，也可以有效防止个人专制和国家权力的滥用，保障公民的权力和自由。如果司法权和行政权集中在同一个人之手或同一机构之中，就不会有自由存在。因为人们会害怕这个国王或议会制定暴虐的法律并强制执行这些法律。如果司法权不与立法权和行政权分立，自由同样也就不复存在了。如果司法权与立法权合并，公民的生命和自由则将任人宰割，因为法官就有压制别人的权力。如果同一个人或者由显要人物、贵族和平民组成的同样的机构行使以上所说的三种权力，即立法权、司法权和行政权，后果则不堪设想。

洛克主要区分三种权能的特点，而孟德斯鸠则从反思和控制专制的角度强调要划分三种国家权力。孟德斯鸠关于三权的讨论也成为以后各国制定宪法并设置国家权力的基本原则。国家权力的分立并限制国家权力也成为法治的基本内涵。分权是必然的，至于分权的方式，则可能存在差异。北欧国家在议会中专门设立议会监察专员，后者是独立的机构，不行使立法权力，行使的是类似司法监督性质的权力。德国专门设立的联邦宪法法院，是在联邦司法体系之外的司法机构，属于司法权的再次分配。故而，在分权理论之下，分权的方式有多种可能。

在立法权、行政权和司法权三种权力分配下，监察权可能划归司法权，也可能属于行政权。但是，如果监察权行使同时具有司法性质的权力和行政性质的权力，那这种权力是否应该单独设立，的确是值得讨论的问题。当行使公权力的人员已经不限于传统上的国家机关工作人员的时候，对行使公权力人员的监督是否能由行政机关或司法机关独立完成，就成为宪法在分配国家权力时需要考虑的问题。特别是，根据《宪法》和《监察法》现有规定，监察委员会行使的监察权与纪检监督、司法监督和行政监督之间的关系为何，以及这些权力是否能形成系统且有效的国家权力监督体系，并且能保障基本人权，这些都是十分重要的法治问题。

思考与实务

1. 试论述监察机关的性质。

2. 试论述监察机关行使留置权的条件和程序。
3. 试论述监察机关处置权的内容。
4. 宪法事例实训：

2018年5月，中央纪委国家监委网站信息显示：经H省委批准，H省纪委监委对M市人大常委会副厅级干部孙某某严重违纪违法问题进行了纪律审查和监察调查。经查，孙某某违反廉洁纪律，违规向上级领导赠送礼金；利用职务上的便利在干部职务晋升、岗位调整和工程承揽方面为他人谋取利益并收受钱款，涉嫌受贿犯罪。

请思考：对于孙某某涉嫌受贿犯罪，监察机关移送人民检察院依法审查和提起公诉的时候，是否可以向人民检察院提出从宽处罚的建议？从宽处罚建议适用的条件和程序？

第十四章 国家司法机关

【本章概要】司法机关是行使国家司法权的组织和机关,是国家机关体系的重要组成部分。在不同的国家,司法机关表现的形式和范围是不同的。在我国,司法机关包括人民法院和人民检察院,前者是国家的审判机关,后者是法律监督机关,各有不同的组织体系、领导体制和职权。

【学习目标】了解司法机关行使司法权的司法原则、各国司法组织的概貌;掌握我国人民法院和人民检察院的性质、组织体系、领导体制、组成任期、职权和机构设置。

第一节 司法原则与司法组织

一、司法原则

(一)概念

司法原则是指司法机关在行使司法权的过程中,应遵循的基本规则和基本精神。它具有以下几个特征:

1. 特殊性。调整不同的社会关系的法律,形成了部门法,不同的部门法有着不同的法律原则。司法原则是司法机关行使司法权时应当遵守的规则,司法规范调整对象的特殊性决定了司法原则的特殊性。司法原则不仅不同于民法上的平等、等价有偿、诚实信用原则,也不同于刑法上的罪刑法定、罪刑相适应原则,它具有自身的独特性。

2. 专门性。即司法原则是指司法机关在司法活动过程中必须始终坚持的基本规则、价值判断和精神体现。至于司法机关是指法院,还是指法院和检察院,则无关紧要,对司法原则的专门性不产生实质性的影响。

3. 客观性。司法原则是客观存在,不以人的意志为转移的。司法规范是具有普遍约束力的规定,它规定司法机关及其工作人员应当做什么,可以做什么,禁止做什么,保护什么,惩罚什么,因此法律规范是明确的、具体的。但是社会关系日新月异,加上我国各地的发展也很不平衡,要使司法规范行得通,保持法律的统一性和稳定性,离不开司法原则。此外,司法规范不论规定的多么详细,也不可能面面俱到,在没有法律规定的情况下,可以直接适用司法原则。故司法原则对制定和实施司法规范是非常必要的。

4. 抽象性。司法原则是人民在司法实践的基础上归纳、总结出来的，是人们抽象思维的结果，对它的表述也是非常概括的。一些原则并不是法律明确规定的，而是寓于规范之中。原则相对于规范而言，更为抽象、概括，它既没有规定一般的条件，也没有规定一般的权利和义务，同时也不涉及某一确定的法律后果，只是提供了某一方面的普遍性标准。正是在这个意义上，也可以说法律原则是法的精神、法的灵魂和法的活动的出发点。

5. 补充性。司法规范调整的社会关系本身就很复杂，再加上社会不断发展，新的社会关系不断涌现，因此和所有法律规范一样，司法规范也具有滞后性，客观的社会生活要求司法规范对法律没有明文规定的社会关系进行调整，用什么来调整这些社会关系呢？司法原则就能提供对这些社会关系进行调整的基本精神和价值判断，能在很大程度上弥补法律的不足。

一般来说，司法原则包括独立行使司法权原则、司法公正原则、司法平等原则、司法效率原则和司法责任原则。

（二）独立行使司法权原则

1. 概念及渊源。独立行使司法权是指司法机关即人民法院和人民检察院在司法活动中独立行使职权，不受任何行政机关、社会团体和个人的干涉。

司法独立原则起源于资本主义国家，是体现资本主义国家民主的重要组成部分，是资本主义国家三权分立原则的构成要件。在漫长的资本主义历史进程中，该项原则的客观存在与发展，为资本主义国家政体的巩固奠定了坚实的基础。我国的独立行使司法权不同于西方的"司法独立"，"司法独立"是根据一些国家三权分立的政体提出来的。我国实行的是议行合一的人民代表大会制度。人民代表大会不仅是立法机关，而且是权力机关。人民法院、人民检察院由人民代表大会产生，对其负责，并受其监督。

2. 独立行使司法权在我国的特性。

（1）独立行使司法权包括审判独立和检察独立。在我国，司法机关不仅仅是指人民法院，它还包括人民检察院，因此，司法独立就不仅仅是指法院的审判独立，它还包括检察机关的检察独立。根据我国《宪法》规定，人民法院是国家的审判机关，专门行使审判权，人民检察院是国家的法律监督机关，代表国家行使检察权。这样，我国包括人民法院独立行使审判权和人民检察院独立行使检察权两个方面。而西方国家强调司法权由法院专属。

（2）我国独立行使司法权不是法官和检察官个人独立，而是人民法院和人民检察院作为一个整体所表现出来的独立。法律所强调的是司法机关作为一个整体应当独立于行政机关、社会团体和个人，而不是强调法官和检察官个人独立于行政机关、社会团体和个人。在我国，人民法院和人民检察院实行民主集中制，分别设立审判委员会和检察委员会，讨论决定审判、检察工作中的重大、复杂和疑难问题以及对其作出处理决定。

（3）我国独立行使司法权是相对的独立。例如，在我国，人民法院的审判独立并不意味着人民法院在审判案件的过程中可以随心所欲，它需要接受四个方面的领导或者监督：①必须把自己的审判工作置于党的领导和监督之下；②人民法院对本级人民代表大会及其常务委员会负责，接受它们的监督；③下级人民法院的工作要接受上级人民法院的监督；④人民法院的审判工作还要接受人民检察院的监督。[1]

（三）司法公正原则

司法公正，就是指审判人员依法独立地行使审判权，切实保障公民、法人和其他组织的合法权益，真正做到有法必依、执法必严、违法必究。[2]

1. 司法公正的主客体。

（1）司法公正的主体：法官和检察官。司法公正是以司法人员的职能活动为载体的，是体现在司法人员的职能活动之中的，因此司法公正的主体当然是以法官为主的司法人员。审判过程和结果是否公正，主要取决于法官的职务活动，但是法官并非司法公正的唯一主体。检察官对审判活动是否公正具有监督职能，因此也应该属于司法公正的主体。至于各类诉讼案件的当事人，他们不是司法活动的行为人，而是司法活动的承受者，所以他们不是司法公正的主体，而是司法公正的客体。

（2）司法公正的客体：当事人及其他诉讼参与人。司法公正的客体应该包括各类案件的当事人及其他诉讼参与人。毋庸置疑，民事诉讼的当事人、刑事案件的犯罪嫌疑人或被告人是司法公正的主要客体，因为司法过程和司法裁决公正与否，直接决定或影响着他们的权益。但是刑事案件的受害人及各种案件的证人、鉴定人等诉讼参与人也是司法公正的客体，因为他们在诉讼活动中都有相应的权利，也都面临是否得到公正对待的问题。

2. 司法公正的含义。

（1）程序上的公平。程序公平，注重的是诉讼过程的公平，其最重要的原则是程序自治和当事人获得同等对待。程序上的步骤与方式的设计是出于对实体正义结果预期值的确保，它排斥了利益当事人的非理性和私欲的干扰，每个当事人只要严格遵循预设的程序，就能在制度下达到最合理公正的实质结果。程序中的法官要做到对各方态度相同、权利相同和机会相同。所以，当事人是否获得了参与诉讼的机会，诉讼过程中陈述、举证、辩论的权利是否得到了同等的关注，法官对双方当事人是否一视同仁而无任何偏颇，法官是否同等地考虑和评价了双方当事人的主张和证据，就成为判断程序公正与否的主要标准。

（2）实体上的公正。实体公正，注重的是诉讼结果的公平，即法律的规定与诉讼判决结果是同一的，当事人该获得什么权利就获得什么权利，该履行什么义务就履行什么义务。一般而言，实体公正的获得与实现是以制度正义为假定条件的。

---

[1] 郑贤君主编：《宪法学》，北京大学出版社2002年版，第314页。
[2] 王利明："法治的社会需要司法公正"，载《人民司法》1998年第2期。

(3) 制度上的正义。制度正义，是判断程序正义与实体正义的更高层次的价值。制度正义是指作为社会基本结构的主要社会制度安排，被认为是符合社会正义原则，为社会成员提供了一种平等分配权利与义务的公平的机制，确定了社会合作的利益和负担的适当分配办法。正义之于制度犹如真理之于思想。制度正义如此重要，以至于只要不正义，制度就必须加以改造或废除。倘使制度不正义，即便程序公正也不足以保证实体之公正。所以，马克思指出："如果认为在立法者偏私的情况下可以有公正的法官，那简直是愚蠢而不切实际的幻想！既然法律是自私自利的，那么大公无私的判决还能有什么意义呢？法官只能够一丝不苟地表达法律的自私自利，只能够无条件地执行它。在这种情形下，公正是判决的形式，但不是它的内容。内容早被法律所规定。"[1]

(四) 司法平等原则

1. 含义。司法平等原则是社会主义法律平等原则在司法活动中的具体体现。社会主义法律平等原则是指凡是我国公民都必须平等地遵守我国的法律，同时依法平等地享有法定的权利和承担法定的义务，不允许任何人有超越法律之上的特权；任何公民的合法权益，都平等地受到法律的保护，他人不得侵犯，任何公民的违法犯罪行为都应平等地依法受到法律追究和制裁，决不允许其逍遥法外。任何人在民事、刑事、行政案件中，都理应受到平等的、公平的对待。这是社会主义法律平等原则的基本内容。司法平等原则是上述法律平等原则在司法过程中的具体体现。在我国，司法平等原则具体地体现为"公民在法律面前一律平等"的原则。它是指各级国家司法机关及其司法人员在处理案件、行使司法权时，对于任何公民，不论其民族、种族、性别、职业、宗教信仰、教育程度、财产状况、居住期限等有何差别，也不论其出身、政治历史、社会地位和政治地位有何不同，在适用法律上一律平等，这一原则不仅适用于公民个人，也适用于法人和其他各种社会组织。司法平等原则是社会主义司法的一项重要原则。实行这一原则对于切实保障公民在适用法律上的平等权利，反对特权思想和行为，惩治司法腐败行为，维护社会主义法制的权威、尊严和统一，保护国家和人民的利益，调动广大人民的积极性，加速实现法治，有极其重要的意义。

2. 要求。

(1) 司法机关在适用法律时应一视同仁，不能因人而异。一方面，所有的人不分民族、种族、性别、职业、家庭出身、宗教信仰、教育程度、财产状况、居住期限等，其合法权益都一律平等地受到宪法和法律的保护；另一方面，所有的人不论其地位有多高，权利有多大，身份有多特殊（除宪法和法律规定的享有的特权），一旦违法犯罪都毫无例外地应当受到法律的制裁。但是，平等对待是相对的，合理的差别对待恰恰是平等原则所允许的。

---

[1] 徐显明："何谓司法公正"，载《文史哲》1999年第6期。

(2) 司法机关在适用法律时应贯彻执行权利与义务相统一的原则,如果仅强调权利或义务上的平等,而不综合起来适用,必然造成事实上的不平等。一方面,法律权利的平等,指每个人都平等地享有宪法和法律规定的权利。平等权利是法律平等的中心内容。法律权利的平等,是指法律赋予公民平等的权利能力,即在同等条件下公民具有获得相同权利的资格,而在具体进入权利领域的时候,公民能否依据自己的能力获得所需要的权利,是权利主体自身行为能力的问题。另一方面,法律义务的平等,指所有公民都必须平等地履行宪法和法律规定的义务。任何权利的实现,都需要以相应的义务的履行为条件。因此,平等的义务是平等的权利实现的条件。如果公民不履行平等的义务,则其平等的权利就难以得到保障。平等的义务,应把平等的责任包括在内,法律责任是一种特殊的法律义务,即不履行法律义务时所应承担的法律义务。

(3) 应彻底清除封建等级特权制度对司法工作人员的影响。由于我国长期处于封建主义统治之中,一些封建思想已经根深蒂固,如果让封建思想作祟,允许封建等级特权思想存在,这必然会司法工作人员在适用法律时等级有别,无法实现平等司法原则。

(五) 司法效率原则

1. 司法效率的含义。效率就是资源配置达到最优状态的结果。资源配置不合理、使用不当都会造成效率的缺失。效率反映了一个国家的发展水平,能使人力与物力资源发挥最大作用,达到充分利用。司法效率是解决司法资源如何配置的问题,即司法效率的核心应当被理解为对司法资源的节约或使司法资源达到有效利用的程度。它是指通过充分、合理运用司法资源,降低司法成本,以最小的司法成本获得最大的成果。具体讲,从整个社会利益看,就是"通过司法机关的严格执法和裁判公正从而有效解决冲突和纠纷,减少和防止各种社会冲突给社会造成的各种损失和浪费";[1]对于法院而言,则是以最小的诉讼成本实现司法公正;对于具体当事人来说,则是通过司法机关及时、有效地裁判纠纷,平息纷争,使当事人付出最小的成本实现自身的权利。司法效率的价值主要体现在两个方面:①司法活动过程的经济合理性;②司法活动效果的合目的性。

司法活动过程的经济合理性就是要求在有限的司法资源的前提下,合理地设计司法程序、合理地配置司法资源,来实现司法活动的目的。由于国家通常难以大量增加司法资源,所以,一般而言,并不是通过最大限度的司法投入来解决案件拖延或积压的问题,从而实现司法效率的最大化,而是通过成本结构的优化配置达到效益最大化。评价司法活动过程的经济合理性的具体标准体现为以下几个方面:①司法周期的长短;②司法程序的繁简;③司法资源的合理配置与否。

司法活动效果的合目的性体现在两个方面:①对结案数量的要求,即结案率必

---

[1] 王利明:《司法改革研究》,法律出版社 2000 年版,第 66 页。

须要达到预期值或满足社会的需要；②对结案质量的要求，即办结的案件从质量上能满足社会的需要。

就司法活动的产出而言，由于其主要的体现形式并不是物质性产品，而是精神结果，"所以对司法主体欲望或需要的满足程度就成为衡量司法效果好坏的尺度"。因此，从司法效果状态来考察司法效率，应当兼顾不同主体的利益。这也决定了司法效率的极大化是在满足社会或国家或个人（包括被告人和被害人）利益或在利益协调的基础上实现的。

司法活动过程的经济合理性与司法活动效果的合目的性是司法效率中的两项基本内容。司法活动过程的经济合理性实际上是要求人们在司法过程中寻求最佳的方式来科学合理地利用司法资源；司法活动效果的合目的性则要求司法的结果达到质与量统一。因此，司法效率价值的内涵就是通过司法程序的设计和优化配置司法资源，最大限度地实现司法活动的目的，即满足社会、国家和个人对正义、秩序或自由的需求。[1]

2. 提高司法效率的对策。[2]

（1）审判组织的设置应当体现方便公民诉讼的原则。这一原则要求法院的地域分布应当在距离和习惯上便利公民接近司法，使其首先能够快速、有效地进入司法轨道，从而保障法律赋予公民的诉讼权利有效行使。

（2）审判组织的运行能够便利公民参与诉讼，尽可能减少公民在司法程序中的成本投入并使其高效率地行使权利。从我国目前的情况看，提高审判组织运行的效率可以从以下几个方面入手：①缩短诉讼周期，提高司法裁判的既判力和权威性。②完善简易程序的制度规范，扩大简易程序的适用范围，进一步缩短诉讼周期，提高司法效率。诉讼程序的繁简与诉讼周期的长短存在着内在联系。一般来说，诉讼程序越是繁琐，诉讼周期就越长；反之，诉讼程序的简化则必然带来诉讼周期的缩短。简易程序具有诉讼周期短、程序较为简便、裁判迅速等特征，有利于方便公民诉讼并节约司法资源，因而被世界各国所普遍采用。③建立合理的费用分担规则，减少当事人的诉讼费用成本。

（3）审判组织的内部运作机制应当简单化和专门化。审判组织内部的运作机制对于提高司法效率有着重要的影响。一个合理、高效率的运作机制不仅可以缩短诉讼周期，减少国家和当事人的诉讼成本，而且还可以提高审判质量，促进司法公正的实现。审判组织内部运作机制的改进主要涉及两个方面：①案件审理流程的合理化和规范化。学术界已经有学者提出了审前程序的构建问题，实践中也有一些地方法院在这方面进行了改革试点，但这还需要在制度层面上加以规范化。②法官的专业化。法官专业化是指法官相对固定地从事某一种类型的案件审判工作或程序工作，从

---

[1] 王野飞、王冠军："论司法改革的价值取向"，载《芜湖职业技术学院学报》2006年第1期。
[2] 姚莉："司法效率：理论分析与制度构建"，载《法商研究》2006年第3期。

而有利于法官积累专门的知识和经验，提高审判能力和水平，促进司法效率的提高。

（4）审判组织应当能够为公民提供高素质的法官，以在保证审判质量的同时减少诉讼环节，从而提高诉讼效率。法官是审判活动的实施者，也是审判组织中行使司法裁判权的主体，其职业素养的高低和法律技能的精湛与否直接影响到诉讼程序的运作效率和裁判结果的公正。因此，完善法官制度，建立一支素质高、业务精的法官队伍就成了审判组织效率化建构中不容忽视的重要环节。

（六）司法责任原则

1. 司法责任的概念及特点。法律责任是法学基本范畴之一，也是法律实现的重要保障，是指国家对违反法定义务、超过法定权利或滥用权利的行为所做的否定性法律评价，是国家强制责任人作出一定行为或不作一定行为，补偿和救济受到侵害或损害的合法利益和法定权利，恢复被破坏的法律关系和法律秩序的手段。其构成要件包括责任主体、法定事由、损害事实和因果关系四部分。

司法责任是法律责任的一种，广义上的司法责任是指司法组织和司法人员在行使司法权的过程中故意或过失违反法律规定所招致的法律后果。司法责任的特征主要有以下几个方面：

（1）司法责任的主体是司法机关和司法人员。司法责任是对违法司法行为的制裁。而这种违法行为只有司法机关或司法人员在行使司法职权时才能产生，是司法机关或司法人员的一种职权行为，专属于司法机关和司法人员，其他任何机关、组织和个人都无权行使。与此相适应，对这种职权行为所产生的法律责任也只能由它的主体——司法机关或司法人员承担，而不是其他无权行使这种职权行为的机关和个人。

（2）司法责任的导因是违法司法行为。司法机关和司法机关中的公职人员作为社会主体，在不同的社会关系中处于不同的地位，因而可能实施不同性质的行为，如民事行为、内部行政行为、司法行为等。并不是所有性质的行为都能导致司法责任，只有他们行使职权的司法行为才有可能导致司法责任。由于司法责任是对违法司法行为的制裁，因而只有当司法机关或司法人员在行使司法职权、实施司法行为不符合法律要求时，才导致国家对其不法行为进行否定性评价和谴责。

（3）司法责任是一种法律责任。司法行为是司法机关或司法机关中的公职人员依国家通过法律赋予的司法职权按照法定程序实施的职权行为，这种职权行为必须符合法律。司法机关或司法人员超越法定职权或滥用职权，或不按法定程序司法，都是违法的，为法律所不允许，要受到法律制裁。因而司法机关和司法人员所承担的应是法律责任，而不能是行政责任、政治责任或道德责任。司法责任是法律责任，其内涵为：由法律规定的国家机关通过法律途径依据法律对司法机关或司法人员的违法司法行为进行法律上的制裁。[1]

2. 司法责任的划分。司法责任的内容是非常丰富的，依据不同的标准可有多种

---

[1] 程东阳、刘后务："论司法责任"，载《河南社会科学》1996年第4期。

划分：

（1）以司法职权为标准可分为：公安机关（含国家安全机关）的司法责任、人民检察机关的司法责任、审判机关的司法责任。

（2）以承担责任的方式为标准可分为：司法民事责任、司法行政责任和司法刑事责任。司法民事责任是以民事责任的方式来承担司法责任，主体主要是司法机关，也可能是司法人员；司法行政责任是以行政责任的方式来承担司法责任，其主体主要是司法机关，也可能是司法人员；司法刑事责任是以刑事责任方式追究司法责任，主体只能是司法人员。

（3）以司法的性质为标准可分为：民事司法责任、行政司法责任、刑事司法责任。

（4）以救济的权利为标准可分为：司法机关的程序性司法责任和以司法赔偿为主的实体性司法责任。

（5）以司法机关和司法人员为标准可分为：司法机关的司法责任和司法人员的司法责任。[1]

3. 司法责任原则的完善。[2] 关于我国的司法责任原则，到目前为止未有一个系统化、制度化、多样化、程序化的规定，不同的法律法规中均有涉及，但这些规定本身不够完善，可操作性不强，加之各规定之间协调性差，很难有效地发挥作用。因此，应当从以下几个方面来完善我国的司法责任制度：

（1）司法责任的法制化。司法责任法制化是法律责任归责原则之责任法定原则的现实应用，从我国目前依法治国方略上说，当代法治社会的基本要求是有法可依、有法必依、执法必严、违法必究，司法责任也不能除外，必须在立法上以明确的法律规范规定司法责任。我们应当在现有法律的基础上对司法责任原则的基本制度、适用范围、构成要件、基本种类、责任形式、确认机构、认定程序等问题进行专门、具体的规定。

（2）司法责任是法律责任的一种，其实现方式的分类可以刑事、民事、行政来划分，也可以分为制裁责任、补偿责任和强制责任。传统司法责任以刑罚处罚为主，辅以行政处罚。我们在建构现代司法责任制度时，责任形式不应仅限于此，还应健全民事、行政责任形式，建立、健全包括民事赔偿、免职、降职、减薪、训斥等多种形式在内的责任形式体系。

（3）司法责任追究的程序化。传统司法责任追究的程序并不完善。这便是司法腐败分子敢于以身试法所看中的法律空白。责任追究的非法定化因缺乏程序参与性而难以使被处分者诚服，也难获得社会公众的认可。而且，惩戒标准的不一致容易造成法律适用的不一，从而导致不公。这就要求我国进行相关的立法来完善司法责任追究的程序。

---

[1] 程东阳、刘后务："论司法责任"，载《河南社会科学》1996 年第 4 期。
[2] 阳娇娆、张昊："司法腐败与司法责任"，载《广西政法管理干部学院学报》2005 年第 1 期。

(4) 司法责任的合理化。中国古代传统的司法责任以严酷闻名。这是由于在古代中国，司法者仅是皇帝统治国家的一种工具，君欲善其事，必先利其器。各代君主认为只有以严刑酷法管理、肃清司法队伍，才能治理好国家。20世纪70年代以后90年代以前，中国司法人员却处于另一个极端，即其司法不当行为由于司法责任有名无实而豁免，因司法责任的非法制化、非程序化而无法执行。这两种状态均不利于中国的法治建设。如何合理的规定我国的司法责任是理论界一个崭新的课题。

我国正在进行的司法体制改革在这方面做出了一些有益的探索。2015年2月4日，最高人民法院公布了《人民法院第四个五年改革纲要（2014～2018）》，提出改革的主要措施一是完善主审法官、合议庭办案机制，改革裁判文书签发机制，主审法官独任审理案件的裁判文书，不再由院、庭长签发；二是科学界定合议庭成员的责任，既要确保其独立发表意见，也要明确其个人意见、履职行为在案件处理结果中的责任。此外，设立法官惩戒委员会，既确保法官的违纪违法行为及时得到惩戒，又保障其辩解、举证、申请复议和申诉的权利。

【宪法事例】　　　　　盗窃犯许霆可否被特赦

2006年4月21日晚10时，公民许霆到广州天河区黄埔大道某商业银行的ATM机取款。结果在取出1000元人民币后，银行卡账户里只被扣1元，许霆先后取款171笔，合计17.5万元。2007年许霆等人落网。2007年12月初，广州市中院一审审理后认为，被告许霆以非法侵占为目的，伙同同案人采用秘密手段，盗窃金融机构，数额特别巨大，行为已构成盗窃罪，遂判处无期徒刑，剥夺政治权利终身，并处没收个人全部财产。许霆的辩护律师杨振平表示异议，他表示ATM机出错就是银行的错，另外，银行有足够时间追回款项，只是因为周末而错过，因此可以将这17.5万元视之为"遗忘物"，许霆的离开行为仅构成侵占罪。许霆也自辩"保管"。

当事人提起上诉，2008年1月16日，广东省高院以事实不清、证据不足裁定发回重审。同年2月22日在广州中院重审，3月31日，广州市中级人民法院对许霆案进行重审宣判，许霆被以盗窃罪判处5年徒刑，追缴所有赃款173 826元，并处2万元罚金。4月9日，许霆正式向广东省高级人民法院提起上诉。5月22日，广东省高级人民法院合议庭当庭作出终审裁定：依法裁定驳回许霆的上诉，维持原判。由于是口头宣判，书面裁定书将于5日内送达。同时该裁定将依法报请最高人民法院核准。

【评注】该事件涉及的判决反差很大，其中存在的争议就是法院是按照严格的罪刑法定原则，还是经过适当的考量（不排除公众的压力），作出较低的刑期判决。就宪法而言，法院行使的是审判权，法院是处理案件的主体，而非处理政策性或政治性事务的主体。因此，法院考虑和依据法外因素或"法外开恩"，是不具备充分法律依据的，这意味着法院应严格服从法律，至于法外开恩的事情，应当由人大常委会行使特赦权来解决。当然，该事件的宪法争议还不止于此。

二、司法组织

(一) 司法组织的概念

所谓司法组织,是指行使国家司法权的机关或组织。它具有以下几个特征:

1. 它行使的权力是国家的司法权。司法是司法机关行使司法权的活动。按照西方资产阶级学者的分权理论,司法权是和立法权、行政权一样同属于国家的一项权力,是国家权力的一个重要组成部分。司法权在分权理论先驱洛克和孟德斯鸠处却有不同的含义。洛克认为国家权力包括立法权、执行权和对外权。立法权是指指导如何运用国家的力量以保护这个社会及其成员的权力。[1]而执行权是指一个经常存在的权力,负责执行被制定和继续有效的法律,所以立法权和执行权往往是分立的。对外权是一种"自然的权力",它"包括战争与和平、联合与联盟以及同国外的人士和社会进行一切事务的权力"。[2]从这里可以看出,洛克所谓的执行权绝不是我们现代意义上的司法权,在他那里,执行权就是执行法律的权力,而执行法律,既包括行政机关的执法[3],也包括司法机关的执法。而孟德斯鸠认为每一个国家都有三种权力:"①立法权力;②有关国际法事项的行政权力;③有关民政法规事项的行政权力"。他指出第二种权力可简称为国家的行政权力,而第三种权力称为司法权力,是用来惩罚犯罪或裁决私人讼争的。他还明确指出,司法权不应给予永久存在的元老院,而应由选自人民阶层中的人员组成一个法院,在每年一定时间内,依照法律规定的方式来行使。由此他指出,人人畏惧的司法权,既不为某一特定的阶级或某一特定的职业所专有,就仿佛看不见、不存在了。法官也不经常出现在人们的眼前了。正是这个意义上,司法权可以说是不存在的。他认为这三种权力是平行的并且是相互制衡的。因此可以看出,孟德斯鸠的分权思想和洛克并不相同。他不像洛克那样认为立法权是最高的权力,司法权只是从属于立法权的执行权之一。孟德斯鸠的三权分立学说,为资本主义政治制度设计了一个基本框架,对后来资本主义国家政治制度的建立起了巨大的作用。美国的 1787 年《宪法》,法国 1789 年《人权宣言》和 1791 年《宪法》都规定了这一原则。由于历史条件的不同,西方各国的分权实践也不相同。贯彻分权原则最为彻底的是美国 1787 年制定的、迄今仍然有效的《宪法》。根据该《宪法》规定,立法权属于国会,行政权属于总统,司法权属于法院。美国《宪法》第 3 条第 1 款规定:"合众国的司法权属于最高法院及国会随时制定与设立的下级法院"。[4]

我国的司法权与西方资本主义国家的司法权含义不同,具有自己的特点,二者主要有以下几点不同:①司法权的来源不同。我国司法权直接来源是全国和地方各

---

[1] [英] 洛克:《政府论》(下册),瞿菊农、叶启芳译,商务印书馆 1964 年版,第 89 页。
[2] [英] 洛克:《政府论》(下册),瞿菊农、叶启芳译,商务印书馆 1964 年版,第 90 页。
[3] [英] 洛克:《政府论》(下册),瞿菊农、叶启芳译,商务印书馆 1964 年版,第 90 页。
[4] 杨春福:"论司法、司法权、司法制度",载《中央检察官管理学院学报》1995 年第 3 期。

级人民代表大会，其最终来源是国家的权力——人民的权力。西方民主国家的司法权从理论上讲只有一个来源，即人民所赋予的。②我国司法权相对于立法权而言具有从属性和派生性。我国司法权是由立法权所派生出来的，并从属于立法权，它不像西方国家那样司法权是与立法权平行的。③司法权的主体不相一致。我国司法权主体是人民法院和人民检察院，人民法院是国家的审判机关，人民检察院是国家的法律监督机关。西方国家的司法权的主体只是法院，有些国家的检察长就是司法部长（如美国）。④司法权的范围不同。我国司法权的范围，既包括审判权，也包括检察权。而西方国家则仅限于审判权。如美国《宪法》第3条第2款第1项就明确规定了司法权所及的关于审理各类案件的范围。[1]

2. 司法组织在不同的国家中，范围不同。在西方，司法组织仅仅是指法院，不过大陆法系和英美法系的法院在组织、职权及活动形式上有一些明显的差异，主要表现如下：①大陆法系国家的各种社会关系，都由立法机关制定的成文法进行调整，而英美法系国家的社会关系，只有一部分由成文法调整，法院的判例法具有重要的作用。②大陆法系国家对于行政行为合法性提出的诉讼，由独立于普通法院的行政法院受理，而英美法系国家则由普通法院受理。③在大陆法系国家，法院除轻微案件是由一个法官独任审理外，一般案件都由合议制的审判组织来进行审理，而英美法系国家，除高级上诉法院以外，一般法院审理案件多采取独任制度。④大陆法系国家，一般没有巡回审判制度，法院都在固定的地点，当事人必须到法院所在地进行诉讼；英美法系国家，较多地采取巡回审判制度，法官经常到他们管辖范围内的各个地点进行巡回审判。⑤大陆法系国家不盛行陪审制度，而是实行参审制度，由陪审官和常任法官共同组成合议庭审理案件，在判决时，陪审官与常任法官一道进行表决。英美法系国家广泛采取陪审制，审理案件时，陪审员坐在一起，组成陪审团，常任法官坐在一起，组成法官庭。审讯结束后，陪审团进行评议，从事实上确定受审人的罪过，然后由法官根据陪审团的结论，作出相应的判断。[2]不过尽管各个国家的法院在组织与活动上存在许多差异，但从司法权的一般特性上看，各国的法院也有许多共同之处：①被动性。它表现在两个方面：一是审判活动程序是法律加以规定好的，法院只能按照法定的程序对受理的案件进行审理和裁决；二是法院审判活动程序的发动权掌握在当事人手中，实行"不告不理"的原则。②独立性，法院行使审判权解决当事人之间权益的争执、纠纷，认定某人的行为是否构成犯罪或者是否给予刑罚处罚时，只服从立法机关制定的具有普遍约束力的规范或法院自己创造的判例，既不受立法机关、行政机关个别命令的干涉，也不受上级法院的影响。[3]③特定性。代表机关或行政机关行使职权时，可以针对普遍的情况做出具有普遍约

---

〔1〕 杨春福："论司法、司法权、司法制度"，载《中央检察官管理学院学报》1995年第3期。
〔2〕 张庆福主编：《宪法学基本理论》（下），社会科学文献出版社1999年版，第830页。
〔3〕 王广辉：《比较宪法学》，武汉水利电力大学出版社1998年版，第466页。

束力的决定。司法机关只能针对具体的案件,做出具体的判决,不得对抽象问题或"政治问题"进行干涉。[1]在我国,司法组织除了法院之外,还包括检察院。

(二) 西方国家的法院[2]

1. 主要国家的法院。

(1) 美国。美国的法院体系包括联邦法院和州法院两个系统。其中,联邦法院由地区法院、上诉法院和最高法院组成。联邦最高法院是全国最高审级的法院,联邦法院系统还设有各种专门法院,如破产法庭、税务法庭、国际贸易法庭、美国联邦权利申诉法院、美国军事上诉法院、美国联邦巡回上诉法院、美国区域上诉法院、美国退伍军人权利上诉法院。而美国州法院的设置和组织较为复杂,由各州法律自行规定,一般分为三级,即包括基层法院的初审法院、州上诉法院和州最高法院。联邦法院和州法院之间没有从属关系。由联邦法院管辖的案件包括:凡涉及联邦宪法、法律与条约的案件;凡涉及外国政府代理人、合众国为当事人的诉讼;超过一个州范围的诉讼。此范围之外的案件由各州法院审理。联邦法院审理案件适用联邦宪法和联邦法律,各州法院除适用联邦宪法和联邦法律外,还适用州宪法和州法律。

(2) 英国。英国的审判组织是很庞大、复杂而又非常独特的。英国的法院基本上可以在中央审判系统之下分列为刑事审判法院和民事审判法院两大系统,另设有行政法庭、军事法院等各类专门法院。英国法院系统设置的特征是,审判机关基本上按所审判案件分属民、刑事不同类别而分列。其中,刑事审判机关可以按照审级由下而上归列为治安法院、皇家刑事法院、上诉法院、国会上议院;民事审判机关可以按照审级由下而上归列为郡法院、高等法院、上诉法院、国会上议院。随着2001年到2012年间的宪法改革,上议院已经不再享有司法权。在法院组织系统中,英国最高法院是最高审判机关,是全国民、刑事案件的最高上诉审级。

(3) 德国。德国虽然也属于联邦制国家,但是它与美国双轨制的法院系统不一样,其法院系统采取的是单一的法院组织体系,即联邦最高法院为各州的最高审级法院,各州法院从属于联邦高等法院,联邦和各州都适用统一的法典。各州法院是联邦高等法院的下属法院,联邦高等法院在各州并不设立下属机构,而是委托州法院管理联邦法院事务。

德国法院系统由普通法院系统和专门法院系统两部分构成。德国的普通法院组织系统,将普通法院分为地方法院、地区法院、州高等法院、联邦高等法院。普通法院一般受理民、刑事案件,专门法院分为行政法院(负责审理政府机关与公民之间的行政纠纷)、劳动法院(负责审理劳资纠纷)、社会法院(负责审理社会纠纷)、财政金融法院(负责审理有关财政、税收、继承等方面的纠纷)。

(4) 法国。法国的法院组织体系由普通法院和行政法院两大系统构成。普通法

---

[1] 张庆福主编:《宪法学基本理论》(下),社会科学文献出版社1999年版,第831页。
[2] 殷啸虎主编:《宪法学教程》,上海人民出版社、北京大学出版社2005年版,第409~411页。

院受理传统意义上的民、刑事案件,它由初级法院(包括初审法院、警察法庭、轻罪法庭、大审判庭、专门法庭),中级法院(包括上诉法院、巡回法院、国家安全法院)和最高法院组成。

2. 特别法院。

(1)宪法法院。这类法院主要在大陆法系国家设立,如法国、德国、意大利、奥地利等。根据法国人所理解的三权分立理论,立法权是国民的公意,普通法院无权宣布其法律违宪。因此,大陆法系国家往往由代表机关设立宪法法院,以监督宪法的实施。这类法院有较强的政治性,除了裁定法律的合宪性以外,还有处理权限争议、监督选举活动等各项权力。近年来,随着司法制度的发展,大陆法系国家的宪法法院(法国除外)的政治性逐渐减弱,司法特征越来越明显。[1]

(2)行政法院。行政法院最初创建于法国,其目的是抵制革命胜利初期保守势力对行政改革的阻挠,因此将行政诉讼划归行政机关审判。法国的行政法院组织系统包括最高行政法院和在各地设立的行政法院分院。法国行政法院除了受理国家行政机关及其人员同公民发生的行政诉讼案件外,还行使对政府所起草的法律草案提出意见后提交议会审议的权能以及对行政机关制定的法规提出意见的权能。

(3)最高司法会议。最高司法会议是法国、意大利两国在第二次世界大战以后成立的一种独特的中央司法机关。两国的最高司法会议都以共和国总统为主席。其余成员由司法部长担任当然副主席,由总统任命9名委员;意大利最高法院首席法官和总检察长为当然成员,除此之外,2/3 的成员由普通法院从各级法官中选举产生,1/3 成员由议会从各大学的法学教授和具有15 年实务经验的律师中选出。意大利的组成人员和法国的相比,更注重法律专业知识,而且入选的范围也较为广阔。两国的最高司法会议的职权有类似之处,意大利为研究有关法官的替身、任命和调动、晋级和处分等事宜;法国为对高等法院法官和上诉法院首席法官的任命提出建议,对司法部长建议任命的法官提出意见,对法官进行纪律检查。但法国的最高司法会议还有权对特赦提出意见。两国的最高司法会议均以保障司法独立为目的。[2]

第二节 审判机关

一、人民法院的性质和任务

人民法院是行使审判权的国家机关。关于人民法院的性质,《宪法》和《人民法院组织法》都有相应的规定。例如《宪法》第 128 条规定:"中华人民共和国人民法院是国家的审判机关。"而国家审判权是国家权力不可分割的一部分。审判权是指人

---

[1] 张庆福主编:《宪法学基本理论》(下),社会科学文献出版社 1999 年版,第 833 页。
[2] 何华辉:《比较宪法学》,武汉大学出版社 1988 年版,第 309 页。

民法院依照法律对刑事案件、民事案件、行政案件进行审理并作出判决的权力。人民法院依照法律规定独立行使审判权，不受行政机关、社会团体和个人的非法干涉。

人民法院的任务是通过审判活动，惩办一切犯罪分子，解决各类纠纷，以保卫无产阶级专政制度、维护社会主义法制和社会秩序，保卫社会主义全民所有制财产、劳动群众所有制财产，保护公民私人所有的合法财产，保护公民的人身权利、民主权利和其他权利，保障国家社会主义建设事业的顺利进行。除此之外，人民法院还要通过自己的审判活动对公民进行法制教育和忠于祖国的教育。

二、人民法院的组织体系

我国人民法院是以行政区域为基础，以便于审判工作的顺利进行和方便公民参加诉讼为原则而设置的。《宪法》第129条第1款规定："中华人民共和国设立最高人民法院、地方各级人民法院和军事法院等专门人民法院。"地方各级人民法院分为高级人民法院（包括省、自治区、直辖市的人民法院）、中级人民法院（包括在省、自治区内按地区设立的中级人民法院；在直辖市内设立的中级人民法院；省、自治区辖市的中级人民法院；自治州中级人民法院）和基层人民法院（包括县人民法院和市人民法院；自治县人民法院；市辖区人民法院）。专门人民法院包括军事法院、铁路运输法院、海事法院、森林法院和其他专门法院。[1]

三、人民法院的领导体制

人民法院的领导体制包括纵向领导体制和横向领导体制。纵向领导体制是指人民法院上下级之间的关系。上下级人民法院之间的关系不同于行政机关和检察机关上下级之间的关系，行政机关和检察机关上下级之间的关系是一种领导和被领导的关系，是一种领导与服从的关系。上下级人民法院之间是一种监督与被监督的关系，具体表现为：

1. 最高人民法院是国家最高审判机关，由它统一监督地方各级人民法院和专门人民法院的审判工作，包括：①最高人民法院对高级人民法院和专门人民法院的判决和裁定的上诉案件、最高人民检察院按照审判监督程序提出的抗诉案件，审查其判决和裁定在认定事实和适用法律上是否正确；对下级人民法院的工作实行监督，以保证办案的质量。②最高人民法院对地方各级人民法院和专门人民法院已经生效的错误判决和裁定按照审判监督程序有权提审或者指令下级人民法院再审。③最高人民法院核准死刑案件。

2. 上级人民法院监督下级人民法院的审判工作，具体表现如下：①上级人民法院在必要的时候，可以审判下级人民法院管辖的第一审案件。②审判对下级人民法院的判决和裁定不服的上诉案件和抗诉案件。③对下级人民法院已经发生法律效力的判决和裁定，如果发现确有错误，有权提审或指令下级人民法院再审。④下级人

---

[1] 根据十八届三中全会通过的《中共中央关于全面深化改革若干重大问题的决定》，目前正在推动省以下地方法院、检察院人财物统一管理。

民法院认为案件案情重大、复杂需要由上级人民法院审判的案件,可以报请上级人民法院审判。

横向领导体制表现为各级人民法院与同级人民代表大会之间的关系。地方各级人民法院对同级人民代表大会负责并报告工作。根据《宪法》和《人民法院组织法》的规定,最高人民法院对全国人民代表大会和全国人民代表大会常务委员会负责并报告工作。地方各级人民法院对本级人大及其常委会负责并报告工作。除此之外,人民代表大会的监督还包括:人民法院人事任免由同级人民代表大会决定,人民法院向同级人民代表大会及其常务委员会报告工作。最高人民法院院长由全国人民代表大会选举和罢免。最高人民法院副院长、庭长、副庭长、审判员、审判委员会成员和军事法院院长,由全国人民代表大会常务委员会根据最高人民法院院长的提请任命。县级以上的地方各级人民代表大会选举和罢免本级人民法院院长。县级以上的地方各级人民代表大会常务委员会任免同级人民法院副院长、庭长、副庭长、审判员、审判委员会成员。省、自治区、直辖市的人民代表大会常务委员会根据主任会议的提名,决定在省、自治区内按地区设定的和在直辖市内设立的中级人民法院院长的任免。

四、人民法院的组成和任期

根据我国《宪法》和《人民法院组织法》,基层人民法院由院长一人、副院长和审判员若干人组成。基层人民法院可以设刑事审判庭和民事审判庭,各庭设庭长、副庭长。基层人民法院根据地区、人口和案件情况可以设立若干人民法庭。人民法庭是基层人民法院的组成部分,它的判决和裁定就是基层人民法院的判决和裁定。中级人民法院由院长一人,副院长、庭长、副庭长和审判员若干人组成。中级人民法院设刑事审判庭、民事审判庭,根据需要可以设其他审判庭。直辖市的中级人民法院和省、自治区辖的市中级人民法院应设经济审判庭。高级人民法院由院长一人,副院长、庭长、副庭长和审判员若干人组成。高级人民法院设刑事审判庭、民事审判庭、经济审判庭,根据需要可以设其他审判庭。最高人民法院由院长一人,副院长、庭长、副庭长和审判员若干人组成。最高人民法院设刑事审判庭、民事审判庭、经济审判庭和其他需要设的审判庭。2000年8月,最高人民法院全面实施机构改革,新设立了专门负责立案工作的立案庭和专司审判监督工作的审判监督庭;将经济(知识产权)、交通运输纳入民事审判的范围,设立4个民事审判庭,即专门审理婚姻家庭、人身权利和房产合同纠纷的民事审判第一庭;审理法人之间、法人与其他经济组织之间的各类合同及侵权纠纷的民事审判第二庭;审理著作权、商标权、专利权、技术合同等知识产权案件的民事审判第三庭;专门审理海事海商案件的民事审判第四庭。各级人民法院还设立审判委员会,审判委员会有权对重大和疑难案件进行集体讨论,作出决定。

根据《人民法院组织法》的规定,有选举权和被选举权的年满23岁的公民,可以被选举为人民法院院长,或者被任命为副院长、庭长、副庭长、审判员和助理审判员，但是被剥夺过政治权利的人除外。《法官法》第 2 条规定，"法官是依法行使国家审判权的审判人员，包括最高人民法院、地方各级人民法院和军事法院等专门人民法院的院长、副院长、审判委员会委员、庭长、副庭长、审判员和助理审判员"。第 6 条规定，"院长、副院长、审判委员会委员、庭长、副庭长除履行审判职责外，还应当履行与其职务相适应的职责"。担任法官必须具备下列条件：①具有中华人民共和国国籍；②年满 23 岁；③拥护中华人民共和国宪法；④有良好的政治、业务素质和良好的品行；⑤身体健康；⑥高等院校法律专业本科毕业或者高等院校非法律专业本科毕业，具有法律专业知识，从事法律工作满 2 年，其中担任高级人民法院、最高人民法院法官，应当从事法律工作满 3 年；获得法律专业硕士学位、博士学位或者非法律专业硕士学位、博士学位，具有法律专业知识，从事法律工作满 1 年，其中担任高级人民法院、最高人民法院法官，应当从事法律工作满 2 年。《法官法》施行前的审判人员不具备第 9 条第 1 款第 6 项规定的条件的，应当接受培训，具体办法由最高人民法院制定。适用第 9 条第 1 款第 6 项规定的学历条件确有困难的地方，经最高人民法院审核确定，在一定期限内，可以将担任法官的学历条件放宽为高等院校法律专业专科毕业。初任法官采用严格考核的办法，按照德才兼备的标准，从通过国家统一司法考试取得资格，并且具备法官条件的人员中择优提出人选。人民法院的院长、副院长应当从法官或者其他具备法官条件的人员中择优提出人选。

各级人民法院院长的任期同本级人民代表大会的每届任期相同。最高人民法院院长、高级人民法院院长、中级人民法院院长，以及县、市、市辖区的人民法院院长、军事法院的院长每届任期都是 5 年。在地方两次人民代表大会之间，如果本级人民代表大会常务委员会认为人民法院院长需要撤换，须报请上级人民法院报经上级人民代表大会常务委员会批准。最高人民法院院长的连续任职不得超过两届。各级人民代表大会有权罢免由它选出的人民法院院长。

五、人民法院的职权

（一）最高人民法院的职权

根据《人民法院组织法》和相关司法解释，最高人民法院具有以下职权：①审判权。最高人民法院有对案件进行审判的权力，其审判的案件包括：法律、法令规定由它管辖的和它认为应当由自己审判的第一审案件；对高级人民法院、专门人民法院判决和裁定的上诉案件和抗诉案件；最高人民检察院按照审判监督程序提出的抗诉案件。②司法解释权。最高人民法院对于在审判过程中如何具体应用法律、法令的问题，进行解释。③核准死刑判决的权力。

（二）高级人民法院的职权

高级人民法院的职权主要是审判案件。根据《人民法院组织法》的规定，其审判下列案件：①法律、法令规定由它管辖的第一审案件。②下级人民法院移送审判的第一审案件。③对下级人民法院判决和裁定的上诉案件和抗诉案件。④人民检察院按照审判监督程序提出的抗诉案件。

（三）中级人民法院的职权

中级人民法院的职权也主要是审判案件。根据《人民法院组织法》的规定，它审判下列案件：①法律、法令规定由它管辖的第一审案件。②基层人民法院移送审判的第一审案件。③对基层人民法院判决和裁定的上诉案件和抗诉案件。④人民检察院按照审判监督程序提出的抗诉案件。中级人民法院对它所受理的刑事和民事案件，认为案情重大应当由上级人民法院审判的时候，可以请求移送上级人民法院审判。

（四）基层人民法院的职权

基层人民法院的职权主要是审判案件，根据《人民法院组织法》的规定，它主要审判刑事和民事的第一审案件，但是法律、法令另有规定的案件除外。基层人民法院对它所受理的刑事和民事案件，认为案情重大应当由上级人民法院审判的时候，可以请求移送上级人民法院审判。基层人民法院除审判案件外，还办理下列事项：①处理不需要开庭审判的民事纠纷和轻微的刑事案件。②指导人民调解委员会和人民公社司法助理员的工作。③在上级司法行政机关授予的职权范围内管理司法行政工作。

六、人民法院的审判组织与机构设置

（一）审判组织

审判组织是指人民法院审理具体案件的法庭组织形式。根据《人民法院组织法》《民事诉讼法》《刑事诉讼法》《行政诉讼法》的规定，人民法院审判案件的法庭组织形式，主要有独任庭和合议庭两种。审判委员会对重点的或者疑难的案件的处理有最后的决定权，从这个意义上讲，审判委员会也具有审判组织的性质。合议庭、独任庭不同于人民法院内部根据工作需要设立的各种职能机构，如民事审判庭、刑事审判庭、控告申诉庭、执行庭以及主管司法行政工作的机构等。合议庭、独任庭是审理具体案件的临时性组织，而不是常设的工作机构。

1. 独任庭。独任庭是指由审判员一人组成的审判组织形式。而由审判员一人独任审判的制度称为独任制度。根据《人民法院组织法》的规定，人民法院审判案件，实行合议制。人民法院审判第一审案件，由审判员和人民陪审员组成合议庭进行，但是简单的民事案件、轻微的刑事案件和法律另有规定的案件除外。在刑事审判中，独任制适用的范围是：①就法院级别而言，只限于基层人民法院，中级以上（包括中级）人民法院不能适用独任制；②就案件类别而言，只限于适用简易程序的案件，同时，独任制审判只能由审判员进行，人民陪审员不能进行独任审判。在民事审判中，独任制的适用范围是：①简单的诉讼案件和一般的非讼案件；②只在基层法院及其派出法庭适用，中级和中级以上的法院不适用独任制；③只在一审时适用，二审时不适用。独任制审判，并不意味着一切诉讼程序均可从简。依法应当公开审理的案件，仍然应当公开进行，并应当认真执行回避、辩护、上诉等各项审判制度，切实保障当事人和其他诉讼参与人的诉讼权利。

2. 合议庭。合议庭是指由几个审判员或者由审判员和陪审员组成的审判组织。而由审判员数人或者由审判员和陪审员组成合议庭进行审判的制度就是合议制。《人民法院组织法》第9条规定:"人民法院审判案件,实行合议制。人民法院审判第一审案件,由审判员组成合议庭或者由审判员和人民陪审员组成合议庭进行;简单的民事案件、轻微的刑事案件和法律另有规定的案件,可以由审判员一人独任审判。人民法院审判上诉和抗诉的案件,由审判员组成合议庭进行。合议庭由院长或者庭长指定审判员一人担任审判长。院长或者庭长参加审判案件的时候,自己担任审判长。"绝大多数一审案件,以及所有的二审案件、死刑复核案件、再审案件,均必须由合议庭进行审判。实行合议制的意义主要有:①可以发挥集体的智慧,防止个人专断、徇私舞弊和主观片面;②可以吸收人民陪审员参加审判,体现诉讼必须实行群众路线的原则精神。根据法律的有关规定,合议庭的组成及其工作原则可以概括为以下几点:

(1) 合议庭的成员应当是单数,以便评议表决时容易形成决议,避免出现因票数相等而拖延诉讼的现象。

(2) 合议庭的组成人员,只能由经过合法任命的本院的审判员(包括经院长提出、审判委员会通过的临时代行审判员职务的助理审判员)和在本院执行职务的人民陪审员充任。

(3) 合议庭应由院长或庭长指定审判员一人担任审判长;院长、庭长参加合议庭审判案件时,应当自己担任审判长。在审判员不能参加合议庭的情况下,助理审判员可以担任审判长。

(4) 合议庭进行评议时,参加合议庭的每个成员都享有平等的发言权和表决权;如果意见发生分歧,应当按多数人的意见作出决定,但是少数人的意见应当写入笔录;评议笔录应由合议庭全体成员签名。

(5) 人民陪审员参加合议庭审判案件的,同审判员具有同等的权利。[1]

3. 审判委员会。审判委员会是人民法院内部设立的对审判工作实行集体领导的组织形式。《人民法院组织法》第10条规定:"各级人民法院设立审判委员会,实行民主集中制。审判委员会的任务是总结审判经验,讨论重大的或者疑难的案件和其他有关审判工作的问题。地方各级人民法院审判委员会委员,由院长提请本级人民代表大会常务委员会任免;最高人民法院审判委员会委员,由最高人民法院院长提请全国人民代表大会常务委员会任免。各级人民法院审判委员会会议由院长主持,本级人民检察院检察长可以列席。"《刑事诉讼法》第180条规定:"合议庭开庭审理并且评议后,应当作出判决。对于疑难、复杂、重大的案件,合议庭认为难以作出决定的,由合议庭提请院长决定提交审判委员会讨论决定。审判委员会的决定,合议庭应当执行。"根据上述法律规定,可以把审判委员会的性质、工作原则及其与合

---

[1] 王国枢主编:《刑事诉讼法学》,北京大学出版社2005年版,第290页。

议庭的关系概括为以下几点：

（1）审判委员会是在院长主持下，对人民法院的审判工作实行集体领导的组织形式，其工作原则是民主集中制，而不是院长负责制。遇有不同意见时，应当按照少数服从多数的原则作出决定。

（2）审判委员会虽然不直接开庭审理具体案件，但有权对经合议庭审理的案件进行讨论并作出最后的处理决定，合议庭对审判委员会的决定应当执行。因此，可以说，审判委员会也具有审判组织的性质。即它不仅对审判工作实行一般的、原则性的指导和监督，而且有权直接对案件作出具体的处理决定。

（3）审判委员会虽然具有审判组织的性质和职能，但它不同于一般的审判组织，不应当包揽一切案件的处理，而是应当充分尊重和发挥合议庭的职权和作用。根据法律规定，审判委员会讨论和决定的案件，应当是疑难、复杂、重大的案件。在审判实践中，这些案件主要是指：拟判处死刑的；合议庭成员意见有重大分歧的；人民检察院抗诉的；在社会上有重大影响的；其他需要由审判委员会讨论决定的案件。[1]

（二）机构设置

人民法院内部的机构设置处于不断的变化当中，2000年的《最高人民法院机关机构改革方案》对人民法院内部的机构设置作出了如下规定。

1. 业务部门。人民法院的业务部门是指专门从事审判工作的部门，由于审判活动是一种专门化的知识活动，因此，这样的部门通常称为"业务部门"。业务部门的基本单位是庭，各庭设庭长一名、副庭长若干名，根据业务量的大小包括若干业务人员。根据2000年的《最高人民法院机关机构改革方案》，法院业务庭室的设置遵循"立审分离、审监分离、审执分离"的原则，对原来的业务庭室进行了功能重组，按照这种原则，法院的业务庭室包括：

（1）立案庭：负责诉讼案件的初步审查，对符合诉讼条件的案件进行立案，并移送相关的审判庭进行审理。

（2）刑事审判庭：负责审理刑事案件。在中级人民法院之上，通常设立刑事审判第一庭和第二庭，前者负责一审刑事案件，后者负责审理人民检察院提出抗诉的刑事案件。

（3）民事审判庭：负责审理民商事案件。根据民商事审判的业务量，法院通常根据审理案件的性质或审级（一审或上诉审）设立几个审判庭。例如，最高人民法院就设立了四个民事审判庭：民一庭负责审理婚姻家庭、人身权和房地产纠纷，民二庭负责审理合同纠纷和侵权纠纷，民三庭负责审理知识产权的纠纷，民四庭负责审理海事纠纷。

（4）行政审判庭：负责审理行政诉讼案件。

（5）告申庭：负责告诉和申诉案件的审查和处理。

---

[1] 王国枢主编：《刑事诉讼法学》，北京大学出版社2005年版，第291页。

（6）执行庭：负责执行发生法律效力的判决书、裁定书、调解书、仲裁裁决书和其他法律文件。

2. 综合部门。综合部门是为法院的业务部门提供服务的部门。由于其不直接从事审判业务，因此也被称作"非业务部门"。各级法院综合部门的机构设置或机构名称不尽相同，但是大体上根据职能包括：

（1）政治部：负责法院的人事鼓励和业绩考核（干部处）；负责法院的党团活动、组织工作和宣传工作（组宣处）；负责法官的培训计划的设置等（综合处）。

（2）研究室：负责法院领导讲话和报告的起草工作；对人民法院审判和管理工作中存在的问题进行调研，并形成相关的报告；负责对下级法院提出的问题进行解答。

（3）办公室：负责相关文件的起草和法院文档的管理；督办法院的决定和相关文件的要求；协调法院的行政工作。

（4）纪检监察室：负责法院的党风党纪和行政监察工作。

（5）机关后勤服务中心：负责全院的财务管理、后勤管理和基础建设等。

（6）法警支队：负责押解犯人、执行死刑、协助强制执行等警务活动；完成司法警察的拘传、传唤、拘留等司法活动；配合审判庭和执行庭有关事项以及负责院内安全保卫等。

此外，人民法院还包括一些挂靠的下属事业单位，比如法院培训学校、出版社、杂志社和报社等，以及一些社团组织，例如法官协会等。

（三）院长

人民法院的院长包括院长和副院长，院长设一名，副院长根据法院工作的不同分工设立若干名。院长是人民法院的审判管理和行政管理工作的总负责人，负责法院的业务审判、行政管理、党务工作以及对外关系的协调。院长在法院发挥管理能力的主要机构就是院长办公会和机关党组。院长办公会是人民法院作出重大行政决策的组织，院长办公会包括院长、副院长、政治部主任和副主任等。而人民法院的党组是中国共产党在人民法院中的组织机构，负责在法院中贯彻党的路线、方针和政策。一般来说，机关党组书记由人民法院的院长担任，机关党组成员还包括副院长、纪检书记（一般由负责行政事务的副院长兼任）、政治部主任和有关的庭长等。党的相关组织（例如纪检、组织和宣传）也落实在法院的其他综合部门之中。[1]

第三节 法律监督机关

一、人民检察院的法律性质及任务

根据《宪法》和《人民检察院组织法》的规定，人民检察院是我国的法律监督

---

[1] 张千帆主编：《宪法学》，法律出版社2004年版，第397~399页。

机关，也可以说人民检察院是代表国家行使检察权或者法律监督职能的司法机关。检察权指的是对国家工作人员和其他公民的违法犯罪的检察，对侦查工作、审判工作以及刑罚执行工作的检察等。法律监督是指人民检察院通过自己的活动，监督人民法院在审判民事、刑事、经济、行政案件过程中认定事实、适用法律等活动。法律监督权是检察权的又一称呼。代表国家行使检察权或者法律监督职能，是人民检察院独有的权力和职能，也是人民检察院区别于人民法院、更有别于公安机关和其他国家机关的主要方面。

人民检察院通过行使检察权，镇压一切叛国的、分裂国家的活动，打击犯罪分子，维护国家的统一，维护无产阶级专政制度，维护社会主义法制，维护社会秩序、生产秩序、工作秩序、教学科研秩序和人民群众生活秩序，保护社会主义的全民所有的财产和劳动群众集体所有的财产，保护公民私人所有的合法财产，保护公民的人身权利、民主权利和其他权利，保卫社会主义现代化建设的顺利进行。人民检察院通过检察活动，教育公民忠于社会主义祖国，自觉地遵守宪法和法律，积极同违法行为做斗争。

二、人民检察院的组织系统

根据我国《宪法》和《人民检察院组织法》的规定，人民检察院的组织系统包括最高人民检察院、地方各级人民检察院和军事检察院等专门人民检察院。地方各级人民检察院分为：①省、自治区、直辖市人民检察院；②省、自治区、直辖市人民检察院分院，自治州和省辖市人民检察院；③县、市、自治县和市辖区人民检察院。省一级人民检察院和县一级人民检察院，根据工作需要，提请本级人民代表大会常务委员会批准，可以在工矿区、农垦区、林区等区域设置人民检察院，作为派出机构。专门人民检察院包括军事检察院、铁路运输检察院和其他专门人民检察院。

三、人民检察院的领导体制

我国《宪法》第138条规定："最高人民检察院对全国人民代表大会和全国人民代表大会常务委员会负责。地方各级人民检察院对产生它的国家权力机关和上级人民检察院负责。"由此可以看出，我国人民检察院实行双重从属体制，其基本内容是：各级人民检察院对同级人民代表大会及其常务委员会负责并报告工作，接受同级人民代表大会及其常务委员会的监督；地方各级人民检察院对上级人民检察院负责。

人民检察院接受同级人民代表大会及其常务委员会的领导和监督还表现在检察院的人事任免由同级人民代表大会及其常务委员会决定。最高人民检察院检察长由全国人民代表大会选举和罢免。根据我国《宪法》和《人民检察院组织法》的规定，最高人民检察院副检察长、检察委员会委员和检察员由最高人民检察院检察长提请全国人民代表大会常务委员会任免。省、自治区、直辖市人民检察院检察长和人民检察院分院检察长由省、自治区、直辖市人民代表大会选举和罢免，副检察长、检察委员会委员和检察员由省、自治区、直辖市人民检察院检察长提请本级人民代表大会常务委员会任免。省、自治区、直辖市人民检察院检察长的任免，须报最高人民检察院检察长提请全国人民代表大会常务委员会批准。自治州、省辖市、县、市、市辖区人民检察院检察长由本级人民代表大会选举和罢免，副检察长、检察委员会委员和检察员由自治州、省辖市、县、市、市辖区人民检察院检察长提请本级人民代表大会常务委员会任免。自治州、省辖市、县、市、市辖区人民检察院检察长的任免，须报上一级人民检察院检察长提请该级人民代表大会常务委员会批准。省一级人民检察院和县一级人民检察院设置的工矿区、农垦区、林区人民检察院检察长、副检察长、检察委员会委员和检察员，均由派出的人民检察院检察长提请本级人民代表大会常务委员会任免。

人民检察院内部上下级的领导关系具体表现在以下几个方面：

1. 全国和省、自治区、直辖市的人民检察院检察长，有权向本级人民代表大会常务委员会提请批准任免和建议撤换下一级人民检察院检察长。

2. 当下级人民检察院在办理重大案件遇到特殊困难，工作难以进展时，上级人民检察院应当及时给予支持，必要时可派人协助工作，也可以将案件上调由自己办理。

3. 上级人民检察院可以了解和掌握下级人民检察院干部的组织素质和业务素质，帮助培养检察干部，总结、交流检察工作经验，以便逐步建立一支政治素质、道德素质和业务素质优良的检察官队伍。

四、人民检察院的组成和任期

根据我国《宪法》和《人民检察院组织法》的相关规定，各级人民检察院设检察长一人，副检察长和检察员若干人。检察长统一领导检察院的工作。各级人民检察院检察长的任期，与本级人民代表大会每届任期相同。最高人民检察院检察长每届任期同全国人民代表大会每届任期相同，连续任职不得超过两届。省、自治区、直辖市、自治州、县、市、市辖区的人民检察院检察长每届任期都是5年。全国和省、自治区、直辖市人民代表大会常务委员会根据本级人民检察院检察长的建议，可以撤换下级人民检察院检察长、副检察长和检察委员会委员。各级人民检察院设助理检察员和书记员各若干人。经检察长批准，助理检察员可以代行检察员职务。书记员办理案件的记录工作和有关事项。助理检察员、书记员由各级人民检察院检察长任免。各级人民检察院根据需要可以设司法警察。地方各级人民检察院检察长因故不能担任职务时，可以从副职领导人员中决定代理检察长，但须报上一级检察院和人民代表大会常务委员会备案。

【宪法事例】 湖南人大常委会不批准许庆生担任郴州市检察长

2007年9月29日下午，湖南省第十届人大常委会第二十九次会议闭幕，会议决定不批准任命许庆生的郴州市人民检察院检察长职务。许庆生曾在2007年初郴州市"两会"上被任命为郴州市人民检察院检察长。湖南省第十届人民代表大会常务委员会第二十九次会议通过《湖南省人民代表大会常务委员会关于不批准任命许庆生同志职务的决议》，决议全文如下：湖南省第十届人民代表大会常务委员会第二十九次会议听取和审议了湖南省人民检察院检察长何素斌同志提请本次会议审议的"关于提请不批准任命许庆生同志职务的议案",决定不批准任命许庆生同志的湖南省郴州市人民检察院检察长职务。

【评注】 现行《宪法》第101条规定,地方人大"选出或者罢免人民检察院检察长,须报上级人民检察院检察长提请该级人民代表大会常务委员会批准"。在本事例中,湖南省人民检察院检察长就对郴州市人大选举出的检察长的人选提出了异议,并向湖南省人大常委会表达了自己的意见。湖南省人大常委会尊重省人民检察院检察长的意见,作出了不批准任命的决定。在这个过程中,湖南省人民检察院没有越权,直接否定郴州市人大的决议,而是向省人大常委会提出了自己的意见;湖南省人大常委会亦没有不当地否定省人民检察院的不批准建议。整个过程都合乎宪法和《人民检察院组织法》规定的程序。

五、人民检察院的职权

根据《宪法》和相关法律法规,人民检察院的主要职权包括:

1. 侦查权。人民检察院对依照法律规定由其办理的刑事案件,行使侦查权。侦查权是指公安机关、人民检察院在办理案件过程中,依照法律进行的专门调查工作和有关的强制性措施的权力。

2. 侦查监督权。人民检察院有权对公安机关侦查的案件进行审查,对于公安机关的侦查活动是否合法进行监督。

3. 起诉和支持公诉权。人民检察院对于公安机关移送的案件有权决定是否逮捕和起诉;对于刑事案件有权代表国家提起公诉。对监察机关移送的案件,人民检察院经审查,认为犯罪事实已经查清,证据确实、充分,依法应当追究刑事责任的,应当作出起诉决定。人民检察院经审查,认为需要补充核实的,应当退回监察机关补充调查,必要时可以自行补充侦查。

4. 抗诉权。人民检察院对于人民法院一审案件的判决和裁定有权提起抗诉;对于人民法院审理的已经发生法律效力的判决和裁定,可以依照审判监督程序提起抗诉,进行监督。

5. 执行监督权。人民检察院对于刑事判决、裁定的执行是否合法进行监督。

六、人民检察院的检察组织和机构设置[1]

(一) 检察组织

检察院的检察组织主要包括检察长和检察委员会。人民检察院没有像法院合议庭这样的组织,但是也采取集体办案的方式。近年来我国检察院采取主诉检察官制度,通过考核之后选拔出具有专业素质的检察员担任主诉检察官。主诉检察官在检察长的领导下,依照法律规定,相对独立地行使审查起诉、出庭支持公诉职权,履行相关的法律监督事项并承担相应责任。

检察委员会是人民检察院重要的检察组织,由检察长、副检察长、各业务部门

---

[1] 张千帆主编:《宪法学》,法律出版社2004年版,第400~402页。

的负责人等构成。检察委员会在检察长的主持下，采取民主集中制的方式，讨论和决定重大案件和重大问题。但是，检察长如果在重大问题上不同意检察委员会中的多数人的意见，可以就有关问题报请本级人民代表大会常务委员会决定。

（二）业务部门

人民检察院的级别不同，各业务部门的称呼也不一样。在最高人民检察院，这种业务部门称作"厅"，在省级人民检察院及分院称为"处"，在基层人民检察院称为"科"。下面我们以省级人民检察院为例来说明人民检察院的内部机构设置：

1. 侦查监督部门。负责对刑事犯罪案件的审查批捕、决定逮捕及立案监督、侦查监督工作。检察院侦查监督处负责办理下级院侦查监督工作中疑难案件的请示，承办由公安机关等侦查机关侦查案件和本院依照法律侦查案件的审查批捕、决定逮捕，并负责立案和侦查监督；承办本辖区涉外案件的审查批捕、决定逮捕和公安机关等侦查机关提请复议、复核，延长羁押期限等案件及备案审查。

2. 公诉部门。负责审查起诉、出庭公诉、抗诉工作和社会治安综合治理工作，掌握分析社会治安动态情况，参与社会治安综合治理，同时承担侦查监督和审判监督职能。

3. 监所检察部门。其负责监督执行机关执行刑罚的活动：监督减刑、假释、保外就医等变更执行是否合法，对监狱、看守所活动是否合法以及对超期羁押进行监督；负责对刑罚执行和监管改造过程中发生的虐待被监管人案、私放在押人员案、失职致使在押人员脱逃案、徇私舞弊减刑、假释、暂予监外执行案的侦查工作和其他自侦案件进行立案前的调查工作。

4. 民事行政检察部门。其负责对民事经济审判、行政审判的监督，即对各级人民法院已经发生法律效力的，确有错误的民事、经济、行政判决和裁定，按照审判监督程序提出抗诉并出庭履行职务。

5. 控告申诉检察部门。负责控告申诉和刑事赔偿工作，受理公民和单位的控告、申诉，办理由本院管辖的刑事申诉案件和刑事赔偿案件。

随着司法改革的深入和《监察法》的制定和实施，民主法治建设日臻完善。一批基本法律，如《刑事诉讼法》《民事诉讼法》《行政诉讼法》《法官法》《检察官法》《公务员法》等法律将不断完善，司法机关的组织法将面临修改，人民检察院的机构设置及其职权也将进一步明确。

思考与实务

1. 提高司法效率的对策有哪些？
2. 试论述司法责任原则的完善。
3. 试论述我国人民法院的领导体制。
4. 试论述人民检察院法律监督权的内涵。

5. 宪法事例实训：

（1）2005年4月，《扬子晚报》以"省内首家开发区法院在南通组建"为题报道："最高人民法院近日正式批复，同意组建南通经济技术开发区人民法院。"此前廊坊等二十多个城市也设立了经济开发区法院。

请思考：最高人民法院有权以批复组建开发区人民法院吗？

（2）20世纪90年代初，福建省顺昌县大干镇余富村村民韩木生向村里承包了竹山291亩，并与村委会签订了《竹山承包合同》，承包期至2008年1月1日止。竹山经过韩木生十几年的精心管理，近几年有了很好的收益。然而这时有些村民要求分割韩木生承包的竹山。2003年6月30日，余富村委会书面通知韩木生终止合同履行。2003年7月10日，韩木生向法院提起诉讼，要求继续履行合同并赔偿经济损失。顺昌县人民法院和南平市中级人民法院均判决驳回其诉讼请求。韩木生向南平市人民检察院和顺昌县人民检察院提出申诉。检察机关抗诉后，南平市中级人民法院裁定将该案发回顺昌县人民法院重审。2006年9月15日，顺昌县人民法院判决认定韩木生的承包合同合法有效，但由于该竹山事实上已无法收回，遂撤销原判，改判余富村委会赔偿韩木生经济损失人民币30万元。

请思考：本案中人民检察院如何行使了法律监督权？

第十五章
中央与地方关系的制度

【本章概要】中央和地方的关系及其制度安排影响着政治权力的分配和制衡,是政体建设的重要内容,也是验证一个国家是否符合宪政理论规范最重要而且最具体的标准之一。我国是单一制多民族的国家,在少数民族聚居区实行了民族区域自治制度,在香港、澳门实行了特别行政区制度,推行"一国两制",在城市和农村按照居民的居住地建立了基层群众性自治组织。

【学习目标】理解我国单一制国家结构形式的优越性;掌握民族区域自治制度的内容;掌握特别行政区的地位及其实行的制度;掌握基层群众性组织的性质和作用。

第一节 国家结构形式的基本理论

一、国家结构形式的内涵与种类

国家结构形式的通说认为,国家结构形式是特定国家表现其整体与部分之间的关系所采用的外部总体形式。一般认为,政体包容了国家结构形式;国家结构形式表现为一种纵向的国家权力分配关系,是政体的重要组成部分,即为部分与整体的关系。从实质上看,国家结构形式不仅表现出中央和地方的区域性机构性关系,而且表现出国家权力的纵向分配,因此,国家结构形式应纳入国家政体的研究范围,突出国家权力运作的规律。

(一)国家结构形式的特征

1. 形式上表现为中央与地方的区域性结构关系。国家结构形式的定义在内容上指出了中央和地方的关系,是指表现一国的整体与组成部分之间、中央政权与地方政权之间相互关系的一种形式。

2. 实质上表现为国家权力的纵向分配关系。国家权力的配置在空间上可分为横向模式和纵向模式;横向配置模式就是国家权力在国家元首、中央政府、国会、最高司法机关等中央国家机关之间的分配及其相互关系,在宪法学界也通称为政权的组织形式。可以划分为总统制、议会制、二元制、委员会制、人民代表会议制等。国家权力的纵向配置一般有单一制和联邦制。

3. 体系上表现为政体的重要组成成分。我国的宪法学研究一般把国家结构形式同民族区域自治、特别行政区等制度结合起来研究,缺乏作为整体的系统研究。因此，从研究和权力运作来看，国家结构形式应纳入政体体系。

（二）国家结构形式的种类

根据主权权力以及一定的国家机关对某一公共事务的最终决定权是否由中央政府独占，国家结构形式一般分为复合制和单一制两种。由于复合制的主要表现形式是联邦制，因此，联邦制和单一制成为当代国家结构的主要形式。联邦制是指由两个或多个成员国（邦、州、省、共和国）组成的主权国家。单一制是指由若干个不享有独立主权的一般行政区域单位组成的统一主权国家。值得注意的是，并非单一制国家就一定采用中央集权，联邦制国家就一定采用地方自治。各国主要根据自己国家的国情决定国家权力的纵向分配。

1. 单一制。单一制是指中央国家机关掌握国家事务和公共事务的最终决定权，而地方国家机关只享有宪法和法律规定或中央国家机关直接授予的从属性权力政体的形式。不过，单一制国家的宪法在名称上，至今没有一部用过"单一"或"单一制"的字眼。单一制政体的主要特点是：①在组成方面，单一制国家一般由普通行政区域单位和实行自治的区域单位组成；②在法律体系上，只有一部宪法，一般具有统一的法律制度；③在国家机构方面，一般只有一套统一的立法、行政、司法系统；④在权力关系方面，中央对国家和公共事务具有最终决定权，地方的权力来源于中央的授予，地方一般要接受中央的统一领导；⑤在对外关系方面，由中央统一行使外交权，只有个别行政区域，例如我国的特别行政区，根据授权可以处理一些外交事务。世界上采用单一制的国家主要有英国、法国、荷兰、西班牙、葡萄牙、意大利、日本、乌克兰、哈萨克斯坦、印度尼西亚、越南、秘鲁、古巴、中国等。

根据地方政府享有中央政府授予权力的范围与程度，单一制国家的国家结构形式还可细分为以下类型：

（1）中央集权型。即单一制社会主义国家根据民主集中制原则划分中央和地方的权力。宪法规定中央和地方权力都集中由经过普选产生的人民代表机关掌握，其他国家机关由人民代表机关产生，受其领导和监督。同时，中央权力高度集中统一，地方要服从和接受中央的领导和指挥。在不违背中央制订的法律、法规、政策和指示的情况下，根据中央的授权，地方也在不同程度上享有一定的权力。如1976年古巴《宪法》第66条规定："国家机关根据社会主义民主、权力统一和民主集中制原则组织、工作和发展其活动"。第67条规定："全国人民政权代表大会是最高国家权力机关，它代表并反映全体劳动人民的主权意志。"1992年越南《宪法》第83条第1款规定："国会是越南社会主义共和国的最高权威，是最高的人民代表机关。"

（2）地方自治型。宪法以不同的方式规定中央权力和地方权力，明确规定了地方自治的范围或原则。例如，1947年的意大利《宪法》详尽地规定了中央的各项权力，对地方权力则强调："承认并鼓励地方自治；在国家各项公职方面实行最广泛的行政上的地方分权；并使其立法原则与立法方法适应地方自治与地方分权的要求。"同时，规定地方的主要权力有：财政自治权、可以制定和颁布立法性规则及自己的章程；各区可以拥有自己的公产和财富。尤其近年来，为了进一步激活地方的活力，法国、日本等单一制国家相继通过了地方自治促进法，落实宪法规定的地方自治权，进一步推进地方自治。

（3）均权主义型。凡事务有全国一致之性质者，划归中央；有因地制宜之性质者，划归地方，即不偏于中央集权制或地方分权制。

2. 联邦制。联邦制是联邦与成员单位分别对联邦宪法明确划分的管辖事项行使国家权力，各成员单位对管辖的事项有最终决定权的政体形式。在联邦制国家，州、共和国等成员单位也有中央机关，其"地方"一般是指州或共和国之下的地方，但是相对于联邦中央而言，州、共和国等联邦成员单位仍属地方，故联邦制在实质上也是中央和地方的权力分配。一般来说，联邦制国家宪法对联邦制表述的鲜明特点之一是往往在宪法的名称上都直接以"联邦"冠名，读其名称，国家结构形式便一目了然。联邦制具有如下主要特征：①在组成方面，联邦制国家由共和国、州、省、邦或边疆区等成员单位组成；②在法律体系方面，除联邦宪法和法律外，各成员单位往往还有自己的宪法和法律，但也有例外，印度、巴基斯坦等联邦国家的成员单位邦、省则没有自己的宪法；③在国家机构方面，除联邦的立法、行政、司法系统外，各成员单位还有自己的一套立法、行政、司法机关系统；④在权力关系方面，联邦与成员单位在联邦宪法明确划分的权限范围内行使国家权力，二者之间互相独立，不存在隶属关系，各成员单位对管辖的事项有最终决定权，联邦宪法未明确规定的"剩余权力"有的归成员单位，例如美国，有的属于联邦，例如加拿大；⑤在对外关系方面，联邦主权由联邦中央统一行使，但各成员单位一般也享有一定的外交权，甚至有的联邦成员可以作为国际法主体加入国际组织。

宪法对联邦制国家结构的表述最重要的内容是对中央和地方权限的划分。根据大多数宪法学者的观点，联邦制的核心特征是中央和地方的相互分权，即中央与地方各有其权限。因此，依地方政府分享权力的广度与深度，联邦制国家又分为以下类型：

（1）中央集权型。即通过列举地方事权，而将未列举的职权归属于联邦中央，即"中央事权概括，地方事权列举"。其典型代表为前南非《联邦宪法》，其列举4个联邦成员的权力后，规定凡未列举的权力属联邦中央所有。

（2）地方分权型。即以不同的方式，在联邦宪法中规定了地方的分权。例如美国宪法，单独列举中央事权，而把中央权力之外的国家权力归各州、邦、省或其他地方组织。也有些宪法既列举中央事权，又列举中央和地方共同管辖的事权，而将未列入的事权归属于地方国家机关行使。1993年俄罗斯《联邦宪法》第71条规定了俄罗斯联邦中央的18项国家权力；第72条规定属于俄罗斯联邦中央和地方各主体共同享有的14项国家权力；第73条则规定："根据俄罗斯联邦和俄罗斯联邦各主体共同管辖的对象，俄罗斯联邦各主体拥有俄罗斯联邦管辖范围和俄罗斯联邦职权范围以外的全部国家权力。"

综上所述，各国宪政发展的历史不同、国情有别、意识形态多样、宪政发展不均衡等因素，使各国宪法对于国家结构形式的选取和表述均有不同，这也是特定国家的政治、经济、文化等客观因素共同作用的结果。例如，社会主义国家宪法按民主集中制原则划分中央和地方的权力；联邦制国家根据权力制衡原则划分中央和地方的权力。总之，联邦制和单一制之间并无优劣之分，也无谁向谁过渡的问题。保持良好的国家结构形式的关键，应是坚持科学发展观，深化国家权力的分化。

【宪法事例】　　　　　　　马卡洛诉马里兰州案

1791年组建的美国联邦中央银行——第一合众国银行（First Bank of the United States），在20年经营特许状到期后，便被民主共和党人控制的国会否决解散了。这样美国市场上合法的货币只剩下金、银两种。金、银货币又重又大，携带不便，民众纳税还债，只好选择地方银行发行的纸币。而地方银行管理不善，造成纸币泛滥，形同废纸。为了整顿这一混乱的局面，更是为了支付政府欠下的战债，控制国会的民主共和党人不得不在1816年通过了建立第二合众国银行（the Second Bank of the United States）的法律，授予它为期20年的经营特许状。该行拥有发行纸币、代理国库的职能，但其资本的4/5为私人所有，主要业务也为私人所控制。

1817年1月第二银行在费城开张营业，逐步改善了全国混乱的金融秩序。第二银行及在各地的分行多少抢了地方银行、特别是各州政府特许的州银行（state-chartered banks）的业务和生意，因此被它们视为眼中钉。有两个州通过法律禁止该行在本州营业，另有6个州计划通过征税的办法来限制第二银行在本州的活动，其中马里兰州成为第一个限制其活动的州。为了把设在该州的联邦分行挤走，马里兰州议会通过了一项税法，规定设在该州巴尔的摩市的联邦分行每年必须向马里兰州缴纳15 000美元的营业税，或者其所发出的票据必须贴上马里兰州的印花，并据此向州政府纳税，否则，不得在马里兰州营业。

1818年春末，巴尔的摩分行的出纳员詹姆斯·马卡洛（James McCulloch）向分行主任解付了一大批未贴有印花税的钞票，不久，这批钞票开始在巴尔的摩市内流通起来。马里兰州政府遂向州地方法院控告马卡洛违反州税法，法院判马卡洛败诉并罚款100美元。马卡洛在联邦政府的支持下，将案子上诉到马里兰州的上诉法院，但该院维持原判。马卡洛在联邦政府的支持下，又把案子上诉到联邦最高法院。1819年2月22日，联邦最高法院开庭审理马卡洛诉马里兰州案。3月6日，最高法院以7比0作出判决，推翻了州法院的决定。

【评注】 本案法官马歇尔（即马伯里诉麦迪逊案的法官）考察了宪法起源的历史，指出《美国联邦宪法》（以下简称《宪法》）曾提交给各州人民讨论，并由他们特别选举出来的代表会议批准通过而"获得充分权威"。因此，其结果是，联邦"政府直接产生于合众国的人民（the people），并以合众国人民的名义'确认和建立（ordained and established）'"。各州的确拥有主权，但是当这一主权与联邦的主权发生碰撞时，州的主权必须服从于联邦的主权。因为，"联邦政府断然是，而且真正是一个属于合众国人民的政府。无论从形式上还是内容上，它（联邦政府）都是来源于人民。它的权力是人民赋予的,并直接对人民和为人民的福祉而行使"。从根本上动摇了州权至上理论的全部依据。

马歇尔一方面承认,联邦政府只是《宪法》所规定的权力部门之一,只能行使《宪法》所授予它的那些权力。但另一方面,他提出了解释宪法的"默许权力(implied power)理论"。尽管《宪法》所规定的联邦政府权限中没有建立银行这类法人社团的内容,但与《宪法》的前身《邦联条例》(Articles of Confederation)中所授权力都要"确切表述"(expressly and minutely described)不同,它没有排除"附带的或默许的各种权力(incidental or implied powers)"。因此,合理的解释是它允许联邦政府拥有"附带的或默许的各种权力"。马歇尔进一步认为,《宪法》只是给出了联邦政府结构及权力的总纲,列举了其最重要的职责,而它的其他权力则可以"根据这些职责的本质来推导出来"。同时,《宪法》明确赋予了联邦政府如下的权力:征税、举债、调节商业、建立军队和宣战等。因为这些规定符合国家的根本利益,所以国会应该拥有行使这些权力的具体手段。就本案而言,合众国银行就是一项执行国家财政政策的基本和有效的工具。鉴于《宪法》的第1条授权联邦政府通过"执行其上述权力所必要和适当的一切法律",第二合众国银行的建立和存在合乎《宪法》。

最后,对一个州是否可以运用《宪法》保留给它的征税权,来向联邦银行课税这一问题,马歇尔强调,根据《宪法》第6条的规定——宪法和联邦法律"都是全国的最高法律"(史称"第六条最高条款"),国会有关建立合众国银行的法律高于各州的法律。一个州不能向它的主权管辖不及的法人主体课税,如果允许一个州对联邦银行课税,那么,它也可以向其他联邦机构诸如邮政、铸币、专利、海关和联邦法院课税。这样一来,"州的征税的权力就会演变为毁灭的权力"。

二、关于中国实行单一制的原因

我国是统一的多民族的单一制国家,关于我国实行单一制的原因,我国宪法学者各有不同的说法。第一种比较主流的观点是从民族和历史的角度进行考虑:①我国具有长期实行单一制的历史传统;②民族分布和民族发展状况;③融洽的民族关系。也有的学者进行进一步的归纳,指出实行单一制是我国历史发展的必然趋势,是全国人民长期奋斗的结果;是由我国的民族状况决定的;是巩固国防的需要。[1] 此外,也有的学者提出单一制是超稳定的文明价值模式,秦、汉、唐、元、明、清等代均行此制。[2] 有的学者进一步指出,单一制国家结构符合我国历史传统和现实要求,也符合我国国家权力的本质:①从政治文化的角度来看,"大一统"思想长期在中国社会处于统治地位;②从经济生产方式来看,中央与地方集权或分权的纵向权力结构深层根源于社会经济结构,长期小农经济的生产方式决定了我国单一制的国家结构选择;③从国家政治权力结构来说,中国自秦汉以来,历代封建王朝一直

---

[1] 周叶中主编:《宪法》,高等教育出版社、北京大学出版社2000年版,第230页。
[2] 俞子清主编:《宪法学》,中国政法大学出版社1999年版,第208页。

实行高度中央集权的统治方式。

据上可知，宪法学者从不同角度解释了我国实行单一制的原因。但就某些角度而言，其仅具有一定的象征性意义，是表象，而非实质。我国是一个大国，大国之内中央和地方关系的制度安排，不仅要考虑到统一和团结，而且也要考虑到合作与分工。为此，我们必须认真考虑实行单一制的实质原因。一般来讲，以下四个方面的因素应予考虑：

（一）国家安全

过去对于单一制的分析，无论涉及民族问题，还是中央与地方问题，其核心原因之一就是安全。过去的历史告诉我们，作为一个多民族的国家，民族和宗教差异等问题容易导致国家不稳定，战争、内乱随之而来，如南斯拉夫和伊拉克。尤其在一个大国之内，处理好民族问题，处理好中央和地方的问题，就是处理好安全问题。而且政治学常识告诉我们，国家所能调动的资源和国家规模成正比。和小国相比，一个大国更能够集中足够的社会和军事资源，有效抵御外部侵略。同样的理由也使大国能更有效地镇压国内叛乱，维护社会秩序。[1]因此，单一制的大国有利于国内和国际安全。我国历来传承"大一统"的统治方式，在中华民族的发展历史中，其对抵御外敌、保持国内社会安定起到了关键作用。因此，单一制受到了我们的青睐。

（二）经济繁荣

国家统一对于经济发展具有积极意义，因为国家版图的大小往往决定着市场规模。[2]如果能够保证国家内部取消所有的贸易障碍，那么不同地区之间的自由贸易应当能够促进整个国家的经济发展。例如，《美国联邦宪法》的"州际贸易条款"不仅明确授权联邦政府干预涉及多个州的贸易往来，而且还隐含了禁止各州对外州贸易进行不正当限制的规定。这个条款后来证明意义重大，因为它有效防止了地方歧视和保护主义，打破了地方界限，形成了美国大陆的共同市场，促进了美国经济的持续发展。与其类似，我国具有规模巨大的市场，但地方保护主义现象仍相当严重。因此，既要保证发挥地方的活力，又要增强国家的经济，就需要根据宪法，运用单一制的特点，保证中央权力的权威，同时赋予地方相应的经济事务权力。

（三）个人自由

单一制有助于保障个人自由。一般来讲，一个合理的制度设计，既需要根据自己的国情，更应该保障个人的自由。传统理论认为，大国的单一制不利于保护人的自由，联邦大国有利于保障人权。我们认为，不能单纯地从国家结构形式看这一问题。国家结构形式是国家权力的纵向分配；任何权力都是应受限制的，我国实行的

---

[1] 参见张千帆："大国的祸与福——关于国家结构制度安排的一点随想"，http://bbs. scuec. edu. cn/read. php? tid=1001881，访问时间：2007年4月17日。

[2] 参见张千帆："大国的祸与福——关于国家结构制度安排的一点随想"，http://bbs. scuec. edu. cn/read. php? tid=1001881，访问时间：2007年4月17日。

人民代表大会制度，更容易让人民作为评价主体，让人民掌握对国家权力的控制。因此，单一制之下，建立起有效的限制权力的机制，将更有利于保障个人自由。

（四）党的领导

中国共产党领导中国各族人民在经历了长期的艰苦的武装斗争后，推翻了国民党的统治，建立了新中国。新中国是中国共产党统一领导建立的，新中国的建立是在中共中央直接领导下完成的。这种情况也决定了我国要采取单一制。这不仅仅是历史的发展，也是由我国的客观现实决定的。只有单一制才有利于我国社会主义现代化的建设。

三、我国单一制的特点

我国现行《宪法》对单一制国家结构的表述具有自己的特色，主要表现为"中央和地方的关系总体上遵循在中央领导下，充分发挥地方的主动性、积极性"的原则。其具体内容是把中央和地方的权力关系按照区域划分成两种模式，即中央与普通行政区域、中央与民族自治地方关系模式和中央与特别行政区关系模式。与其他国家的单一制相比，我国的纵向配置模式是社会主义的单一中央集权模式，具体说来，有以下几个特点：

1. 实行中央集权，但又赋予地方一定的权力。根据我国《宪法》《地方组织法》《立法法》的规定，我国中央权力机关即全国人大及其常委会统一行使立法权，中央人民政府即国务院统一领导地方各级人民政府，中央军委统一领导全国武装力量，中央司法机关即最高人民法院和最高人民检察院分别享有最高审判权和最高检察权。但同时省级和较大的市的人大及其常委会有权制定地方性法规，县级以上地方各级人大常委会有权决定本地区的重大事项，地方各级人民政府管理本地区的各项行政工作。我国单一制模式遵循的原则是在中央统一领导下充分发挥地方的主动性、积极性。也就是说，我国单一制实行的不是完全的中央集权制，而是民主集中制。

2. 不属于地方自治类型，但部分地区实行自治。我国为数众多的普通地方行政区域不实行地方自治，故我国单一制模式不属于地方自治类型。但是，在少数民族聚居的地方实行民族区域自治，在特别行政区实行高度自治。民族自治地方的自治权以遵守宪法和法律的原则为界限，自治权较小，而且民族自治地方的人民法院和人民检察院不属于自治机关，不享有自治权。而特别行政区享有高度的自治权，其自治权比联邦下的成员国的权力还要大：它们有在联邦制中才有的类似州宪法的基本法；它们享有立法权，有完全独立的法律体系，它们的法律可与中央的法律不一致，它们甚至可以不遵守国家宪法的大多数内容；它们有完全独立的司法系统，享有独立的司法权和终审权；它们像一个独立王国，有自己的海关、货币、财政、税收、金融、贸易体系，均与中央毫无关系；它们还可以在经济、贸易、金融、航运、通讯、旅游、文化、体育等领域以中国香港、中国澳门的名义，单独地同世界各国、各地区及有关国际组织保持发展关系，签订和修改有关协议；等等。据此，有人认为我国不再是单一制国家，而是联邦制国家。我们以为，我国还是单一制，但与传统的单一制有很大的不同,已经带有某些联邦制的特点,因为:中央对特别行政区行使主权,特别行政区基本法是中央国家权力机关即全国人民代表大会制定的,特别行政区享有高度自治权是中央授予的,而且特别行政区行政长官和行政机关的主要官员是由中央人民政府任命的,行政长官要对中央人民政府负责。

3. 最基层实行群众自治。在我国城市和农村的最基层,按居(村)民居住区设立基层群众性自治组织——居民委员会和村民委员会,居(村)民实行自治,依法办理自己的事情。

4. 党的领导。从本质上讲,我国中央与地方权力结构实质上形成了党统率下的一体化权能结构,各级地方政治权力结构实际上是中国政治中枢各基本要素的放射,中央通过政治领导、组织领导和思想领导对国家纵向和横向的政府机构进行较直接的领导,同时通过各级国家机构中的党组,通过上下对口机构设置,在中央地方各级决策过程中处于核心地位。

可见,我国在宪法基本权力的纵向配置上具有高度的灵活性和很强的包容性,它是集中央集权某些特点、地方自治某些特点和联邦制的特点于一身的富有创造性的单一制,是一种具有中国特色的单一制。[1]

第二节 行政区划及相关制度

行政区划是宪法确认的一种国家制度,其不仅是领土的静态区域,而且是国家权力纵向分配的具体表现。良好的行政区划可以保障中央和地方利益的平衡,实现社会资源的合理配置。

一、行政区划的含义

行政区划,又称行政区域划分,是指特定的国家机关依照宪法和法律的规定,按一定的原则和程序,将国家领土划分为若干不同层次的区域,以便设置相应的地方国家机关进行管理的法律制度。行政区划是一种国家行为,行政区域是这种行为的结果,两者统一构成了行政区划制度。[2]行政区划是在一定的条件下进行的:依据领土大小,自然环境、政治、经济及文化状态,民族、人口分布,历史传统,军事防御,国家发展战略等将领土进行合理的分级划分,并设置相应的地方国家行政机关,构成一国的地方行政建制。我国的行政区划是在单一制的前提下进行的。

我国是世界上实施行政区划较早的国家之一。夏、商、周和春秋战国的分封制;秦、汉的郡县制;魏、晋、南北朝和隋的州制;唐、宋的道(路)制;元、明、清的行省制,表现出我国的行政区划具有历史的继承性。中华人民共和国成立后,行

---

[1] 杨海坤主编:《宪法学基本论》,中国人事出版社 2002 年版,第 218~219 页。
[2] 俞子清主编:《宪法学》,中国政法大学出版社 1999 年版,第 208 页。

政区划继承历史传统，并在一定程度上进行制度创新。我国《宪法》第 30 条规定，中华人民共和国的行政区域划分如下：①全国分为省、自治区、直辖市；②省、自治区分为自治州、县、自治县、市；③县、自治县分为乡、民族乡、镇。直辖市和较大的市分为区、县。自治州分为县、自治县、市。自治区、自治州、自治县都是民族自治地方。《宪法》第 31 条规定，国家在必要时得设立特别行政区。在特别行政区内实行的制度按照具体情况由全国人民代表大会以法律规定。

二、行政区域的管理制度

（一）行政区划的调整

行政区划调整，也可称为行政区划变更或划分，它包括行政建制变更、行政等级变更、行政区域界线变更、行政隶属关系变更、行政机关驻在地迁移和行政区域名称命名、更名等。有的学者指出，行政区划调整具有如下特征：①政治性。这是行政区划调整的最大特征，无论哪一层次的行政区划调整，其目的都是强化国家职能、加强行政管理，充分发挥各级行政区划管理机构的监督、指导作用。②经济性。行政区划与区域经济发展密不可分，划分和调整行政区域必然要考虑各地经济的特点。③法律性。行政区划调整应由法定机关依法定程序实施。④历史性。行政区划调整随着历史的发展而发展，具有历史承继性。⑤地域性。[1] 可见，行政区划调整是一个新的行政区划体系的形成而不是新的地域分割。这就要求行政区划调整既要协调行政区域内部各级行政区域之间以及与邻区之间的关系，又要协调不同层次行政区域之间的边界划分、经济政策、产业结构以及行政权限等方面的关系问题。因此，我国国务院《关于行政区划管理的规定》第 2 条明确规定："行政区划应保持稳定。必须变更时，应本着有利于社会主义现代化建设，有利于行政管理，有利于民族团结，有利于巩固国防原则，制定变更方案，逐级上报审批。"

根据国务院关于行政区划管理的规定，行政区域的划分必须经过法定的程序，具体内容如下：

1. 省、自治区、直辖市、特别行政区的设立、撤销、更名，报全国人民代表大会审议决定。

2. 下列区域规划由国务院审批：

（1）省、自治区、直辖市的行政区域界线的变更，省、自治区人民政府驻地的迁移。

（2）自治州、县、自治县、市、市辖区的设立、撤销、更名和隶属关系的变更以及自治州、县、自治县、市人民政府驻地的迁移。

（3）自治州、自治县的行政区域界线的变更，县、市的行政区域界线的重大变更。

（4）凡涉及海岸线、海岛、边疆要地、重要资源地区及特殊情况地区的隶属关

---

[1] 丁胜："中国行政区划改革的新探索"，载《安徽农业大学学报（社会科学版）》2006 年第 6 期。

系或行政区域界线的变更。

3. 县、市、市辖区的部分行政区域界线的变更，国务院授权省、自治区、直辖市人民政府审批；批准变更时，同时报送民政部备案。乡、民族乡、镇的设立、撤销、更名和行政区域界线的变更，乡、民族乡、镇人民政府驻地的迁移，由省、自治区、直辖市人民政府审批。[1]

【宪法事例】　　山东滕州要求脱离枣庄市实行省管县[2]

枣庄市位于山东省南部，其代管的滕州市（县级市）一度是山东南部的工农业重地，曾有"工业城镇""山东粮仓"之称，地处矿区，资源丰富，其经济发展水平和速度与枣庄差距明显，形成了"小马拉大车"之态。在滕州人看来，枣庄市的代管，严重束缚了滕州市的经济发展。

于是，滕州要求脱离枣庄的代管的民间呼声一直存在。近年来的几项重要事件，更是将滕州要求脱离枣庄代管的诉求推向了风口浪尖：

（1）2005年，滕州市部分人大代表和老干部曾组织发动几万人参加的签名，并向国务院、山东省政府等提交了请愿书。

（2）2006年1月，滕州市人大代表赵恒先与两名退休老干部，提起行政诉讼，要求确认山东省人民政府《关于撤销滕县设立滕州市的通知》无效，请求山东省政府严格、全面贯彻落实《国务院关于山东省撤销滕县设立滕州市的批复》。诉状中写道："山东省政府将滕州市确定为枣庄市代管的行为，违反了《宪法》和国务院的批复，严重地束缚了滕州市县域经济的发展。"此案最终并没有立案。

（3）2008年3月4日，前项诉讼的代理律师杨学林，分别向全国人大常委会和山东省人大常委会递交《公民建议书》，要求滕州脱离枣庄的代管，进而主张"直接否定市管县体制的合法性，确认市管县体制的违宪性，宣布在全国取消市管县体制"。

滕州要求脱离枣庄代管转由省直管，并非孤立的事件，诸多省份有此制度尝试，乃至已经在有关决策层面有所回应：

（1）出于打破县域经济的发展瓶颈的动机，诸多省份先后不同程度地推出了"强县扩权"政策，这些省份包括：浙江、广东、河南、河北、辽宁、吉林、湖北、江苏、福建等。

（2）2006年，十届人大三次会议通过"十一五规划"，其第32章"推进财政税收体制改革"中明确指出："有条件的地方可实行省级直接对县的管理体制。"

（3）国务院于2007年8月批复的《东北地区振兴规划》中更为细致地写道："加快行政管理体制改革。推进政企分开和政资分开，减少和规范行政审批。切实改变政府对经济活动干预过多的状况，更多地运用经济和法律手段调节经济活动。有条件的地方积极推进'省直管县'改革。"

---

[1] 参见《国务院关于行政区划管理的规定》第3~5条。
[2] 韩大元主编：《中国宪法事例研究（三）》，法律出版社2009年版，第205页。

【评注】我国于20世纪80年代开始全面推行"市管县"政策,在经济发展过程中,发挥着市"带"弱县的功效;但随着部分地区县域经济的发达,开始出现市"卡"强县的现象。现行《宪法》第30条为行政区划改革提供了宪法基础,该条规定:中华人民共和国的行政区域划分如下:全国分为省、自治区、直辖市;省、自治区分为自治州、县、自治县、市;县、自治县分为乡、民族乡、镇。直辖市和较大的市分为区、县。自治州分为县、自治县、市。自治区、自治州、自治县都是民族自治地方。根据《宪法》第30条前两款的规范内涵,宪法规定可采用县建制有五种情形,五类县分属于两个层次:省辖县与市辖县。"强县扩权"政策中,扩权给强县带来的变动可以分为两类情形:一种情形就是由"较大的市"所辖县升格为省辖县,这是两类合宪的县建制之间的变动,即前述的市辖县升格为省辖县;另一种情形是由一般的市所辖县升格为省辖县,这是宪法未规定的县建制向合宪的县建制的变动。前一类情形的宪政意义,在于探索不同类型县建制之间的变动条件与程序,由于变动前后的县建制符合宪法,这类情形的变动显得较为从容。后一类情形的宪政意义,在于纠正现行行政区划政策中不合宪的县建制。从这个角度看,"强县扩权""省直管县"政策具有对逾越宪法界限的"市管县"体制进行纠偏的客观效果,滕州脱离枣庄市代管的诉求在这个意义上是具有宪法依据的。

第三节 民族区域自治制度

民族区域自治制度是中国共产党运用马克思主义民族问题理论与国家结构学说,结合中国民族关系和民族特点的实际情况而采取的一项基本政策,也是在多民族单一制的社会主义国家内,实现各民族平等联合的一项重要政治制度。

一、我国选择民族区域自治的依据及立法概况

(一)选择民族区域自治的依据

民族问题历来是世界各国关注的焦点,每一国家采取何种国家结构形式来解决民族问题,关键在于国情,在于尊重现有的民族关系和历史。民族问题的历史和现实问题,影响一国处理民族问题的方式。

1. 历史与现实依据。我国历史上是一个中央集权的统一的多民族国家。在长期的历史发展中,各民族之间进行经济和文化交流,正是在此基础上,我国建立和发展了政治上的民族关系。从秦到清两千多年的历史长河中,国家的统一是主流,中华各民族对统一具有强烈的认同感和向心力。统一是不可逆转的浩浩大潮,这更加促进了各民族之间政治、经济、文化的交流和合作。而且,各民族在各自的聚居地依照历史的发展规律,经过迁徙、流动、融合,形成了在空间上大杂居、小聚居和交错聚居的局面,这种你中有我、我中有你的民族情结成为建立统一的内在联系。在近现代反抗外来侵略的斗争历史中,各族人民深切体会到:伟大祖国是各民族的

共有家园，只有国家的主权统一和领土完整，各民族才能实现真正的自由平等和发展进步；中国各族人民只有更加紧密地团结和联合起来，才能维护国家主权统一、领土完整和实现国家繁荣富强。

另一方面，中国各民族人口、资源分布和经济、文化发展的不平衡性等特点，强化了各民族之间的互补性和依赖性。因此，从发展角度看，只有各民族紧密团结合作，充分发挥各自的比较优势，取长补短，才能更快的实现各民族共同发展繁荣的目标。基于以上的认识，我国建立了统一的多民族国家，确立了在单一制国家内以民族区域自治作为解决中国民族问题的基本政治制度，这是符合我国国情、顺应民族意愿的必然选择。

2. 理论基础依据。民族自治是保障少数民族权利，预防和解决民族冲突的重要制度和基本政策。国家之所以选择自治，均与民族问题有关。尽管各国实施区域自治的内容和方式有所不同，有的强调民族自治，有的强调某一地区的各民族共治，有的是联邦体制下的自治。我国是单一国家体制下的自治，这种自治的理论依据与西方有所不同。西方自治理论基础主要是民族自决理论或在其多数人决定的民主政治框架内，如何保护少数人的权益问题。我国的民族区域自治依据的是马克思主义民族平等理论，马克思、恩格斯强调工人阶级必须坚持建立统一而不分割的国家，同时肯定了自治制的必要性和适宜性。列宁进一步指出，把地方自治看成真正民主国家的前提，同时，列宁还把自治问题和民族问题直接联系起来，把民族自治作为无产阶级国家政权建设上的普遍原则，"民主集中制不仅不排斥地方自治以及有独特的经济和生活条件、民族成分等的区域自治，相反，它必须既要求地方自治，也要求区域自治"。[1] 我国的民族区域自治不仅吸收了马恩列的民族原则，同时也延续了中国对少数民族实行的"因俗而治"的历史传统，不仅人口较多的少数民族可以实施民族区域自治，就是人口较少的民族也可以实行民族区域自治，从而让他们平等地享有管理本民族内部事务的权利。中国的民族区域自治，不仅在于保障少数民族的政治权利，更在于促进民族区域的发展。虽然我国和西方自治所依据的理论基础不同，但其追求的目标基本一致，就是既保证国家的统一和民族团结，又尊重和保证少数民族自主管理本民族内部事务，平等地行使当家做主的权利，实现社会的共同繁荣发展。

综上可知，选择民族区域自治是在中国共产党的领导下，运用马克思列宁主义，同我国具体国情相结合的产物。

（二）民族区域自治立法的概况

经过长期的发展，中国共产党将民族区域自治作为中国民族问题的基本政策和制度，包括了以下几个层次：

1. 宪法。1952年8月8日，中央人民政府委员会批准了《民族区域自治实施纲

---

[1]《列宁全集》（第24卷），人民出版社1990年版，第149页。

要》。1954年《宪法》则是继承和发展了《共同纲领》关于民族区域自治的基本原则，总结《民族区域自治实施纲要》实施的经验，对民族区域自治作了进一步的规定："中华人民共和国是统一的多民族的国家"；"各民族一律平等"；"各少数民族聚居的地方实行区域自治，各民族自治地方都是中华人民共和国不可分离的部分"。1954年《宪法》关于民族区域自治的规定是：①规定民族自治地方仅局限于自治区、自治州和自治县，县级以下的行政区域和乡不再实行民族区域自治；②民族自治地方名称根据民族自治地方行政地位的高低确定为"自治区""自治州""自治县"三个层次；③县以下少数民族聚居的地方相当于乡的范围建立"民族乡"，以适应这一部分聚居的少数民族的特殊情况；④设立"民族自治地方的自治机关"一节，共6条，专门规定了民族自治地方自治机关的组织和自治权。例如，民族自治地方的自治机关可以根据当地民族的政治、经济和文化的特点制定自治条例和单行条例，而不仅仅局限于制定单行法规。自治条例和单行条例一律报请全国人大常委会批准，而不是层报上两级行政机关批准。

1982年《宪法》奠定了新时期民族立法的基本原则，即民族平等、民族团结、各民族互助和谐和民族区域自治。1982年《宪法》继承和发展1954年《宪法》关于民族区域自治制度的规定，对民族区域自治制度规定了十几条，主要包括：①关于民族区域自治制度；②关于民族自治地方的自治机关及其组成；③关于自治机关的自治权；④关于国家对民族自治地方的责任和义务。

2. 民族区域自治法。1984年10月1日《民族区域自治法》正式实施，《民族区域自治法》是由宪法规定的唯一的基本法，也是除宪法外写有序言的第一个基本法，也是援引宪法条文最多的基本法。它以基本法的形式把民族区域自治政策固定下来，它的实施是社会主义民族立法的里程碑。为了贯彻实施《民族区域自治法》，不断完善民族区域自治法制度，全国人大、国务院、各级民族自治地方和辖有自治州、自治县的上级人民政府，都制定了与自治法相配套的行政法规、自治条例和单行条例，初步形成了以《宪法》为基础，《民族区域自治法》为基本，国务院法规或自治地方政府法规在内的自治法制体系。《民族区域自治法》是实施《宪法》规定的民族区域自治制度的基本法律，该法规定了民族区域自治法的原则，"坚持四项基本原则，即坚持社会主义道路，坚持人民民主专政，坚持共产党的领导，坚持马克思列宁主义、毛泽东思想，是全国各族人民团结前进的共同政治基础，也是全国各族人民共同繁荣的根本保证"。[1] 由此可见，《民族区域自治法》贯穿了四项基本原则和民族平等、团结和共同繁荣的原则。《民族区域自治法》除序言外，条文共7章67条。2001年修改后，条文共7章74条，主要规定了：①民族自治地方的建立；②民族自治地方自治机关及其组成；③民族自治地方的自治机关的自治权；④上级国家机关对民族自治地方的职责；⑤民族自治地方机关处理民族自治地方内民族关系的原则等内容。

---

[1] 《中华人民共和国民族区域自治法》，法律出版社1984年版，第22页。

总之，该法是一部调整民族自治地方与国家关系以及民族自治地方内的各民族关系，在统一的国家内保障各少数民族当家做主，管理和建设好自己的家园的重要法律。

3. 其他法律有关民族区域自治制度的规定。除《宪法》和《民族区域自治法》外，其他法律对于民族区域自治制度也有规定：①直接关于民族区域自治制度的规定；②关于民族问题的一般规定。

4. 国务院关于民族区域自治制度的行政法规。《宪法》第89条规定的国务院的第11项职权是："领导和管理民族事务，保障少数民族的平等权利和民族自治地方的自治权利。"国务院为了行使这些权力，制定了大量的行政法规，例如1991年，国务院发出了《关于进一步贯彻实施〈中华人民共和国民族区域自治法〉若干问题的通知》。

5. 民族区域自治地方的地方性法规和规章，自治条例、单行条例、变通规定和补充规定。进行《民族区域自治法》配套法规建设，是落实民族自治法及政策的重要条件及保证。为此，民族自治地方的人民代表大会及其常委会"依照当地民族政治、经济和文化的特点"和当地"实际情况"，制定自治条例、单行条例、变通规定和补充规定，这些规定不仅填补了国家尚未制定的法律、法规的空白，而且细化了法律、法规的原则，便于民族自治地方的遵守和执行。

二、自治机关的组成及自治权

《民族区域自治法》规定，在国家统一领导下，各少数民族聚居的地方实行区域自治，设立自治机关，行使自治权。这就涉及了两个主要的问题：①自治机关的设立和建设，包括自治机关的民族化和民主化；②自治机关的自治权的行使。前者是实行民族区域自治的关键，为自治机关充分行使自治权提供了前提条件；后者则是实行民族区域自治的核心，是衡量是否达到真正自治的重要标志。同时，国家统一领导和民族区域自治是一个有机的整体。各民族自治地方都是祖国不可分离的一部分，各民族自治地方的自治机关都是中央人民政府领导下的一级地方政权，都必须服从中央统一集中的领导，必须保证国家政令在民族自治地方的贯彻执行。

（一）自治机关的组成

民族自治地方的自治机关是自治区、自治州、自治县的人民代表大会和人民政府。也就是说自治机关是国家的一级地方政权的组成机关，包括了地方人大和地方行政机关。民族自治地方的自治机关，既是统一的中华人民共和国的地方政权机关，又是国家统一领导下的少数民族自主管理机关。民族区域自治机关不仅是自治机关，它也体现了自治地方各民族平等的权利和自治民族自主治理本地方的权利。因此，民族自治地方自治机关的设立和建设，是实施民族区域自治制度的关键环节，它直接关系到各民族能否真正行使自治权力。民族自治地方的建立、区域界线的划分、名称的组成，由上级国家机关会同有关地方的国家机关和有关民族的代表充分协商拟定，按照法律规定的程序报请批准。自治区的建置由全国人民代表大会批准。自治区的区域划分以及自治州、自治县的建置和区域划分由国务院批准。民族自治地方一经建立，未经法定程序，不得撤销或者合并；民族自治地方的区域界线一经确定，未经法定程序，不得变动。确实需要撤销、合并或者变动的，由上级国家机关的有关部门和民族自治地方的自治机关充分协商拟定，按照法定程序报请批准。

民族自治地方的自治机关是自治区、自治州、自治县的人民代表大会和人民政府。民族自治地方的人民代表大会中，除有实行区域自治的民族的代表外，其他居住在本行政区域内的民族也应当有适当名额的代表。民族自治地方的人民代表大会常务委员会中应当有实行区域自治的民族的公民担任主任或者副主任。自治区主席、自治州州长、自治县县长由实行区域自治的民族的公民担任。民族自治地方人民政府的其他组成人员，应当合理配备实行区域自治的民族和其他少数民族的人员。自治机关所属工作部门的干部中，应当合理配备实行区域自治的民族和其他少数民族的人员。

由上可知，我国《民族区域自治法》对自治机关的组成和干部的配备，具有明确的民族化要求。这些规定对实行民族区域自治是非常重要的，有利于实现自治民族当家做主的权利。不过，根据我国民族自治地方人口的比例来看，贯彻《宪法》和《民族区域自治法》，在自治机关干部任用方面，要全面考虑，既要照顾到自治民族自主管理的要求和需要，也要注意到非自治民族的民主平等权利的实现；既要体现民族自治自主的原则，也要体现民族平等团结的原则。

（二）民族自治地方的自治权

民族自治地方的自治机关行使《宪法》第三章第五节规定的地方国家机关的职权，同时依照《宪法》《民族区域自治法》和其他法律的规定行使自治权，根据本地方实际情况贯彻执行国家的法律、政策。上级国家机关保障民族自治地方的自治机关行使自治权。而所谓自治机关的自治权，是指民族自治地方的人民代表大会和人民政府，根据本民族、本地区的情况和特点，自主管理本民族、本地区的内部事务的权力。民族自治权是国家根据统一和自治的原则赋予民族自治地方的权力，也是自治民族根据平等自治原则享有的权利。它不是恩惠，也不是特权，而是一种平等权利、民主权利。民族自治权具有以下几个方面的特征：

1. 自治权不仅包括管理本民族内部事务的权利，也包括了管理本地区内部事务的权利，这是由我国的民族区域自治的性质所决定的。我国的民族区域自治不是一般的民族自治、地方自治，而是"民族自治与区域自治的正确结合，经济因素与政治因素正确结合"。[1]因此，自治地方的政权机关，既是地方国家机关，也是民族自治的权力机关，具有二重性，这就决定了自治权具有本民族和本地区统一的特征。

2. 自治机关的自治权表现在政治、经济、文化和社会生活的各个方面。我国的《民族区域自治法》设专章明文规定了自治权。自治权既表现在政治方面、经济方面

---

[1] 周恩来：《关于我国民族政策的几个问题》，民族出版社1980年版，第13页。

和文化（包括教育、科技等）方面，也表现在人口管理（包括计划生育）、保护和改善生活环境等方面。因此，自治权是涉及社会生活各方面的一种综合性权力。

3. 自治权是在国家统一领导下，由《宪法》和法律规定前提下的自主权。民族自治机关在中国共产党和中央人民政府领导下，在《宪法》规定范围内，在少数民族聚居地区内，充分行使民族自主权。民族自主权是自治权的核心，它贯穿于《民族区域自治法》有关民族自治机关自治权的有关规定中，这些规定赋予自治地方很大的自主权，可以根据本地方实际情况贯彻执行国家的法律、政策。[1]

4. 自治权是民族自治地方的自治机关享有并行使的权利，它主要体现了实现区域自治的民族的自主管理权，但这不仅仅是自治民族的权利，它同时体现了自治地方其他民族的平等权利。此外，自治权不仅仅是行政管理权，而且还包括地方性立法权，这是由自治机关——人民代表大会和人民政府所决定的。

（三）自治权的行使

根据《宪法》及《民族区域自治法》的规定，自治权的行使主要包括以下内容：

1. 自主管理本民族、本地区的内部事务。民族自治地方各族人民行使宪法和法律赋予的选举权和被选举权，通过选出人民代表大会代表，组成自治机关，行使管理本民族、本地区内部事务的民主权利。中国 155 个民族自治地方的人民代表大会常务委员会中都有实行区域自治的民族的公民担任主任或者副主任，自治区主席、自治州州长、自治县县长全部由实行区域自治的少数民族公民担任。为切实保障自治机关充分行使管理本民族、本地区内部事务的政治权利，上级国家机关和民族自治地方的自治机关采取各种措施，大量培养少数民族各级干部和各种科学技术、经营管理等专业人才。

2. 享有制定自治条例和单行条例的权力。《民族区域自治法》规定，民族自治地方的人民代表大会除享有一般地方国家权力机关的权力外，还有权依照当地民族的政治、经济和文化的特点，制定自治条例和单行条例。《立法法》规定，自治条例和单行条例可以依照当地民族的特点，对法律和行政法规的规定作出变通规定，自治条例和单行条例依法对法律、行政法规、地方性法规作变通规定的，在本自治地方适用自治条例和单行条例的规定。《民族区域自治法》还规定，上级国家机关的决议、决定、命令和指示，如有不适合民族自治地方实际情况的，自治机关可以报经该上级国家机关批准，变通执行或者停止执行。

3. 使用和发展本民族语言文字。民族自治地方的自治机关在执行公务的时候，依照本民族自治地方自治条例的规定，使用当地通用的一种或者几种语言文字；同时使用几种通用的语言文字执行职务的，可以以实行区域自治的民族语言文字为主。内蒙古、新疆、西藏等民族自治地方，都制定和实施了使用和发展本民族语言文字的有关规定或实施细则。

---

[1] 参见《民族区域自治法》第 25、29、30、32、37、38、40 条。

新中国成立后,国家帮助十多个少数民族改进和创制了文字。到 2003 年底,中国有 22 个少数民族使用 28 种本民族文字。在中国,无论在司法、行政、教育等领域,还是在国家政治生活和社会生活中,少数民族语言文字都得到广泛使用。现在,中国共产党全国代表大会、全国人民代表大会和中国人民政治协商会议等重要会议上都提供蒙古、藏、维吾尔、哈萨克、朝鲜、彝、壮等民族语言文字的文件和同声传译。

4. 尊重和保障少数民族宗教信仰自由。中国少数民族群众大多有宗教信仰,有的民族多数群众信仰某种宗教,如藏族群众信仰藏传佛教,回、维吾尔等民族信仰伊斯兰教。民族自治地方的自治机关根据宪法和法律的规定,尊重和保护少数民族的宗教信仰自由,保障少数民族公民一切合法的正常宗教活动。

5. 保持或者改革本民族风俗习惯。民族自治地方的自治机关保障各少数民族都有按照传统风俗习惯生活、进行社会活动的权利和自由,包括:尊重少数民族生活习惯,尊重和照顾少数民族的节庆习俗,保障少数民族特殊食品的经营,扶持和保证少数民族特需用品的生产和供应以及尊重少数民族的婚姻、丧葬习俗等。同时,提倡少数民族在衣食住行、婚丧嫁娶各方面奉行科学、文明、健康的新习俗。

6. 自主安排、管理、发展经济建设事业。民族自治地方的自治机关根据法律规定和本地方经济发展的特点,合理调整生产关系和经济结构;在国家计划的指导下,根据本地方的财力、物力和其他具体条件,自主地安排地方基本建设项目;自主地管理隶属于本地方的企业、事业。民族自治地方依照国家规定,可以开展对外经济贸易活动,经国务院批准,可以开辟对外贸易口岸;民族自治地方在对外经济贸易活动中,享受国家的优惠政策。根据国家的国民经济和社会发展的总体规划,各民族自治地方结合实际,都制定了经济社会发展的规划、目标和措施。

民族自治地方的自治机关保护和改善生活环境和生态环境,防治污染和其他公害;根据法律规定,确定本地方内草场和森林的所有权和使用权;依法管理和保护本地方的自然资源;根据法律规定和国家的统一规划,对可以由本地方开发的自然资源,优先合理开发利用。例如,四川阿坝藏族羌族自治州充分发挥世界自然遗产九寨沟、黄龙的优势,把旅游资源转换为旅游产业,在保护中开发,在开发中保护。

民族自治地方的自治机关有管理地方财政的自治权。凡是依照国家财政体制属于民族自治地方的财政收入,都由民族自治地方的自治机关自主地安排使用。民族自治地方的财政预算支出,按照国家规定,设机动资金,预备费在预算中所占比例高于一般地区。民族自治地方的自治机关在执行财政预算的过程中,自行安排使用收入的超收和支出的结余资金。同时,民族自治地方的自治机关在执行国家税法的时候,除应由国家统一审批的减免税收项目以外,对属于地方财政收入某些需要从税收上加以照顾和鼓励的,可以实行减税或者免税。

7. 自主发展教育、科技、文化等社会事业。民族自治地方的自治机关根据国家的教育方针,依照法律的规定,决定本地方的教育规划,各级各类学校的设置、学制、办学形式、教学内容、教学用语和招生办法;在少数民族牧区和经济困难、居住分散的少数民族山区，设立以寄宿为主和助学金为主的公办民族小学和民族中学，保障就读学生完成义务教育阶段的学业。招收少数民族学生为主的学校（班级）和其他教育机构，有条件的应当采用少数民族文字的课本，并用少数民族语言讲课；根据不同情况从小学低年级或者高年级起开设汉语文课程，推广全国通用的普通话和规范汉字。

民族自治地方的自治机关自主地发展具有民族形式和民族特点的文学、艺术、新闻、出版、广播、电影、电视等民族文化事业，组织、支持有关单位和部门收集、整理、翻译和出版民族历史文化书籍，保护民族地区的名胜古迹、珍贵文物和其他重要历史文化遗产，继承和发展优秀的民族传统文化。民族自治地方的自治机关自主地决定本地方的科学技术发展规划，普及科学技术知识；自主决定本地方的医疗卫生事业的发展规划，发展现代医药和民族传统医药。民族自治地方的自治机关自主地发展体育事业，开展民族传统体育活动。

8. 组织本地方公安部队的自治权。《宪法》第 120 条规定："民族自治地方的自治机关依照国家的军事制度和当地的实际需要，经国务院批准，可以组织本地方维护社会治安的公安部队。"

9. 其他权利。除以上规定外，《宪法》第 122 条第 1 款规定："国家从财政、物资、技术等方面帮助各少数民族加速发展经济建设和文化建设事业。"《民族区域自治法》规定，民族区域自治机关可采取各种措施培养当地干部，以及各种专门技术人才。国家扶持民族自治地方发展民族传统事业和经济贸易，鼓励内地技术人员支援民族自治地方的建设。

三、民族区域自治制度的发展完善

保证民族区域自治的发展，主要依赖于民族区域自治的法治化。目前我国形成了庞大的民族区域自治立法体系，这一体系以宪法的有关规定为基本核心，以《民族区域自治法》为基本法，延伸至民族自治地方的自治条例和单行条例以及规范性文件等。因此，民族区域自治法的完善需要以宪法和《民族区域自治法》为依据，对宪法各原则规定进一步细化和落实，以《民族区域自治法》为重点兼顾其他有关民族区域自治法律法规，服务于民族区域自治能力的提高。

（一）完善民族自治地方主体地位的制度

民族自治地方主体地位的制度，主要包括两个方面：①民族自治地方的建立；②自治机关的组成。这旨在以民主化为目标，随着社会主义市场经济体制的完善，更需要进一步完善民族自治地方的行政主体地位，在保持稳定的前提下，制定民族区域自治民主规范，细化相应的操作程序。这就需要根据宪法和《民族区域自治法》使相关的规定具体化，例如，进一步完善自治地方的选举条例、组织条例等单行条例；对自治机关的组成人员作出合理配备的修改、完善自治条例，改善自治机关的结构，提高自治能力。

（二）完善民族自治地方自治权的运行机制

民族自治地方的自治权是宪法、《民族区域自治法》和其他法律赋予民族自治机关的一种自主权，是内容比一般地方机关更多的自主权利，在不违背宪法和法律的原则下，自治机关有权采取特殊政策和灵活措施，加速民族自治地方经济社会的全面发展。2001年《民族区域自治法》根据建立社会主义市场经济体制的新形势，为加快少数民族和民族地区的经济社会发展，修正了必要的特殊政策：在附则中要求国务院及其有关部门应当在职权范围内制定行政法规、规章、具体措施和办法；对自治区和辖有自治州、自治县的省、直辖市的人大及其常委会也要求制定实施的具体规定。所以，完善民族自治地方自治权的运行机制，需要健全相应的行政法规、规章和地方性法规，使自治权的运行更加制度化、规范化和程序化。

（三）完善上级国家机关领导和帮助民族自治地方的职责

各民族从自治地方建立以来，经济社会的发展都取得了超越历史水平的显著成就，这是和国家的统一领导与多种帮助分不开的。《民族区域自治法》专列了一章——上级国家机关的领导和帮助。2001年《民族区域自治法》将其进一步上升为上级国家机关的法定职责，这一章的名称改为"上级国家机关的职责"，由原来的13条规定增至19条，内容包括：从适合民族自治地方的实际情况出发，实行领导、帮助、指导的原则规定；吸引国内外资金，安排国家投资项目的规定；从金融、财政、教育、科技、文化和人才等方面扶持民族自治地方的特殊政策。

（四）保障及完善民族自治地方内各民族享有平等权利

民族区域自治制度是民族自治与区域自治的结合，民族区域自治地方以一个或几个少数民族聚居区为基础，也包括一部分汉族或者其他民族的居民和城镇。对民族自治地方内的民族关系，《民族区域自治法》规定了民族自治地方的自治机关保障本地方内各民族都享有宪法规定的平等权利，各民族公民都享有宪法规定的公民权利和履行应尽的义务；鼓励各民族的干部互相学习语言文字和使用两种以上当地通用的语言文字；各民族公民互相尊重语言文字、风俗习惯和宗教信仰，在处理涉及本地方各民族的特殊问题时，必须充分协商。自治机关要帮助聚居或散居在自治地方的其他少数民族建立自治地方或民族乡，帮助各民族发展经济、教育、科技、文化、卫生、体育事业等。随着建立和完善社会主义市场经济体制的新形势，各民族的观念正在发生变化，民族自治地方人员的交流往来，也出现了与过去不同的新情况。因此，要根据新形势，采取新措施，继续完善民族自治地方内各民族享有平等权利的保障。[1]

第四节　特别行政区及制度

1997年7月1日香港回归祖国，1999年12月30日澳门回归祖国，香港特别行

---

[1] 内蒙古社会科学院2003年重点课题课题组："在政治文明建设中坚持和完善民族区域自治制度"，载《内蒙古社会科学（汉文版）》2004年第3期。

政区政府与澳门特别行政区政府依照宪法和基本法正式成立。新的体制对于单一制的社会主义国家结构形式进行了新的发展。

一、"一国两制"的内涵及相关关系

"一国两制"就是在中华人民共和国内，国家的主体实行社会主义，香港、澳门和台湾实行资本主义，目的是为了实现祖国的和平统一，保持香港、澳门和台湾的稳定繁荣，即"在一个国家的前提下实行两种制度"。认同"一国两制"，首先必须认同"一国"，即中华人民共和国，这是最基本的前提。要认同"一国"，真心实意地拥护祖国对香港、澳门行使主权，维护国家的统一和领土完整，同时承认国家的主体是社会主义。

（一）"一国"和"两制"的关系

1. "一国两制"是一个整体，"一国"与"两制"互相联系。所谓一个整体，就是既要"一国"，也要"两制"，不能把它断然地、决然地分开。因为整部《香港特别行政区基本法》（以下简称《香港基本法》）都贯彻了"一国两制"方针。《香港基本法》从序言第二段就规定了"一国两制"，总则又从政治、经济、法律等方面规定"一国两制"；所以说，《香港基本法》从头到尾都贯彻了"一国两制"的精神。"一国""两制"是互相联系的。作为一个整体，不能只讲"一国"，即只讲国家的主权统一和领土完整；也不能只讲"两制"，即只讲"高度自治""港人治港"。

对此，《香港基本法》第1条规定的"香港特别行政区是中华人民共和国不可分离的部分"，主要讲"一国"；第2条规定的"全国人民代表大会授权香港特别行政区依照本法的规定实行高度自治，享有行政管理权、立法权、独立的司法权和终审权"，主要讲"两制"；第3条规定的"香港特别行政区的行政机关和立法机关由香港永久性居民依照本法有关规定组成"，也主要讲"两制"。大体上，《香港基本法》的条文分三类：①讲"一国"，这些条文比较少；②主要讲"两制"，这些条文比较多；③既讲"两制"，又涉及"一国"的问题，这些条文也有一部分。因此，应把"一国两制"作为一个整体联系起来看。[1]

2. "一国"是"两制"的前提和基础，这是实践《香港基本法》的根本原则。这主要是因为：①香港特区的权力来源于国家主权，作为国家的法律人格，主权具有最高性、唯一性、排他性，是不可分割的。根据《香港基本法》的规定，香港特区是直辖于中央政府的一个地方行政区，其高度自治权来源于中央的授权，国家主权是地方自治权的前提和基础。②从国家制度体系上看，国家制度是地方制度的前提和基础，国家本身就是一种以主权为核心的制度体系，《宪法》是国家主权在法律上的最高表现形式。我国《宪法》在全国范围内实施，当然在总体上也适用于香港，《香港基本法》由国家权力机关根据《宪法》制定并负责解释和修改，它既是一部全国性法律，又是一部在香港具有宪法性地位的法律。国家《宪法》和《香港基本法》

---

[1] 肖蔚云："关于香港特别行政区基本法的几个问题"，载《法学杂志》2005年第2期。

不仅是香港获得作为地方特别行政区法律地位的前提和基础，而且是香港地方制度本身的前提和基础。此外，从香港保持繁荣稳定来看，社会主义国家繁荣昌盛是地方兴旺发达的基础。

实践证明，"一国"是"两制"的前提和基础，只有坚持一个中国、一个主权、一部《宪法》，"一国两制"才会有坚实的基础和旺盛的活力。

3. "一国两制"是讲"两个不变"。邓小平同志也说过，"一国两制"是"两个不变"，而不是"一个不变"，不能只讲"一个不变"。就是说，香港的社会、经济制度、生活方式50年不变，是"长期不变"，这在《香港基本法》里面规定了；但内地的社会主义制度也不能改变，也是长期不变的。即内地不要用行政命令改变香港的资本主义制度、政策和生活方式，香港也不要希望改变内地的社会主义制度。"一国"是"两制"的前提和基础，这是实践《香港基本法》的根本原则。

（二）中央与香港特区的关系

特别行政区是指在中华人民共和国行政区域范围内设立的，享有特殊法律地位，实现资本主义制度和资本主义生活方式的地方行政区域。它是我国单一制国家结构形式的一大特色，更是"一国两制"的产物。从国家制度和地方制度角度而言：

1. 香港特别行政区直辖于中央。香港特区直辖于中央人民政府，直辖于国务院，它的权力来源于中央的授予。《香港基本法》第12条规定了香港特区的法律地位："香港特别行政区是中华人民共和国的一个享有高度自治权的地方行政区域，直辖于中央人民政府。"这说明了四点：①香港特区享有高度自治权；②是地方行政区；③它直辖于中央人民政府；④联系第12条和第1条，将香港特区的法律地位明确地规定下来。

2. 属于中央的职权。中央的职权在香港、澳门基本法中有明文规定，外交、防务完全由中央人民政府管理；有部分对外的事务权，中央交给了特别行政区管理。除此之外，行政长官和主要官员的任免权，都属于中央；法律、财政预算备案，还有《香港基本法》的解释权、修改权，也属于中央。《香港基本法》第158条"关于基本法的解释权"，第1款就讲到了"本法的解释权属于全国人民代表大会常务委员会"。实际上，对于两者权限划分的总原则是，凡是属于香港特区的高度自治权，中央就不去管。

3. 高度自治权。中央与特区的关系里，特区有"高度自治权"。中英《联合声明》里规定："香港特别行政区享有行政管理权、立法权、独立的司法权和终审权。"这就是对"高度自治"的解释，当然，还应包括香港的社会经济制度不变、生活方式不变等内容。需要注意的是，司法权是"独立的"司法权和终审权。也就是说，香港终审法院判决以后，最高人民法院、最高人民检察院不能干预，这就是"独立"的含义。而行政管理权、立法权前没有"独立"的字眼，就是说，香港的行政管理事务，中央不是一点也不管的，外交、防务中央要管，行政长官、主要官员的任命中央要管，《香港基本法》的解释中央要管，所以就没有"独立的"行政管理权、

"独立的"立法权。立法备案，也不是"独立的"。这个用词还是有区别的。如果说都是独立，那就不是"高度自治"，而是"完全自治"。

4. 属于中央又与香港特区有关系的权力。"在中央与特区关系里，有的职权属于中央，有的职权属于特区。即中央掌管国家政权，香港特区行使地区治权，并由各自的主要权力机关分别行使相应的权力。但是还有一种权力，既属于中央，又跟特区有关系，这种权力应严格受《宪法》和《基本法》保护，并加以解释确定中央和香港特区权界。一方面，中央应恪守自己国家政权的范围，尊重香港特区自治权，不干预自治权范围内的事务；另一方面，香港特区也不能挑战中央的权威，蔑视中央国家政权及其管理的主权事务"。

（三）宪法与基本法关系

"一国两制"的法律依据在于宪法和基本法，从法律角度看，"一国两制"自然会涉及宪法和基本法的关系。宪法是国家的根本大法，具有最高法律效力，是制定基本法的依据和基础。根据我国《宪法》的规定，根据"一国两制"的基本方针，全国人大在关于《香港基本法》的决定指出："《香港特别行政区基本法》是根据《宪法》按照香港的具体情况制定的，是符合宪法的。"这就充分说明了宪法与基本法的关系。这就说明了基本法与宪法是"子法"与"母法"的关系，即基本法的制定必须以宪法为依据和基础，不得与宪法相抵触，这是基本法的共性。同时，基本法之间也有特性，这表现在它是根据"一国两制"的方针制定的，我国的《宪法》作为一个整体对特别行政区是有效的，但《宪法》中的某些条文规定，主要是关于社会主义制度和政策的规定，不作为制定基本法的依据。比如，以香港为例，《宪法》与《香港基本法》的关系，主要体现在以下三个方面：

1. 《宪法》第31条明确规定设立香港特别行政区和由全国人大制定《香港基本法》，规定特别行政区实行的制度，这一规定是制定《香港基本法》的依据。其在《香港基本法》的一些规定中，也明显体现出来。例如，《香港基本法》在序言中指出，国家决定，在对香港恢复行使主权时，根据我国《宪法》第31条的规定，设立香港特别行政区。《香港基本法》第11条规定，根据《宪法》第31条，香港特别行政区的制度和政策，包括社会、经济制度，有关保障居民的基本权利和自由的制度，行政管理、立法和司法方面的制度，以及有关政策，均以基本法的规定为依据。由此可见，《宪法》第31条既是设立香港特别行政区的依据，也是制定《香港基本法》的依据。

2. 《宪法》作为国家的根本大法，是制定《香港基本法》的依据。《香港基本法》的序言明确指出："根据中华人民共和国宪法，全国人民代表大会特制定中华人民共和国香港特别行政区基本法，规定香港特别行政区实行的制度，以保障国家对香港的基本方针政策的实施。"有的学者提出，《宪法》第31条是制定《香港特别行政区基本法》的唯一法律依据，因而认为，基本法只同《宪法》第31条有关系，这种解释是不正确的。事实上，除《宪法》第31条外，还有很多的《宪法》条文是制定《香港基本法》的依据。《香港基本法》的许多规定,例如,全国人民代表大会授权香港特别行政区依据基本法的规定实行高度自治(第2条);香港特别行政区是中华人民共和国的一个享有高度自治的地方行政区域,直辖于中央人民政府(第12条);香港特别行政区的立法机关制定的法律须报全国人大常委会备案(第17条);等等,都是根据我国的《宪法》有关规定作出的。虽然《宪法》中关于社会主义制度的条文不作为基本法的依据,但不能据此而否定《宪法》是制定基本法的依据,否定《宪法》其他条文对制定基本法的有效性和拘束力。

3. 基本法的规定,不能与宪法关于维护国家主权、统一和使领土完整的规定相抵触。"一个国家、两种制度"的前提是一个国家,这个国家就是社会主义的中华人民共和国。因此,实行"一国两制",首先就必须维护中华人民共和国的主权、统一和领土完整。我国宪法对维护国家的主权、统一和领土完整,作了明确的规定。《宪法》的序言中指出,中华人民共和国是全国各族人民共同缔造的统一的多民族国家;并指出,中国坚持独立自主的对外政策,坚持互相尊重主权和领土完整、互不干涉内政、平等互利、和平共处的五项原则。这些原则性的规定在《宪法》的很多条文中均有所体现,基本法的规定不能与宪法关于维护国家的主权、统一和领土完整的规定相抵触。《香港基本法》的各项规定,正是体现了这一原则。例如,《香港基本法》第23条规定,香港特别行政区应自行立法禁止任何叛国、分裂国家、煽动叛乱、颠覆中央人民政府及窃取国家机密的行为。这些规定,强调了维护国家主权、统一和领土完整的原则。

【宪法事例】　　　　　　　香港居留权案

1997年7月1日,《香港基本法》在香港特别行政区生效实施。该法第24条第2款第3项规定,香港永久居民中的中国公民在内地(大陆)所生子女在香港享有永久居留权。据资料显示,当时申请入港居留的有14万儿童,实际符合条件的约有6.6万。

1997年7月9日,香港临时立法会通过了《1997年入境(修订)(第3号)条例》,规定香港永久居民中的中国公民在内地所生婚生子女到香港定居,首先应向中国公安部门提出申请,审核确认身份后,领取由特区政府颁发的居留权证明书;其次,领取大陆公安部门签发的前往香港特区的通行证(亦称"单程证",以区别于往返证);最后,申请必须在香港以外进行,香港入境事务处不受理申请。该条例还规定对其生效前8日内发生的偷渡事件有"追溯力",即凡未经大陆有关部门批准来港者,均必须遣送回原地,待取得居留权证明书和单程证后,始能来港。由于个案颇多,负责审理有关案件的高等法院法官祈彦辉要求代表儿童的大律师与特区政府大律师在众多个案中选出具有代表性的个案。待判决成为案例后,将有助于加快审理其他同类案件的速度。经过一番协商,双方同意选出4宗具有代表性的个案。

香港高等法院作出了判决,其中包括:《香港基本法》第22条适用于根据第24条拥有居港权的内地人士。《香港基本法》第22条第4款规定:"中国其他地区的人进入香港特别行政区须办理批准手续,其中进入香港特别行政区定居的人数由中央人民政府主管部门征求香港特别行政区政府的意见后确定。"此条虽与第24条分属两条,但其实两条之间有密切联系。第22条显示基本法草拟时,早已考虑到包括港人内地子女在内的内地人士到香港定居,在人数方面香港所能承受的程度。因此,内地采取配额计分制让有关合资格的人轮候顺序来港,也是实施《香港基本法》第22条的规定。为贯彻《香港基本法》第22条,政府入境条例也具有追溯力,因为《香港基本法》第22条是1990年颁布,并于1997年7月1日开始生效的。《香港基本法》第24条中,只提及"港人内地所生子女",而未有指明必须为"婚生子女",《特区政府入境条例》所下定义过狭,所以港人内地非婚生子女享有与婚生子女同等的权利,当然其取得居港权也应与婚生子女一样先提出申请。

对于高等法院的判决,原告方明确提出要上诉到香港终审法院,最终成为向香港特区终审法院上诉的1998年第13~16号案。香港特别行政区终审法院于1999年1月29日作出了关于"香港居民在内地所生子女在香港居留权问题"的判决,其要点主要有:

(1) 香港永久居民在中国大陆所生子女,无论婚生的还是非婚生的,都有权到香港居住。

(2) 只要有了香港的"居港权证",不必得到内地政府的批准就可在香港居住。已经来港的儿童,即使未经内地政府批准,也不能遣返。

(3) 香港终审法院享有宪法性管辖权。如果全国人大及其常委会的立法与基本法相抵触,香港法院有权审查并宣布全国人大及其常委会的立法行为无效。

【评注】《香港基本法》第18条第1款规定:"在香港特别行政区实行的法律为本法以及本法第8条规定的香港原有法律和香港特别行政区立法机关制定的法律。"第84条规定:"香港特别行政区法院依照本法第18条所规定的适用于香港特别行政区的法律审判案件,其他普通法适用地区的司法判例可作参考。"第11条第2款规定:"香港特别行政区立法机关制定的任何法律,均不得同本法相抵触。"由上述法律条文可推理得出的结论是,香港法院在审判案件时可适用《香港基本法》,根据《香港基本法》第11条的授权而享有对香港特别行政区立法机关制定的法律的司法审查权。同时,根据《香港基本法》第158条,基本法的解释权属于全国人民代表大会常务委员会。香港特别行政区法院在审理案件时需要对本法关于中央人民政府管理的事务或中央和香港特别行政区关系的条款进行解释,而该条款的解释又影响到案件的判决,在对该案件作出不可上诉的终局判决之前,应由香港特别行政区终审法院请全国人民代表大会常务委员会对有关条款作出解释,而且常委会的解释是最终的权威解释。

二、基本法规定的特别行政区基本原则及制度

基本法是根据我国《宪法》,由全国人大制定的一部基本法律,它反映了包括香港同胞和澳门同胞在内的全国人民的意志和利益,体现了国家的方针、政策。纵观该法，总则不仅是基本法的重要组成部分，而且规定了该法律的基本精神和基本原则，其是贯彻"一国两制"的重要依据。《香港基本法》的总则共有11条，从政治、经济和法律等方面，规定了香港特别行政区实行的制度和政策的基本原则，这些原则构成了《香港基本法》的重要基础。

（一）特别行政区的基本原则

1. 香港特别行政区是国家不可分离的部分的原则。《香港基本法》第1条规定，香港特别行政区是中华人民共和国不可分离的部分。这一规定，体现了维护我国国家主权、统一和领土完整的原则。这是非常重要的原则。

2. 香港特别行政区实行高度自治的原则。《香港基本法》第2条规定，全国人民代表大会授权香港特别行政区依照基本法的规定实行高度自治，享有行政管理权、立法权、独立的司法权和终审权。这是一条非常重要的原则，与此相联系的是第3条的规定，即香港特别行政区的行政机关和立法机关由香港永久性居民依照基本法有关规定组成，这一规定保证了香港特别行政区实行"港人治港""高度自治"。紧接着第4条规定，香港特别行政区依法保障香港特别行政区居民和其他人的权利和自由。

3. 香港特别行政区保持原有的资本主义制度和生活方式的原则。《香港基本法》第5条规定，香港特别行政区不实行社会主义制度和政策，保持原有的资本主义制度和生活方式，50年不变。这一规定，体现了"一国两制"的基本方针，这也是特区的特点之一。

4. 香港特别行政区境内土地和自然资源的所有和使用的原则。由于土地和自然资源对于香港的繁荣和发展具有重大的意义，因此《香港基本法》第7条规定，香港特别行政区境内的土地和自然资源属于国家所有，由香港特别行政区政府负责管理、使用、开发、出租或批给个人、法人或团体使用、开发，其收入全归香港特别行政区政府支配。

5. 香港原有法律基本不变的原则。《香港基本法》第8条规定，香港原有法律，即普通法、衡平法、条例、附属立法和习惯法，除同基本法相抵触或经香港特别行政区的立法机关作出修改者外，予以保留。

6. 关于政权机关使用的正式语文的原则，《香港基本法》第9条规定，香港特别行政区的行政机关、立法机关和司法机关，除使用中文外，还可使用英文，英文也是正式语文。

7. 香港特别行政区可使用区旗、区徽的原则。《香港基本法》第10条规定，香港特别行政区除悬挂中华人民共和国国旗和国徽外，还可使用香港特别行政区区旗和区徽。

8. 香港特别行政区的制度和政策均以基本法的规定为依据的原则。《香港基本法》第11条规定，依据《宪法》第31条，香港特别行政区的制度和政策，包括社会、经济制度，有关保障居民的基本权利和自由的制度，行政管理、立法和司法方面的制度以及有关政策，均以基本法的规定为依据。同时规定，香港特别行政区立法机关制定的任何法律，均不得同基本法相抵触。这一规定，指明了《宪法》第31条所体现的"一国两制"的基本方针，体现了香港特别行政区实行的制度和政策以基本法为依据，基本法是香港特别行政区日常立法的基础。

需要注意的是，总则中的基本原则，并没有囊括基本法的全部基本原则。从理论上讲，《中英联合声明》第3款中，中华人民共和国所声明的12条基本方针、政策，都应作为基本法的基本原则予以说明，这样的话，才有利于对基本法原则的全面了解。

（二）特别行政区的政治制度

1. 高度自治权。香港特别行政区实行高度自治，这是香港特别行政区基本法的重要原则。《香港基本法》第2条规定，"全国人民代表大会授权香港特别行政区依照本法的规定实行高度自治，享有行政管理权、立法权、独立的司法权和终审权。"这一规定体现了"一国两制"的基本方针，指明了香港特别行政区的自治权性质、范围和基本内容。

（1）自治权的性质。香港特别行政区的自治权是全国人民代表大会授予的，也就是中央授予的。由于我国是单一制的社会主义国家，香港特别行政区虽然享有高度的自治权，但它仍然是我国的地方行政区域。它的权力来源于中央，是中央授予的，这是香港特别行政区的自治权的一个显著特点。它不同于联邦制国家的成员国（州）享有的权力。在联邦国家，成员国（州）的权力是固有的，不是联邦授予的。相反，联邦的权力是成员国（州）转让的，未转让权力则由成员国（州）保留。例如，美国宪法第10修正案规定，"本宪法所未授予中央或未禁止各州行使的权力，皆由各州或人民保存之"。

（2）自治权的法律依据。香港特别行政区享有自治权的法律依据，是《中华人民共和国宪法》和《香港特别行政区基本法》，这在宪法和基本法中具有明确的规定。《宪法》第31条规定，国家在必要时得设立特别行政区；在特别行政区内实行的制度按照具体情况由全国人大以法律规定。《宪法》第62条还规定，全国人大有权决定特别行政区的设立及其制度。在《香港基本法》序言中规定，根据中华人民共和国宪法，全国人大制定香港特别行政区基本法，规定香港特别行政区实行的制度，以保障国家对香港的基本方针政策的落实。《香港基本法》第2条更进一步规定，依照基本法的规定实行高度自治。宪法和基本法这些规定就表明，宪法和基本法是香港特别行政区实行自治权的法律依据。

（3）自治权的内容。《香港基本法》第2条规定香港特别行政区实行高度自治，第12条又规定了香港特别行政区是我国一个享有高度自治权的地方行政区域。这些规定强调了香港特别行政区享有高度自治权，根据基本法的规定，自治权有以下三个方面的内容：①全国人大授权香港特别行政区依照基本法的规定，享有行政管理权、立法权、独立的司法权和终审权（第2条）；②中央人民政府授权香港特别行政区依照基本法自行处理有关的对外事务（第13条第3款）；③香港特别行政区可享有全国人大和全国人大常委会及中央人民政府授予的其他权力（第20条）。基本法对香港特别行政区享有的自治权作了明确的规定，这里的自治权具有广泛性。

2. 特别行政区行政机关和立法机关的组成。中英联合声明附件一《中华人民共和国政府对香港的基本方针政策的具体说明》中，明确指出，香港特别行政区政府和立法机关由当地人组成。而根据基本法的规定，"香港特别行政区的行政机关和立法机关由香港永久性居民依照本法有关规定组成"。这就指明了当地人即为永久性居民。《香港基本法》第24条对此作了明确的说明，他们在香港特别行政区享有居留权，有资格依照香港特别行政区法律取得载明其居留权的永久性居民身份证，而这样的规定有利于充分发挥香港同胞的积极性和当家做主的精神，有利于香港的进一步稳定和繁荣。

（1）行政长官。行政长官是特别行政区的首长，代表特别行政区对中央人民政府和特别行政区负责。同时，他又是特别行政区政府的首长，对立法会负责。根据《香港基本法》第44条的规定，香港特别行政区行政长官由年满40周岁，在香港通常居住连续满20年，并在外国无居留权的香港特别行政区永久性居民中的中国公民担任。澳门无居留权规定。行政长官的产生包括"提名"和"任命"两道程序。《香港基本法》第45条规定，行政长官在当地通过选举或协商产生，由中央政府任命。行政长官任期5年，但只可连任一次。中央政府的任命不是形式性的，是实质性的，即中央政府如果认为行政长官人选不合适，那么完全有权不予以任命。此外，2007年以后各任行政长官的产生办法如需修改，须经立法会全体议员2/3多数通过，行政长官同意，并报全国人民代表大会常务委员会批准。

行政长官的职权主要包括几大类：①行政权。包括领导香港特别行政区政府；决定政府政策和发布行政命令；提名并报请中央人民政府任命下列主要官员：各司司长、副司长、各局局长、廉政专员，审计署署长，警务处处长，入境事务处处长，海关关长；建议中央人民政府免除上述官员职务；行政会议的成员由行政长官从行政机关的主要官员、立法会议员和社会人士中委任，其任免由行政长官决定；香港特别行政区行政会议由行政长官主持。②立法权。行政长官有权签署立法会通过的法案，公布法律；行政长官如拒绝签署立法会再次通过的法案或立法会拒绝通过政府提出的财政预算案或其他重要法案，经协商仍不能取得一致意见，行政长官可解散立法会。香港特别行政区立法会议员根据《香港基本法》规定并依照法定程序提出法律草案，凡不涉及公共开支或政治体制或政府运作者，可由立法会议员个别或联名提出。凡涉及政府政策者，在提出前必须得到行政长官的书面同意。③财政权。包括签署立法会通过的财政预算案，将财政预算、决算报中央人民政府备案；批准向立法会提出有关财政收入或支出的动议。④司法权。包括依照法定程序任免各级法院法官；赦免或减轻刑事罪犯的刑罚。⑤外交权。包括代表香港特别行政区政府处理中央授权的对外事务和其他事务。

除此之外，对行政长官的职权也有相应的限制：①香港特别行政区行政长官依照《香港基本法》的规定对中央人民政府和香港特别行政区负责；②行政长官在作出重要决策、向立法会提交法案、制定附属法规和解散立法会前，须征询行政会议的意见，但人事任免、纪律制裁和紧急情况下采取的措施除外；③行政长官在任期内只可解散立法会一次；④香港特别行政区行政长官如有下列情况之一者必须辞职：因严重疾病或其他原因无力履行职务；因两次拒绝签署立法会通过的法案而解散立法会，重选的立法会仍以全体议员 2/3 多数通过所争议的原案，而行政长官仍拒绝签署；因立法会拒绝通过财政预算案或其他重要法案而解散立法会，重选的立法会继续拒绝通过所争议的原案；如行政长官有严重违法或渎职行为而不辞职，立法会提出弹劾案，报请中央人民政府决定。

（2）行政机关。特别行政区政府是特别行政区的行政机关，必须遵守法律，对立法会负责。政府的首长是行政首长，政府设政务司、财政司、律政司和各局、处、署。行政机关的主要官员由行政长官提名报请中央人民政府任命。其中，政务司司长协助行政长官督导他所指定的决策局的工作，并确保有关政策的制订和实施得到妥善的协调；财政司司长协助行政长官督导有关决策局的工作，并确保财经、金融、经济和就业范畴内政策的制订和实施得到妥善的协调；律政司司长负责草拟法例和检控事宜；香港特别行政区政府由各局和部门组成；各局隶属政府总部，由各局局长掌管；政府部门和机关首长负责领导辖下部门有效推行获通过的政策，并向所属决策局的局长负责。

对此，基本法规定了公职人员的任职条件，主要包括：①香港特别行政区行政长官由年满 40 周岁，在香港通常居住连续满 20 年并在外国无居留权的香港特别行政区永久性居民中的中国公民担任（第 44 条）；②香港特别行政区行政会议成员由在外国无居留权的香港特别行政区永久性居民中的中国公民担任；③香港特别行政区的主要官员由在香港通常居住连续满 15 年并在外国无居留权的香港永久性居民中的中国公民担任；④香港特别行政区下列各职级的官员必须由在外国无居留权的香港特别行政区永久性居民中的中国公民担任：各司长，各副司长，各局局长，廉政专员，审计署署长，警务处长，入境事务处处长，海关关长；⑤在香港特别行政区政府各部门任职的公务人员必须是香港特别行政区永久性居民。

行政机关主要有以下六项职能：①制定并执行政策；②管理各项行政事务；③办理本法规定的中央人民政府授权的对外事务；④编制并提出财政预算、决算；⑤拟定并提出法案、议案、附属法规；⑥委派官员列席立法会并代表政府发言。

（3）立法机关。立法会是特别行政区的立法机关，根据基本法的规定，其享有广泛的权力，主要包括：制定、修改和废除法律；根据政府的提案，审核、通过财政预算；批准税收和公共开支；听取行政长官的施政报告并进行辩论；对政府的工作提出质询；就任何有关公共利益的问题进行辩论；同意终审法院法官和高等法院首席法官的任免；接受香港居民申诉并作出处理；如立法会全体议员的 1/4 联合动议，指控行政长官有严重违法或渎职行为，经立法会通过而进行调查，立法会可委托终审法院首席法官负责组成独立的调查委员会,并担任主席。调查委员会负责进行调查,并向立法会提出报告。如该调查委员会认为有足够证据构成上述指控,立法会以全体议员2/3的票数通过,可提出弹劾案,并报请中央人民政府决定;在行使上述各项职权时,如有需要,可传召有关人士出席作证和提供证据。

香港特别行政区立法会由选举产生;香港特别行政区永久性居民依法享有选举权和被选举权,根据上述两规定,只有香港特别行政区永久性居民才享有被选为香港特别行政区立法会议员的权利。其中,香港特别行政区立法会由在外国无居留权的香港特别行政区永久性居民中的中国公民组成。但非中国籍的香港特别行政区永久性居民和在外国有居留权的香港特别行政区永久性居民也可当选为香港特别行政区立法会议员,其所占比例不得超过立法会全体议员的20%。香港特别行政区立法会议员如丧失或者放弃香港特别行政区永久性居民的身份,则由立法会主席宣告其丧失立法会议员的资格。香港特别行政区立法会主席由年满40周岁,在香港通常居住连续20年并在外国无居留权的香港特别行政区永久性居民中的中国公民担任。

上述规定,充分体现了香港特别行政区的行政机关和立法机关由当地人组成,体现了中央对香港特别行政区高度自治权的尊重和对香港居民能管理好香港的高度信任,有利于实行港人治港,高度自治。我们可看出,香港特别行政区的行政机关和立法机关由香港永久性居民依照基本法有关规定组成,这是一条原则性的规定,在其他条文中,这些规定也需结合行政机关和立法机关的具体情况,作出不同的调整。这主要包括:

第一,香港特别行政区的行政机关和立法机关必须由香港永久性居民组成。这是最起码的要求。根据这一要求,特区各部门任职的公务人员,除《香港基本法》第101条对外籍公务人员另有规定或者法律规定某一职级以下者外,原则上必须由香港特别行政区永久性居民担任,非永久性居民和其他人员不得担任公务人员。在立法机关,由于只有香港永久性居民享有选举权和被选举权,非永久性居民和其他人不享有,因此,只有永久性居民才能当选立法会成员。

第二,香港特别行政区的行政长官、行政会议成员、政府主要官员、立法会主席必须由永久性居民中的中国公民担任,永久性居民中的非中国籍人不能担任上述职务。这主要是为了保证绝大多数香港居民在国家机关中占主导地位。

第三,香港特别行政区行政长官、立法会主席和政府主要官员还须在香港通常居住连续满一定的期限。行政长官和立法会主席需要在香港通常居住连续满20年,政府主要官员需要在香港通常连续居住满15年。这些职务相当重要,需要对香港的情况熟悉和了解,并对香港的繁荣和稳定有高度的责任感的人才能担任。

第四,香港特别行政区行政长官和立法会主席还须有一定的年龄条件,他们必须年满40周岁。这两个职位特殊重要,不仅需要具有崇高的威望,而且还需有比较丰富的经验,这样才有利于香港特别行政区政权的建设和运作,保证和促进香港的繁荣和稳定。

第五，香港特别行政区行政长官、行政会议成员、立法会主席和政府主要官员必须在外国无居留权。如在外国有居留权，即使永久性的中国公民，也不能担任以上职位。立法会从原则上讲，必须由在外国无居留权的香港永久性居民中的中国公民组成，由于照顾到香港的具体情况，作为特殊规定，允许非中国籍的香港永久性居民和在外国有居留权的香港永久性居民当选为立法会议员，但其比例不得超过立法会全体议员的20%。

（4）司法机关。香港的司法制度是在香港回归前的司法制度的基础上演化而来的，这是一个能够保证香港特别行政区独立地行使司法权和终审权的制度。它具有以下特点：①香港的司法制度属于中华人民共和国司法制度的组成部分；②香港司法体制在组织结构上设立了完全独立的香港特别行政区的终审法院，为了体现国家主权原则，地方法院改为区域法院，最高法院改为高等法院；③除终审法院和高等法院的首席法官必须由在国外无居留权的香港特别行政区永久居民中的中国公民担任外，其他法官和司法人员，主要根据其本人的司法和专业才能选用，并可从其他普通法适用地区聘用；④英文和中文都是香港特别行政区的法律语言。这些都是香港司法制度的最重要的特点。就其具体制度设计而言，包括以下几点：

首先，香港特别行政区的法院体系是由审裁处、裁判司署、区域法院、高等法院及独立的终审法院组成的。其次，香港回归后的各项司法制度，如司法独立制度、陪审制度、法律援助制度、司法审判制度以及司法行政制度等保持不变，香港特别行政区的刑事和民事诉讼中保留原在香港适用的原则和当事人享有的权利，如任何人在被合法拘捕后享有尽早接受司法机关公正审判的权利，未经司法机关判罪之前均假定无罪以及"法无明文规定不为罪""法不溯及既往"的原则等。各级法院组织的受理范围亦保持基本不变。再次，香港回归前的有关法官和法官以外的其他司法人员的任用罢免制度也基本保持不变。香港特别行政区成立前在香港任职的法官和其他司法人员均可留用，且年资予以保留，薪水津贴、福利待遇和工作条件不低于原来的标准。最后，香港特别行政区的警务总署、律政司署、廉政公署、入境事务处和海关总署、餐教署、注册总署、法律援助署及律师组织亦基本不变，原则上保持回归前的结构和职能。

（5）行政体制。行政与立法的相互关系，是政治体制的核心问题。特区的政治体制，从《香港基本法》的设计来看，是一种以行政长官为首的行政主导。这个体制可概述为：行政主导、司法独立、行政与立法既相制约又相配合。采用行政主导吸收了香港原有制度中的一些有效方面。基本法的条文虽然没有明文规定，但却体现了行政主导的原则。例如，提出政策、财政开支和签署绝大部分法例的，是行政机关，最后签署各项法律预算的是行政长官。每一项行政、立法、预算的权力，都在行政机关和行政长官手里，可见最终负责的仍是行政长官和政府。行政主导的主要内容体现在以下两个方面：

第一，行政长官在香港特区政制中处于核心主导地位。根据《香港基本法》的规定，行政长官具有双重身份：行政长官既是香港特区的首长，又是香港特区政府行政机关的首长。行政长官既要对中央人民政府负责，又要对香港特区负责。可见，行政长官法律地位崇高，责任重大。责任与权力相对应，基本法赋予行政长官如下重要职权：

其一，具有执行中央指令和处理中央授权事务的权力，主要表现在：执行中央人民政府就香港基本法规定的有关事务发出的指示；代表香港特区政府处理中央授权的对外事务和其他事务。

其二，具有领导香港特区政府的行政权力，主要有：领导香港特区政府；负责执行基本法和适用于香港特区的其他法律；决定政府政策和发布行政命令；提名并报请中央人民政府任命政府主要官员，建议中央人民政府免除主要官员职务；任免公职人员；批准向立法会提出有关财政收入或支出的动议；申请和批准临时拨款；处理请愿、申诉事项；组织并主持行政会议；领导廉政公署和审计署。

其三，具有对立法机关的制约权力。香港特区立法会是香港特区的立法机关，拥有立法权。根据基本法的规定，行政长官具有对立法机关的制约权力。其制约权力主要有：①拥有签署、公布法律的权力。立法会通过的法案、财政预算案，需经行政长官签署、公布，方能生效。②行政长官如果认为立法会通过的法案不符合香港特别行政区的整体利益时，可将立法会通过的法案发回重议。③行政长官有权依照法律规定的程序解散立法会。④有权决定政府官员或其他公务人员是否向立法会或其属下的委员会作证或提供证据。⑤有权在必要时要求立法会主席召开立法会紧急会议。

其四，具有对司法机关的制约权力。香港特区实行司法独立原则，但与此同时，根据《香港基本法》的规定，行政长官具有对司法机关的制约权力。其制约权力主要表现在：依照法定程序任免各级法院法官；赦免或减轻刑事罪犯的刑罚；终审法院的法官和高等法院首席法官的任命或免职，还须由行政长官征得立法会同意；香港特别行政区法院对国防、外交等国家行为无管辖权，如果在审理案件中遇有涉及国防、外交等国家行为的事实问题，应取得行政长官就该问题发出的证明文件，此类文件对法院有约束力。

由此可见，关于行政长官的双重法律地位和重要职权的规定，充分保障了行政长官在香港特区政制中处于中心主导地位。

第二，行政与立法的关系。

其一，行政长官与立法会不是从属关系，两者的选举程序和任期也各不相同。行政长官是根据基本法附件一《香港特别行政区行政长官的产生办法》，经由一个800人的选举委员会选举产生。行政长官任期5年。[1]立法会是根据基本法附件二

---

[1] 香港最近的整改方案建议由1200人组成提名委员会，获得提名委员会全体委员过半数支持并获得最高票的3名参选人成为候选人。普选阶段，全港500万符合资格的选民可从提名委员会提名的2~3名候选人中，以"一人一票"方式选出行政长官人选。

《香港特别行政区立法会的产生办法和表决程序》，经由功能团体选举和分区直接选举产生。立法会议员任期4年。立法对行政的制约权，主要表现如下：①立法会对行政长官，在特定条件下有权提出弹劾或迫之辞职；②行政机关包括行政长官须对立法机关负责。其负责的主要内容有：执行立法会通过并已生效的法律；定期向立法会作施政报告；答复立法会议员的质询；征税须经立法会批准。

其二，行政参与立法程序。其主要环节是：政府拟定并提出法案、议案、附属法规；编制并提出财政预算、决算；委派官员列席立法会并代表政府发言。

其三，实行行政优先原则。其主要体现在：立法会主席在决定议程时，政府提出的议案须优先列入议程；立法会议员的提案权限于不涉及公共开支或政治体制或政府运作方面的内容，凡涉及政府决策的法案在提出前必须得到行政长官的书面同意；政府提出的法案与立法会议员个人提出的议案、法案和对政府法案的修正案采取不同的表决程序。[1]

三、特别行政区的法律制度

特别行政区的法律制度自成体系，不具于社会主义性质。同时，这些法律也是特别行政区法院在审判中应依据的法律。不过，香港和澳门的法律制度具有很大的差异。以香港为例，其法律制度主要包括了基本法、予以保留的香港原有法律（《香港基本法》第8条）、香港特别行政区立法机关制定的法律、根据基本法在香港特别行政区实施的全国性法律以及适用于特别行政区的国际条约。

（一）基本法

基本法是特别行政区的一切法律的基础，是特别行政区政府的各个部门和全体居民应当遵守的基本法，特别是行政区各级法院在审判案件时应首先以基本法为依据，并且在适用各种条例或者行政法规时，还应审查各种条例和行政法规的规定是否符合基本法。如果发现条例和行政法规的规定与基本法相抵触，法院就不应该适用该条例或行政法规（《香港基本法》第11条第2款），即法院不依照该条例或行政法规去审判案件，或者改按其他有效的条例或者行政法规去审判案件。上级法院在下级法院已经依照该项条例或者行政法规审判案件时，应将下级法院由此作成的判决废弃，而另行判决或改用其他措施。当然，法院认定某一条例或行政法规与基本法相抵触，就必须对基本法的规定进行解释。这时法院就应该依照《香港基本法》第158条第2、3款办理。

（二）予以保留的香港原有法律

香港法律制度一般把香港的法源分为：①宪法性法律，包括《英皇制诰》《皇室训令》；②制定法或成文法，包括香港立法机关制定的法律和英国适用于香港的法律；③普通法和衡平法；④习惯法。这样的分类无疑反映了香港现行的法律制度。不过，《香港基本法》第8条规定，"香港原有法律，即普通法、衡平法、条例、附

---

[1] 刘曼容："行政主导乃香港基本法之立法原意"，载《理论前沿》2007年第4期。

属立法和习惯法，除同本法相抵触或者经香港特别行政区的立法机关作出修改者外，予以保留"。这一规定，主要包括了三个方面的内容：①对香港原有法律作了明确的界定，即普通法、衡平法、条例、附属立法和习惯法。②规定了保留香港原有法律的条件，即不得与基本法相抵触或未经香港特别行政区立法机关修改者为限。③适用于香港的英国法律，不属于香港的原有法律，不在保留之列。同时，《香港基本法》第 160 条第 1 款规定："香港特别行政区成立时，香港原有法律除全国人民代表大会常务委员会宣布为同本法抵触外，采用为香港特别行政区法律，如以后发现有的法律与本法抵触，可依照本法规定的程序修改或停止生效。"1997 年 2 月 23 日，第八届全国人大常委会第二十四次会议通过了《关于根据〈中华人民共和国香港特别行政区基本法〉第 160 条处理香港原有法律的决定》。依照这个决定，香港原有法律的保留问题以及对于保留的原有法律的适用问题已完全明确，香港特别行政区法院将来应该按此处理。

（三）特别行政区立法机关制定的法律

香港特别行政区享有立法权（《香港基本法》第 2 条）。特别行政区立法机关可以根据《香港基本法》第 73～75 条规定，制定法律。特别行政区立法会制定的法律不称为地方法规，而称为"法律"，它与一般省和直辖市公布的地方法规不同。这种法律是香港各级政府和香港人民所遵守的，香港特别行政区法院在审判案件时当然应该适用的法律。

特别行政区法院在适用这种法律审判案件时，应当注意审查所适用的法律是否与基本法相抵触。《香港基本法》第 11 条第 2 款规定："香港特别行政区立法机关制定的任何法律，均不得同本法相抵触。"所以特别行政区法院有义务进行审查。不过这种审查应限于审判某一案件时所要适用或所依据的法律。

（四）在香港特别行政区实施的全国性法律

全国性法律是指全国人民代表大会及其常委会制定的法律。由于实行"一国两制"，香港特区要保留原有的法律制度基本不变。因此，全国性的法律一般不应在特区实施。但是，香港特别行政区作为中华人民共和国一部分，有些体现国家主权和统一的全国性法律就必须适用。也正因此，才能真正体现出"一国两制"的方针。《香港基本法》第 18 条对全国性法律的适用，采取了不同的解决方法：①将在香港特别行政区实施的全国性法律限制在有关国防、外交和其他按基本法规定不属于香港特别行政区自治范围的法律。②将在香港特别行政区实行的全国性法律并列于基本法的附件三中，并规定此外的全国性法律不在香港特别行政区实施。③考虑到今后的情况的变化，它规定全国人民代表大会常委会可对列于附件三的法律作出增减，但在修改前须征询基本法委员会的意见。④规定了全国性法律在香港特别行政区的实施，可以有两个办法：一个是由香港特别行政区将法律在当地公布实施，另一个是通过香港特别行政区自己立法实施。

基本法附件三所列的全国性法律如下：《关于中华人民共和国国都、纪年、国歌、国旗的决议》、《关于中华人民共和国国庆日的决议》、《中央人民政府公布中华人民共和国国徽的命令》（附：国徽图案、说明、使用办法）、《中华人民共和国政府关于领海的声明》、《中华人民共和国国籍法》、《中华人民共和国外交特权与豁免条例》。1997年7月1日，第八届全国人民代表大会常委会第二十六次会议通过了关于《中华人民共和国香港特别行政区基本法》附件三所列全国性法律增减的决定，下列全国性法律列入基本法附件三：《中华人民共和国国旗法》、《中华人民共和国领事特权与豁免条例》、《中华人民共和国国徽法》、《中华人民共和国领海及毗连区法》、《中华人民共和国香港特别行政区驻军法》，删除了原先的《中央人民政府公布中华人民共和国国徽的命令》（附：国徽图案、说明、使用办法）。

1998年11月4日，第九届全国人民代表大会常委会第五次会议通过了关于增加《中华人民共和国香港特别行政区基本法》附件三所列全国性法律的决定，在基本法附件三中增加了《中华人民共和国专属经济区和大陆架法》。

（五）适用于特别行政区的国际条约

该类国际条约大约可分为两类：①特别行政区成立前就已在香港适用而在特别行政区成立后经转换仍适用的国际条约；②特别行政区成立后适用的国际条约。

需要注意的是，香港原有法律体系属于英美法系，判例是香港的法源之一，法院在审判案件时有遵照先例的原则。下级法院在审判中受上级法院判决拘束，最高一级的法院必须受本法院以前的判例拘束。香港既然保留了司法体制，自然在判例方面也需奉行先例原则。香港特别行政区法院根据基本法保留的原有法律中的普通法和衡平法审判案件，在普通法和衡平法中的判例以及其他普通法适用地区所形成的判决，就具有一定的参考价值。所以，《香港基本法》第84条规定，"其他普通法适用地区的司法判例可供参考"，这里仅是"可供参考"，特别行政区法院对此并无必须遵从的义务。因此，特别行政区法院采用判例中的原则原理，把判例作为先例而采用，需把判例当作一种法理，或者将其转化为特别行政区法院法官的意见而加以采用。

四、《香港基本法》及《澳门基本法》的区别

《香港基本法》制定在前，《澳门基本法》参考、吸纳了它的许多经验但并未照抄照搬。据有关专家统计，两部基本法明显不同之处达70多条，约占《澳门基本法》条文总数的51%，占《香港基本法》条文总数的46%左右。就两者而言，《香港基本法》和《澳门基本法》的总则部分，对重大的原则规定是相同的：都规定特别行政区是中华人民共和国不可分离的部分；均实行高度自治，享有行政管理权、立法权、独立的司法权和终审权；均不实行社会主义制度和政策，保持原有的资本主义制度和生活方式，50年不变；等等。但由于香港和澳门继承的法律传统和保留的法律制度的规定有差异，故使回归后各自实行的制度仍然存在着差异。这主要体现在以下几个方面：

（一）政治体制的差异

1. 行政长官。《香港基本法》和《澳门基本法》均规定特别行政区设立行政长

官。行政长官既是特别行政区的首长，又是特别行政区行政机关的首脑，具有双重身份。行政长官作为"特首"，代表特别行政区与中央发生联系，依照基本法既要对中央人民政府负责，又要对特别行政区和本区居民负责，同时负责领导特别行政区政府。这种双重身份，决定了其法律地位的重要性。由于香港和澳门政治制度的发展各有其特殊性，因而《香港基本法》和《澳门基本法》对行政长官的职权的规定有所不同。

《香港基本法》第48条规定香港特别行政区行政长官行使13项职权。《澳门基本法》第50条规定澳门特别行政区行政长官行使18项职权，比香港行政长官多了5项职权规定：

（1）制定行政法规并颁布执行。香港特别行政区的行政长官不享有立法权，故无权制定行政法规。澳门特别行政区的行政长官则享有行政立法权。这与香港法律属普通法系、澳门法律属大陆法系的法律传统不同有关。

（2）委任部分立法会议员。《香港基本法》第68条第1款规定："香港特别行政区立法会由选举产生。"立法会的全部议员由选举产生，故不存在委任立法会议员的问题。《澳门基本法》第68条第2款则规定："立法会多数议员由选举产生。"也就是说，部分立法会议员可由行政长官委任产生。

（3）依照法定程序任免检察官。香港的检察工作则由律政司主管，检察官无须由行政长官任免。

（4）依照法定程序提名并报请中央人民政府任命检察长，建议中央人民政府免除检察长职务。《香港基本法》则无行政长官行使此项职权的规定。

（5）依法颁授澳门特别行政区奖章和荣誉称号。《香港基本法》虽没有明文规定香港行政长官有"依法颁授香港特别行政区奖章和荣誉称号"的职权，但香港的行政长官并非没有此职权。

2. 立法机关。《香港基本法》第73条第1项规定：香港特别行政区立法会有权根据本法规定并依照法定程序制定、修改和废除法律。《澳门基本法》第71条第1项则规定：澳门特别行政区立法会享有依照本法规定的法定程序制定、修改、暂停实施和废除法律的职权。这表明特别行政区立法会的法律地位及权限的差别。

而且，《香港基本法》和《澳门基本法》对立法会及其议员的产生的规定有所不同。《香港基本法》第68条第1款规定："香港特别行政区立法会由选举产生。"《香港基本法》附件二《香港特别行政区立法会的产生办法和表决程序》规定：第一届立法会议员由功能团体的选举、选举委员会的选举和分区直接的选举产生；第二届立法会议员由功能团体的选举和分区直接的选举产生。这体现的是"直接选举与间接选举相结合，间接选举逐步缩小，直接选举逐步扩大，最终达至全部议员由普选产生"的原则。《澳门基本法》第68条第2款规定："立法会多数议员由选举产生。"《澳门基本法》附件二《澳门特别行政区立法会的产生办法》规定：第一、二届立法会议员部分由直接选举产生，部分由间接选举产生，部分由委任产生；直接选举逐步扩大。《澳门基本法》没有"最终达至全部议员由普选产生的目标"规定。这反映了两者民主进程的差别。

3. 行政机关与司法机关。《香港基本法》和《澳门基本法》均规定特别行政区的政府是特别行政区的行政机关，但在具体的行政机构设置上，却有很大差别。

（1）《香港基本法》规定香港特别行政区设"三司"（依次为政务司、则政司、律政司）和各局、处、署，不设"厅"。《澳门基本法》则规定澳门特别行政区设司、局、厅、处，不设"署"。

（2）对检察机关的定性不同。《香港基本法》第63条规定："香港特别行政区律政司主管刑事检察工作，不受任何干涉。"这就把检察工作定性为行政工作，把检察机关归入行政机关。《澳门基本法》则把检察机关定性为司法机关，第90条第1款规定："澳门特别行政区检察院独立行使法律赋予的检察职能，不受任何干涉。"这也与澳门的法律传统有关。

《香港基本法》和《澳门基本法》对司法机关的规定有很大差异，这与普通法系和大陆法系的司法制度有很大不同有关。《香港基本法》基本上保留香港原有的普通法系司法制度不变。《香港基本法》第81条第2款规定："原在香港实行的司法体制，除因设立香港特别行政区终审法院而产生变化外，予以保留。"《澳门基本法》则是基本上保留澳门原有的大陆法系司法制度不变。香港与澳门两个特别行政区的司法制度与司法体制的差异，可概括如下：

（1）司法机关的范畴不同。香港特别行政区的司法机关，专指法院，不包括检察机关。香港法院行使独立审判权。检察机关归属律政司主管，不享有独立检察权。澳门特别行政区的司法机关则包括法院和检察院，法院独立行使审判权，检察院独立行使检察权。

（2）法院的设置不同。香港特别行政区设立终审法院、高等法院、区域法院、裁判署法庭和其他专门法庭；高等法院设上诉法庭和原讼法庭。澳门特别行政区则设立初级法院、中级法院和终审法院。澳门特别行政区还设立行政法院，行政法院管辖行政诉讼和税务诉讼案件；不服行政法院裁决者，可向中级法院上诉。香港特别行政区则不设立专门的行政法院。

（3）法官和检察官的来源有所不同。香港特别行政区法院的法官，是根据当地法官和法律界及其他方面知名人士组成的独立委员会推荐，由行政长官任命；终审法院的法官和高等法院首席法官，还须由行政长官征得立法会同意，并报请全国人大常委会备案。澳门特别行政区各级法院的法官的来源与香港相同，也是根据当地法官、律师和知名人士组成的独立委员会的推荐，由行政长官任命；终审法院法官的任免须报全国人大常委会备案。不同的是终审法院法官的免职是由行政长官根据澳门特别行政区立法会议组成的审议委员会的建议决定，各级法院的院长由行政长官从法官中选任。澳门特别行政区检察长由行政长官提名，报中央人民政府任命；检察官经检察长提名，由行政长官任命。

(4) 陪审制度的规定不同。《香港基本法》第 86 条规定:"原在香港实行的陪审制度的原则予以保留。"实行陪审制度是普通法中的一个重要原则。《澳门基本法》中则没有陪审制度的规定。[1]

(二) 其他规定的差异

按照"一个国家,两种制度"的方针,《香港基本法》和《澳门基本法》明确规定不在香港、澳门实行社会主义制度和政策,然而具体落实到经济制度和经济政策上二者具有很大的差别。例如,《澳门基本法》第一章"总则"第 7 条规定:"澳门特别行政区境内的土地和自然资源,除在澳门特别行政区成立前已依法确认的私有土地外,属于国家所有,……"这与《香港基本法》第一章"总纲"第 7 条的规定,"香港特别行政区境内的土地和自然资源属于国家所有",有所不同。港澳不同的经济条件与地理位置反映到两个基本法中就有不同的经济政策规定。

1. 关于香港保持国际金融中心地位的政策。香港是国际金融中心,具有完善的香港资本市场、外汇市场、期货市场、信用卡市场、债券市场和股票市场等,为保持这个地位,《香港基本法》第 109 条规定:"香港特别行政区政府提供适当的经济和法律环境,以保持香港的国际金融中心地位。"同时还在其他条文中规定,香港特别行政区不实行外汇管制政策;港币自由兑换;继续开放外汇、黄金、证券、期货等市场;保障资金的流动和进出自由;确定港币为法定货币,继续流通;港币的发行权属于香港特别行政区政府;等等。《澳门基本法》则没有此项规定。

2. 关于澳门自行制定旅游娱乐业的政策。旅游娱乐业是澳门经济两大支柱之一,该行业呈多元化结构,以博彩业和游览业为主干,辅以酒店业、古玩业、饮食业、珠宝金饰业、旅游业等系列。为了澳门的整体利益,保持澳门的繁荣,《澳门基本法》第 118 条规定:"澳门特别行政区根据本地整体利益自行制定旅游娱乐业的政策。"《香港基本法》则没有此项规定。

3. 关于香港保持国际和区域航空中心地位的政策。香港是国际和区域的航空中心,为保持这个地位,《香港基本法》第五章第四节设"民用航空"专节,其中第 128 条规定:"香港特别行政区应提供条件和采取措施,以保持香港的国际和区域航空中心的地位。"与此同时,中央人民政府给予香港特别行政区政府许多授权与政策支持。《澳门基本法》第 117 条规定:"澳门特别行政区政府经中央人民政府具体授权可自行制定民用航空的各项管理制度。"

第五节 基层群众性自治组织

十七大报告将我国的基层群众性自治制度纳入中国特色政治制度范畴,强调基

---

[1] 范前锋:"澳门基本法与香港基本法差异研析",载《云南社会主义学院学报》1999 年第 3 期。

层群众性自治组织要保障人民依法直接行使民主权利，管理基层公共事务和公益事业，实行自我管理、自我服务、自我教育、自我监督，对干部实行民主监督；基层群众性自治组织是人民当家做主最有效、最广泛的途径，必须作为发展社会主义民主政治的基础性工程重点推进。

一、基层群众性自治组织

基层群众性自治组织是指在城市和农村按居民的居住地区建立起来的居民委员会和村民委员会。它是建立在我国社会的最基层、与群众直接联系的组织，是在自愿的基础上由群众按照居住地区自己组织起来管理自己事务的组织。《宪法》第111条第1款规定："城市和农村按居民居住地区设立的居民委员会或者村民委员会是基层群众性自治组织。居民委员会、村民委员会的主任、副主任和委员由居民选举。居民委员会、村民委员会同基层政权的相互关系由法律规定。"第111条第2款规定："居民委员会、村民委员会设人民调解、治安保卫、公共卫生等委员会，办理本居住地区的公共事务和公益事业，调解民间纠纷，协助维护社会治安，并且向人民政府反映群众的意见、要求和提出建议。"《宪法》的这一规定充分肯定了基层人民群众对村民委员会、居民委员会建立和发展的首创精神和实践探索，赋予了村民委员会、居民委员会以宪法权利和相应的法律地位。需要注意的是，它不属于地方国家机构，但却是我国具有特色的政治制度之一，是人民代表大会制度重要的补充。

（一）《村民委员会组织法》和《城市居民委员会组织法》的诞生

20世纪50年代至80年代初的人民公社体制，有效控制了农村社会生活。随着改革开放的发展，特别是集体农业的解散和生产承包责任制的建立，乡村权力出现了真空，国家面临应付基层政治组织衰败等问题。1980年2月，广西壮族自治区宜山县（现为宜州市）三岔公社合寨大队（现为屏南乡合寨村委会）的果作村等6个生产队85户农民，经无记名投票，依得票多少选举产生了果作村民委员会。随后，村民委员会或类似组织如农会、自治会等，悄然兴起并燎原开来。为顺应农村社会经济发展和自我管理的需要，1982年《宪法》将村民委员会定性为基层群众自治组织。一方面它解除了政府对村民委员会的财政责任，且没有授予村民委员会正式的国家权力。另一方面，实践证明，村委会的自治性确实保证了其民主性。1987年11月24日下午，第六届全国人大常委会第23次会议通过了《中华人民共和国村民委员会组织法（试行）》。该法规定了村民委员会的性质、任务、设立、组织及其产生办法、下设机构、工作原则，规定了乡、镇人民政府与村民委员会之间指导与被指导的关系，初步确立了村民自治的三项基本制度，即村民会议制度、村民直接选举制度、村规民约法律制度。1998年11月4日第九届全国人民代表大会常务委员会第五次会议通过《村民委员会组织法》。

城市居委会的诞生，则取决于1989年第七届全国人民代表大会常务委员会第十一次会议通过的《城市居民委员会组织法》。从中国基层民主的发展轨迹来看，农村改革的时间早于城市。从选举实际来看，由于村委会支配与农民切身相关的土地、财产等,因此在村委会选举的过程中,村民一般具有极强的参与动机。城市基层民主发展则逊色于农村。

(二)基层自治的制度基本规范

比照《村民委员会组织法》与《城市居民委员会组织法》,两者在规范上基本类似,但也有众多关键不同之处。

1. 村委会与居委会的性质。村委会与居委会是基层自治组织,是自我管理、自我教育、自我服务的基层群众性自治组织,其中村民委员会实行民主选举、民主决策、民主管理、民主监督。居委会通常由市、市辖区的人民政府的有关部门,对居民委员会有关的下属委员会进行业务指导,同样《村民委员会组织法》也明确规定乡、民族乡、镇的人民政府对村民委员会的工作给予指导、支持和帮助,但是不得干预依法属于村民自治范围内的事项。两者之间有所差别。

2. 基层自治组织的设立原则。村委会与居委会以居住状况为基础,其中村委会的设立、撤销、范围调整,规定由乡、民族乡、镇的人民政府提出,经村民会议讨论同意后,报县级人民政府批准。而在居委会则是由不设区的市、市辖区的人民政府决定,并没有经居民会议讨论同意后,交由上级人民政府批准。

3. 基层组织成员与任期。无论村委会或是居委会,每届任期皆是3年,均设主任、副主任、委员等。在村委会产生上《村民委员会组织法》明确规定由村民直接选举产生,任何组织或个人不得指定、委派或者撤换村民委员会成员,而此项规定却没有在《城市居民委员会组织法》中出现,而是规定由居住地区全体有选举权的居民或由每户派代表选举产生。

4. 选举过程。

(1)选举权:只要年满18周岁的村民或居民都有选举权和被选举权,依法被剥夺政治权的人除外。村委会选举,明确规定为村民一人一票的直接选举,居委会选举则不一定是直接选举,因为居委会组织法并没有加以规定。

(2)候选人的提名与确定:《村民委员会组织法》规定由本村有选举权的村民直接提名候选人,由有选举权的村民一人一票决定,采取双过半的原则确定当选人,而在《城市居民委员会组织法》中并没有规定候选人的提名和确定方式,仅仅规定居委会成员由本居住地区全体有选举权的居民或者户代表、或由居民小组选举产生,在过程中有关换届选举事项则是由选举委员会筹备。

(3)差额:《村民委员会组织法》明确规定村委会选举实行差额选举,而《城市居民委员会组织法》并未规定此项,表明仍然可以采用等额选举。

(4)竞选过程:无论村委会或居委会选举,在组织法上都没有针对竞选程序作规定,但实践中,在中国大部分农村已经出现竞选活动,但竞选规则尚未法制化。

(5)秘密投票与公开计票程序原则:《村民委员会组织法》特别指出此项原则,村选举必须采无记名、必须公开计票且当场公布结果,且设秘密写票处,但《城市居民委员会组织法》并没有强调此项原则。针对贿选等违法事件,《村民委员组织法》也进一步规定了村民的救济方式，具体规定为：本村 1/5 以上有选举权的村民联名，可以要求罢免村民委员会成员；村民委员会应当及时召开村民会议，投票表决罢免要求；罢免村民委员会成员须经有选举权的村民过半数通过等。

二、基层民主的发展与完善

推进基层民主政治建设是构建社会主义和谐社会，发展社会主义民主的重要内容。通过加强基层民主政治建设，使农民或居民真正地做到对基层经济、政治和社会事务的民主决策、民主管理和民主监督，依法管理自己的事情，这将能更好地调动群众的积极性和创造性，从制度上实现好、维护好、发展好人民群众的根本利益。

要实现基层自治深层次突破，就必须根据党的要求，把民主选举、民主决策、民主管理、民主监督法治化、系统化。

1. 正确处理国家行政权与村（居）民的自治权。以乡、镇政府为代表的国家基层政权组织，其权力来源于国家。以村民委员会为代表的自治组织，其权力来源于广大村民的选举和授权，是一种社区自治权。《村民委员会组织法》第 4 条明确规定，乡、民族乡、镇的人民政府对村民委员会的工作给予指导、支持和帮助，但是不得干涉依法属于村民自治范围内的事项。在实践中，很多乡、镇政权为了维护自己的施政能力，一方面，通过强化对村级党组织的领导，来控制村民自治组织；另一方面，则是实行"村财乡管"、下派干部、村干部工资制、村干部提拔为乡干部等措施来分解村民自治组织的职权，导致乡村关系紧张，村民自治取得的成果被逐渐弱化和流失。[1]

2. 加强法治化建设。要保证基层群众自治在法制轨道上健康有序发展，就必须完善保障人民群众在基层行使民主权利的法律法规。在国家立法层面，修订《村民委员会组织法》《城市居民委员会组织法》已提上日程，要以保障自治、保证人民当家做主为根本目标，不断制定、完善、创新、落实各项基层群众自治的具体制度。在地方立法层面，要不断健全村（居）委会组织法实施办法、村（居）委会选举办法、村（居）务公开办法、村（居）务管理条例，不断完善地方法规。

3. 鼓励基层创新和突破。基层民主本是人民群众的创设性实践。发扬民主、扩大民主，是基层群众自治制度的生命所系、本质所在。从目前看，各地群众锐意进取，创造发明了许多推进农村村务公开和民主管理的好办法、好经验，有力维护了农民当家做主的政治权利，促进了农村经济建设、政治建设、社会建设和党的建设。好的制度创新应当被推广并纳入法制轨道，从而有效地解决基层的民主进程和维护社会和谐的稳定局面。

总之，我国的基层群众自治是一条发挥群众主体作用与国家主导作用有机统一的民主自治之路，是一条适应经济社会发展需要与为经济社会发展服务有机统一的

---

[1] 于建嵘："村民自治：价值和困境——兼论《中华人民共和国村民委员会组织法》的修改"，载《学习与探索》2010 年第 4 期。

民主自治之路，是一条发展的渐进性与发展的创新性有机统一的民主自治之路，是一条培育人民的民主意识与维护人民的实际利益有机统一的民主自治之路。[1]

思考与实务

1. 我国单一制的特点有哪些？
2. 民族区域自治制度的内容是什么？如何完善该制度？
3. 香港特别行政区的政治制度是怎样的？
4. 《香港基本法》和《澳门基本法》的差异体现在哪些方面？
5. 基层群众性组织和基层人民政府的关系是怎样的？
6. 宪法事例实训：

2005年3月14日上午，十届全国人大三次会议表决《反分裂国家法（草案）》。经代表表决，《反分裂国家法》以赞成2896票、弃权2票的结果，高票获得通过。

请思考：试运用国家结构形式的原理分析该法的立法依据。

---

[1] 参见民政部办公厅、民政部政策研究中心编：《中国民政事业发展报告（2007~2008）》，http://www.mca.gov.cn/，访问时间：2010年8月15日。

主要参考书目

1. 童之伟、殷啸虎主编：《宪法学》，上海人民出版社、北京大学出版社2009年版。
2. 童之伟主编：《宪法学》，清华大学出版社2008年版。
3. 周叶中主编：《宪法学》，高等教育出版社2005年版。
4. 王世杰、钱端升：《比较宪法》，中国政法大学出版社1997年版。
5. 邱之岫主编：《宪法学》，中国政法大学出版社2007年版。
6. 焦洪昌、姚国建：《宪法学案例教程》，知识产权出版社2004年版。
7. 焦洪昌：《宪法学》，北京大学出版社2004年版。
8. 朱福惠主编：《宪法学原理》，中信出版社2005年版。
9. 张千帆：《宪法学导论》，法律出版社2004年版。
10. 张千帆：《宪法学导论——原理与应用》，法律出版社2008年版。
11. 张千帆：《西方宪政体系（上册：美国宪法）》，中国政法大学出版社2000年版。
12. 张千帆：《西方宪政体系（下册：欧洲宪法）》，中国政法大学出版社2001年版。
13. 徐秀义、韩大元主编：《现代宪法学基本原理》，中国人民公安大学出版社2001年版。
14. 杨海坤：《宪法学基本论》，中国人事出版社2002年版。
15. 龚祥瑞：《比较宪法与行政法》，法律出版社2003年版。
16. 季卫东：《宪政新论》，北京大学出版社2002年版。
17. 蔡定剑：《中国人民代表大会制度》，法律出版社1998年版。
18. 林来梵：《从宪法规范到规范宪法：规范宪法学的一种前言》，法律出版社2001年版。
19. 胡锦光、韩大元：《中国宪法》，法律出版社2004年版。
20. 胡锦光：《中国宪法问题研究》，新华出版社1998年版。
21. 韩大元、莫纪宏主编：《外国宪法判例》，中国人民大学出版社2005年版。
22. 韩大元主编：《外国宪法》，中国人民大学出版社2000年版。
23. 韩大元主编：《中国宪法事例研究（四）》，法律出版社2010年版。
24. 韩大元主编：《中国宪法事例研究（三）》，法律出版社2009年版。
25. 韩大元主编：《中国宪法事例研究（二）》，法律出版社2008年版。
26. 韩大元主编：《中国宪法事例研究（一）》，法律出版社2005年版。
27. 韩大元：《亚洲立宪主义研究》，中国人民公安大学出版社1996年版。
28. ［古希腊］柏拉图：《理想国》，郭斌和、张竹明译，商务印书馆1997版。
29. ［法］莱昂·狄骥：《宪法学教程》，王文利等译，辽海出版社、春风文艺出版社1999年版。
30. ［日］芦部信喜：《宪法学》，有斐阁1994年版。

31. ［英］霍布斯：《利维坦》，黎思复、黎廷弼译，商务印书馆 1985 年版。
32. ［英］洛克：《政府论》，瞿菊农、叶启芳译，商务印书馆 1982 年版。
33. ［英］戴雪：《英宪精义》，雷宾南译，中国法制出版社 2001 年版。
34. ［英］W. Ivor. 詹宁斯：《法与宪法》，龚祥瑞等译，生活·读书·新知三联书店 1997 年版。
35. ［英］哈耶克：《自由秩序原理》，邓正来译，生活·读书·新知三联书店 1997 年版。
36. ［美］汉密尔顿、杰伊、麦迪逊：《联邦党人文集》，程逢如、在汉、舒逊译，商务印书馆 1980 年版。
37. ［法］孟德斯鸠：《论法的精神》，张雁深译，商务印书馆 1961 年版。
38. ［法］托克维尔：《论美国的民主》，董果良译，商务印书馆 1997 年版。
39. ［法］卢梭：《社会契约论》，何兆武译，商务印书馆 1980 年版。
40. ［德］卡尔·施米特：《宪法学说》，刘锋译，上海人民出版社 2005 年版。
41. ［英］密尔：《代议制政府》，汪瑄译，商务印书馆 1982 年版。
42. ［英］维尔：《宪政与分权》，苏力译，生活·读书·新知三联书店 1997 年版。
43. ［英］马丁·洛克林：《公法与政治理论》，郑戈译，商务印书馆 2002 年版。
44. ［英］沃尔特·白芝浩：《英国宪法》，夏彦才译，商务印书馆 2005 年版。
45. ［英］杰弗里·马歇尔：《宪法理论》，刘刚译，法律出版社 2006 年版。
46. ［英］K. C. 惠尔：《现代宪法》，翟小波译，法律出版社 2006 年版。
47. ［美］杰罗姆·巴伦、托马斯·迪恩斯：《美国宪法概论》，刘瑞祥等译，中国社会科学出版社 1995 年版。
48. ［美］汉密尔顿等：《美国宪法原理》，严欣淇译，中国法制出版社 2005 年版。
49. ［美］凯斯·R. 孙斯坦：《设计民主：论宪法的作用》，金朝武、刘会春译，法律出版社 2006 年版。
50. ［美］埃尔金、索乌坦编：《新宪政论——为美好的社会设计政治制度》，周叶谦译，生活·读书·新知三联书店 1997 年版。
51. ［美］路易斯·亨金、阿尔伯特·J. 罗森塔尔编：《宪政与权利——美国宪法的域外影响》，郑戈、赵晓力、强世功译，生活·读书·新知三联书店 1997 年版。
52. ［美］阿兰·S. 罗森鲍编：《宪政的哲学之维》，刘茂林、郑戈译，生活·读书·新知三联书店 2001 年版。
53. ［美］埃尔斯特、［挪］斯莱格斯塔德编：《宪政与民主——理性与社会变迁研究》，潘勤、谢鹏程译，生活·读书·新知三联书店 1997 年版。
54. ［美］爱德华·S. 考文：《美国宪法的"高级法"背景》，强世功译，生活·读书·新知三联书店 1996 年版。
55. ［法］卢梭：《论人类不平等的起源和基础》，李常山译，商务印书馆 1962 年版。

声　明　1. 版权所有，侵权必究。
　　　　2. 如有缺页、倒装问题，由出版社负责退换。

图书在版编目（CIP）数据

宪法学：理论·实务·案例/杨向东主编. —3版. —北京：中国政法大学出版社，2018.8
ISBN 978-7-5620-8489-1

Ⅰ. ①宪…　Ⅱ. ①杨…　Ⅲ. ①宪法学－中国　Ⅳ. ①D921.01

中国版本图书馆CIP数据核字(2018)第190150号

出 版 者	中国政法大学出版社
地　　址	北京市海淀区西土城路25号
邮　　箱	fadapress@163.com
网　　址	http://www.cuplpress.com（网络实名：中国政法大学出版社）
电　　话	010-58908435（第一编辑部）　58908334（邮购部）
承　　印	固安华明印业有限公司
开　　本	720mm×960mm　1/16
印　　张	23
字　　数	477千字
版　　次	2018年8月第3版
印　　次	2020年1月第2次印刷
印　　数	4001～9000册
定　　价	56.00元